Dieselmotorenraum

Generatorenraum

Vorpiek

Basis

64 66 68 70 72 74 76 78 80 82 84 86 88 90 92 94 96 98 100 102 104 106 108 110 112 114 116 118 120 122 124

Im Dienst der Großen Hochseefischerei

Richard Neu

Im Dienst der Großen Hochseefischerei

Vom Hinterwäldler aus dem
verschlafenen mittelalterlichen Dorf
Kaupiai in Litauen zum Kapitän

Verlag H. M. Hauschild GmbH, Bremen

Abbildung auf dem Umschlag:
F.M.S. „Hans Pickenpack", H.H. 328, U.S.: DNHP
Foto: P. A. Kroehnert, Rickmerswerft, DSM, Nordseearchiv

Inhalt

Vorwort... 7

Kindheit auf dem Kleinbauernhof – Schulzeit in Litauen 8

Der Aufbruch in die Zukunft – Umsiedlung nach Deutschland 28

Das Lagerleben in Deutschland 41

Rücksiedlung nach Litauen 55

Flucht vor den Russen – zurück in das „Reich" 72

Tielendorf in Westpreußen 82

Flucht nach Westen.................................... 86

Neubeginn im Land Hadeln............................. 93

Mein Berufsleben beginnt 101

Hochseefischerei 114

Der beschwerliche Weg................................ 143

Am Berufsziel: Kapitän 176

F.M.S. „Hans Pickenpack" 195

Zwischenfall mit Waffengewalt 218

Norwegenküste und Barentssee.......................... 236

Bundesforschungsanstalt für Fischerei –
F.F.S. „Anton Dohrn" und F.F.S. „Walther Herwig"............. 261

Epilog 348

Biographien der Schiffe, auf denen ich zur See gefahren bin 350

Abkürzungen... 364

Quellennachweis 365

Erklärungen nautischer und anderer Ausdrücke.............. 366

Vorwort

Ich möchte kurz das Land und die Geschichte beschreiben, in die ich geboren bin und meine Kindheit bis zu meinem 10. Lebensjahr verbrachte.

Litauen (litauisch Lietuva) gehört zu den drei baltischen Staaten Estland, Lettland und Litauen. Der südliche Teil Litauens grenzt an das ehemalige Ostpreußen, der östliche Teil grenzt an Weiß-Rußland (Bjelo-Rusija), der nördliche Teil an Lettland und im Westen an die Ostsee (Baltija Jura).

Die eigentliche Geschichte Litauens begann mit dem König Mindaugas (der Weise genannt), der zum erstenmal alle litauischen Volksstämme einigte und einen Staat bildete. König Mindaugas regierte vom Jahre 1236 bis 1263. Mindaugas war der einzige König Litauens, die nachfolgenden Herrscher Litauens waren allesamt Großfürsten.

Im Jahre 1316 übernahm der Großfürst Gediminas die Regentschaft Litauens. In seiner Regierungszeit gründete Gediminas die Stadt „Vilnius" (Wilna), die er zur Hauptstadt Litauens erklärte.

Das Land Litauen ist eine schöne hügelige Naturlandschaft mit großen Wäldern und sauberen Flüssen. Im Osten Litauens befindet sich eine größere Seenplatte.

Durch die Nähe der Ostsee herrscht ein gemäßigtes Klima.

In diesem Land Litauen im Dorf Kaupiai im Landkreis Taurage (Tauroggen) lebten meine Eltern, Eduard Neu und seine Ehefrau Maria, mit ihren Kindern als arme Kleinbauern. In diesem Dorf Kaupiai, welches weltabgeschieden lag, bin ich geboren und auf den Namen Richard getauft worden.

Von mir, dem Knaben und späteren Mann Richard, seinen Eltern und Geschwistern handelt diese Erzählung. Eine Erzählung über eine arme deutsche Kleinbauernfamilie, die im weltabgeschiedenen Dorf Kaupiai in Litauen gelebt hat, und über den Knaben und Mann Richard, der später seinen „Weg" in Deutschland gehen wird.

Diese Erzählung ist meine, Richards Biographie. Kindheit, Schulzeit, Umsiedlung nach Deutschland 1941, das Zurechtfinden in Deutschland; Rücksiedlung nach Litauen im November 1942, das neue Leben in Litauen, Flucht aus Litauen 1943 mit einem Pferdetreck. Zurück in das Reich, das Leben in Westpreußen. Im Januar 1945 erneute Flucht vor den Russen nach Westen. Ankunft in Norddeutschland, der zukünftigen neuen Heimat. Es folgten die Jugend, Lehrzeit und mein zukünftiger Berufsweg: Netzmacher, Hochseefischerei (auch als Kapitän), anschließend Fischereiforschung bis zur Pensionierung.

Kindheit auf dem Kleinbauernhof – Schulzeit in Litauen

Unweit der Kreisstadt Tauroggen (litauisch Taurage), in einer Entfernung von etwa 12 km, lag beinahe weltabgeschieden das Dorf Kaupiai, welches hauptsächlich von deutschen Kleinbauern bewohnt wurde. Alle Kleinbauern lebten in ärmlichen und primitiven Verhältnissen. So auch unsere Familie meiner Eltern, Vater Eduard und meine Mutter Maria Neu, eine geborene Drochner, mit ihren Kindern.

Wir schreiben das Jahr 1930. In der ärmlichen Bauernkate unserer Familie erwartete meine Mutter Maria Neu ihr viertes Kind. Draußen tobt ein Unwetter mit Regen und starkem Wind. Beim Anschwellen des Novembersturmes möchte man glauben, daß die Windböen die ärmliche Bauernkate wegwehen könnten. Es ist der 1. November.

Die Hebamme des Dorfes, eine Litauerin, die auch drei meiner Geschwister auf die Welt geholfen hatte, ist voller Zuversicht. Es wird keine Komplikationen geben. Die anderen drei meiner Geschwister hat meine Mutter, bevor ich beschloß auf die Welt zu kommen, zur Hofstelle ihres Vaters bringen lassen, damit sie bei meiner Geburt nicht störten.

In dem ärmlichen Haus herrscht Zwielicht, denn die Petroleumlampe, die an der Decke hing, gab nicht viel Licht her.

Das Wasser, welches bald benötigt wird, wurde aus einem Ziehbrunnen herbeigeschafft und auf einem aus Lehm gemauerten Herd erhitzt. Dann war es soweit. Ich hatte es eilig auf die Welt zu kommen. Gegen 23 Uhr erblickte ich, ein Knabe, das trübe Lampenlicht unserer Bauernkate und sollte später auf den Namen Richard getauft werden. An meine „Windeljahre" kann ich mich nicht erinnern, ich glaube das kann kein Kind.

Aber eines Tages, ich weiß nicht wie es kam, sah ich meine kleine Welt um mich herum mit anderen Augen an. Aus meiner niedrigen Perspektive erschien mir alles riesig. Das war wohl die erste reelle Wahrnehmung meines Lebens.

Meine Eltern, Mutter Maria und Vater Eduard, flößten mir Respekt ein, weil sie so riesengroß waren. Vater Eduard ein ruhiger zurückhaltender Mann, Mutter Maria eine resolute, fast jähzornige Frau, die bei uns Kindern nichts durchgehen ließ und ein sehr strenges Regiment führte.

Wir Kinder wurden zum absoluten Gehorsam erzogen. Es gab kein Aufmucken, keine Widerrede, wer nicht parierte wurde bestraft, auch schon die Kleinsten.

Familie Neu: Mutter Maria, Vater Eduard, v.l.: Anna, klein Amanda, Marta, Erich und klein Richard, zweieinhalb Jahre alt; Foto: Atelier Taurage (1933)

Unsere Kinderschar hatte sich inzwischen auf sechs vermehrt. Ich stellte fest, daß die drei älteren Geschwister in unserer Kinderhierarchie höher als ich standen. Da waren meine ältesten Schwestern Anna und Marta sowie mein Bruder Erich, der nur ein Jahr und zwei Monate älter war als ich.

Ich war der Richard in der Mitte, nach mir kamen meine Schwestern Amanda und Wally.

Die kleine Wally hing noch an Mutters Brust. So stand ich in der „Rang- und Hackordnung" der Geschwister genau in der Mitte, was eigentlich für mich gar nicht so schlecht war.

Konnte ich doch, wenn ich von den älteren gepiesackt wurde, dies auch nach unten weitergeben.

Im selben Haus lebten auch noch Vaters Vater, der Opa Fritz, und die Oma, die wir Kinder „alte Frietsche" nannten. Diese zehn Menschen lebten in einer alten Bauernkate. Diese Bauernkate nebst Viehstall, Scheune und Speicher stand auf einer 12 ha großen Scholle.

Dieses Bauerngehöft (litauisch Sodybas genannt) sah sehr ärmlich und trostlos aus.

Wir waren eine Familie, die arm aber auch reich war. Die Reihenfolge war so: An materiellen Dingen waren wir arm, aber an Kindern sehr reich. Warum arme Menschen sich so viele Kinder anschaffen, kann ich bis heute nicht begreifen. Der Grund mag wohl daran liegen, daß die Anschaffung der Kinder kein Geld kostet, das mag wohl das einzige Argument sein.

Ich will fortfahren, unser Leben auf der kleinen Landscholle zu beschreiben. Wie ich mich erinnern kann, war aus der heutigen Sicht alles tiefstes Mittelalter, ja wenn nicht sogar der Beginn des Mittelalters. Es muß so um das Jahr 1935 gewesen sein, wo mein Bewußtsein einsetzt und ich mich an viele Einzelheiten, die sich auf dem ärmlichen Bauernhof abspielten, erinnere. Es gab weder Elektrizität noch fließendes Wasser, weder Radio noch eine Tageszeitung. Es gab auch keine Maschinen oder andere Dinge, die das Leben auf dem Bauernhof erleichtert hätten. Wurde in der Dunkelheit Licht benötigt, diente im Haus eine Hängepetroleumlampe. Für Licht in den Viehställen reichte eine Stallaterne. Das tägliche Trinkwasser holten wir aus einem Ziehbrunnen in der Nähe des Hauses, der im Winter immer abgedeckt werden mußte, damit er nicht zufror. Das Wasser für das Vieh im Stall holten wir aus einem Teich, der in der Nähe des Stalles angelegt war. Auch der Teich oder vielmehr die Schöpfstelle im Teich wurde vor dem Zufrieren geschützt. Für die winterliche Hauswärme wurden immer große Holzvorräte angelegt, denn die Winter in Litauen konnten sehr kalt werden. Wer nicht vorgesorgt hatte, den traf es hart, denn im Winter noch Brennholz zu beschaffen war fast unmöglich. Riesige Schneeverwehungen machten ein Fortkommen mit Pferdefuhrwerken im nahegelegenen Wald unmöglich. So lebten alle Kleinbauern im Dorf Kaupiai mittelalterlich und beinahe am Rande der Welt.

Die Bewohner des Dorfes beunruhigten keine katastrophalen Tagesereignisse, keine Weltpolitik, nichts, was unsere ländliche Ruhe störte. Das Leben spielte sich nach dem Jahresrhythmus ab.

Sobald der Frühling eingekehrt war, erwachte das Dorf Kaupiai, und die große Emsigkeit begann. Die Äcker, die im Herbst nicht bestellt waren, wurden jetzt im Frühling gepflügt, die Frühjahrsbestellung begann. Weizen, Gerste, Kartoffeln, Hackfrüchte, Flachs und das Gemüse wurden angebaut. Auch wir Kinder waren in das Arbeitsprogramm eingebunden. Wir kleineren mußten das Federvieh und Kleintiere versorgen. Die Aufgabe meiner beiden älteren Schwestern Anna und Marta war es, schon im Kindesalter das Kochen in der Küche zu übernehmen und auch noch die kleineren Geschwister zu versorgen. Unsere Mutter Maria, aber auch die anderen Bäuerinnen hatte im Frühjahr dafür keine Zeit, sie mußten ihren Männern beim Bestellen der Äcker helfen. Im

Frühsommer standen als erstes das Heumachen und die Kleeernte an. Auch dabei war unsere Kinderarbeit gefragt. Heu- oder Kleewendemaschinen gab es wohl, aber wir waren zu arm um sich so etwas anzuschaffen. Vater Eduard drückte uns eine hölzerne Wendegabel in die Hände, und wir mußten die Arbeit verrichten. Im Spätsommer kam die Getreideernte an die Reihe. Alles wurde per Hand und Sense gemäht. Wir Kinder mußten das gemähte Getreide per Hand in Garben binden und in Hocken aufstellen War diese Arbeit getan, kam das Flachsfeld an die Reihe. Der Flachs wird nicht gemäht, sondern mitsamt der Wurzel aus dem Boden gezogen, in kleine Garben gebunden und zum Austrocknen in kleine Hocken aufgestellt. Nachdem der Flachs getrocknet war, wurde er in der Scheune auf Leinenbahnen mit einem Dreschflegel gedroschen, das ergab den Leinsamen. Im Herbst waren Rüben- und Kartoffelernte. In all diese Erntevorgänge waren wir Kinder stets eingebunden und hatten bestimmte Aufgaben und Pflichten. Ohne unsere Kinderarbeitskraft hätten es meine Eltern nicht geschafft alles zu bewältigen. Für die Winterbevorratung wurden Kartoffeln und Rüben in sogenannten „Mieten" gelagert. Kartoffeln und Rüben mußten trocken sein, dann schüttete man alles zu einem großen Haufen. Darüber eine dicke Strohschicht, zum Schluß Erde darüber. In der Mitte der Miete ganz oben plazierte man ein Rohr zur Entlüftung, fertig war der Wintervorrat. Wir Kinder halfen nach unseren Kräften und waren ein Bestandteil der Arbeitskraft, die zum Erhalt des ärmlichen Bauernhofes beitrug. Die Herbstarbeiten waren damit noch nicht abgeschlossen. Zur Bekleidungsherstellung benötigten meine Eltern auch Leinen, das aus der Flachsfaser hergestellt wird. Wolle lieferten unsere Schafe. Im Spätherbst, wenn die Viehweiden vom Vieh nicht mehr genutzt wurden, legten wir die Flachsgarben in langen Schwaden auf den Weiden aus. Der Herbstregen und die Bodenfeuchtigkeit sollten die äußere Hülle des Flachses zersetzen. Im Kern des Flachses ist die Flachsfaser, die zur Leinenherstellung gewonnen wird. Nachdem der Flachs auf den Weiden die ersten Zerfallserscheinungen zeigte, rollten wir die Schwaden in größeren Ballen zusammen und transportierten diese in den „Pakuras".
Der „Pakuras" in unserem Dorf war ein gemeinnütziges Gebäude, aus Lehm gebaut, ohne Fenster, darin in einer Ecke ein riesiger Heizofen, der mit Holz beheizt wurde.
An den Längswänden befanden sich doppelstöckige Holzstellagen, auf denen die Flachsballen aufrecht hingestellt wurden, danach tagelang

trocknen mußten, so daß die äußere Hülle austrocknete und später von der Faser leicht getrennt werden konnte. In diesen „Pakuras" stapelten alle Kleinbauern ihre Flachsballen zum Austrocknen.

Wenn es dann soweit war, daß der Flachs „gebrochen" werden konnte, kamen alle, die den „Pakuras" beschickt hatten, mit Kind und Kegel zusammen. Zuerst verrichteten sie ihre Arbeiten, danach wurde gefeiert.

So ging es auch beim Getreidedreschen. Der Eigentümer der Dreschmaschine zog von Hof zu Hof. Jeder half jedem ohne Bezahlung. Das war die letzte Zusammenkunft aller Kleinbauern am Jahresende. Ausnahmen gab es nur noch bei Hochzeit, Kindtaufe oder irgend ein Nachbar verstarb, das war auch ein Grund zu einem dörflichen Beisammensein. Andere Gründe einer Feier oder Zusammenkunft gab es nicht.

Kulturelle Veranstaltungen waren in unserem weltabgeschiedenen Dorf Kaupiai ein Fremdwort.

Ich möchte auch die Gebäude beschreiben, in denen Menschen und Tiere hausten.

Zuerst Viehstall und Scheune. Das war ein langes Gebäude in einem. Die Wände des Viehstalls bestanden aus dicken Lehmmauern; das war wegen der starken Kälte notwendig, sonst wären die Tiere im Winter erfroren. Die am Stall angrenzende Scheune bestand aus sehr dicken Holzbohlen. Das Dach war mit einfachem Stroh gedeckt. Der Speicher, in dem alle Lebensmittel gelagert waren, bestand aus roh zusammengefügten Baumstämmen. Die Fugen zwischen den einzelnen Holzstämmen waren mit „Hede", auch Werg genannt, ein Abfallprodukt beim Flachsbrechen, abgedichtet. Das Dach war ebenfalls mit Stroh gedeckt.

Das Wohnhaus, in welches meine Eltern und die auf sieben angewachsene Kinderschar sowie Opa Fritz mit seiner Frau, „alte Frietsche", hausten, war aus dicken behauenen Baumstämmen zusammengefügt. Die unterste Lage lag auf einem aus Natursteinen gemauerten Fundament. Das Haus war aufgeteilt. An einem Ende wohnte Opa Fritz mit der alten Frietsche, Vaters Stiefmutter.

Der Rest gehörte uns. Da waren zuerst zwei kleine Schlafzimmer. In einem schliefen meine Eltern, im anderen Zimmer wir Kinder, aber immer zu zweit in einem Bett. Das sparte Platz und wärmte schön. Am anderen Ende des Hauses war ein größerer Raum, der für besondere Anlässe (Hochzeit, Kindtaufe und Trauerfeier) vorgesehen war. Einen ganz besonderen Platz im ganzen Haus nahm die Küche ein. Ich glaube, es war auch der größte Raum im ganzen Haus, denn in der Küche spielte sich das ganze Familienleben ab.

Da stand zuerst ein riesiger, auch aus Lehm gemauerter Herd mit vier

Feuerlöchern, daneben, auch aus Lehm gemauert, der Backofen. Auf diesem Backofen war so viel Platz, daß bei sehr strengem Frost, wenn die Eisblumen den Blick nach draußen versperrten, auf dem Backofen unser Spielplatz war. Der Fußboden bestand aus festgestampftem Lehm. Es kam auch schon vor, wenn der Winter gar nicht weichen wollte und ein Schaf schon sehr früh „lammte", dann wurden kurzerhand Muttertier und Lämmchen für Tage als Gäste auch in die große Küche aufgenommen, und wir Kinder hatten mit den Lämmchen neue Spielgefährten. Das Dach des Hauses war wie alle Gebäude mit Stroh gedeckt. Drinnen im Haus waren die Wände mit einer Kalkmischung getüncht und weiß angestrichen. Ich kann mich nicht erinnern, daß irgendwo an den Wänden eine Wandverzierung hing.

Es war alles irgendwie trist, aber wir lebten in diesem Haus und waren doch irgendwie mit unserem Leben zufrieden, weil wir ja auch keine bessere Lebensform kannten.

Wie ich es bereits anfangs erwähnte, waren es von unserem Dorf Kaupiai bis zur Stadt Tauroggen 12 km schlechte Wegstrecke. Besonders im Herbst nach starken Regenfällen und im Frühjahr nach der Schneeschmelze verwandelte sich die Straße in eine Schlammbahn, die den Namen Straße nicht verdiente. Die Kleinbauern aus Kaupiai mußten ihre mühsam erwirtschafteten Landprodukte, die sie für den Eigenbedarf nicht benötigten, auf dem Wochenmarkt in Tauroggen verkaufen.

Das war für die Kleinbauern ein hartes Brot, denn erst wenn sie ihre Waren auf dem Wochenmarkt verkauft hatten, konnten sie sich wiederum die Dinge kaufen, die sie auf der Hofstelle benötigten. Alle Kleinbauern im Dorf waren Selbstversorger.

Getreide wie Roggen, Weizen Gerste und Hafer brachten sie zur Mühle, daraus stellte der Müller Mehl, Graupen und Grütze her. Das tägliche Brot buk jede Bäuerin selbst. Butter und Käse stellte man aus der eigenen Milchproduktion her. Speck, Fleisch, Wurstwaren und Schinken hatte man aus der eigenen Hausschlachtung.

Der Schornstein war auch die Räucherkammer. Weil auch alle Mahlzeiten auf Holzfeuerung gekocht wurden, waren die Schornsteine bereits beim Hausbau als Räucherkammer ausgebaut. In einem großen Faß stellte man im Herbst Sauerkraut, in einem anderen Faß Salzgurken her. So war ein jeder für den Winter versorgt.

Einkaufsläden, die immer Waren feilboten, gab es nur in der Stadt Tauroggen. Auch die tägliche Bekleidung stellten die Kleinbauern in Selbstversorgung her. Der Grundstoff waren die Flachsfaser sowie die Wolle der eigenen Schafe. Nachdem der Flachs nach dem „Brechen" mehrfach bearbeitet wurde (brechen, schwingen, hecheln), war die Faser fertig zum Verspinnen.

In den langen Winterabenden saß meine Mutter Stunden und nächtelang am Spinnrad, um die Flachsfaser auf Spulen zu langen Garnen zu verspinnen. Wenn dieser Vorgang beendet war, kam der Webstuhl an die Reihe. Lange Zeit saß meine Mutter am Webstuhl. Das fertige Webeprodukt ergab lange Leinenbahnen. Daraus kann man ersehen, daß der Flachs und die Schafwolle bei uns unverzichtbar waren. Die Schafwolle war auch ein sehr wichtiges Produkt. Im Frühjahr wurden die Schafe geschoren, danach brachte man die Wolle nach Tauroggen zur Wollkämmerei. Aus Tauroggen brachte Vater die Wolle in schönen glatten langen Wollbahnen zurück. Auch diese Wolle mußte zu Garnen versponnen werden, dann mit Leinen „verwebt". Mutter strickte für uns auch Strümpfe und Handschuhe.

Eine Mutter, die sieben Kinder und einen Ehemann zu versorgen hatte, wäre vollkommen überfordert gewesen, wenn meine älteren Geschwister, aber auch wir kleineren bestimmte Pflichten nicht übernommen hätten. So war es bei allen Familien im weltabgeschiedenen Dorf Kaupiai. Wie meine Mutter diese Bürde bewältigt hat, begreife ich heute nicht.

Sie und auch die anderen Frauen leisteten Unmenschliches. Einen Vorteil hatten wir alle in unserem Dorf. Wir alle trugen maßgeschneiderte Garderobe, und das kam so: Bei uns in Litauen gab es die Wanderschneiderin, die in den Wintertagen von Hof zu Hof zog um die Familien zu „benähen". Aus den von unserer Mutter gewebten Leinenbahnen fertigte die Hausschneiderin alles was benötigt wurde an: Hemden, Unterhosen, Beinkleider, Bettwäsche, Tischtücher und vieles mehr. In dieser Zeit hatte die Wanderschneiderin freie Kost und Logis. Nach Beendigung ihrer Arbeit erhielt sie eine kleine Entlöhnung. Nach dieser einfachen Methode waren die Kleinbauern und auch die Schneiderin zufrieden; denn Bekleidung kaufen, das konnte sich wahrhaftig niemand leisten. Während unsere Mutter in den langen Winterabenden am Webstuhl oder Spinnrad saß, hatte auch unser Vater seine Winterbeschäftigung. Er machte für seine auf sieben angewachsene Kinderschar „Holzklumpen", die im Frühling und Herbst dringend benötigt wurden. In der Sommerzeit liefen wir Kinder sowieso immer barfuß herum. Aber im Frühjahr und Herbst, wenn alles aufgeweicht und modderig war, mußten wir etwas über die Füße ziehen. Meine Eltern hatten es sehr schwer, die neunköpfige Familie durchzubringen, deshalb wurden auch wir Kinder immer mit Arbeiten betraut, die unserem Alter und der kindlichen Kraft entsprachen.

Meine älteren Schwestern, Anna und Marta, besuchten die 3 km ent-

fernte litauische Dorfschule in Budvyciai. Bei jedem Wetter täglich 3 km hin und die 3 km wieder zurück zu Fuß natürlich. Im Sommer barfuß, im Frühling und Herbst mit Vaters angefertigten Klumpen. Im Winter mit Filzstiefeln mit Gummigaloschen darüber. Der Schulbesuch durfte nicht unterbrochen werden. Ob Regen oder Sturm, ob Hitze im Sommer oder im Winter bei Minusgraden manchmal bis 25° C, erst ab 28° C gab es schulfrei. Hinzu kamen im Winter starke Schneeverwehungen, die meine Schwestern mit ihren kleinen Beinchen bewältigen mußten. Dieser tägliche Marsch zur Schule stand mir und meinem ein Jahr älteren Bruder Erich noch bevor. Zwischen unserer Hofstelle und der litauischen Schule in Budvyciai schlängelte sich ein kleines Bächlein, die „Elbant", deren Bachbett in Steilufern eingebettet war. Im Sommer war es nur ein Rinnsal oder trocknete gänzlich aus. Aber dieses Bächlein konnte sich mausern. Im Herbst, wenn der Dauerregen einsetzte, oder im Frühling nach der Schneeschmelze entpuppte sich die „Elbant" zu einem brausenden Wildbach. Im Sommer oder bei ganz niedrigem Wasserstand überquerte man das Bächlein über eine Furt.
Für Fußgänger war von Steilufer zu Steilufer ein dicker, behauener Baumstamm gelegt, ohne Lehne oder andere Sicherheit wurde der Bach überquert. Beinahe ein Zirkus-Balanceakt, aber uns Kinder und anderen Fußgängern mutete man es zu.

***

Wenn meine Schwestern Anna und Marta von der Schule heimkamen, standen nach dem Mittagessen zuerst die zu erledigenden Arbeitspflichten im Haus, Garten oder auf dem Feld im Vordergrund. Erst am Abend durften die Schul-Hausaufgaben gemacht werden.
Spiele, die zur Kindheit gehören, gab es in unserer Kinderzeit kaum. Kinderspielzeug war uns unbekannt, wir Kinder wußten ja nicht, daß es so etwas gibt. Das war aber bestimmt nicht die Schuld meiner Eltern, es war die Schuld der bitteren Armut, die uns die Kindheit stahl.
Eines Tages im Frühling, die „Elbant" führte nicht mehr so viel Wasser, befanden sich meine beiden älteren Schwestern auf dem Heimweg von der Dorfschule. Beim Überqueren des Baches rutschte meine älteste Schwester Anna vom besagten Baumstamm ab und fiel ins Wasser. Zum Glück konnte sie sich retten. Anna mußte aber mit der nassen Bekleidung noch ganz nach Hause laufen. Bei diesem noch ziemlich kalten Wetter zog sie sich eine langwierige Rippenfellentzündung zu und mußte am Ende den Schulbesuch ganz aufgeben.
Meine zweitälteste Schwester Marta war ein „Lernphänomen". Sie besaß die Gabe, fast jede Schulaufgabe in kürzester Zeit zu lösen. Zu Hause benötigte sie nur eine kurze Zeit und war mit ihren Hausaufga-

ben schnell fertig. Bei all ihren Arbeiten schrieb sie meistens eine „5“. Eine „5“ ist in der litauischen Schulbenotung die gleiche wie in Deutschland eine „1“, so sahen auch ihre Schulzeugnisse aus. Mein um ein Jahr älterer Bruder Erich und ich, der Richard, mußten auch bald die Schule besuchen, aber bei so einer begabten Schwester war uns nicht bange.

Im Herbst des Jahres 1935 wollte Vater Eduard ein Roggenfeld bestellen, mein Bruder Erich und ich, der kleine Richard, waren mit aufs Feld gefahren. Vater Eduard bestellte das Feld, Erich und ich, wir vertrieben uns irgendwie die Zeit. Gegen Abend, es dämmerte bereits, war Vaters Arbeit beendet, wir begaben uns auf dem Heimweg.

Im Wagen lagen einige leere Getreidesäcke und allerlei Gerät sowie ein kleiner Futtertrog, der zur Pferdefütterung diente. Vater Eduard und Erich setzten sich nach vorne auf den Kutscherbock, ich, klein Richard, setzte mich in den Futtertrog wie in ein Boot und spielte Schiffahren. Da kam das Verhängnis.

Vater Eduard, müde von der Feldarbeit, war beim Wagenlenken eingenickt. Das war eigentlich nicht so schlimm, denn die Pferde kannten den Weg nach Hause. Aber die Biester gingen ja nicht immer geradeaus. Sie machten einen kleinen Schlenker zur Grabenseite, der Wagen, auf dem wir saßen, folgte der Lenkbewegung der Pferde und kam etwas in Schräglage, so daß ich mitsamt meinem „Trog-Boot“ aus dem Wagen fiel.

Eigentlich war das nicht so schlimm, harte „Knüffe und Püffe“ waren wir gewohnt. Schlimm war nur, daß der Futtertrog auf meinen linken Arm fiel und das Armgelenk zertrümmerte.

Eine Katastrophe. Als Vater mich, dieses Häufchen Elend, in das Haus trug, war meine Mutter wie von Sinnen. Sie schimpfte Vater tüchtig aus, weil er auf die Kinder nicht besser aufgepaßt hatte.

Meinen inzwischen angeschwollenen Arm band man fest an den Körper, dann ging es am späten Abend mit Pferd und Wagen zum Krankenhaus nach Tauroggen. Mit diesen von der Feldarbeit müden Tieren 12 km hin und wieder zurück. Für die Tiere und auch meine Eltern eine Tortur.

Ich, der kleine Richard, kam in eine mir fremde Welt. Ärzte, Krankenschwestern und anderes Personal liefen wie Engel in „weiß“ herum. Ich staunte, war sprachlos und vergaß sogar meinen Schmerz über das, was um mich herum passierte. Mein Ärmchen wurde eingegipst, heilen mußte es ja von selbst.

Am nächsten Tag begann das Fiasko. Ich war noch niemals von Zuhause fort gewesen, hatte Heimweh und weinte nur. Ja, ich verweigerte jede Nahrung. Die litauischen Mitpatienten und Krankenschwestern ver-

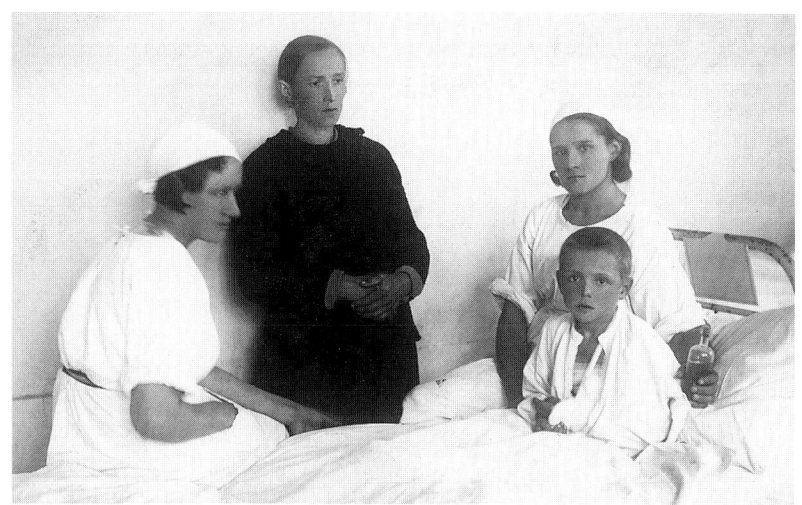

*Ich, der kleine Richard, mit gebrochenem Arm im Krankenhaus in Tau-
roggen, Mutter Maria und zwei Krankenschwestern; Foto: E. K. Taurage*

suchten mich zu trösten, aber ich verstand sie ja nicht, litauisch sollte
ich erst später in der Schule lernen.

Jeden zweiten Tag besuchte mich meine Mutter, dann habe ich gegessen, wenn sie wieder fort war, fastete ich aufs neue. Nach acht Tagen
durfte Mutter Maria mich wieder nach Hause mitnehmen. Zu Hause
wurde ich von meinen Geschwistern wie ein Held empfangen. War ich
doch acht Tage in der „Fremde" gewesen und hatte viel zu erzählen. Ich
war glücklich, wieder bei meiner Geschwisterhorde zu sein. Alle kümmerten sich rührend um mich, war ich doch das „Krippelchen" (Krüp-
pelchen).

Obwohl bei uns auf dem Hof „Schmalhans" Küchenmeister war und das
Geld an allen Ecken und Enden fehlte, mußten die Eltern auch noch die
Krankenhauskosten bezahlen. Aber irgendwie haben meine Eltern
auch diese Hürde genommen, denn Hilfe gab es von niemandem und
nirgendwo. Der litauische Staat, der sich 1918 von Rußland gelöst hatte, war selbst arm, deshalb war vom Staat eine Hilfe irgendeiner Art
nicht zu erwarten. „Brauchst du Hilfe, hilf dir selbst." So war auch das
Gesundheitswesen. Wenn jemand erkrankte, für den gab es drei Möglichkeiten. Entweder war der Erkrankte vermögend und konnte Arzt-
behandlung und Medikamente bezahlen oder „Er" oder „Sie" wurde
von allein gesund. Die dritte Möglichkeit war, die Erkrankten verstar-
ben an der Krankheit. Das war das litauische „Dreipunkte-Krankheits-
system", welches sogar funktionierte.

In der damaligen Zeit durfte in Litauen kein Mensch ein Gebrechen haben. Eine „körperliche Behinderung" galt als Katastrophe, ganz kraß ausgedrückt beinahe als persönliche Schande. Solche Familien grenzte man aus, sie wurden gemieden. Mir ist nicht bekannt, daß jemand ein mißgestaltetes Kind großzog. Wahrscheinlich war es ein „ungeschriebenes Gesetz", solches Leben nicht zu erhalten. In meiner Kindheit in Litauen habe ich keinen körperbehinderten Menschen gesehen. Eines aber hatten wir der „hohen Zivilisation" voraus, wir waren abgehärtet und nie ernstlich krank, außer daß Anna in die „Elbant" gefallen war und sich eine Rippenfellentzündung holte und ich mir den Arm brach, aber das waren Unfälle und keine Krankheiten. Von meiner Geburt bis zum 10. Lebensjahr war ich zweimal beim Arzt. Das erstemal als Baby zur Pocken-Schutzimpfung, das zweitemal wegen des Armbruchs.

Wie ich es bereits erwähnte, das war die litauische Krankenversorgung. Wer gesund war und gesund blieb, hatte Glück. Wer krank war und kranker wurde, mußte dann sterben. Der litauische Staat leistete sich eine Elite von nur gesunden Menschen.

Es waren acht Wochen vergangen, mein Ärmchen sollte vom Gips befreit werden. Als der Gips abgenommen war, kam die nächste Aufregung. Mein Ärmchen war in einem Winkel von 90° steif. Ein Krüppel! Welch ein Schock!

Weitere Arztbehandlungen konnten meine Eltern nicht bezahlen. Weil jetzt eine Weiterbehandlung aus finanziellen Gründen ausschied, war Selbsthilfe angesagt. Aber wie sollte es weitergehen? Meine Mutter wußte Rat, und die Behandlung begann. Dreimal am Tage mußte ich den linken Ellenbogen in ganz heißem Wasser aufheizen, danach mit einem Eimer, in den Steine gelegt waren, zweimal um das Haus laufen, den Eimer mit den Steinen natürlich immer mit der linken Hand tragen. Die Steinlast in dem Eimer machte man anfangs nicht zu schwer, aber von Woche zu Woche erhöhte man die Last. Nach vier Wochen „Steineimer" tragen hatte ich meinen gelenkigen Arm wieder.

Daraus kann man sehen, daß es auch ohne ärztliche Kunst geht, einen körperlichen Schaden zu beheben. Der kleine Richard war kein „Krippelchen" mehr.

Auf unserer Hofstelle führten wir ein wirklich karges Leben. Zum richtigen Leben fehlte einfach alles was ein wenig Freude und Ablenkung aus dem täglichen Trott brachte. Die Bewohner des weltabgeschiedenen Dorfes Kaupiai hatten auch keine Ideen oder Interessen, einen Kreis der Zusammengehörigkeit zu bilden, wo man sich gemeinsam hätte treffen können, um Geselligkeit und Kultur zu pflegen oder anstehende Probleme gemeinsam zu lösen.

18

Der Überlebenskampf jedes einzelnen Kleinbauern lähmte die deutsche Kulturpflege. Es wäre Zeitverschwendung gewesen, und wem nützte es? In der Stadt Tauroggen hielt die luth. Kirche die Deutschen mehr zusammen. Der Kirchenbesuch an jedem Sonntag war beinahe Pflicht und auch ein Ereignis. Nach dem Gottesdienst tauschte man Sorgen und Erfahrungen aus, aber im Dorf? Auch meine Eltern konnten nicht jeden Sonntag 12 km zur Kirche nach Tauroggen fahren, das war einfach zu weit und kostete viel Zeit. Mein Ärmchen war wieder hergestellt, und alles war gut. Zwischenzeitlich waren auch der Dezember und die Weihnachtszeit nähergerückt. Diese Zeit war bei uns ganz anders. Zu allererst kam „Väterchen Frost", das heißt, es wurde sehr kalt. Mitte Dezember herrschte bereits „klirrende Kälte", danach kam auch bald der Schnee. Zur Weihnachtszeit lag bereits hoher Schnee. So hatten wir immer „weiße Weihnacht".

Aber so schön war Weihnachten bei uns eigentlich nicht. Für uns Kinder, sieben an der Zahl, gab es niemals irgendwelche Geschenke zum Spielen. Daß es für Kinder auch Spielsachen gibt, wußten wir nicht, wir hatten niemals welche gesehen, geschweige mit solchen gespielt. Am Heiligen Abend gab es einen geschmückten Tannenbaum, mit echten Kerzen, bunten Kugeln und Lametta, welches wir Kinder „Engelshaar" nannten. Auf dem Tisch, worauf der Tannenbaum stand, für jedes Kind ein Teller mit selbstgebackenem Kleingebäck und ein paar Äpfeln, mehr gab es nicht. Am ersten und zweiten Weihnachtstag zum Mittagessen Gänse oder Schweinebraten soviel wie jeder essen mochte. An anderen Tagen gab es solche Köstlichkeiten nicht. Ich glaube, meine Eltern hätten uns Kinder bestimmt zu Weihnachten immer reichlich beschenkt, wenn die bittere Armut nicht gewesen wäre.

Wie mag es im Herzen meiner Mutter ausgesehen haben, daß sie diese Kinderschar, der sie doch das Leben geschenkt hatte, zum höchsten Christenfest nicht beschenken konnte? Sie hatte uns doch unter Schmerzen geboren und mußte es sehen, wenn am Tannenbaum die Kerzen brannten, aber für die Kinderschar unter dem Tannenbaum keine Geschenke lagen. War das ein wirkliches Leben? War es nicht nur ein Dahinvegetieren? Wir Kinder kannten ja nichts anderes, waren trotzdem glücklich und zufrieden, freuten uns immer auf das nächste Weihnachtsfest.

Die Zeit schritt voran. Auf der kleinen Landscholle lebten wir nach den vier Jahreszeiten. Was so in der Welt passierte, interessierte keinen

Menschen. Auch die großen Umwälzungen in Deutschland, fast direkt vor unserer Haustür, bekamen wir in dem weltabgeschiedenen Dorf Kaupiai nicht mit. Wozu auch? Das Wissen über politische Veränderungen machte uns nicht reicher.

Andere Dinge waren wichtiger, nämlich die Einschulung von meinem Bruder Erich und mir stand bevor. Unsere ältere Schwester Marta hatte jetzt die Aufgabe, die kleinen Brüder auf den Schulbesuch vorzubereiten. Erich, der ein Jahr älter als ich war, mußte zusammen mit mir eingeschult werden, weil er ein Jahr vorher an Diphtherie erkrankte. Jedenfalls unsere Schwester Marta war jetzt unsere Vorschullehrerin. Als erstes mußten wir das litauische Alphabet lernen, welches aus 32 Buchstaben besteht. Zum Üben besaßen wir keine Schiefertafel oder Übungshefte, dafür fehlte das Geld.

Unsere Übungstafel waren die Lehmmauer unseres Viehstalles und die Bohlenbretter der Scheune. Zum Schreiben benutzten wir Holzkohle aus dem Küchenherd. Die Holzkohle kostete nichts und stand immer zur Verfügung. Unsere Schwester Marta gab sich sehr viel Mühe und brachte uns vieles bei. In der Dorfschule Budvyciai wurde nur in litauischer Sprache unterrichtet. Zu Hause bei uns wurde nur deutsch gesprochen, natürlich fehlte die Grammatik, aber war das so wichtig? Wichtig war, daß wir in der litauischen Sprache Fuß faßten. Marta übte mit uns auch lesen sowie die einfachen Rechenaufgaben von eins bis zehn. Erich und ich, der Richard, wir waren sehr lernbegierig, denn das Lesen, Rechnen und Schreiben holte uns aus dem täglichen Arbeitstrott. So gut auf die Einschulung vorbereitet, haben wir den Tag herbeigesehnt.

Im Frühjahr 1937 war es endlich so weit. Am Abend vor dem ereignisreichen Tag steckte Mutter Maria Erich und mich in die große Zinkwanne und schrubbte uns tüchtig ab. Vor allen Dingen reinigte sie unsere Ohren gründlich, wahrscheinlich aus dem einfachen Grunde, daß wir beide in der Schule gut zuhören und aufpassen sollten.

Ich glaube das Zuhören war wohl das Wichtigste. Schultüten, gefüllt mit allerlei Süßigkeiten und anderem Beiwerk, die uns den Schulbesuch versüßen sollten, erhielten wir natürlich nicht. Wozu auch? Süßigkeiten schaden nur den Zähnen, und Zahnarztbesuche konnten meine Eltern nicht bezahlen.

Sollte mal ein Zahn gezogen werden, besorgte unsere Mutter das mit einem Zwirnsfaden. Also ging es ohne Schultüte zur Schule. Wie sahen Erich und ich, der Richard, aus? Natürlich die Köpfe ganz kahlgeschoren, nur ganz vorne ein kleiner Puschel. Bekleidet mit Leinenhosen, die auch die Knie bedeckten, und ein Leinenhemd ohne Kragen. An den

Füßen Wollstrümpfe und Holzklumpen, die Vater Eduard in den Winterabenden angefertigt hatte. Schultornister hatte Vater in Tauroggen gekauft.

Das waren aus dünnem Sperrholz gefertigte Kästen, schön bunt angestrichen und mit Trageriemen versehen, damit man sie auf dem Rücken tragen konnte. So waren Erich und ich, der Richard, zum großen Abenteuer „Einschulung" bereit.

Im Frühjahr 1937 führte unsere Mutter meinen Bruder Erich und mich zur litauischen Dorfschule in dem 3 km entfernten Ort Budvyciai. Schweigend legten wir den Weg zurück, für uns beide war es ein aufregendes Ereignis. Die Wegstrecke zur Schule schwieg unsere Mutter und ließ uns mit unseren Gedanken allein. Dann waren wir da. Die Schule, ein Holzbau im Bungalow-Stil, nur ein Erdgeschoß mit einem Walmdach und mit Holzschindeln gedeckt. Die Wände bestanden wie die meisten Häuser in dieser Gegend aus dicken Holzstämmen. Das war unsere Schule von außen gesehen. Im Gebäude waren zwei Klassenräume durch einen Korridor getrennt. Dieser Korridor führte zu einem Anbau, wo unser Lehrer Herr Alminas Adomas mit seiner Frau Adomiene lebten.

Die beiden Klassenräume waren so aufgeteilt: In dem einen Raum standen drei Bankreihen. Jede Reihe war eine Schulklasse und so angeordnet: Die erste Reihe war die 1. Gruppe, die Schulanfänger. Die 2. Reihe die 1. Klasse, die 3. Reihe die 2. Klasse. Im nächsten Klassenzimmer standen nur zwei Bankreihen.

Die 1. Reihe war die 3. Klasse, die zweite Reihe die 4. Klasse, sozusagen die Senioren der Schule, die auf dem Schulhof absolute Autorität besaßen. Die 4. Klasse war auch das letzte Schuljahr, denn in Litauen waren nur fünf Schuljahre vorgesehen.

In dieser „Lehranstalt" waren wir nun angelangt. Mein kleines Kinderherz schlug wie wild. Von den älteren Schülern wurden wir schon in Augenschein genommen, denn wir Neulinge waren doch diejenigen, die später den älteren Schülern gehorchen mußten.

Auch andere Schulanfänger standen mit ihren Müttern auf dem Schulhof und warteten, daß der Schulleiter, Herr Alminas Adomas, seine neuen Schäfchen zur Begrüßung in die Schule bat. Dann endlich kam das Klingelzeichen.

Wir Einzuschulenden begaben uns mit unseren Müttern in einen leeren Klassenraum und verhielten uns mucksmäuschenstill. Herr Alminas Adomas begrüßte alle Mütter mit einem Händedruck, dann räusperte er sich kurz und hielt uns Neulingen eine Rede, natürlich in litauischer Sprache, daß Schule und Lernen für das Leben sehr wichtig seien und noch vieles mehr. Erich und ich, wir verstanden kaum ein Wort, aber unsere Mutter erklärte uns, daß Herr Adomas das wirklich gesagt hatte, Herr Adomas unterrichtete die 3. und 4. Klasse, sozusagen die Schulabgänger. Er war ein großer schlanker Mann, mit einer „hohen Stirn" wie der Revolutionär Lenin. Nur daß der Lenin berühmter war als Herr Alminas Adomas. Gekleidet war Herr Adomas stets in einem schwarzen Anzug, weißes Oberhemd und schwarzer Schlips. In meiner ganzen Schulzeit in Budvyciai von 1937 bis 1941 habe ich Herrn Adomas nicht einmal lächeln oder lachen sehen. Er sah immer furchteinflößend, ja unnahbar aus.

Seine Frau, Ponia Adomiene, Ponia heißt im Litauischen: Frau, Dame oder Herrin in der Höflichkeitsform, war die Lehrerin der Schulanfänger sowie der 1. und 2. Klasse. Sie war für uns Neulinge angenehmer als Herr Adomas. Ponia Adomiene kleidete sich auch meistens mit einem schwarzen Rock und einer weißen Bluse. Wahrscheinlich war in unserer Dorfschule die Farbe schwarzweiß kein Muß, aber doch irgendwie dominierend.

Am zweiten Schultag erklärte Ponia Adomiene die Schulregeln. Schulanfang Punkt acht Uhr in der Frühe ob Sommer oder Winter, Schulende um zwölf Uhr mittags. Während des Unterrichts absolute Ruhe und Sprechverbot, nur fragen war erlaubt. Man mag es kaum glauben, aber diese Regeln wurden von allen Schülern auch tatsächlich befolgt. Während des Unterrichts gab es kein Geflüster, auch kein Schummeln, da hieß es wirklich, jeder lernt für sich allein. Wer gegen die Schulregeln verstieß, wurde auch bestraft, aber es wurde niemals geschlagen; da waren die Litauer anderen Staaten ein Vorbild, wo die Lehrer noch die Prügelstrafe anwendeten.

Unsere Strafe bestand aus „Nachsitzen". Nach einer gewissen Zeit stellte ich fest, daß eine Ohrfeige besser als Nachsitzen gewesen wäre. Ohrfeigen war ich von Zuhause gewöhnt, sie waren sozusagen von unserer Mutter antrainiert. In Zeit umgerechnet „dauert" eine Ohrfeige nur eine Sekunde: „platsch", dann ist es vorbei. Aber eine Stunde Nachsitzen dauert 3600 Sekunden, das war der große Unterschied und für uns eine noch höhere Strafe, die sehr gefürchtet war. Nach dem Nachsitzen mußten wir noch 3 km zu Fuß nach Hause gehen, und wenn wir verspätet nach Hause kamen, dann gab es auch kein Mittagessen mehr. Das war die Strafe der Eltern für das Fehlverhalten in der Schule. Ich wurde, wenn ich nachsitzen mußte, doppelt bestraft. So waren ich und auch die Mitschüler bemüht, sich kein Nachsitzen einzuhandeln. Also, Ponia Adomiene war unsere Lehrerin.

In Litauen wird der Familienname des Ehemannes für seine Ehefrau in eine „weibliche Form" umgewandelt. Heißt der Ehemann „Adomas", so heißt seine Gattin „Adomiene".

Hätte das Ehepaar eine Tochter, so hieße sie „Adomaite". Nur ein männlicher Nachkomme behält den Namen des Vaters. In Litauen weiß man sofort, ob man eine ledige oder verheiratete Frau vor sich hat. Der Name einer Verheirateten Frau endet immer mit „iene", der Name lediger Frauen endet mit „aite", „yte" oder „ute". Aber auch andere Namen, nicht litauischen Ursprungs, werden „litauerisiert".

Zum Beispiel: Mein Name Richard Neu heißt litauisch „Rikartas Nejus". Mein Großvater mütterlicher Seite hieß Karl Drochner, litauisch hieß er „Karolis Drukneris". Die Töchter von Familie Neu hießen „Nejyte", die von Drochner „Drukneryte".

So ist das in der litauischen Namensgebung.

Für uns Brüder eine beschwerliche Zeit. Neben dem Schulbesuch hatten wir auf dem Hof unsere bestimmten Pflichten, die mit dem Schulbesuch nicht aufgehoben wurden. Vater Eduard und Mutter Maria verrichteten nur die Hauptarbeiten auf dem kleinen Hof. Wir Kinder hatten je nach Alter unseren Aufgabenbereich.

Im Garten Unkraut jäten, Hühner, Gänse und Enten füttern. Kälber tränken, Schweine füttern und das Vieh hüten. Große abgezäunte Viehweiden gab es in Litauen nicht.

Die Hausaufgaben der Schule machten wir grundsätzlich am späten Abend, wenn ein jeder seine Arbeit verrichtet hatte. Zum Spielen oder irgendwie Herumtollen, dafür war keine Zeit. Beim Hausaufgaben machen haben mein Bruder Erich und ich oft geschummelt, dabei bedienten wir uns eines simplen Tricks, und der sah so aus: Die Lehrbücher waren immer dieselben und die Hausaufgaben meistens auch. So wurden die ausgedienten Schulhefte unserer „schlauen Schwester Marta" niemals weggeworfen.

Erich und ich konnten auf diese Weise so manche schwere Hausaufgabe abschreiben und brauchten uns nicht lange abzuquälen.

Für so manchen Mitschüler waren wir ein heißer „Tip", denn wenn er zu Hause mit den Hausaufgaben nicht fertig wurde, schrieb man vor Unterrichtsbeginn die Ergebnisse bei uns schnell ab. Wie ich bereits erwähnte, sah das litauische Schulsystem fünf Pflichtschuljahre vor. Nach fünf Schuljahren entließ man die Schulabgänger nicht so einfach, sie mußten ein Abschlußexamen ablegen. Wer das Examen nicht bestand, durfte die Schulbank weiter drücken. Es kam auch schon vor, daß einige Schüler sechs oder sieben Jahre zur Schule mußten, jedenfalls solange bis sie das Examen bestanden.

Besondere „Schulstreiche" gab es zu meiner Schulzeit nicht. Der Schulbesuch war eine viel zu ernste Angelegenheit, um sich noch Streiche auszudenken. Es lag auch daran, daß in Litauen alle Kinder zu Hause autoritär erzogen wurden. Den Eltern, Lehrern und älteren Leuten zu gehorchen, war absolutes „Muß" ohne Widerrede, ohne „wenn und aber", sozusagen bis zur Volljährigkeit zum Gehorsam erzogen. An Schulbücher gab es nur drei. Das waren das Buch der litauischen Grammatik, das Lesebuch und das Rechenbuch. Mehr benötigten wir in unserer Dorfschule in Budvyciai nicht. Jedem Lesebuch war ein sehr „wichtiges Portrait" beigefügt, nämlich die Ablichtung des litauischen Präsidenten, der Antanas Smetonas hieß. Aussehen tat er wie eine Mischung aus Kaiser Wilhelm II. und dem deutschen Arzt Robert Koch. Also, den Kinnbart trug er wie der Arzt Robert Koch, aber den Schnurrbart wie Kaiser Wilhelm II. Nur der Schnurrbart des Präsidenten Antanas Smetonas war nicht so nach oben gezwirbelt, sondern waagerecht nach den Seiten. Das Haupthaar war spärlich, in der Mitte gescheitelt. Das war der litauische Präsident, vor dem wir Schüler bei Nennung seines Namens in Ehrfurcht und Demut erstarren sollten. Auf der anderen Seite des Präsidentenblattes war die litauische Nationalhymne aufgedruckt, die so begann: „Lietuva tevyne musu, tu didvyriu Zeme", was in deutsch übersetzt heißt: „Litauen unser Vaterland, du Land der Helden". Der Dichter der litauischen Nationalhymne hieß Vincas Kudirka, sozusagen der litauische „Hoffmann von Fallersleben".

Aber weder der Präsident Antanas Smetona mit dem wilhelminischen und kochschem Bart, noch der Hymnenschreiber Vincas Kudirka konnten unsere Armut etwas lindern.

Wir waren arm und blieben arm.

In den Jahren 1936–1937 wurde in Litauen eine Landbegradigung durch die Regierung durchgeführt. Viele Ländereien waren durch langjährige Vererbungen zerstückelt und mußten zusammengeführt werden.

Auch die Familie Neu mußte unseren alten Hof räumen und das Gehöft an einer anderen Stelle neu aufbauen. Wir erhielten dadurch mehr Ackerland, aber keine Unterstützung vom Staat, um die Gebäude neu zu errichten. Der litauische Staat war genau so arm wie auch wir.

Für das gesamte Bauvorhaben mußten eigene finanzielle Mittel aufgebracht werden.

Das größte Kapital waren die eigene Arbeitskraft und die Hilfsbereitschaft des ganzen Dorfes. Der neue Hof wurde in kürzester Zeit 1937/38 aufgebaut. Zuerst wurden die Fundamente für die Gebäude aus Natursteinen geschüttet. Haus und Stallwände fertigte man aus dicken behauenen Baumstämmen, die aus dem nahegelegenen Wald herbeigeschafft wurden. Alle männlichen Nachbarn des Dorfes Kaupiai halfen beim Neuaufbau der Gebäude. Nachbarschaftshilfe „ohne Bezahlung" war eine Selbstverständlichkeit, beinahe ein „Muß". Ausreden wie „ich habe keine Zeit" gab es nicht. Jeder der arbeiten konnte packte mit an; anders wäre der Neuaufbau auch nicht zu schaffen gewesen. Die neuen Gebäude sollten etwas bekommen, was bisher auf dem Lande nicht üblich war. Alle Dächer des neuen Gehöfts sollten mit Dachpfannen gedeckt werden. Das war im Dorf Kaupiai einmalig. Aber die benötigten Dachpfannen sollten nicht etwa gekauft, sondern an Ort und Stelle von einem „Former" auf dem Bauplatz hergestellt werden. Diese Dachpfannen wurden nicht „gebrannt", sie wurden aus einer Zementmischung gefertigt. Wir Kinder hatten die Aufgabe, diese geformten Dachpfannen täglich mit Wasser zu besprenkeln, damit sie nicht so schnell trockneten und eine gewisse Härte sowie Bruchfestigkeit erhielten. Das Wasser, welches dafür benötigt wurde, gab es nicht etwa aus einer Wasserleitung, nein, wir Kinder holten es mit Eimern aus dem bereits angelegten Viehteich und besprenkelten die Dachpfannen „spielend" mit unseren kleinen Händchen. So waren auch wir Kinder beim Aufbau mit eingespannt. Bei dieser spielerischen Tätigkeit fühlten wir uns zu keiner Zeit einem Zwang ausgesetzt. Dies und jenes mußte getan werden, und wir taten es gerne. Durch den Bau des neuen Gehöftes verlängerte sich unser Schulweg um einen halben Kilometer, das war nicht so gut für uns Schüler.

Auf dem neuen Hof war alles besser. Großvater Fritz war verstorben, und die Oma „Frietsche" bewohnte ein kleines Häuschen, welches abseits des Hofes erstellt wurde. Das neue Haus hatte einen Keller für Wintervorräte erhalten, was auch eine „Neuerung" war. Wir Kinder erhielten einen größeren Schlafraum, mußten aber trotzdem zu zweit in einem Bett schlafen. Die Eltern begnügten sich mit einem kleinen Schlafraum. Die Küche war noch größer als auf dem alten Hof. Da konnten jetzt bei strenger Kälte auch zwei Muttertiere mit ihren Lämmchen aufgenommen werden.

Auch hier bestand der Küchenfußboden aus festgestampftem Lehm. Den Herd und den Backofen hatte man noch größer gebaut. Am Ende des Hauses befand sich ein ziemlich großer Raum, der nur für besondere Anlässe gedacht war. Ich erinnere mich, daß das Mobiliar aus einem sehr langen Tisch und an den Wänden hölzernen Bänken bestand. Das war schon alles. Wir Kinder nannten diesen Raum nur „das andere Ende".

Es schien so, als ob wir auf dem neuen Hof etwas besser lebten. Wir hatten mehr zum Essen, obwohl die meisten Erzeugnisse auf dem Wochenmarkt in Tauroggen an die Städter verkauft wurden. Selbstgemachte Butter, Käse, Geflügel, Sahne und andere Dinge bekamen wir Kinder nicht zum Verzehr. Das waren „Handelsgüter". Unser Brotaufstrich war immer Schweineschmalz oder saure Apfelmarmelade, die letztere schmeckte mir überhaupt nicht. Außerdem gab es bei uns immer nur Schwarzbrot. Weißbrot, „Pyrag", gab es nur zu besonderen Anlässen. In Litauen lebten Volksgruppen mit verschiedenen Religionen. Da waren zuerst die Litauer, die zu 98 % dem katholischen Glauben angehören. Die meisten eingewanderten Deutschen hatten den ev.-luth. Glauben. In den Städten lebten sehr viele Juden, die überwiegend Geschäftsleute waren. Dann war da noch das „fahrende Volk" der Zigeuner. Alle Volksgruppen lebten doch recht friedlich nebeneinander. Nur die Religionszugehörigkeit trennte vieles. Obwohl Katholiken und Protestanten Christen waren, lebten sie in verschiedenen Welten. Der Graben zwischen beiden Religionen war sehr tief. Man bekämpfte sich nicht, aber man liebte sich auch nicht. Nach Erzählungen meiner Mutter gab es ganz selten eine Ehe zwischen „Andersgläubigen". Wer es wagte, seine Religion aufzugeben, katholischen oder evangelischen Glauben anzunehmen, war ein „Abtrünniger" und wurde fortan von den anderen gemieden. Mir ist nicht bekannt, daß in unserem Bekanntenkreis eine Eheschließung zwischen Andersgläubigen stattgefunden hat. Gegen deutsche Bürger, die in Litauen wohnten, hatten die Litauer immer eine Aversion. Die bezog sich noch aus der Zeit der Ordensritter, mit denen die Litauer viele Kriege führten, die 1410 bei Tannenberg endete. Dann die Teilung Polens 1773, wo auch Litauen unter die Zarenkrone fiel, wobei auch Preußen beteiligt war, dann der ewige Streit um das Memelgebiet (auch Kleinlitauen genannt) und den Hafen Memel (litauisch Klaipeda). Aus diesem Grunde mochten die Litauer uns nicht, sie sind außerdem sehr nationalbewußt. Wegen der Geschäftstüchtigkeit der Juden mochten die Litauer diese Volksgruppe auch nicht. Mit den Polen, die sich um die Hauptstadt Vilnius niedergelassen hatten, gab es immer Spannungen. Deutsche und Juden hatten untereinander ein gutes Verhältnis. Nach Erzählungen meiner Mutter gab es keine Spannungen. Meine Mutter erzählte oft von einem jüdischen Geschäftsmann in Tauroggen, er hieß Feifke und besaß in Tauroggen ein größeres Geschäft. Wenn meine Eltern mit ihren kargen Erzeugnissen zum Wochenmarkt nach Tauroggen fuhren, stellten sie des öfteren das Pferdegespann auf dem Hinterhof des Herrn Feifke ab. Dieser Herr hat meiner Mutter oft aus finanzieller Not geholfen. Wenn meine Mutter ihre Produkte auf dem Wochenmarkt nicht verkaufen konnte, mußte vieles zurückstehen. Herr Feifke lieh meiner Mutter immer Geld ohne jede Sicherheit mit den Worten: „Geben Sie mir das Geld zurück, wenn Sie es haben." Er bekam sein Geld immer zurück, wenn manchmal auch etwas später. Meine Eltern mußten sich sehr schinden und plagen, um den kleinen Hof und die große Kinderschar zu versorgen. Bei der Erstellung des neuen Hofes waren auch Bankschulden angewachsen, die man tilgen mußte. So waren noch größere Anstrengungen notwendig, um die Schuldenlast loszuwerden. In unserem Dorf Kaupiai gab es auch größere Bauernhöfe mit 25–30 ha Land. Das waren aus unserer Sicht gesehen bereits „Großbauern", denen ging es wirtschaftlich viel besser als uns. Sie konnten sich sogar einen Knecht und ein Dienstmädchen halten, die natürlich immer von den kleinbäuerlichen Höfen stammten. Wir dagegen mit unseren mageren 15,5 ha Land konnten keinen großen „Staat" machen. Diese „Kleinbauerei" gab es nicht überall in Litauen. In Zentrallitauen waren auch sehr große Güter des litauischen Adels. Zu so einem Gut gehörte immer ein ganzes Dorf oder Dörfer, wo alle Dorfbewohner dem Gutsherrn verpflichtet waren. Die Dorfbewohner, die für das Gut arbeiteten, erhielten ihr jährliches Deputat an Getreide. Kartoffeln und Hackfrüchte durften sie sich selbst anbauen, dafür stellte der Gutsherr jeder Familie Ackerland zur Verfügung. Außerdem durfte jede Familie eine Kuh zwischen der Herde des Gutsherrn weiden lassen. Schweine und Geflügel durfte sich auch ein jeder Gutarbeiter halten. So gesehen waren die Dörfler der Güter gar nicht so schlecht gestellt. Sie waren keine „freie Bauern", aber ging es uns „freien Bauern" denn besser als den „unfreien"? Ich glaube es nicht.

Auf der politischen Weltbühne hatten sich zwischenzeitlich Dramen abgespielt, die wir im verschlafenen mittelalterlichen Dorf Kaupiai nicht mitbekamen. Wie auch?

Eine Tageszeitung hielt sich aus Kostengründen niemand im Dorf. Radio und Telefon gab es schon gar nicht. Wie sollten wir das Weltgeschehen verfolgen?

Alle Familien im mittelalterlichen Dorf regte nichts auf, alle schliefen den Schlaf des „Gerechten". Wir lebten nur das „heute", was morgen geschehen sollte, das wollte keiner wissen.

Der Aufbruch in die Zukunft –
Umsiedlung nach Deutschland

Im verschlafenen Dorf Kaupiai erwachten die Bauern und rieben sich verwundert die Augen. In der Welt war politisch doch allerhand geschehen. Wenn sich jetzt jemand zum Wochenmarkt oder einer anderen Gelegenheit nach Tauroggen begab, kam der oder diejenige immer mit einem Sack voll Neuigkeiten heim und berichtete. Allerdings die Besetzung des Memellandes am 23. März 1939 erfuhren wir von unserem Lehrer Herrn Alminas Adomas, der über den deutschen Militärstreich sehr erschüttert war. Die Stadt Memel (litauisch Klaipeda) und ihren Hafen sowie einen Landstrich nördlich der Memel, das sogenannte „Memelgebiet", welche nach dem Ersten Weltkrieg von Ostpreußen abgetrennt und Litauen zugesprochen worden waren, holte sich die Reichsregierung zurück. Für den litauischen Staat beinahe eine Katastrophe. Memel (Klaipeda) war doch der einzige Hafen sowie Zugang zur Ostsee und dem Welthandel. Jetzt war er weg.

Herr Alminas Adomas hat uns diese Nachricht mit einer tieftraurigen Stimme mitgeteilt. Da mußte ja etwas ganz Schlimmes passiert sein. Ich habe das alles damals nicht ganz begriffen, ich hatte sowieso nichts davon, ob Litauen jetzt nach der Besetzung ein Stückchen kleiner oder größer war. Reicher wurde unsere Familie deswegen auch nicht. Aber seit dem 23. März 1939 waren die Litauer noch weniger „gut" auf uns Deutsche zu sprechen. In der Schule wurden wir deutschen Schüler des öfteren mit „prakeikti Voketikai" (verfluchte Deutsche) beschimpft. Mir war das unverständlich, mein Bruder Erich und ich, der Richard, hatten den Litauern das Memelland doch nicht weggenommen. Warum beschimpfte man uns jetzt deswegen? In all den Jahren kamen wir mit den Litauern doch einigermaßen gut aus, warum dieser Sinneswandel? Weil das ganze Dorf Kaupiai nur von deutschen Familien bewohnt war, spürten wir das Stimmungsbarometer nicht so. In der Stadt Tauroggen sah es schon anders aus.

Jeden Deutschen betrachtete man mit Mißtrauen. Auf unserem Hof verlief alles nach dem alten Trott. Wir Kinder besuchten weiterhin die Dorfschule in Budvyciai, nach der Schule erwartete uns die tägliche Arbeit auf dem Hof.

Vor einem Jahr hatte die litauische Behörde begonnen, eine neue Schule in Budvyciai zu errichten. Das Schulgebäude sah sehr imposant aus. Vor dem Eingang zwei Säulen, wie es bei griechischen Tempeln üblich war. Eines Tages war es soweit, die Dorfschule zu Budvyciai wurde

„eingeweiht". Für uns ein historischer Tag. Die Eltern aller Schüler waren zu diesem Ereignis eingeladen. Für uns war die Schule ein wirklicher Prachtbau. Die Klassenräume mit großen Fenstern, für die Schüler neue Sitzbänke. Draußen vor den Klassenräumen Garderobenhaken für unsere Schafspelze und Überjacken. Der Fußboden in den Klassenräumen bestand aus hellen Holzdielen. Bevor wir Schüler das Klassenzimmer betraten, mußten wir unsere Holzklumpen ausziehen. Die Schulräume durften von uns Schülern nur auf Strümpfen, im Sommer nur barfuß betreten werden. Diese unsere Dorfschule war für Budvyciai ein großer Fortschritt. Auch wir Schüler waren begeistert, in einer so schönen Schule unterrichtet zu werden.

Seit einem Jahr wohnten wir nun auf der neuen Hofstelle, wo die Dächer der Gebäude, mit Dachpfannen gedeckt, der ganze Stolz meiner Eltern waren. So war das damals.

Jede Erneuerung war bereits ein Fortschritt. Es schien auch alles besser zu werden, man ging mit größerem Elan ans Werk. Der Sommer des Jahres 1939 ging ohne große Ereignisse langsam zu Ende. Auf unserer Hofstelle brachte man die Getreideernte ein. Die Ernte fiel sehr gut aus, es sollte kein aufregendes Jahr werden.

Dann kam der 1. September, das Datum, an dem der Zweite Weltkrieg begann. Der Krieg zwischen Deutschland und Polen.

Ein Krieg, man kann sagen, der fast vor unserer Haustür stattfand, davon haben wir im verschlafenen Dorf Kaupiai nichts mitbekommen, das Dorf schlief weiter „den Schlaf des Gerechten". Erst nach einem Wochenmarktbesuch meiner Mutter erfuhren wir, daß die Menschen in Tauroggen sehr aufgeregt waren und zwischen Deutschland und Polen Krieg herrschte. In der Schule hat unser Lehrer Herr Alminas Adomas uns Schülern nichts von einem Krieg erzählt, worüber er bestimmt Kenntnis hatte. Die Lehrer waren darüber informiert, was sich auf der politischen Weltbühne abspielte. Mit den Schülern darüber zu sprechen, gehörte wohl nicht zum Lehrplan. Vielleicht hätten wir das Ganze auch nicht begriffen.

Auf unserem Hof ließen wir uns durch nichts und gar nichts aus unserer gewohnten Ruhe bringen. Wenn die Deutschen und Polen sich gegenseitig verhauen wollten, was ging uns das an? Die Hauptsache, sie ließen uns mit ihren Kanonen und Soldaten in Ruhe, damit wir auch weiterhin unsere Felder bestellen und ernten konnten.

Weltpolitik; was war das? Das interessierte niemanden in unserem Dorf. Von Politik verstand sowieso keiner etwas. Wochen später, Mutter Maria kam wieder vom Wochenmarkt mit der Neuigkeit zurück, daß der Krieg zwischen Deutschland und Polen beendet wäre und Deutschland gewonnen hätte.

Von der Bevölkerungsgröße Deutschlands oder Polens wußten wir sehr wenig. Beide Völker waren uns fremd, obwohl wir deutscher Herkunft waren, wußten wir nichts über Deutschland. Es sollte uns recht sein, daß Deutschland den Krieg gewann, wir waren ja auch Deutsche, aber unsere Armut blieb trotz des gewonnenen Krieges.

Nur eines wurde besser; wir wurden in der Schule von keinem Litauer mehr als „verfluchte Deutsche" beschimpft. Die litauischen Schüler wurden stiller und brachten uns irgendwie Respekt entgegen. Wahrscheinlich aus dem erklärlichen Grunde: Polen hatte vor Jahren von den Litauern die Hauptstadt Vilnius und ein Gebiet um Vilnius okkupiert. Jetzt, nach dem verlorenen Krieg, erhielt Litauen von den Deutschen die Hauptstadt Vilnius und das Gebiet um Vilnius, welches Polen einst okkupiert hatte, zurück.

Nach einigen Wochen, ich weiß es nicht mehr ganz genau wann es war, wachten wir und alle Litauer eines Morgens auf, aber was wir zu sehen bekamen, konnten wir nicht glauben. Auf der Landstraße nach Tauroggen, auch auf allen Nebenwegen standen Lkws: Konvois mit Soldaten sowie kleinere Panzerwagen der „Roten Armee"!

Wo in aller Welt kamen die so plötzlich her? Es war uns ein Rätsel, woher das Militär über Nacht herkam und was die Russen in Litauen wollten. Hatte es vielleicht einen Krieg zwischen Litauen und Rußland gegeben, von dem wir nichts gemerkt hatten?

Erst viele Jahre später sollte ich die wahren Zusammenhänge über den „Hitler-Stalin-Pakt" erfahren, der besagte, daß die UdSSR die „baltischen Staaten", Estland, Lettland und Litauen, okkupieren könne, ohne daß Deutschland eingriff. Es war das sogenannte „Stillhalteabkommen" zwischen Adolf Hitler und dem sowjetischen Staatschef Marschall Josef Stalin. Die litauische Regierung mit ihrem Präsidenten Antanas Smetonas flüchtete vor der Roten Armee in die USA ins Exil.

Für uns Menschen im Dorf Kaupiai, bei uns auf unserem kleinen Hof und für uns Kinder in der Schule, änderte sich nach der sowjetischen Besetzung vorerst nichts.

In der Schule mußten wir allerdings ein neues Lied lernen, es hieß die „Internationale". Das Lied begann so: „pirmyn vergai uzemintejiai isalkusia mina pirmyn"; was ins Deutsche übersetzt etwa heißt „vorwärts Versklavte dieser Erde, ausgehungerte Mienen vorwärts". Wir verstanden den Sinn des Textes damals nicht, aber lernen und singen mußten wir das Lied trotzdem. Wir, die „Neus" Kinder, stiefelten täglich wie eh und je zu der 3½ km entfernten Schule nach Budvyciai hin und zurück.

Auf dem Schulweg begegneten wir oft sowjetischen Lkws. Die Soldaten luden uns dann auf die Ladefläche und setzten uns vor der Schule ab. Das fanden wir besonders nett. Die Rotarmisten waren zu uns Kinder immer sehr freundlich und schenkten uns Kleinigkeiten, die wir dankend annahmen. Ab und zu hielt auch so ein Lkw vor dem Schulgebäude, wenn gerade Pause war. Dann rannten wir Jungen zu den Soldaten, die an uns rote Sowjetsterne verteilten, die wir an unseren Mützen tragen konnten. Wer so einen roten Stern erhielt, trug ihn stolz an seiner Mütze, denn jeder Rotarmist trug auch so einen Stern an seiner mit einer Spitze versehenen Soldatenmütze. Das Leben im Dorf Kaupiai verlief fast ungestört. Das Dorf lag Luftlinie etwa 10 km von der deutschen Reichsgrenze. Die Soldaten der Roten Armee bauten nach einem bestimmten Schema seltsame „Erdhäuser", die wir überhaupt nicht kannten. Zuerst wurde die Erde etwa $1^1/_2$ m tief ausgehoben, danach bauten sie aus dicken Baumstämmen, die sie aus dem nahegelegenen Wald herbeischafften, richtige kleine Erdhäuser. Wenn die Holzkonstruktion fertig war, schaufelten sie eine dicke Erdschicht darüber. In so einem Erdhaus war ziemlich viel Platz. Mit meinem kindlichen Gemüt konnte ich es nicht begreifen, daß die Soldaten in solchen Erdhöhlen wohnen wollten. Solche Erdbauten kannten wir nur von Fuchs und Kaninchen.

Ich konnte es ja nicht wissen, daß die Rote Armee sich eine Frontlinie gegen Hitler-Deutschland aufbaute und Unterstände für das Militär errichtete. Die Soldaten der Roten Armee benahmen sich gegenüber der litauischen und deutschen Bevölkerung großartig. Sie waren immer nett und freundlich. Es gab niemals Übergriffe auf die Zivilbevölkerung. Wenn die Soldaten vom Bäuerlein etwas wollten, baten sie darum und bezahlten es auch gleich oder das Bäuerlein schenkte es dem Soldaten. Ich erinnere mich noch, das meiste, worum sie immer baten, waren Eier oder Streichhölzer.

Die litauische Währung, den „Litas", schafften die Sowjets ab. An seine Stelle trat der Rubel als Zahlungsmittel. Meinen Eltern und auch den meisten Kleinbauern war die Währungsumstellung völlig gleichgültig. Sie hatten weder von dem „Litas" noch vom „Rubel" reichlich. Irgendwie begriffen die deutschen Bewohner des verschlafenen Dorfes Kaupiai, daß für alle ein neues Zeitalter anbrach. Ganz langsam erwachten sie aus ihrem Tiefschlaf. Aus Gerüchten, die in der Kreisstadt Tauroggen kursierten, entnahmen meine Eltern, daß es für die Deutschen in Litauen unter der Herrschaft Moskaus kein angenehmes Leben sein werde. Daß sogar mehrjähriger „Urlaub" in Sibirien zu erwarten sei. Man sprach von Enteignungen der Höfe wie in Rußland, wo es kein Privateigentum gäbe, dies alles und mehr betrachteten die Kleinbauern mit großer Sorge.

Daß dies nicht aus der Luft gegriffen war, das war auch der Reichsregierung des III. Reiches gut bekannt. In Litauen lebten zu der damaligen Zeit etwa 45 000 deutschstämmige Bürger. In Lettland und Estland zusammen noch mehr.

Diese „Volksdeutschen" sollten nach Beschluß der Reichsregierung vom 6. Oktober 1939 zurück ins Reich umgesiedelt werden. Die deutsche Reichsregierung errichtete mit Genehmigung Moskaus in allen Kreisstädten Litauens sogenannte „Umsiedlungsstäbe".

Das war wohl auch ein Abkommen im Hitler-Stalin-Pakt, daß alle deutschstämmigen Bürger, die nach Deutschland umsiedeln wollten, auch ohne Probleme von sowjetischer Seite umsiedeln durften. Von diesem Hitler-Stalin-Pakt, wußten wir Deutschen im Baltikum nichts, aber daß unsere Zukunft hier in dem von den Russen besetzten Litauen keinen Bestand hatte, das begriff sogar das ungebildete Bäuerlein.

Mein Vater Eduard hatte unzureichende Schulbildung, meine Mutter drei Jahre Unterricht bei der ev.-luth. Kirche, wo man ihr das Lesen, Schreiben und Rechnen beibrachte.

Aber auch mit dem geringeren „I.Q." begriffen meine Eltern, daß sie den 1937/38 mühsam neu aufgebauten Hof aufgeben müßten, wenn sie nicht mitsamt ihrer Familie für viele Jahre in Sibirien „Urlaub" machen wollten. Auf dem Hof bleiben hieße auch für die große Kinderschar eine ungewisse Zukunft.

So dachten damals 98 % aller Deutschen im Baltikum. Auch meine Eltern begaben sich in Tauroggen zum „Deutschen Umsiedlungsstab" und beantragten die Umsiedlung nach Deutschland. Diesem Entschluß meiner Eltern waren eine „mehrwöchige" Überlegung und Diskussion vorausgegangen. Wir Kinder hörten immer nur stumm zu, wenn unsere Eltern mal leise oder lautstark das „Für und Wider" beratschlagten.

Im ganzen Dorf Kaupiai entbrannte eine „heiße Debatte". Das verschlafene mittelalterliche Dorf war aus seiner Lethargie erwacht. Die Bäuerlein rannten wie die Ameisen von einem zum anderen um sich zu beratschlagen. Was war zu tun? Wer gibt die richtigen Ratschläge? Einige waren „für", andere „dagegen". Alles war ungewiß, und der Weisheit letzten Schritt fand niemand.

Der „Deutsche Umsiedlungsstab" hielt sich neutral. Niemand wurde darüber unterrichtet oder aufgeklärt, was ihn in seiner neuen Heimat Deutschland erwartete.

Einige waren der Meinung, daß man in Deutschland größere und bessere Höfe bekommen würde; wieder andere meinten, daß sie in Deutschland nur als Arbeiter gebraucht würden (was tatsächlich der Realität entsprach).

Die sowjetische Behörde hat aber auch keinen Deutschen zum Bleiben aufgefordert. So war es jedem überlassen, seine Zukunft selbst zu bestimmen, zu tun was er oder sie für richtig hielte. Ohne jede Einflußnahme. Das Jahr 1940 war für alle Deutschen im Dorf Kaupiai sehr hektisch. Wenn jemand sich zum Wochenmarkt nach Tauroggen begab, brachte er immer viele Neuigkeiten heim. Auch die neuesten Nachrichten aus aller Welt gab man schnell von Bäuerlein zu Bäuerlein weiter. Auf unserer Hofstelle ging alles seinen gewohnten Trott, aber meine Eltern wirkten sehr bedrückt. Wenn sie sich auch zur Umsiedlung nach Deutschland entschlossen hatten, machten sie sich doch um die Zukunft der ganzen Familie Sorgen. Wie wird es in der Fremde werden? Was erwartete uns in Deutschland? Niemand konnte einen Rat geben, dieses oder jenes ist zu tun. Viele Jahre hatten wir in bitterster Armut gelebt, jetzt, wo es uns wirtschaftlich besser ging, alles aufgeben und verlassen?

Aber bei reiflicher Überlegung kam überhaupt nichts anderes in Frage, als die bisherige Heimat Litauen aufzugeben und eine neue Heimat und Zukunft in Deutschland zu suchen. Das konnte aber nur durch eine Umsiedlung geschehen. Meine Eltern hatten alle Formalitäten mit dem „Deutschen Umsiedlungsstab" erledigt; die Umsiedlung nach Deutschland war endgültig beschlossen. Im März des Jahres 1941 sollte es losgehen. Unser Oma, Vaters Stiefmutter, die alte Frietsche, zog zu ihrer leiblichen Tochter Ida nach Tauroggen, um mit ihr gemeinsam umzusiedeln. In Deutschland brach der Kontakt zu ihr ab.

Was zwischen meinen Eltern passierte, weiß ich heute nicht mehr. Bei uns zu Hause brach eine Panik aus. Unsere Mutter Maria wollte auf einmal alles wieder rückgängig machen und auf keinen Fall nach Deutschland umsiedeln. Sie hatte panische Angst vor der neuen Heimat und Zukunft und das, was uns in Deutschland erwartete.

Obwohl unsere Mutter Maria auf unserem Hof immer die dominante Person war, daß sich alles nach ihren Befehlen und Anordnungen zu richten hatte, in diesen schwer zu entscheidenden Stunden tat mein Vater Eduard das allein Richtige.

Er sagte zu unserer Mutter, „wenn du nach Deutschland nicht umsiedeln willst, dann bleibe auf dem Hof allein zurück, ich kann dich nicht zwingen. Ich gehe mit den Kindern nach Deutschland. Wenn wir für uns und unsere Kinder in diesem politischen Wirrwarr noch eine Zukunft haben, dann nur in Deutschland, aber niemals hier in dem von den Russen besetzten Litauen. Gewiß, wir haben uns hier eine kleine neue Hofstelle erbaut und ganz so schlecht wie früher geht es uns auch nicht. Aber die Zeiten werden sich ändern, dann wird für uns Deutsche hier in Litauen kein Auskommen sein." Das war eine sehr lange Rede meines sonst sehr ruhigen Vaters.

Wie richtig die Handlungsweise unseres Vaters damals war, haben wir Kinder erst im Erwachsenenalter, als wir alle bereits im Berufsleben standen, richtig begriffen. Mutter Maria versuchte mit allen Mitteln, Vater Eduard umzustimmen. Noch Wochen hielt der Disput zwischen den Eltern an, wo wir Kinder Zeuge waren. Bleiben oder umsiedeln, eines war so ungewiß wie das andere. Das Hauptargument meiner Mutter war das: Sie sagte: „Hier auf unserer kleinen Hofstelle sind wir Herren, in der Fremde sind wir ein ‚Nichts', da werden wir Sklaven und die ‚Dahergelaufenen' sein, weiter nichts. Außerdem: Keiner wartet in Deutschland auf uns." Womit unsere Mutter gar nicht so Unrecht hatte. Nur konnte sie damals die politischen Veränderungen in der Welt nicht vorausahnen. Heute, nach vielen Jahrzehnten, kann ich mich in die Lage meiner Mutter von damals gut hineindenken. Über viele Jahre wurde bei uns auf dem Hof mit allem „geknapst", um den Hof in Schwung zu bringen, und jetzt, wo es sichtlich aufwärts ging, alles hinschmeißen und ins Abenteuer reisen? Eine wahrhaft schwere Entscheidung. Aber meine Eltern haben sich trotz ihrer Meinungsunterschiede für die Zukunft ihrer Kinder, für die Umsiedlung nach Deutschland entschieden.

Auch uns Kinder ging dieses Problem an, und wir diskutierten darüber. Wo lag dieses Deutschland überhaupt? Unsere Dorfschule in Budvyciai lehrte uns Schüler auch Erdkunde, aber nur über das litauische Staatsgebiet. Ich erinnere mich, daß beim Erdkunde-Unterricht an der Tafel eine große Landkarte aufgehängt wurde, welche nur Lietuva (Litauen) zeigte. Diese Landkarte (Zemelapis) zeigte im Norden die Grenze zu Latvija (Lettland), im Osten Rusija (Rußland), im Süden die Grenze zu Prusija (Preußen) und im Westen die Baltija Jura (die Ostsee) mit dem Hafen Klaipeda (Memel) und dem Ostsee-Kurort Palanga. Dann lernten wir, daß die derzeitige Hauptstadt Litauens „Kaunas" (Kowno) war, weil die wirkliche Hauptstadt Litauens Vilnius (Wilna) irgendwann von den Polen besetzt wurde. Litauen war damals militärisch auch zu schwach, um diese Besetzung zu verhindern.

Wo andere Länder, Kontinente, Meere, Ozeane lagen, davon wußten wir nichts.

Litauen mußte für uns Dorfschüler der „Nabel der Welt" sein. Mehr brauchten wir nicht zu wissen, und mehr brachte man uns auch nicht bei.

Die Namen anderer Staaten, Kontinente haben wir wohl mal gehört, aber wo die lagen, welche Sprachen, welche Kulturen und Religionen diese hatten, war uns fremd. Aber daß der Papst (Popiezus) eine sehr wichtige Person sei und in „Roma" wohnte, das brachte man uns bei. Aus der heutigen Sicht betrachtet, hat man uns Schülern in unserer Dorfschule zu Budvyciai nur das Notwendigste beizubringen versucht. Das Deutsch, welches wir zu Hause sprachen, war ein Dialekt ohne jede deutsche Grammatik, eben ein „Litauendeutsch". Die litauische Sprache beherrschten wir alle auch nicht richtig und sprachen fehlerhaft mit deutschem Akzent. So betrachtet, waren wir eigentlich „sprachlos". Trotz Schule beherrschten wir weder die eine noch die andere Sprache richtig. Natürlich konnten wir uns in beiden Sprachen verständigen und unterhalten, aber zu einer Sprache gehört mehr als nur eine Verständigung. Eine Sprache begreifen heißt eine Sprache verstehen. Dazu gehören Dichtung, Lyrik und Poesie. Davon trennten uns Welten. Nach meiner Beurteilung ist die litauische Sprache eine sehr schöne Sprache voller Poesie und Lyrik. Aber das habe ich erst als Pensionär begriffen. Am Anfang des Jahres 1941 hatte ich fast vier Jahre die litauische Dorfschule zu Budvyciai besucht. Mein Wissen war von keiner großen Qualität. Das Wissen, welches man mir in der Dorfschule vermittelt hatte, reichte für ein Bäuerlein auf einer kleinen litauischen Landscholle, aber nicht für eine sich extrem schnell verändernde Welt mit ihrem gigantischen Fortschritt der Technik, in Industrie und anderen Bereichen. Aber davon wußten wir damals noch nichts. Unsere Schulbildung war sehr mangelhaft.

Wir, die betroffenen Kinder, haben das alles damals noch nicht begriffen, wir saßen noch im Schutze unter den „Flügeln" unserer Eltern, wie die Küken unter den Flügeln der Glucke. Dieses Manko sollte sich erst in Deutschland offenbaren und unsere miserable Schulbildung offenlegen. Darüber berichte ich später.

Es war entschieden! Hof, Scholle und Heimat sollten endgültig aufgegeben werden. Alle deutschen Familien aus dem Dorf Kaupiai hatten sich zur Umsiedlung nach Deutschland entschlossen. Diesem Entschluß waren viele Zusammenkünfte, Beratungen und Diskussionen vorausgegangen. Ein Zurück gab es nicht mehr.

Im Monat März des Jahres 1941 ging plötzlich alles sehr schnell. Unser Vater Eduard brachte aus Tauroggen vom „Deutschen Umsiedlungsstab" die erforderlichen Dokumente und für jedem von uns eine Spezialkennkarte in deutscher und russischer Sprache, mit Namen und Vornamen versehen. In zwölf Tagen sollte der Umsiedlertransport von Tauroggen nach Deutschland abgehen. Jetzt wurde der Hof leergeräumt. Das Kleinvieh, wie Schafe, Schweine und Geflügel, sowie Dinge, die wir sowieso nicht mitnehmen konnten, verkauften meine Eltern an die Litauer. Unsere Pferde und Kühe sollten mit einem Sondertransport nach Deutschland gebracht werden.

Das Mobiliar brachte Vater Eduard mit dem Fuhrwerk nach Tauroggen zur Bahnstation, wo es nach Deutschland verfrachtet wurde. Wohin die Möbel der Bauern nach Deutschland gebracht wurden, das wußte niemand. Wir sahen unsere Möbel nie wieder. Die letzten Nächte mußten wir im Haus auf Strohlagern schlafen. Bekleidung hatten wir ja nicht viel, was für die Reise nicht benötigt wurde, packten wir in Holzkoffer. Oberbetten und Kopfkissen verpackten wir erst am letzten Morgen in großen „Pungeln". Einen Tag vor der endgültigen Abreise beluden wir einen großen Leiterwagen mit unseren Habseligkeiten. Für uns Kinder war es ein sehr aufregendes Ereignis. Wir waren doch nie weiter als bis zur Kreisstadt Tauroggen gekommen. Jetzt ging es in die „weite Welt" hinaus. Innerlich nahmen wir von allem, was uns lieb und vertraut war, Abschied. Wir wußten es, das, was wir verlassen, werden wir niemals wiedersehen. Wir Kinder mußten uns sehr früh auf das „Strohlager" begeben, damit wir am anderen Tag für die lange Reise gut ausgeruht waren. Ob meine Eltern in dieser letzten Nacht auf ihrem Hof überhaupt geschlafen haben, muß ich bezweifeln. Die ungewisse Zukunft, „was wird werden", stand in ihren Gesichtern geschrieben. Der letzte Tag war angebrochen. Ganz in der Frühe wurden wir Kinder geweckt. Gemeinsam mit unseren Eltern nahmen wir schweigsam das letzte kräftige Frühstück auf unserem kleinen Hof im Dorf Kaupiai ein. Im Haus herrschten eine gespenstige Stille und Leere. Auch wir Kinder merkten, daß hier etwas Lebensentscheidendes vor sich ging. Nach dem Frühstück zogen wir uns alle noch Wintersachen über, es war Anfang März und ziemlich kalt. Die Wegstrecke nach Tauroggen dauerte mit Pferd und Wagen zwei Stunden. Vater Eduard spannte die Pferde an. In dieser Zeit ging unsere Mutter nochmals durch das Haus und nahm von allem, was sie geschaffen hatte, schweigend Abschied. Dann kam die Stunde! Wir Kinder bestiegen den Leiterwagen; unsere Mutter, so schien es, war innerlich tot. Sie tat alles wie in Trance, sie sprach kein Wort, sie nahm nichts wahr, ihr leichenblasses Gesicht schien versteinert. Unser Vater Eduard gab mit dem Ruf „hüh" den Pferden das Zeichen, der Wagen setzte sich in Bewegung, wir verließen auf Nimmerwiedersehen unseren kleinen Bauernhof im verschlafenen Dorf Kaupiai im Kreis Tauroggen, in Litauen. Wir fuhren einer unbestimmten Zukunft entgegen. Nur Gott allein wußte, wie es weitergehen wird. Unsere Mutter Maria hat die 12 km Wegstrecke bis zum Bahnhof Tauroggen nur geweint und geschluchzt, sie gab ein Stück ihrer selbst auf.

Wir Kinder, sieben an der Zahl, verhielten uns mucksmäuschenstill. Uns war der Ernst dieser Umsiedlung nicht bewußt, wir freuten uns auf dieses Abenteuer.

Mit einer silbrig glänzenden Kennkarte in deutscher und russischer Sprache um den Hals, so fuhren wir und auch andere Umsiedler durch die Stadt Tauroggen. Die Litauer standen am Straßenrand und begleiteten uns stumm mit ihren Blicken. Was mögen sie gedacht haben? Gegen 9 Uhr erreichten wir den Bahnhof von Tauroggen. Ich war damals zehn Jahre alt und hatte in meinem kurzen Leben noch nie einen Zug zu sehen bekommen. Ich bestaunte die Waggons. So etwas Gewaltiges hatten meine Kinderaugen noch niemals erblickt. Es war fantastisch! Wir schleppten unsere Kisten, Koffer und „Pungeln" zum Bahnsteig, wo ein Zug mit unendlich vielen Waggons stand. Vor den Waggons standen Männer in braunen Uniformen und einer Hakenkreuzbinde am linken Oberarm. Es waren Männer der Deutschen S.A., die das Umsiedeln der Volksdeutschen organisierten. Mit den S.A.-Männern standen auch „Rotarmisten" auf dem Bahnsteig. Diese Männer hatten Listen mit allen Namen der Umsiedler. Wir alle mußten unsere Kennkarten, die wir um den Hals trugen, vorweisen, das nannte man Legitimation, was es auch immer bedeuten mochte. Nachdem wir uns einer nach dem anderen legitimiert hatten, durften wir mit Kisten, Koffern und unseren „Pungeln" das Zugabteil besteigen. Wir bekamen ein Doppelabteil mit hölzernen Bänken, darüber Gepäckablagen. Für uns Kinder war es ein großes Abenteuer, endlich saßen wir im Zug. Unser Vater durfte noch nicht mit uns zusammen umsiedeln, denn er mußte noch unsere Pferde und Kühe nach Deutschland verladen. Die Tiere durften auch nach Deutschland umsiedeln. Ich habe unsere Pferde und Kühe niemals wiedergesehen, ich glaubte damals das lag daran, daß die Tiere keine silbrig glänzende Kennkarte in deutsch und russisch um den Hals trugen. Bevor sich der unendlich lange Zug in Bewegung setzte, dauerte es noch viele Stunden. Die deutschen S.A.-Männer prüften noch mal alles, die Rotarmisten prüften auch. Noch mal alles, das Prüfen schien kein Ende zu nehmen. In dieser Zeit bekamen wir Kinder Hunger. Mutter Maria hatte für die lange Reise von allem reichlich eingepackt: geräucherten Schinken, Hartsalami, kalten Braten, Schmalz und selbstgebackenes Schwarzbrot. Wir Kinder langten kräftig zu. Mutter Maria hatte an alles gedacht, nur leider zu wenig Trinkbares mitgenommen. Nach dem Verzehr der salzhaltigen Speisen kam der große Durst ganz zwangsläufig, der für mich noch sehr unangenehm werden sollte.

Jetzt war endlich die Stunde da, wo sich die Familienväter von ihren Familien verabschieden mußten. Vater Eduard sagte uns Lebewohl. Wir weinten alle, aber am schlimmsten unsere Mutter. Ich habe sie noch nie so herzzerreißend weinen gesehen. Irgendwie brach für sie eine Welt zusammen. Heimat, Hof, Scholle, alles Aufgebaute einfach weg! Eine ungewisse Zukunft vor sich, dazu sieben unmündige Kinder! Wohin trieb uns das Schicksal? Von uns wußte das keiner. Wer wartete in Deutschland auf uns? Niemand! Alles war nur Politik, und wir Litauendeutsche trieben in den Strudel der deutsch-russischen Politik.

Gegen Abend, es dämmerte bereits, setzte sich dieser unendlich lange Zug in Bewegung. Wir, die Familie Neu, verließen das Land Litauen, welches uns bisher über mehrere Generationen Heimat gewesen war, wo wir mit den Litauern in friedlicher Eintracht gelebt hatten. Ein langer Zug, vollgestopft mit Greisen, Frauen und Kindern sowie sehr viel Gepäck, rollte in Richtung deutsche Grenze, in Richtung der ersten deutschen Stadt Tilsit in Ostpreußen.

Ich, der Richard, saß fasziniert am Abteilfenster und konnte es nicht glauben, daß ich tatsächlich in einem Eisenbahnzug fuhr. Auch die anderen Geschwister drückten sich am Abteilfenster die Nasen platt und wollten viel sehen. So etwas Aufregendes hatten wir Kinder doch noch nie mitgemacht und erlebt. Nur unsere Mutter Maria saß totenblaß wie versteinert da und zeigte keine Regung. Das, was sie mitmachte, war gegen ihre Überzeugung, eine Vergewaltigung ihres Willens. Sie machte die Umsiedlung nur ihrer Kinder wegen. Wieviel Selbstüberwindung, wieviel Mut meine Mutter damals aufbringen mußte, kann ich heute nur als erwachsener Sohn begreifen und danke meiner Mutter von Herzen für die damalige Selbstüberwindung.

Nach einer längeren Fahrt, es war inzwischen dunkel geworden, hielt der Zug in einem hellerleuchteten großen Bahnhof. Es war die erste Bahnstation auf deutschem Boden, der Bahnhof von Tilsit in Ostpreußen. So viel helles elektrisches Licht in der Nacht hatte ich noch nie gesehen. Es war bereits später Abend, aber alles war wie durch Zauberhand taghell. Für mich ein Wunder! Es war doch bereits Nacht, und trotzdem konnte man bei diesem hellen Licht Kleingeschriebenes lesen.

Auf diesem Bahnhof Tilsit war reges Leben, wie in einem Ameisenhaufen. Viele Männer in braunen Uniformen, mit der besagten Hakenkreuzbinde am linken Oberarm, und Frauen in weißen Schürzen und den weißen Kopfhäubchen mit einem Roten Kreuz darauf kümmerten sich rührend um die vielen Menschen, die hier in Tilsit angekommen waren. Riesenkörbe mit belegten Broten und heißer Kaffee wurden herumgereicht.

Meine Geschwister langten kräftig zu, aber ich, der kleine Richard, war von der salzigen Knoblauchdauerwurst so ausgetrocknet, daß ich an belegte Brote nicht dachte. Ich wollte nur trinken, nichts als trinken. Wie ich mich erinnern kann, habe ich an diesem Abend so an die sieben bis acht Becher Kaffee getrunken, daß mein kleiner Bauch so prall wie eine Landsknechttrommel aussah. Der Zug stand ziemlich lange auf dem Tilsiter Bahnhof. Irgendwann mußte ich mich von dem vielen Kaffee trennen und übergab mich. Das war eine unrühmliche Tat auf dem Tilsiter Bahnhof.

Spät in der Nacht setzte sich der Zug wieder in Bewegung. Es ging weiter. Wohin? Das wußte nur Gott allein, wir jedenfalls nicht, wir saßen in einem unendlich langen Zug, und der fuhr auf deutschem Boden westwärts.

Am anderen Tag, die Dämmerung war gewichen, fuhr der Zug, in dem wir saßen, durch ziemlich „weites Land". Solche kleinen Bauernhöfe wie bei uns in Litauen sahen wir nirgends. Die Landschaft sah aus meinem Blickfeld „unwirklich" aus. Alles wirkte auf mich irgendwie schaurig. Der Schnee war zum Teil geschmolzen, auf den Feldern, die am Zug vorbeihuschten, schaute bereits die schwarze Erde hervor. Oft zogen große Nebelschwaden über diese Äcker. Dann war die ganze Luft wieder diesig, und die Äcker waren vom Schnee zugedeckt. Auf mein kindliches Gemüt wirkte diese befremdete Natur beängstigend. Wir Kinder schnatterten durcheinander wie die Gänse auf unserem kleinen Bauernhof, jeder entdeckte auf seine Art etwas anderes, dabei aßen wir die belegten Butterbrote, die wir vom Bahnhof Tilsit mitgenommen hatten.

Plötzlich, wie aus heiterem Himmel, stimmte unsere noch immer weinende Mutter ein Lied an, welches ich noch nie gehört hatte. „Nun Ade du mein lieb Heimatland, lieb Heimatland ade, heut geht es fort ins fremde Land, lieb Heimatland ade."

Wir Kinder hörten mit unserem Geplapper sofort auf, verhielten uns ganz still und lauschten Mutters traurigem Gesang.

Der Zug, welcher uns westwärts brachte, hat nach Tilsit noch einmal gehalten, ich glaube es war Insterburg in Ostpreußen, wo man uns wieder gut versorgte. Als der Zug in voller Fahrt war, ist unsere Mutter in Panik geraten, ich glaube ihre Nerven haben total versagt. Sie öffnete das Abteilfenster und wollte sich hinausstürzen.

Meine älteren Schwestern Anna und Marta hielten sie zurück. Ich erinnere mich noch, wie Anna sagte: „Mama tue das nicht, wir alle sind

doch noch so klein, wir brauchen dich doch so sehr." Wir Kinder um-
ringten unsere Mutter und haben sie „gepuschkatzt", gestreichelt, immer wieder sagten wir, daß wir sie brauchten, daß sie für uns sehr
wichtig sei und daß wir sie alle doch sehr sehr liebten.

Langsam, ganz langsam kam sie zur Besinnung, beruhigte sich und ließ
von ihrem Vorhaben ab. Angst hatten wir aber die ganze Zeit, daß sie
doch noch aus dem fahrenden Zug in den Tod springen würde. Mutter
Maria beruhigte sich und ergab sich scheinbar ihrem Schicksal. Sie
schien aber mehr tot als lebendig zu sein.

Der vollbesetzte Zug mit den Umsiedlern aus Litauen fuhr westwärts.
Wie viele Tage und Nächte wir unterwegs waren, weiß ich heute nicht
mehr, diese Fahrt wollte kein Ende nehmen. Wir passierten viele Städte, wo wir auf den großen Bahnhöfen von der S.A. und dem Roten Kreuz
in allen Belangen gut versorgt wurden. Unsere Fahrt nach „nirgendwo"
ging immer weiter. Sie mußte doch mal zu Ende sein?

An irgendeinem Tag des Monats März im Jahre 1941 hielt der unheim-
lich lange Personenzug im Bahnhof zu Graal-Müritz.

In diesem Kurbad an der Ostsee in Mecklenburg hatten wir Gott sei
Dank die erste Etappe unseres „Wanderlebens" erreicht, von denen
noch einige folgen sollten.

Das Lagerleben in Deutschland

In Mecklenburg, nicht weit von der Hansestadt Rostock im Landkreis Ribnitz-Damgarten, liegt an der Ostseeküste das Seebad Graal-Müritz. Hier reihten sich an den Straßen Kurhaus neben Kurhaus. Dieses Ostseebad Graal-Müritz war die erste Etappe unseres Wanderlebens. Die lange Bahnfahrt durch Deutschland war vorerst beendet. In Graal-Müritz hatten die Hotels oder Pensionen eigene Namen, das war für uns Weltfremde die erste Überraschung. Da waren „Haus Mecklenburg", „Haus Frohsinn", „Haus Odin" und sehr viele mehr. Uns, die Familie Neu, brachte man in das „Haus Miramar" im Ortsteil Graal unter. Unsere Unterkunft bestand aus einem großen Zimmer im 1. Obergeschoß, in dem vier Doppelbetten übereinander standen, Schlafplätze für acht Personen. Als Bettlaken und Zudecke lagen dicke Wolldecken bereit. Die Betten waren bereits alle gemacht, zum Schlafen vorbereitet. Das Schöne daran war, jetzt hatte ein jeder sein eigenes Bett und brauchte nicht mit jemandem zusammen zu schlafen. Das Zimmer hatte einen sehr großen Balkon zur Straßenseite. Auf der gegenüber liegenden Seite des „Hauses Miramar" war ein kleiner Tannenwald, durch den man auf Spazierwegen den zweiten Ort Müritz erreichen konnte. Auf der gegenüber liegenden Seite der Pensionen schloß sich ebenfalls ein größeres Tannenwäldchen an, so daß die gesamte Straßenfront mit den Pensionen eine Schneise durch den Wald bildete.

Drinnen im „Haus Miramar" waren Toiletten mit Wasserspülung, das war uns bisher fremd. Zu Hause auf dem Bauernhof hatten wir draußen ein Holzhäuschen mit einem Herz in der Tür, wo man bei jedem Wetter rausgehen mußte, um das Notwendige zu erledigen. Besonders unangenehm war das im Winter bei klirrender Kälte.

Dann waren hier die schönen Bürgersteige entlang der Häuser, wo man auch bei Regen nicht in den „Modder" treten mußte. Dann die schönen asphaltierten Straßen, wo man bei Schneematsch oder Dauerregen keine Gummigaloschen oder Klumpen benötigte.

Das imposanteste aber war die Ostsee. Als ich zum erstenmal am Strand stand, bekam ich vor Staunen große Augen. So viel Wasser, wo man auch hinschaute, ob rechts oder links oder voraus nur Wasser. Das war also die Ostsee, die wir in Litauen Baltija Jura genannt haben. Nur gesehen hatte ich sie in Litauen noch nicht. Für mich, für uns alle war es eine uns vollkommen fremde Welt, in der wir in der Zukunft einen Platz finden sollten.

Anfangs verbrachten wir Kinder die Tage mit dem Erkunden der Umgebung. Alles war neu für uns. Jede Neuentdeckung war aufregend.

Ansonsten verbrachten wir die Tage mit kräftigem Nichtstun. Unsere Mutter Maria paßte diese Passivität überhaupt nicht. Sie war es gewohnt, von morgens bis abends einer Beschäftigung nachzugehen. Hier im „Haus Miramar" war Nichtstun angesagt. Also beschäftigte sie sich mit unserer „Hausbibliothek", der Bibel, die wir aus Litauen mitbrachten. Die täglichen Mahlzeiten bereitete man in der hauseigenen Küche. Küchenpersonal waren einige Umsiedlerfrauen. Wie viele Menschen im Haus untergebracht waren, weiß ich nicht, jedenfalls der Speisesaal war immer voll besetzt. Die Chefin des Hauses war eine ziemlich „dickliche" große blonde Frau, sie hieß Frau Ristow. Erstaunlich ist, daß ich mich noch heute an ihren Namen erinnern kann. Vor jedem Mittagessen erschien Frau Ristow in dem Speisesaal. Alle Anwesenden erhoben sich von ihren Plätzen, dann begann Frau Ristow uns „Volksdeutschen" deutsche Lieder zu lernen. Unbegreiflich für mich aus der heutigen Sicht ist: Warum mußten wir aufstehen, wenn Frau Ristow den Speisesaal betrat? War sie die Herrin, und waren wir „volksdeutschen Umsiedler" ihre Untertanen? So muß es wohl damals gewesen sein. Das erste „deutsche Lied", welches man uns beibrachte, lautete: „Nur der Freiheit gehört unser Leben, laßt die Fahnen dem Wind."

Nachdem das Freiheitslied verklungen war, durften wir uns setzen und die Mahlzeit zu uns nehmen, die für meinen Hunger immer zu wenig war. Zum Nachtisch, und das fand ich prima, gab es immer eine kleine Schale Griespudding mit süßem Saft.

Nachtisch nach dem Mittagessen kannten wir auf unserem kleinen Hof in Litauen nicht. Wie ich es bereits sagte, ich bin niemals richtig satt geworden, und einen „Nachschlag" zum Mittagessen gab es nicht. Zu Hause in Litauen gab es lange nicht so viel zu essen, aber durch die ständige Beschäftigung auf dem Hof wurde ich wahrscheinlich vom „ewigen Hunger" abgelenkt. Aber heranwachsende Kinder haben bekanntlich immer Hunger. Eines Tages hielt ich es nicht mehr aus. Ich wußte, wo im Haus die Küche war, und dahinter schloß sich die Vorratskammer des „Hauses Miramar" an.

Ich nahm meinen ganzen Mut zusammen, schlich mich heimlich in den Vorratsraum und stahl ein Pfund Brot, welches in Päckchen abgepackt war. Ich steckte es mir vorne in mein Hemd und schlich auf dem gleichen Weg zurück. Ich ging nach oben und gab das Brot meiner Mutter Maria. Was dann passierte hatte ich nicht vorausgesehen. Meine Mutter begann fürchterlich zu weinen und sagte: „Wir sind ein Leben lang arm gewesen, aber wir haben niemals stehlen müssen, jetzt hier in Deutschland müssen meine Kinder stehlen, um ihren Hunger zu stillen.

Lieber Gott, warum hast du mich so gestraft!" Erst jetzt begriff ich, daß ich ganz was Schlimmes angestellt hatte. Ich bekam von Mutter Maria wegen des Brotdiebstahls keine Strafe, aber ich mußte „mit der Hand auf der Bibel" schwören, so etwas nie wieder zu tun. So leistete ich den ersten „Schwur" in meinem Leben.

Nach einiger Zeit unserer Ankunft in Graal-Müritz mußten alle Umsiedler ärztlich untersucht und gegen allerlei Krankheiten geimpft werden. Impfungen fanden des öfteren statt. Ich glaube sie haben uns sogar gegen Kommunismus und gegen Erdbeben geimpft. Wegen der „Blutgruppenbestimmung" nahm man uns allen etwas Blut ab.

Die festgestellten Blutgruppen bekamen wir unter der linken Achselhöhle eintätowiert.

Ich habe die Blutgruppe „0", also ein „0" unter der linken Achselhöhle, sie ist mittlerweile verblaßt. (Wäre ich mit 14 Jahren kurz vor Kriegsende in irgendeine „Kriegsgefangenschaft" geraten, hätten die Siegermächte mich für einen Angehörigen der SS gehalten.) Wie mir bekannt ist, trugen alle SS-Angehörigen ihre Blutgruppe unter der linken Achselhöhle eintätowiert. In Litauen war ich so abgehärtet, daß ich bis zum 10. Lebensjahr nur zweimal einen Arzt aufsuchen mußte. Hier wurde man des öfteren von Ärzten untersucht und geimpft. Wie es schien haben die vielen Impfungen uns doch nicht gegen alle Krankheiten geschützt. Wir drei Geschwister Erich, Amanda und ich, der Richard, erkrankten an „Mumps", auch „Ziegenpeter" genannt. Wir drei kamen in das Krankenhaus von Graal-Müritz. Für uns war das aufregend, ja fast ein Abenteuer. Uns drei brachte man in einem Krankenzimmer unter. Wir freuten uns über diese Abwechslung, denn „Peter seine Ziege" oder „Ziegenpeter" heilt bekanntlich von selbst. In der Zwischenzeit war auch unser Vater Eduard in Deutschland angekommen. Unsere Kühe und Pferde hatte er in Tauroggen nach Deutschland verladen. Wo die Tiere geblieben sind, wissen wir nicht. Unser Vater wohnte aber nicht bei uns im „Haus Miramar, er wurde als Arbeiter auf einem großen Gut, welches „Kosewitz" hieß, verpflichtet, das irgendwo im Kreis Rostock oder im Landkreis Ribnitz-Damgarten lag.

Im „Haus Miramar" tobten wir Kinder herum, durchstreiften das Tannenwäldchen, welches zwischen Graal und Müritz lag. Wir genossen die Freizeit die wir jetzt hatten.

Wir waren es von zu Hause in Litauen gewohnt, sich ohne Aufsicht mit sich selbst zu beschäftigen.

Das Schönste war, wenn wir die glatten Treppengeländer rückwärts herunterrutschen konnten. Uns größeren Kindern machte das nichts aus, wir konnten die Balance halten, aber die kleineren waren gefährdet. Es kam wie es kommen mußte.

Meine sechsjährige Schwester Wally verlor beim Herunterrutschen den Halt und stürzte ab. Bei diesem Sturz erlitt sie eine Gehirnerschütterung und einen Schlüsselbeinbruch. Wally kam für mehrere Tage ins Krankenhaus von Graal-Müritz, wir Kinder erhielten striktes „Geländerrutschverbot".

Nach einer kurzen Zeit im „Haus Miramar" verlegte man die Familie Neu mitsamt ihren sieben Kindern nach dem zweiten Ort Müritz, in das „Haus Frohsinn". Hier erhielten wir auch den längst fälligen Einschulungsbescheid. Vorbei war das Nichtstun, für uns Schüler begannen wieder die Schulpflicht und das Lernen.

Die Einschulung der Umsiedlerkinder aus Litauen fand nicht in der Schule zu Graal-Müritz statt, sondern in einem großen Saal eines Kurhauses. Obwohl ich in Litauen bereits vier Jahre Schulunterricht hatte, mußten ich und auch alle anderen Umsiedler-Schüler ganz von vorn anfangen.

In der richtigen Schule hätte man uns, die zehn-, elf- und zwölfjährigen Schüler, mit den kleinen ABC-Schützen zusammensetzen müssen. Das wollte man vermeiden.

Unsere Schule war eben eine „Sonderschule" für ältere Schüler aus Litauen, die langsam an die deutsche Sprache und Grammatik herangeführt werden mußten.

Dann war der von uns gefürchtete Tag da. Es begann der Ernst des Schulalltags.

Alle schulpflichtigen Kinder aus Graal und Müritz versammelten sich in einem großen Saal. Unsere zukünftige Lehrerin, ein Frl. Schubert, eine große schlanke schwarzhaarige Frau, hielt eine Ansprache, hieß uns willkommen und erklärte uns den Schulablauf.

Danach teilte man uns Schüler nach Alter und bereits absolvierter Schulzeit in Gruppen ein. Alle Schüler erhielten ein Lesebuch, Rechenbuch, Deutsche Grammatik und Deutsche Geschichte.

Als erstes mußten wir den „Deutschen Gruß" lernen, der lautete „Heil Hitler".

In meinem kindlichen Gemüt tat mir der Herr Hitler sehr leid, denn er mußte wohl sehr krank sein, weil ein jeder Deutscher überall „Heil Hitler" sagte. Also, ein jeder wünschte ihm eine gute Heilung. Im Lesebuch schaute ich sofort nach, ob da irgendwo ein Krankenhaus abgebildet war, wo der deutsche „Führer" krank darniederlag, weil überall und von jedem „Heil Hitler" gewünscht wurde. Im Lesebuch fand ich keine Krankenhausabbildung. Erst viel später begriff ich, daß das Wort „Heil" so etwa wie früher bei den alten Römern „Ave" bedeutete nämlich „sei gegrüßt"!

Für mich und meinen Bruder Erich begann eine wahrlich schwere Zeit.

Wir konnten nicht mehr auf die abgelegten Schulhefte unserer schlauen Schwester Marta zurückgreifen und schwierige Hausaufgaben nur abschreiben, jetzt mußten wir alles selbst machen und tatsächlich „für uns" lernen. Zeit hatten wir ja genug, denn hier in Deutschland brauchten wir uns nicht um die täglichen Arbeiten auf dem Hof zu kümmern wie in Litauen. Die erste Woche in der Sonderschule war für mich eine einzige Katastrophe. Ich begriff überhaupt nichts. In erster Linie die deutsche Sprache und Grammatik. Ein Drama! Mit dem ABC konnte ich mich schon anfreunden, denn das deutsche ABC hat sechs Buchstaben weniger als das litauische.

Rechnen war auch nicht schlimm, denn im Deutschen wie im Litauischen kommt weder bei diesen noch bei jenen mehr heraus. Aber das schreiben! Himmel, war das eine Qual.

Was mir besonders großen Kummer machte, war die Zeichensetzung nach einem Satz oder einer Zeile, wie: Semikolon, Doppelpunkt, Komma, Ausrufungszeichen, Fragezeichen usw. Ich begriff überhaupt nichts. Ich kann mich noch gut an mein erstes Diktat erinnern. Welches Thema wir behandelten weiß ich nicht. Unsere Lehrerin Frl. Schubert diktierte, wir schrieben. An welche Stelle ein „Komma" oder „Fragezeichen" kam, dies betonte sie besonders. Ich aber machte nicht diese Zeichen, sondern schrieb sie aus. Hier ein Beispiel: „Wie heißt du Fragezeichen" oder „nun ist es aber genug Ausrufungszeichen" oder „die Mutter sagte Komma". Ja, so sah mein „erstes Diktat" aus, welches ich in deutscher Sprache schrieb. Wir Schüler aus Litauen mußten uns wie die ABC-Schützen erst in die deutsche Sprache hineinarbeiten. Das Lustigste aus meiner Sicht war die Erdkunde. Wie ich es bereits erwähnte, auch in der Dorfschule zu Budvyciai in Litauen hatten wir Erdkunde. Aber nur über Litauen. Jetzt hier in unserer Sonderschule hängte man eine Landkarte an die Tafel, die ganz Europa zeigte. In Europa gab es also so viele Länder, von denen ich noch nie etwas gehört hatte. Irgend etwas an der Landkarte, die an der Tafel hing, irritierte mich. So eine große Landkarte hatten wir in der Dorfschule zu Bubvyciai auch, aber da war doch nur Litauen drauf, wo waren die anderen Länder damals? Hier in der Schule von Frl. Schubert waren alle anderen Länder viel größer und Litauen nur eine kleine Ecke da oben. Ich dachte mir, da hat jemand geschummelt und aus Boshaftigkeit Litauen absichtlich „klein" gemacht. Es sollte aber noch das kommen, was meine Unwissenheit noch in den Schatten stellte. Eines Tages brachte Frl. Schubert im Erdkunde-Unterricht ein „Gebilde" mit, welches mich „baff" machte.

Es war ein ziemlich großer Ball, der schief in einem Gestell angebracht war und sich drehen ließ. Außerdem waren da viele Zeichnungen in

verschiedenen Farben darauf. Frl. Schubert erklärte uns: „Das ist unsere Erdkugel." Ich dachte mir, daß hier ganz und gar etwas nicht stimmen muß, denn wie ich es wußte, wurde doch mit Kugeln geschossen, oder nicht? Und wieso „Erdkugel?" Daß die Erde eine Kugel ist, das wußte ich damals nicht. Außerdem erklärte uns die Lehrerin, daß da oben und unten die Pole sind. Aber wie zum Kuckuck konnte es da noch „zwei Polen" geben, wie ich es doch ganz genau wußte, war Polen doch im Jahre 1939 von der deutschen Wehrmacht besiegt worden, oder? Gab es denn so viele „Polen"? Außerdem erklärte Frl. Schubert uns noch, daß die Erde sich drehe und die Erdkugel in zwei Teile geteilt wäre, nämlich in eine nördliche und südliche Halbkugel. Hier setzte mein „Begriffsvermögen" völlig aus.
Ich kam schließlich zu meinem eigenen Schluß. Wenn die Erde sich tatsächlich drehe, so müßte ich es doch irgendwie merken, oder nicht? Wenn die Erde in zwei Teile geteilt ist, warum ist sie auf dem „Ball im Gestell" noch ganz?
Erst nach vielen Lehrstunden begriff ich allmählich die Zusammenhänge und die Form unseres Planeten „Erde". Wie schlecht hatte man uns in der Dorfschule zu Budvyciai unterrichtet! Aus der heutigen Sicht betrachtet, kann ich sagen, ich war ein „Spätzünder", der erst nach und nach alles begriff, aber das Erlernte und das Begriffene nicht wieder vergaß.
Wir Umsiedler aus Litauen lebten bescheiden in den Zimmern der Pensionen, die man uns zugewiesen hatte. Mit den Einheimischen, den „Reichsdeutschen", hatten wir wenig Kontakt. Man ging sich aus dem Weg. Keiner suchte die Nähe der anderen Seite.
Von „in Deutschland integrieren" war vorerst ein Traum, von dem niemand zu träumen wagte. Wir Kinder waren zum Gehorsam erzogen und stellten niemals irgend einen Unsinn an. Unsere Hauptbeschäftigung waren die Schulbücher. Lernen, lernen, nichts als lernen!
Drei Monate waren wir schon in Deutschland. Uns Kindern gefiel das Leben ohne Hofarbeit besonders gut. Nur unsere Mutter Maria konnte sich mit dem „Lagerleben" nicht abfinden, sie war mit allem unzufrieden.
Wie aus heiterem Himmel platzte am 22. Juni 1941 die Nachricht, daß zwischen Deutschland und der Sowjet-Union ein Krieg ausgebrochen wäre.
Wir konnten das nicht begreifen, es war für uns einfach ungeheuerlich. Als wir noch in Litauen auf unserem Hof wohnten, haben wir die Russen als nette, freundliche und nicht gewalttätige Menschen kennengelernt. Auch als wir umsiedelten, standen doch die S.A.-Männer und die Rotarmisten gemeinsam auf dem Bahnhof von Tauroggen und haben

auch alles gemeinsam zu aller Zufriedenheit abgewickelt. Jetzt auf einmal sollten die Russen „Untermenschen" sein, die man vernichten mußte?

Welch eine Ungeheuerlichkeit. Die meisten Deutschen kannten doch die Russen überhaupt nicht, warum auf einmal diese Feindschaft? Der Russe ist eine Seele von einem Menschen, dem Freundschaft und Hilfsbereitschaft über alles geht. Für uns Umsiedler aus Litauen, die wir die Russen kennengelernt hatten, war das alles unbegreiflich. Erst allmählich begriffen wir, warum Deutschland die Deutschen aus dem Baltikum ins Reich umsiedelte. Jetzt wären die Russen auf die deutschen Abkömmlinge nicht gut zu sprechen, und wir wären bestimmten Repressalien ausgesetzt gewesen. So war es ganz gut, daß wir jetzt in Deutschland waren, wenn auch ohne Besitz, aber doch in Sicherheit. Am 19. August 1941 war für uns Volksdeutsche aus Litauen, die wir in Graal-Müritz lebten, ein sehr wichtiger Tag. Es war der Tag der „Einbürgerung".

Das Ehepaar Eduard und Maria Neu sowie ihre sieben Kinder waren jetzt laut Urkunde „deutsche Bürger" im III. Reich, allerdings ohne Haus, Hof und Land, mit wenig Hab und Gut, aber mit einer „deutschen Einbürgerungsurkunde"! Mit der Urkunde erhielten alle Erwachsenen auch neue Pässe. In allen ausgehändigten Pässen war ganz unten ein Vermerk: entweder „FÜR DAS ALTREICH" bestimmt oder „FÜR DAS NEUREICH" bestimmt. In den Pässen meiner Eltern stand das erstere. Diejenigen Umsiedler, die für das „NEUREICH" bestimmt waren, sollten bald den Weg zurück nach Litauen antreten.

Die deutsche Wehrmacht hatte inzwischen große Gebiete im Osten erobert. Auch aus Litauen waren die Russen hinausgedrängt worden. In den von Deutschen besetzten Gebieten waren jetzt viele Höfe und Güter verwaist, die vorher reichen Polen, Litauern oder Juden gehörten. Die „verwaisten" Höfe oder Güter sollten von den umgesiedelten „Volksdeutschen" in vorläufigen Besitz genommen und wieder bewirtschaftet werden. Von den „Rücksiedlern" sollte kein einziger auf seinen früheren Hof „zurückgesiedelt" werden. In jeder litauischen Kreisstadt gab es jetzt einen „Deutschen Ansiedlungsstab", wie es vor dem Krieg mit Rußland in jeder Kreisstadt einen „Umsiedlungsstab" gab. Der „Deutsche Ansiedlungsstab" verteilte die „Rücksiedler" nach eigenem Ermessen.

Auch die Hotels und Pensionen in Graal-Müritz wurden geräumt. Diejenigen, die für das „NEUREICH" bestimmt waren, verfrachtete man auf dem gleichen Weg zurück nach Litauen, wo sie einst herkamen. Die anderen Familien, die für das „ALTREICH" vorgesehen waren, verteilte man auf das ganze Reichsgebiet.

47

Inzwischen waren ganze sowjetische Armeen in deutsche Kriegsgefangenschaft geraten. Sehr viele russische Kriegsgefangene verteilte man als Arbeiter auf Höfe und Güter in Deutschland. So konnte unser Vater Eduard vom Gut Kosewitz entlassen und als „wichtige Arbeitskraft" bei der Deutschen Reichsbahn angestellt werden.

Im Jahre 1942, als wir noch in Graal-Müritz wohnten, wurde uns noch ein kleines Brüderchen geboren, der Erwin. Zur Entbindung mußte Mutter Maria in eine Rostocker Klinik. Zu dieser Zeit war der erste Luftangriff der britischen Bombenflugzeuge auf Rostock. Während des Bombenangriffs hat der kleine Erdenbürger zu lange im Kalten gelegen und bekam eine Lungenentzündung. Unserer Mutter ging es nach dieser Geburt eine Zeitlang gesundheitlich sehr schlecht. Meine beiden älteren Schwestern Anna und Marta hatten ihr „Landjahr" angetreten, dazu war jedes „deutsche Mädchen" verpflichtet.

So mußte ich, der Richard, mich um mein Brüderchen kümmern. Den Schlaf überwachen, Fläschchen geben, Windeln wechseln und auch Windeln waschen. Mutter Maria war für diese Arbeiten zu schwach. Mutter sagte mir viele Jahre später, ohne meine Fürsorge hätte das Erwinchen diese Zeit nicht überlebt.

Im gleichen Jahr mußten auch wir Graal-Müritz verlassen. Die Behörde verfrachtete uns nach Neustadt/Holstein. Dort erwarteten uns aber keine Hotels oder Pensionen, sondern Holzbaracken. Dieses Barackenlager unterstand der Deutschen Reichsbahn und nannte sich „Reichsbahnlager am Holm". Der Barackenkomplex bestand aus vier größeren Wohnbaracken, die sich gegenüberlagen. In jeder Baracke wurden drei Familien untergebracht. An einem Ende des Lagers stand die Küchen- und Waschküchenbaracke, am anderen Ende des Lagers die Toilettenbaracke mit zehn eingeteilten offenen „Plumpsklo-Kabinen".

Nachdem sich alle Bewohner des Lagers notdürftig eingerichtet hatten, rief ein Herr der Deutschen Reichsbahn eine Versammlung ein. (Versammeln war große Mode.)

Zu dieser Versammlung erschienen ein höherer Parteigenosse der NSDAP sowie der besagte Herr von der Deutschen Reichsbahn, der das Lager „leiten" wollte. Es war damals in Deutschland auch Mode, daß alles irgendwie „geleitet" werden mußte.

Dieser Herr der Reichsbahn legte so richtig los. Er benötige so und soviel Küchenpersonal, einen Lastwagen zur Lagerversorgung, ferner benötige er zur Lagerverwaltung ein Büro mit Büroeinrichtung und in der Küchenbaracke einen Vorratsraum für Lebensmittel.

Was dann passierte, damit hatte keiner gerechnet, am wenigsten der Reichsbahnmann.

Meiner Mutter Maria, eine stets praktisch denkende und energische Frau, „platzte der Kragen", sie unterbrach den „designierten Lagerführer" und ergriff einfach das Wort.

Sie wandte sich an den „Parteimann" und fragte in ganz ruhigem Ton: „Was faselt dieser Herr hier eigentlich zusammen? Wofür benötigen wir hier Küchenpersonal? Wir Frauen, die hier versammelt sind, haben bis zu unserer Umsiedlung nach Deutschland einem Bauernhof vorgestanden, wir haben die Hauswirtschaft und unsere Kinder versorgt, meint dieser Herr, daß wir Frauen das Kochen bereits verlernt haben und unsere Familien nicht selbst versorgen können? Wofür brauchen wir diesen Herrn in diesem Lager? Will sich dieser Herr wohl auf unsere Kosten ein geruhsames Leben verschaffen, um sich vom ,Soldat sein' herumzudrücken? Einen Lastwagen benötigt dieser Herr, wo will er den hernehmen? An der Front wird der Lastwagen benötigt, aber nicht hier." Damit war die Rede meiner Mutter beendet. Der Reichsbahnmann war blaß geworden. Seine Felle waren ihm davongeschwommen; denn meine Mutter hatte in allen Dingen Recht. Der „Parteigenosse" schaute meine Mutter sprachlos an, dann ergriff er die Hände meiner Mutter: „Frau Neu, ich danke Ihnen für diese Worte. Solche weitsichtigen Frauen wie Sie, davon brauchen wir mehr in Deutschland. Sie alle dürfen in Zukunft hier im ,Lager am Holm' Ihr Leben selbst gestalten und sich auch selbst versorgen." Damit war die Versammlung beendet.

Von diesem Tag an erhielten wir unsere Lebensmittelkarten, und alle Familien haben sich selbst versorgt. In Zukunft brauchten wir nicht in irgendeinem Saal vor jedem Essen ein Freiheitslied zu singen, aber hinterher nicht satt werden.

Später erzählte meine Mutter, daß sie im Beisein des Parteigenossen der NSDAP so hat reden müssen, um von der Bevormundung des Herrn der Reichsbahn freizukommen.

Leicht wäre es ihr nicht gefallen, aber sie mußte es für uns Kinder und für die anderen Familien tun. Von nun an waren wir von jeglicher Bevormundung frei. Lebten ungestört in dem abseits von der Stadt gelegenen „Lager am Holm", und wir Kinder brauchten nicht mehr zu hungern, wie in den Pensionen in Graal-Müritz.

Unser Vater Eduard arbeitete bei der Deutschen Reichsbahn und erhielt dort seinen Arbeitslohn. Für uns Kinder gab es Kindergeld, so war auch das Finanzielle geregelt.

Meine Geschwister und ich, der Richard, wurden jetzt in die Volksschule zu Neustadt/Holstein eingeschult. Wir, die „Volksdeutschen aus Litauen", wurden die ersten Tage regelrecht bestaunt. „Wer sind die?" „Wo kommen die her?"

Hier in der Neustadter Schule warf man uns „ins kalte Wasser", wir mußten uns „freischwimmen". Es ging ohne Rücksicht gleich zur Sache. Das heißt, mein Bruder Erich und ich, der Richard, kamen gleich in die 5. Klasse der Volksschule.

Hier gab es kein Frl. Schubert, die uns sechs Stunden täglich mit unendlicher Geduld an die Lehrfächer heranführte und das „Unbegreifliche" begreiflich erklärte.

In der Neustadter Schule habe ich sehr viel gelernt, denn es wurde auch viel verlangt, das war gut so. Aber sonst erwartete uns da nicht viel Gutes.

In Litauen beschimpfte man uns am Ende mit „verfluchte Deutsche", hier in Neustadt beschimpfte man uns als „Pollacken". Für mich eine verkehrte Welt.

Wer waren wir? Wo gehörten wir hin? Warum verachtete man uns so? Wir trugen deutsche Namen (Neu), meine Mutter war eine geborene Drochner, wir sprachen deutsch, wenn auch mit Akzent, aber wir waren Deutsche!

Hatte unsere Mutter Maria vor der Umsiedlung nach Deutschland nicht doch Recht als sie sagte: „In der Fremde, in Deutschland wartet niemand auf uns, in der Fremde sind wir ‚ein Nichts, ein Niemand', wir sind die ‚Dahergelaufenen'." Es stimmte, wir im „Lager am Holm", die Umsiedler aus Litauen, waren Menschen zweiter Klasse. Unsere Pein begann bereits auf dem Schulhof. Rangeleien, Pöbeleien und auch Prügeleien waren oft an der Tagesordnung. So etwas waren wir, die zum absoluten Gehorsam Erzogenen, nicht gewohnt. In der litauischen Schule zu Budvyciai mußten wir uns auch in den Schulpausen anständig betragen. Hier in Neustadt war das nicht so. Dann war da noch unser Klassenlehrer Friedrich N. Dieser Mann war die „Gehässigkeit in Person". Ich kann wohl sagen mit sadistischer Veranlagung zu quälen. Prügelstrafe schon für das geringste Vergehen, und die sah so aus: Vortreten, die Hände ausstrecken, die Handballen nach oben, dann gab es mit einem Rohrstock mehrere Hiebe auf die Fingerspitzen, die ja bekanntlich besonders schmerzempfindlich sind. Wer diesen Schmerz kennt, weiß, was ein Kind, wenn es die Hiebe bekam, aushalten mußte. Die nächste Bestrafung war: Vortreten, bücken, dann mehrere Hiebe mit dem besagten Rohrstock auf das Gesäß.

Die schlimmste Bestrafung war: Einen Arm auf den Rücken drehen, dann mit Daumen und Zeigefinger die empfindliche Haut unterhalb der Armmuskel kneifen und gleichzeitig drehen! Diese Tortur war kaum auszuhalten, es war entsetzlich.

Körperliche Züchtigungen waren wir ja von zu Hause aus gewohnt, denn Mutter Maria ging mit uns auch nicht zimperlich um, aber wir wurden niemals gequält. Ich haßte diesen Mann wie nichts auf der

Welt. Die Lehrer waren absolut autoritär. Das Lernpensum und die Hausaufgaben waren enorm.

In unserer Klasse wurden nur Knaben unterrichtet. Trotz der Diskriminierung und der oftmals harten Strafen brachte man mir in der Neustadter Schule eines bei: lernen!

Wissen bringt Anerkennung. Das Wissen ist der Schlüssel zu allen Dingen im Leben. Wenn ich vor einer schier unlösbaren Aufgabe stand, arbeitete ich solange „verbissen" daran, bis ich die Lösung hatte. Erst dann war ich rundherum zufrieden.

Damals setzte ich mir ein Ziel: Niemals aufgeben, es gibt immer eine Lösung, die muß man nur finden. Ich bildete mir auch ein, „wer viel oder mehr weiß als die anderen, zu dem schaut man auf". Ich sagte mir, wenn ich in allen Lehrfächern besser oder genau so gut bin wie die sogenannten „Reichsdeutschen", dann sehen diese, daß ich ein „gleichwertiger Deutscher" und kein „Pollack" bin.

Diese Einstellung habe ich bis heute beibehalten. Besser sein als die anderen, aber mindestens genau so gut. Das mag wohl eine „egoistische Überheblichkeit" sein, aber einen anderen Weg sah ich damals nicht. Einmal eine bestimmte Gewohnheit angenommen, legt man sie selten wieder ab.

In Geographie unterrichtete uns Herr David. Ein kräftiger untersetzter Herr, der stets in Reithosen und Stiefeln zum Unterricht erschien (obwohl wir nie Reitunterricht hatten).

Wenn Lehrer David den Klassenraum betrat, sprangen wir Schüler auf und nahmen „stramme Haltung" an. Er stellte sich vor uns Schüler, hob die rechte Hand und grüßte „Heil Hitler". Wir Schüler erwiderten den Gruß wie ein Donnerhall, das erwartete er von uns. Er war ein sehr strenger Herr, aber gerecht. Lehrer David machte nicht „viel Worte", was er sagte und erklärte, das tat er nur einmal. Wir Schüler hatten das gefälligst in uns aufzunehmen und das Erklärte auch zu begreifen. Sein Lehrstoff war immer groß und interessant. Es machte wirklich Spaß, die Geographiestunde verrann manchmal viel zu schnell. Lehrer Davids Devise lautete: „Ein deutscher Schüler muß über diese unsere Welt genauestens Bescheid wissen."

Wenn eine Landkarte von Europa, Asien, Amerika oder Australien an der Tafel hing und ein Schüler sollte an diese Landkarte gehen und sein „Wissen" vor der Klasse erklären, dann sprach er den Schüler nie mit Namen an, sondern ging zwischen den Schulbänken, den „Zeigestock" in der Hand. Der Schüler, den er meinte, erhielt einen leichten Schlag mit dem Zeigestock auf die Schulter, mit der Aufforderung „du".

Dieser „du" Gemeinte rannte zur Landkarte und zeigte sein Wissen der Klasse, was er über dieses Land oder diesen Kontinent wußte. Zuerst lernten wir alles über Deutschland. Anschließend die angrenzenden Staaten. Dann folgte Europa. Zum Schluß die anderen Kontinente und Ozeane auf unserem Globus. Damals waren auch die sogenannten „Volksschulen" noch das, was man von „Lehranstalten" erwartete, nämlich den Schülern in kürzester Zeit viel Wissen zu vermitteln. Lehrer waren autoritär-absolute Respektpersonen, die Schüler hatten kein Recht, einen Lehrer zu kritisieren oder ihm gar zu widersprechen. Von Lehrer David hörte ich über unserer Herkunft nie eine abfällige Bemerkung. Ich meine sogar, er hat an uns Schülern „vorbeigesehen", als wären wir nur einfach Luft für ihn.

Ein Lehrer, Herr Koch, erteilte uns Gesangunterricht. Singen war damals in Deutschland große Mode, zu jedem Anlaß wurde kräftig gesungen. Lehrer Koch lehrte uns aber nicht die „markigen Lieder" wie „Wir standen für Deutschland auf Posten und hielten die große Wacht" oder „Wenn alle untreu werden, so bleiben wir doch treu". Bei Lehrer Koch lernten wir deutsche Volkslieder, die auch deutsch waren, aber nicht „parteigebunden". Ich hatte mich zu einem fleißigen Schüler gemausert, das brachte mir bei den Mitschülern eine gewisse Anerkennung ein. Die „Reichsdeutschen" betrachteten mich als „gleichwertig", und die Beschimpfungen hörten langsam auf.

Eines Tages legte man mir und meinem Bruder Erich nahe, in die „Hitler-Jugend" einzutreten. Man sagte uns, daß sich jeder deutsche Junge und jedes Mädchen dieser Jugendbewegung anschließen müsse. Es war eine neue Phase unserer Kindheit.

Bisher wurden wir nur herumgeschubst, und nun sollten wir einer Jugendbewegung beitreten? Zu der damaligen Zeit und als Bewohner des „Reichsbahnlagers am Holm" konnte meinem Bruder Erich und mir nichts besseres passieren, als Mitglieder der „H-J" zu werden. Schon nach kurzer Zeit stellten wir fest, dort gab es keine Diskriminierung, kein Beschimpfen, wo kommt ihr her? Wer seid ihr? In der „H-J" waren wir „Glieder einer Kette", wo jedes Kettenglied seine Aufgabe hatte, diese Kette zusammenzuhalten. Es wurden Zeltlager sowie Sportwettkämpfe veranstaltet und viel gewandert. Wir, die Jugend, hatten auf einmal Aufgaben, einer war für den anderen da, und keiner kam auf die „schiefe Bahn".

Heute weiß ich, daß die „H-J" von der NSDAP geleitet und gefördert wurde. Als elfjähriger Junge konnte ich damals die politischen Zusammenhänge nicht erfassen, sie interessierten mich auch nicht. Außerdem hatten wir in der Schule keinen politischen Unterricht, der uns über die Jugendbewegung „H-J" aufklärte. Aber, wenn auch von der Partei ge-

steuert, wir waren zu einer guten Kameradschaft zusammenge-
schweißt. Treue, Ehrlichkeit, Pünktlichkeit, Fleiß, Ordnung und Hilfsbereitschaft waren unser höchstes Gebot. Aber heute wissen wir, daß
auch die „H-J" vielfach politisch mißbraucht wurde.
Im „Reichsbahnlager am Holm" lebten die zwölf „volksdeutschen" Familien friedlich in ihren Baracken. Untereinander gab es selten Streit.
Die Baracken waren so angeordnet, daß in der Mitte eine große vier-
eckige Rasenfläche war, wo wir Kinder, und das waren sehr viele, uns
nach Herzenslust austoben konnten.
Niemand hat uns da vertrieben oder sich wegen „Ruhestörung" be-
schwert, obwohl es nur ein Barackenlager war, aber für uns Kinder ein
herrlicher Spiel- und Tummelplatz.
Dieses eigentlich gemütliche Lagerleben gefiel meiner Mutter Maria als
„alte Bäuerin" überhaupt nicht. Ihr fehlte die Verantwortung für Hof,
Felder, Tiere und vieles mehr, was es so auf einem Bauernhof gibt. Sie
fand keine Ruhe. Sie suchte in Neustadt einen Rechtsanwalt auf und
ließ ein Schreiben an das „Reichskommissariat für besetzte Ostgebiete"
in Berlin aufsetzen, in dem sie die Bitte äußerte, wieder nach Litauen
„zurückzusiedeln". Warum und weswegen meine Eltern sich zu diesem
verhängnisvollen Schritt entschlossen, konnten sie mir auch viele Jahre später nicht erklären. Dieser Schriftverkehr zwischen dem Neustadter Anwalt und dem „Reichskommissariat für besetzte Ostgebiete"
in Berlin zog sich in die Länge.
Meine Mutter wollte auf „Biegen und Brechen" wieder Bäuerin sein. Auf
ihre große Kinderschar, auf die spätere Schulung ihrer Kinder in Litau-
en, nahm sie keine Rücksicht. Uns Kindern, die wir jetzt ein unbe-
schwertes „Kinderleben" führten, war das Bestreben unserer Mutter unbegreiflich. Wir wußten es, wenn wir wieder einen Hof bewirtschaften
müssen, ist das unbeschwerte Kinderleben vorbei. In Graal-Müritz wurden wir in nur einem Jahr viermal umquartiert und danach nach Neu-
stadt/Holstein in das „Reichsbahnlager" verfrachtet. Wohin wollte unsere Mutter jetzt mit uns? Hatte sie denn vom Wanderleben noch nicht genug? Was wird in Litauen mit unserer Schulbildung? Aus dem sicheren
Westen zurück nach Osten, nach Litauen, wo im tiefsten Rußland ein erbitterter Krieg tobte, dessen Ausgang nur Gott allein kannte?
Meine Eltern haben mit ihrer neuen Entscheidung beinahe ihre ganze
Familie ins Unglück gestürzt. In der Zwischenzeit war meine Mutter
wieder schwanger und erwartete ihr neuntes Kind. Das war ein Anlaß
zu einem „feierlichen Akt" im Rathaus zu Neustadt/Holstein. Meiner
Mutter wurde von der NSDAP das „Mutterkreuz in Gold" verliehen. Es
schien, als ob meine Eltern um Deutschlands Zukunft besorgt waren,
denn Mutter Maria gebar jedes Jahr ein Kind.

Zu dem „Mutterkreuz in Gold" gab es eine Urkunde, die vom „Führer A. Hitler" persönlich unterzeichnet war. Na, das war aber was! Man mag es kaum glauben, was das damals bedeutete. Mutter Maria steckte das „Kreuz in Gold" stets an Jacken oder Mantelrevers. Wo sie ging, wo sie sich auch befand, überall begegnete man Mutter Maria mit höchstem Respekt. Dieses „Mutterkreuz" öffnete Herzen, Tür und Tor. Das neunte Kind kam auf die Welt, es war ein Knabe, der aber schon nach zwei Tagen verstarb. Mein Brüderchen wurde ohne großen „Pomp" in Neustadt beigesetzt. Unser Leben im „Reichsbahnlager am Holm" verlief ohne große Dramatik. Ich besuchte täglich die Schule. Dienstag nachmittags war immer „Dienst" bei der „H-J". Abgesehen davon, daß Mutter Maria wie „besessen" Bittbriefe nach Berlin schreiben ließ und um Rücksiedlung nach Litauen bat. Für Familie Neu bahnte sich eine „Odyssee" an. Aus dem „Reichskommissariat für besetzte Ostgebiete" kam der Bescheid, daß die Familie Eduard und Maria Neu mit ihren sechs Kindern nach Litauen „zurücksiedeln" dürfe. An uns Kinder dachte damals niemand. Weder Mutter Maria, noch die Berliner Behörde. Wo sollten wir in Litauen zur Schule gehen? Wo sollten wir Kinder uns weiterbilden? Mutter Maria dachte am allerwenigsten darüber nach. Ihr egoistisches Ziel, ihr Bestreben war wieder „Bäuerin" zu sein. Alles andere schien sie ohne nachzudenken beiseitezuschieben. Was damals in Gang gesetzt wurde, kann ich aus der heutigen Sicht nur als große Verantwortungslosigkeit meiner Mutter bezeichnen. In diesem Fall kann ich nicht von beiden Eltern sprechen, denn hier war Mutter Maria die treibende Kraft, die, fast blind vor Egoismus, sich selbst und ihre große Kinderschar einer großen Gefahr aussetzte.

Vater Eduard war nur „Statist" in Mutter Marias Drama. Er konnte sich diesmal nicht durchsetzten und mit den Kindern in Deutschland bleiben, vielleicht wollte er es auch nicht.

Ende Oktober des Jahres 1942 sollte sich die ganze Familie Neu nach Anweisung des „Reichskommissariats für besetzte Ostgebiete" nach Litauen in die Stadt Schaulen (litauisch Siauliai) begeben, um sich beim „Deutschen Ansiedlungsstab" zu melden, dort würde man das Weitere veranlassen.

Die Stadt Schaulen (Siauliai) liegt ganz im Norden Litauens, ca. 45 km von der lettischen Grenze. Dorthin ging jetzt unsere „Rücksiedlung", unsere Odyssee!

Rücksiedlung nach Litauen

Unsere Mutter Maria war am Ziel ihrer Wünsche. Sie wird wieder Bäuerin sein, wenn man auch nicht genau wußte, für wie lange. Ein Grund, warum wir Neustadt/Holstein verließen, mag auch der gewesen sein, daß wir hier nur Menschen zweiter Klasse waren, eben nur „Volksdeutsche aus Litauen".

Wir packten unsere Habseligkeiten zusammen, allzuviel war es ja nicht. Reiseproviant, Decken und Bettzeug waren das Wichtigste. Ich möchte heute, als erwachsener Sohn, Mutter Maria wegen ihres „Freiheitsdranges" nicht verurteilen, das Recht habe ich nicht; wahrscheinlich braucht jede Epoche sein „auf und ab". Wir, die Familie Neu, brauchten vielleicht diese Herausforderung, die uns von Mutter Maria auferlegt wurde, um später in allen Dingen, in Tun und Handeln mehr Sorgfalt walten zu lassen, nicht die Fehler der Alten zu machen.

Ende Oktober des Jahres 1942 war unsere Familie, außer meinen Schwestern Anna und Marta, die eine Lehre im Hotelfach begonnen hatten, auf dem Weg nach Litauen.

Unser Ziel, vom „Reichskommissariat für Besetzte Ostgebiete" vorgegeben, war die Stadt Schaulen (litauisch Siauliai) im Norden Litauens. Dort sollten wir uns beim „Deutschen Ansiedlungsstab" melden, die Herren würden bestimmen, wo wir „angesiedelt" werden. Mutter Maria hatte uns zum „Wanderleben" bestimmt. Der Weg, der mich als zehnjähriges Bübchen im März 1941 nach Deutschland führte, der gleiche Weg führte mich zwölfjährigen Buben und die Familie Neu im Jahre 1942 nach Litauen zurück. Unter großer Anteilnahme der zurückbleibenden Menschen des „Reichsbahnlagers am Holm" verließen wir Neustadt/Holstein. Die Zurückbleibenden wünschten uns viel Glück und Erfolg, einige begleiteten uns bis zum Neustadter Bahnhof. Wir, die Familie Neu, bestiegen den Zug, der uns aus dem sicheren Norden Deutschlands in den unsicheren Osten, nach Litauen, bringen sollte. Wir waren mehrere Tage unterwegs. Die großen Städte mit ihren großen Bahnhöfen nahm ich jetzt bewußt wahr. Es ging über Lübeck – Berlin – Frankfurt/Oder – Schneidemühl – Bromberg – Thorn – Allenstein – Insterburg und Tilsit. Tilsit war die letzte Stadt auf deutschem Boden. Am Grenzdörfchen Laugsargen verließen wir ostpreußischen Boden. Der Zug fuhr jetzt auf litauischem Gebiet nordwärts. Taurage (Tauroggen) war die erste größere litauische Stadt, die wir passierten. Im Dorf Kaupiai im Kreis Tauroggen (Taurage) hatten wir vor unserer Umsiedlung nach Deutschland unseren kleinen Bauernhof bewirtschaftet. Was dachten wohl meine

Eltern, als wir Tauroggen passierten? Wer bewirtschaftete jetzt unsere Landstelle im Dorf Kaupiai? Viele Fragen! Endlich erreichten wir die Stadt Schaulen. Von der langen Reise total erschöpft, sehnten wir uns alle nach Ruhe. Der „Deutsche Ansiedlungsstab" brachte uns in einem leerstehendes Haus mitten in der Stadt unter. Hier mußten wir warten, bis die „Obrigkeit" entschied, wo wir angesiedelt wurden.

***

Während wir in Schaulen auf unser „bäuerliches Glück" warteten, hatte Anfang Oktober die 6. deutsche Armee unter Generaloberst Paulus die Stadt Stalingrad erreicht und war mit den Truppen zum Teil bis zur Stadtmitte vorgedrungen. Wochenlang tobte dort ein erbitterter Kampf. Die Verluste auf beiden Seiten waren schrecklich. Ende November durchbrachen die „Roten Armeen" die Stellungen der italienischen, bulgarischen und spanischen Heeresverbände, die auf deutscher Seite kämpften, und schlossen die 22 Divisionen der 6. Armee in Stalingrad ein. Das Drama von Stalingrad ist jedem Deutschen bekannt.

Ich erwähne „Stalingrad" nur deswegen, weil meine Eltern trotz alledem in ihrer Gutgläubigkeit an einen „guten Ausgang" des Krieges, an den „Endsieg" glaubten!

***

Wir, die Familie Neu, verbrachten mehrere Tage in Schaulen und warteten auf unsere „Ansiedlung". Das Leben in der litauischen Stadt war gut. An Lebensmitteln erhielten wir beinahe das Doppelte wie in Neustadt/Holstein. Es gab Lebensmittellager in der Stadt, die gut gefüllt und nur für deutsche Bürger vorgesehen waren.

Es war bereits November, das Wetter meinte es sehr gut mit uns. Früher war um diese Jahreszeit in Litauen bereits „Winteranfang" mit starkem Frost und manchmal auch schon viel Schnee. Diesmal hatten wir Glück.

Ich weiß es bis heute nicht, was Mutter Maria mit dem „Deutschen Ansiedlungsstab" ausgehandelt hatte, sie war ja die „dominierende Kraft", die verhandelte und alles regelte. Jedenfalls nach Tagen des Wartens war das Ehepaar Eduard und Maria Neu nebst ihren Kindern Gutsbesitzer in Litauen! Hurra! Hurra!

Der „Deutsche Ansiedlungsstab" in Schaulen hatte uns das 250 ha große Gut Cekaiciai (Tschekaiten), welches 52 km von der Stadt entfernt lag, zur Bewirtschaftung übertragen. Mutter Maria hatte endlich das, wonach sie in der letzten Zeit gestrebt hatte. Sie war am Ziel ihrer

Wünsche angelangt. Sie war wieder Bäuerin, jetzt sogar Gutsbesitzerin. Na, das war aber was!

In Schaulen warteten wir, daß die „Leute vom Gut" ihre neue „Herrschaft" abholten. Uns Kinder machte dieses „Wanderleben" Spaß. Es gab immer was Neues und Aufregendes zu erleben. Aber auf dem Lande waren keine deutschen Schulen, wo wir uns fortbilden konnten. Wer sollte im entlegensten Winkel Litauens deutsch unterrichten? Wir Kinder hatten, was einen Schulbesuch betraf, keine Perspektive. Nach einigen Tagen des Wartens kamen zwei Pferdegespanne vom Gut Cekaiciai, um ihre neuen „Herrschaften" abzuholen. Eine Wegstrecke von 52 km stand uns bevor. Der Vorarbeiter des Gutes, Herr Vaisvilas (Waischwilas), war persönlich gekommen und lenkte einen der Wagen.

Herr Vaisvilas war ein großer kräftiger Mann, in den mittleren Jahren. Er trat meinen Eltern respektvoll aber nicht demütig entgegen. Nachdem man sich begrüßt und vorgestellt hatte, verluden wir schnell unser Gepäck, die 52 km Abenteuerfahrt begann.

Anfangs der Wegstrecke war die Schotterstraße noch in einem guten Zustand. Aber je weiter wir uns von Schaulen entfernten, um so schlechter wurde diese Straße. Man konnte sie als „erbärmlich" bezeichnen. Ausgefahrene Wegelöcher, die mit Wasser angefüllt waren, da versanken die Wagenräder manchmal bis zur Achse. Es war für die Pferde eine Qual. Auch wir auf beide Wagen fühlten uns nicht wohl. Bei Antritt der Fahrt waren wir lustig und frohen Mutes, aber mit Anbruch der Dunkelheit verschwand unser Frohsinn. Es machte sich eine „Beklommenheit" breit.

Die Schotterstraße nach Cekaiciai führte durch einen schier nicht endenden Wald, ja beinahe Urwald. Noch vor Anbruch der Abenddämmerung hatten wir Rast gemacht, um die Pferde zu füttern und sie ein wenig ruhen zu lassen.

Wir haben bei dieser Rast gegessen und die letzte Unterhaltung geführt. Jetzt bei dieser Dunkelheit sprach keiner ein Wort. Die beiden Pferdewagen bewegten sich wie durch eine Unwirklichkeit. Zu beiden Seiten des Weges nur hoher dunkler Wald, aus dem nicht einmal der Laut eines Nachtvogels zu hören war. Es herrschte totale Dunkelheit. Nur wenn man den Blick nach oben zum Nachthimmel richtete, erkannte man einen kleinen Streifen des Nachthimmels, an dem einige Sterne funkelten. Das Knarren der Wagenräder, das Schnauben der Pferde und ab und zu das Plätschern der Pfützen, wenn die Pferde da durchwateten, waren die einzigen Geräusche dieser Nachtfahrt durch den unheimlichen litauischen Wald, wo in der damaligen Zeit sich viele Partisanengruppen versteckt hielten. Wir, die ganze Familie Neu, saßen in

Decken eingehüllt auf beide Wagen verteilt, die ganz mit Stroh ausgelegt waren, damit wir auf der 52 km langen Fahrt die Nachtkälte nicht spüren sollten.

Insgeheim hofften wir alle, daß diese unheimliche Nachtfahrt bald ein Ende hätte. Gegen Mitternacht kamen wir nach achtstündiger Fahrt auf dem Gut Cekaiciai an. Ein paar litauische Arbeiter des Gutes entluden schnell beide Fuhrwerke. Sie schafften unsere Kisten, Koffer und „Pungeln" in das große Wohnhaus, welches vollkommen leer stand, ohne jegliches Mobiliar. Nur die sehr große Küche war komplett.

In einem großen Zimmer des Hauses hatte Herr Vaisvilas aus „weiser Voraussicht" gutes Stroh ausgelegt. Schnell errichteten wir aus einigen Wolldecken ein Schlaflager, auf dem wir niedersanken und im Tiefschlaf die erste Nacht auf „unserem Gut" Cekaiciai verbrachten.

Am anderen Tag, nach ausgiebigem Schlaf und gutem Frühstück, stand die Besichtigung des Gutes an. Es war ein größerer Häuserkomplex mit Scheunen und Stallungen. In den Ställen stand allerlei Vieh. Etwas abseits vom Gutshaus standen kleinere Blockhäuser, aus dicken Baumstämmen gebaut, in denen die Arbeiter des Gutes wohnten.

Das Gut Cekaiciai war ebenfalls noch nicht mit Elektrizität versorgt. Hier dienten als Beleuchtung überall Petroleumlampen. Was wir an Trinkwasser benötigten, holten wir aus einem Brunnen. Dieser war aber praktischer eingerichtet als bei uns früher in Kaupiai. Hier konnten wir das Wasser mit einer Kurbelrolle und Kette hochziehen, das ging sehr leicht. Für uns Kinder begann eine schulfreie unbeschwerte Zeit. Lange schlafen, gutes Essen, nur spielen und herumtollen und kein Zwang. Die riesigen Scheunen voller Stroh, für uns Kinder ein idealer Tummelplatz.

Um diese Jahreszeit waren auf dem Gut nicht viele Arbeiten zu verrichten. Die Arbeiten, die anfielen, verrichteten die Arbeiter des Gutes, die es gwohnt waren und es auch schon immer taten. Denen brauchte man nichts zu befehlen. Meine Eltern verhielten sich den Litauern gegenüber ganz normal und spielten sich nicht als „Herrschaft" auf.

In der großen Küche auf einem gemauerten Herd bereitete Mutter Maria gemeinsam mit der Frau des Vorarbeiters „Ponia Vaisviliene" die Mahlzeiten zu. Der Vorarbeiter Herr Vaisvilas und seine Frau nahmen die Mahlzeiten gemeinsam mit uns an einem Tisch ein. Unsere Schlafzimmer waren weiterhin „Strohlager", denn unsere Möbel, die wir 1941 nach Deutschland verfrachtet hatten, lagerten in einem Depot irgendwo im „Reich".

**

In der Zeit, in der wir in Cekaiciai hausten, war der Kampf um Stalingrad richtig entbrannt. Aber wir haben wieder mal nichts mitbekommen. Wir besaßen weder Radio, Telefon noch eine Tageszeitung, die uns Nachrichten zukommen ließen. Genau so wie damals 1939, als wir noch in Kaupiai wohnten und der Zweite Weltkrieg ausbrach. Mutter Maria hatte uns mit Hilfe des „Deutschen Ansiedlungsstabes" in den letzten Winkel Litauens verfrachtet. Es entging uns, daß im „Rußlandfeldzug" eine Wende eingetreten und unser Verbleib in Litauen nur noch eine Frage der Zeit waren.

***

In Litauen gab es auch Partisanengruppen, die mit den „Sowjets" sympathisierten und den deutschen Nachschub zur Front erheblich störten. „SS-Truppen" führten öfter „Strafexpeditionen" gegen die Partisanen, die wenig Erfolg hatten, weil die Partisanen in den dichten großen litauischen Wäldern nicht zu fassen waren.

Nachdem wir bereits mehrere Tage auf dem Gut weilten, sprach der Vorarbeiter Herr Vaisvilas meinen Vater beim Mittagessen an: „Herr Neu, in der großen Scheune, die etwas abseits steht, übernachten oft kleinere Trupps Partisanen, in der Morgendämmerung verschwinden sie wieder in den nahegelegenen Wald." Vater Eduard überlegte einen Moment und antwortete: „Die Partisanen haben uns bisher nichts getan, und irgendwo müssen sie übernachten. Ich habe nichts dagegen."

Ich glaube, diese Einstellung meines Vaters hat damals vielleicht unser Leben gerettet. Die Partisanen haben auch Litauer getötet, die mit den Deutschen zusammenarbeiteten. Eines späten Abends hörten wir aus einiger Entfernung viele Schüsse, Gewehrfeuer. Als wir nach draußen gingen, sahen wir über einer Gruppe von Baumwipfeln roten Feuerschein, der von einem größeren Feuer stammen mußte.

Am anderen Tag erzählte uns Herr Vaisvilas, die Partisanen hätten zwei litauische Bauernhöfe angezündet und die beiden Bauern erschossen, weil sie der „SS" Tips über Partisanen gegeben hätten. Ich glaube, an diesem Tag ging Mutter Maria endlich ein „Licht" auf, und sie begriff, daß wir auf dem Gut Cekaiciai keinesfalls in Sicherheit waren. Nach dieser Brandnacht begriff sie, daß sie mit der angestrebten Rücksiedlung nach Litauen ihre Familie einer Gefahr ausgesetzt sah. Nach vier Wochen „Gutsbesitzerdasein" traf Mutter Maria wieder eine Entscheidung. Meine Eltern bestellten den Vorarbeiter Herrn Vaisvilas zu sich und machten ihm klar: „Wir können hier in diesem abgelegenen Winkel nicht länger bleiben, unsere Kinder müssen zur Schule, und hier gibt es weit und breit keine deutsche Schule. Wir fahren nach Schaulen (Siauliai) zurück. Wir schenken euch das Gut Cekaiciai, macht damit was ihr wollt. Übermorgen soll es losgehen, halten Sie bitte zwei Fuhrwerke bereit."

Das Gut Cekaiciai, das einst einem reichen Litauer gehörte, der von den „Sowjets" nach „Sibirien verbannt" war, gehörte nun wieder den Litauern oder dem „Deutschen Ansiedlungsstab". Nach zwei Tagen spannte man die Pferde wieder an, in der Frühe ging es „juchee" die 52 km schlechte Wegstrecke zurück nach Schaulen (Siauliai). Wenn mir damals das Lied „Lustig ist das Zigeunerleben" bekannt gewesen wäre, hätte ich es bestimmt lauthals angestimmt. Aus der heutigen Sicht gesehen könnte man sagen, es handelte sich um einen „Extremurlaub", wo man seine Grenzen aufgezeigt bekommt. Aber mit sechs zum Teil noch kleinen Kindern in einem praktisch fremden Land? Was suchte Mutter Maria? Unser Vater Eduard war „abgemeldet", er hatte den ewigen Kampf mit unserer Mutter Maria aufgegeben.

In den letzten Tagen auf Gut Cekaiciai hatte es kräftigen Frost gegeben. Die schlechte Wegstrecke, die wir bei der Hinfahrt befuhren, war jetzt nicht mehr so „modderich", daß die Fuhrwerke in die Wegelöcher einsanken. Es ging flotter voran, so daß wir am frühen Nachmittag in Schaulen ankamen. Für die gleiche Wegstrecke von 52 km benötigten wir diesmal nur sieben Stunden.

Seltsamerweise hat die anhaltende Kälte uns Kindern auf der langen Fahrt mit einem Leiterwagen, der mit viel Stroh ausgelegt war, nichts ausgemacht. Wir waren durch das andauernde „Wanderleben" auch abgehärtet.

Die Familie Eduard und Maria Neu nebst ihren sechs Kindern tauchte am späten Nachmittag ohne Vorwarnung beim „Deutschen Ansiedlungsstab" in Schaulen auf. Mutter Maria steckte sich das „berühmte Mutterkreuz in Gold" an das Mantelrevers und besuchte die „Hohen Herren" im „Deutschen Ansiedlungsstab". Diese fielen aus „allen Wolken". Den Herren machte Mutter Maria unmißverständlich klar, daß ein Bleiben auf dem Gut Cekaiciai unmöglich war, weil die Kinder zur Schule gehen mußten. Eine Schule für deutsche Kinder gab es dort nicht. Außerdem seien wir dort vor den litauischen Partisanen nicht sicher, denn Polizei und deutsche Behörden waren weit entfernt. Wenn Mutter Maria mit dem „angesteckten Mutterkreuz" redete, ließ sie sich von keinem unterbrechen.

Nachdem sich die Herren vom „Familie-Neu-Schock" erholt hatten, quartierten sie uns wieder im selben Haus ein, wo wir bereits bei unserer Ankunft aus Neustadt/Holstein untergebracht waren. Das Weihnachtsfest war auch nicht mehr fern. Jetzt, wo wir wieder in Schaulen (Siauliai) hausten, erfuhren wir auch alles, was sich auf den „Kriegsschauplätzen" abspielte.

Die 6. deutsche Armee unter Generaloberst Paulus war in Stalingrad von der „Roten Armee" vollkommen eingeschlossen, und die 22 Divisionen der 6. deutschen Armee gingen einer Katastrophe entgegen. Es sah nicht besonders gut aus, um noch an den „Endsieg" zu glauben. Mutter Maria war sehr nachdenklich geworden, oft in sich gekehrt. Ich glaube sie hat die „Rücksiedlung" nach Litauen sehr bereut. Was sie mir nach vielen Jahren auch bestätigte.

***

Das Weihnachtsfest sollten wir in Schaulen feiern. In diesem Jahr war der Gabentisch gut gedeckt. Die „Versorgungsmagazine", die nur Deutsche versorgten, hatten eine größere Auswahl an Lebensmitteln und auch Textilien. So war das ein sehr schönes Fest. Nach den Festtagen, Weihnachten und Neujahr (1943), es müssen die ersten Tage des Januar gewesen sein, besuchte uns ein Herr des „Deutschen Ansiedlungsstabes". Er teilte uns mit, daß wir ab sofort „Besitzer" eines „verwaisten Hofes" wären, der nur 4 km von der Stadt entfernt lag. Das Dorf hieß Kairen (Kairiai). Auch dieser Eigentümer soll angeblich von den „Sowjets" verschleppt worden sein. Schon am nächsten Tag begaben wir uns mit unserer „Habe" zu diesem Hof. Der Hof war 42 ha groß, hatte ein sehr geräumiges Wohnhaus, im „Bungalow-Stil" gebaut.
Das Dach war mit verzinktem Blech gedeckt. Der Stall für das Vieh und die Scheune waren ein ziemlich langer Bau. Die Stallmauern waren auch aus Lehm errichtet, genau so wie bei uns auf der alten Hofstelle in Kaupiai. In so einem Stall aus Lehmmauern hat das Vieh es im Winter schön warm. Stall und Scheunendach waren mit Stroh gedeckt. Die Scheune war auch aus dicken Holzbohlen gebaut.
Das Wohnhaus war sehr geräumig. Ein Schlafzimmer für uns Kinder, eines für die Eltern und ein mittleres Wohnzimmer. Eine sehr geräumige Küche mit Herd und einem Brotbackofen. An die Küche schloß sich ein Eßzimmer an. Das ganze Haus war spärlich möbliert, was uns besonders freute. Jetzt mußten wir nicht mehr auf Strohlagern schlafen. Wenn man das Haus betreten wollte, mußte man durch einen Anbau. Durch diesen ging ein kleiner Flur. Auf der einen Seite des Flures befanden sich zwei „Gesindekammern".
Diesen Kammern gegenüber lagen die „Sielenkammer" und die Toilette (im Winter war das auch angenehmer, man brauchte nicht in die Kälte hinaus). Auf diesem Hof in Kairen sollten wir, die Familie Neu, sieben schöne Monate erleben.
Die 4 km zur Stadt konnte man bequem zu Fuß zurücklegen. Das Wichtigste war, wir Kinder konnten wieder eine deutsche Schule in Schaulen (Siauliai) besuchen.

Das Dorf Kairen war auch gleichzeitig ein Gut, dessen Ländereien an die „unserigen" grenzten. Dieses Gut bewirtschaftete eine deutsche Familie Straucher. Wem das Gut früher gehörte, weiß ich nicht. Herr Straucher war Angehöriger der „SS". Viel Kontakt hatten wir nicht mit den Strauchers, aber manchmal traf man sich und wechselte einige Worte. Im Stall des Hofes standen vier Kühe, zwölf Schafe, acht Schweine und allerlei Federvieh, nur keine Pferde, die für einen Hof dringend benötigt wurden. Herr Straucher gab uns zwei Pferde, so konnten wir vorerst „wirtschaften". Bevor wir auf dem Hof ankamen, versorgte den Hof ein litauischer Arbeiter, sein Name war „Juoskus" (Juoschkus). Er war verheiratet und hatte einen kleinen Jungen. Die Familie Juoschkus bewohnte ein kleines Haus mit Stallgebäude, welches etwa 50 m vom Hof entfernt stand. Herr Juoschkus mußte 35 Arbeitsstunden in der Woche leisten, dafür hatte er freies Wohnen und bekam „Deputat", Kartoffeln, Getreide und Rüben. Außerdem hielt er sich eine Kuh, die mit unseren Kühen zusammen weidete. Auf diesem Hof in Kairen entwickelte sich ein richtiges Bauernleben, wie Mutter Maria es sich erträumt hatte.

Vom „Deutschen Ansiedlungsstab" in Schaulen erhielt Vater Eduard die Erlaubnis, aus dem Schlachthof noch zwei Milchkühe zu kaufen. So standen auf dem Hof schon sechs Milchkühe. Auf dem Wochenmarkt kaufte Vater noch drei größere Ferkel, um die Schweinemast zu erhöhen, so war es ein richtiges Bauernleben.

Wir vier schulpflichtigen Kinder, Erich, ich, der Richard, Amanda und Wally, besuchten täglich immer am Nachmittag eine deutsche Schule in Schaulen. Täglich 4 km hin und zurück zu Fuß natürlich. Auf unserem Schulweg brauten sich düstere Wolken zusammen. Die litauischen Halbwüchsigen hatten es herausbekommen, daß da täglich ein paar deutsche Schüler nach Schaulen zur Schule gingen. Was macht man mit deutschen Schülern? Nun, man verprügelt sie erst mal kräftig. Einige dieser Halbwüchsigen stellten sich uns in den Weg, so daß Erich und ich uns den Heimweg freiprügeln mußten. Das wiederholte sich des öfteren, da kamen wir auf eine Idee. Fortan gingen wir in unserer „H-J"-Uniform in die Schule. Von da ab ließ man uns in Ruhe, wir hatten keine Wegprobleme mehr. Vielleicht waren wir kleinen „Uniformträger" für sie tabu. Es war für uns schon eine verkehrte Welt. Als wir in Neustadt/Holstein im „Reichsbahnlager am Holm" wohnten, beschimpfte man uns als „Pollacken", und hier waren wir wieder die „verdammten Deutschen". So gesehen waren wir eigentlich „heimatlos" und gehörten nirgendwo hin!

Auf unserem 4 km Schulweg nach Schaulen erlebten wir Kinder schon

so einiges. Eines Abends, die Abenddämmerung hatte bereits eingesetzt, gingen wir „plappernd" auf der „Hauptstraße" auf einer festge-
walzten Kiespiste in Richtung „unseres Hofes", da sahen wir im
Straßengraben etwas liegen, das seltsame Laute von sich gab. Wir
schauten erst gar nicht nach, was es war, sondern rannten davon.
Wenn wir nachgeschaut hätten, wäre vielleicht ein Mensch gerettet
worden. Weil Erich und ich, der Richard, auf unseren Heimwegen von
der Schule bereits viele Unannehmlichkeiten erlebt hatten, handelten
wir so. Anderentags stellte es sich heraus, daß es ein litauischer Bahn-
arbeiter war, der bei einem Streit niedergeschlagen wurde und noch in
der Nacht an seinen Verletzungen verstarb.
Aber was wäre gewesen, wenn wir nachgeschaut hätten? Notärzte und
Krankenwagen gab es damals nicht. Unser Verhalten resultierte aus
den Unannehmlichkeiten, die wir mit den litauischen Halbwüchsigen
hatten.
In Schaulen war auch ein kleineres Gefangenenlager mit „Rotarmisten", welches der „Militär-Kommandantur" unterstand. Vater Eduard
begab sich dorthin und bat um einen Gefangenen als Helfer für den Hof,
Vater durfte sich einen aussuchen und ihn sofort mitnehmen. Es war
ein älterer Mann von etwa 40 Jahren, sein Name war „Pavel Woronow",
er kam aus der Ural-Stadt Kasan. Zu Hause hatte „Pavel", wie wir ihn
fortan nannten, auch fünf Kinder. Pavel war dankbar, aus dem Lager zu
kommen, und wir hatten einen guten Arbeiter. Vater Eduard war auch
dafür verantwortlich, daß Pavel nicht fliehen durfte. Pavel war im Gefangenenlager sehr ausgehungert und kraftlos, anfangs konnte er keine schwere Arbeit verrichten.
Der Hof sollte 50 Zentner Kartoffeln abliefern, die in 50-kg-Säcke ein-
gesackt waren. Als Pavel so einen Kartoffelsack auf den Wagen heben
sollte, versagten seine Kräfte. Das war was für Mutter Maria, sie sagte:
„Na so was, Pavel, ich werde dich so herausfüttern, daß du in sechs Wochen ein Pferd heben kannst." So geschah es auch.
Bevor Pavel auf den Hof kam, hatten wir ein 4-Zentner-Schwein ge-
schlachtet, was eigentlich verboten war, aber bei „Gefahr" hätte das
„Goldene Mutterkreuz" die Angelegenheit wieder geradegebogen. Ab
und zu war auch „Viehzählung", da mußte die Anzahl der Tiere immer
stimmen.
Neben Pavel Woronow waren auch noch zwei russische Frauen im
Haus. Sie weilten bereits auf dem Hof, als wir ankamen. Es war eine ältere Frau mit ihrer Tochter, die etwa 17 oder 18 Jahre alt war. Diese
Frauen halfen Mutter Maria im Haus und Garten. Wie die Frauen
hießen, daran kann ich mich heute nicht mehr erinnern; außerdem war
ich damals noch zu jung, um mich für ein 17- oder 18jähriges Mädchen

zu interessieren. Die beiden Frauen und auch Pavel wohnten im Anbau des Hauses. Pavel bewohnte die eine, die beiden Frauen bewohnten die andere Gesindekammer. Im Haus diente eine Petroleumlampe und im Stall eine Stallaterne als Beleuchtung. Das Trinkwasser holten wir mit einer Kurbelrolle aus einem Brunnen.

Auf dem Hof in Kairen begann ein gutes aber einfaches Leben. Wir schulpflichtigen Kinder besuchten eine deutsche Schule in Schaulen. Es war eine kleine aber effektive Schule mit guten Lehrern. Nur der Schulweg war sehr beschwerlich. Täglich 4 km hin und zurück. Immer zu Fuß bei jedem Wetter, genau so wie vor Jahren vom Dorf Kaupiai zur litauischen Schule nach Budvyciai. Die Schulstunden waren immer am Nachmittag, was eine positive Seite hatte. Am Sonnabend war schulfrei, und das war immer „mein großer Tag".

In Schaulen war an den Sonnabenden „freier Markttag", wo ein jeder das verkaufen konnte was er feilbot. Dieser Markttag war von der „Deutschen Besatzungsbehörde" erlaubt. Die Litauer durften hier ihre „Geschäfte" tätigen.

Wir auf dem „Kairer Hof" besaßen sechs Milchkühe, die reichlich Milch gaben. Wo Milch ist, da ist auch Sahne, und aus Sahne macht man Butter, aus Milch wird Käse hergestellt; das machten wir auch. Diese Produkte konnten wir nicht verbrauchen, so begaben wir uns, meine kleinere Schwester Amanda und ich, der Richard, jeden Sonnabend zum Schauler Wochenmarkt. Außer den erwähnten Produkten hatte ich auch noch Eier und Süßwaren dabei. Unsere Familie erhielt als „Zuteilung" soviel Zucker, daß wir anstatt Zucker Süßwaren in Form von „Bonbon" nahmen. Es war ein litauisches Produkt, ziemlich große „dicke Dinger", einzeln in Papier gewickelt. Die „Süßwaren" ergänzten mein „Marktangebot". So ein Hof benötigt auch Geld, um einige Dinge zu beschaffen. Dieses Geld (Reichsmark für besetzte Gebiete) beschafften wir beide, meine Schwester Amanda und ich, der Richard.

Schaulen ist eine ziemlich große Stadt, wo damals viele Ämter mit deutschen Beamten, Militär, Lazarettärzten und Parteiangehörigen besetzt waren. Die Deutschen wollten auf den Märkten hauptsächlich Lebensmittel einkaufen, um diese Waren ins „Reich" zu schicken. Im „Reich" waren Lebensmittel sehr knapp. Da ich die litauische Sprache ganz gut beherrsche, meinten meine „deutschen Kunden", einen kleinen Litauer vor sich zu haben. Meine kleine Schwester Amanda durfte nichts sagen, sie war zum „Schweigen" verurteilt. Oft konnte ich mir das Lachen nicht verkneifen, wenn die deutschen Beamten oder Militärs in verschiedenen Rängen mit mir das „Feilschen" anfingen. Meistens kamen sie zu zweien oder in Gruppen. Was sie untereinander sprachen, das verstand ich, aber das wußten sie ja nicht.

So war ich den Kunden immer eine „Nasenlänge" voraus. Wir standen fast jeden Sonnabend auf dem Markt; boten unsere Waren an, schauten belustigt dem Markttreiben zu. Alle angebotenen Waren auf dem Markt unterlagen keiner Preisbindung. Man konnte dafür verlangen was man wollte, vorausgesetzt man erhielt den geforderten Preis. Das Leben auf dem Kairer Hof verlief gut. Alle hatten genug zu essen. Bekleidung war knapp aber ausreichend. Unser Pavel hatte sich zu einem „bärenstarken Mann" herausgefuttert. Er und die beiden russischen Frauen erhielten das gleiche Essen, welches auch wir aßen. Pavel nahm seine Mahlzeiten in der Küche ein. Die beiden russischen Frauen aßen in ihrer Kammer.
Unsere Familie speiste im Eßzimmer. Pavel und auch die beiden Frauen konnten essen soviel sie mochten. Es wurde nichts zugeteilt. Anfangs nahm Pavel große Mengen zu sich, das kam daher, daß er im Gefangenenlager sehr schlecht verpflegt wurde. Pavel aß zu jeder Mahlzeit Brot, auch wenn es zum Beispiel „Sauerkraut, Salzkartoffeln und Speck" gab. Er bekam immer sein Brot (Chleba).
Meine Eltern waren wieder dabei, die „deutsche Bevölkerung" zu vermehren. Mutter Maria war schwanger und machte ihrem „Goldenen Mutterkreuz" alle Ehre. In solchen Kriegsjahren so viele Kinder großziehen, dazu gehört schon viel Herz.
Ach ja, der Krieg!
Am 31. Januar 1943 hatte die 6. deutsche Armee unter Führung des General-Feldmarschalls Paulus in Stalingrad kapituliert. Der Frontverlauf der deutschen Armeen wurde laufend „nach Westen" korrigiert. Für uns Deutsche im Baltikum sah es nicht sehr gut aus.
Im Frühjahr 1943 bereiste der „Reichsführer für besetzte Ostgebiete", Alfred Rosenberg, das Baltikum. Alfred Rosenberg gehörte zum engsten Kreis Adolf Hitlers und war selbst baltischer Herkunft. Dieser „hohe Herr" hatte sich zu einem Kurzbesuch auf dem Mustergut Kairen bei Strauchers angemeldet. Auf dem Gut herrschten große Aufregung und hektisches Treiben. Vieles mußte für den „hohen Besuch" vorbereitet werden. Meinem Bruder Erich und mir, dem Richard, stand bei diesem Besuch eine besondere Ehre zu. Wir sollten, wenn die „hohen Herren" das Gutshaus betraten, vor der Haustür „Spalier" stehen. Wir waren nur zwei, aber immerhin standen da zwei deutsche „H-J"-Jungen.
Dann war der Tag da. Eine Wagenkolonne der „Waffen-SS" preschte auf den Gutshof. SS-Männer mit Maschinenpistolen sprangen aus den Militärwagen und sicherten im Eiltempo das gesamte Gutsgelände. Es folgte eine Kolonne schwarzer Limousinen. Diesen Fahrzeugen entstiegen hohe Offiziere, Generäle mit roten Streifen an den Beinkleidern und weißen Mantelrevers. Alfred Rosenberg trug eine braune „Sonderuni-

form". Für Erich und mich war es ein „erhabenes Gefühl" dabeizusein. Gemächlich schritten die Herren auf den Hauseingang zu. Vor dem Haus stand Herr Straucher in „strammer Haltung", auch in Uniform, den rechten Arm zum „Deutschen Gruß" erhoben. Direkt vor der Haustür standen Erich und ich, der Richard, vor „Ehrfurcht" fast zu Salzsäulen erstarrt, die linke Hand an die Hosennaht, den rechten Arm auch zum „Deutschen Gruß" erhoben. Herr Straucher stammelte einige „zackige" Begrüßungsworte, uns lächelten die Herren „wohlwollend" zu und erwiderten „lässig" unseren eingeübten „starren Gruß". Erich und ich, wir kamen uns sehr „wichtig" vor, hatten wir doch des Führers Vertrauten persönlich gesehen und „gegrüßt".

Nach einigen Stunden entfernte sich der „hohe Besuch", das normale Leben kehrte wieder ein. Diese „Herrschaften" waren noch tagelang für uns ein Gesprächsthema.

Ein Mann hatte sich in kurzer Zeit unsere Kinderherzen erobert; das war „unser Russe Pavel". An Sonnabenden und Sonntagen wurde auf dem Hof nur das Notwendigste erledigt, so mußte Pavel das Vieh hüten. Er saß dann meistens auf einem selbst hergestellten Schemel, wir Kinder in einem Kreis um ihn herum.

Pavel sprach mit uns nur russisch, wir Kinder lauschten seinen Worten, die er uns auch durch Gesten verständlich machte. So lernten wir viele russische Wörter und ihre Bedeutung. Aber das Beste war, Pavel konnte für uns Kinder die schönsten Spielsachen schnitzen und das nur mit einem einfachen Taschenmesser. Kleine Flugzeuge mit Propeller, die sich drehten, wenn man dagegen blies. Kleine Windmühlen, Hampelmänner und sogar kleine Flöten. Pavel freute sich auch, daß er bei uns sein konnte, denn bei uns war er einer „von uns" und kein Gefangener (Plenny). Schachspielen, das in Rußland ein Volkssport ist, beherrschte Pavel sehr gut.

Wie die Schachfiguren gesetzt werden, das wußte ich schon, aber Pavel brachte mir richtige „Eröffnungen" bei. Das Schachspiel, welches vom Spieler äußerste Ruhe, Überlegung und Konzentration verlangt, ist „mein Spiel" geworden. Das verdanke ich auch „unserem" Pavel Woronow.

Es war Frühling geworden, vielleicht Ende April, Vater Eduard bekam die Erlaubnis, im nahegelegenen Wald Brennholz einzuschlagen. Vater Eduard, unser Arbeiter Herr Juoskus, Pavel, mein Bruder Erich und ich, der Richard, fuhren in den nahegelegenen Wald. Der litauische Förster wies uns den Waldabschnitt zu, wo wir die Bäume fällen sollten. Zu der damaligen Zeit gab es keine „Kettensägen". Alles mußte per Hand mit einer „Ziehsäge" bewältigt werden. Die Männer fällten die Bäume. Erich und ich, der Richard, hatten die Aufgabe, mit scharfen Äxten die Äste von den gefällten Bäumen abzuschlagen. Wir waren kräftige muskulöse Jungen, an Arbeit gewöhnt. Erich und ich glichen uns in den meisten Dingen. Aber wenn es um Arbeiten ging, die einen Umgang mit Arbeitsgeräten abverlangten, hatte er oft „zwei linke Hände". Es kam wie es kommen mußte.

Ein Baum war gefällt; Erich begann die Äste abzuschlagen. Er hatte sich „verkehrt" zu den Ästen postiert. Er holte mit der scharfen Axt aus und schlug zu. Die Axt prallte ab, die Axtschneide fuhr in sein linkes Knie! Eine Katastrophe!

Alle Arbeiten wurden sofort eingestellt, wir begaben uns nach Hause. Die Verletzung sah eigentlich nicht so gefährlich aus. Einen Arzt aufzusuchen, daran dachten meine Eltern nicht. Wo gab es für uns Deutsche einen Arzt? Erich blieb im Bett, wir anderen beendeten den Holzeinschlag. Die Verletzung an Erichs Knie erwies sich schlimmer als es aussah. Trotz „bester Hausmittel" entzündete sich das Knie und schwoll an. Erich bekam hohes Fieber, er mußte schnellstens in ärztliche Behandlung. Uns war bekannt, daß in Schaulen ein deutsches Militärlazarett war, nur dort konnte ihm geholfen werden. Erich wurde wegen des hohen Fiebers in Federbetten verpackt, und ab ging es zum Schauler Militärlazarett. Mutter Maria war damals hochschwanger, das „Goldene Mutterkreuz" am Mantelrevers, so betrat sie die „Aufnahme" des Lazaretts.

Die Lazarett-Verwaltung wollte einen Nachweis, ob Erich einer N.S.-Organisation angehöre. Zum Glück besaß Erich seinen „H-J"-Ausweis, das war seine Rettung, sonst wäre er nicht aufgenommen worden. Noch am gleichen Tag wurde mein Bruder operiert. Später sagte man Vater Eduard, hätte er noch einige Tage gewartet, wäre Erich an der Wundentzündung gestorben. Jetzt war ich, Richard, der Älteste der Kinderschar. Wenn wir auf dem Hof auch Arbeitskräfte hatten, so bekam auch ich noch immer eine Arbeit zugewiesen. Eine Episode ist vielleicht erwähnenswert. Ich stand nie in Vaters Gunst. In jeder Familie haben Eltern so ihre „Favoriten", ihre „Lieblinge".

Ich war Mutter Marias „Liebling". Vater Eduard hatte auf einem Feld Weizen ausgesät. Meine Aufgabe war es, mit einer breiten leichten Holzwalze, ein Pferd davor gespannt, dieses Feld glattzuwalzen.

Es war ein sehr heißer Frühlingstag. Nach Beendigung meiner Arbeit begab ich mich mit Pferd und Walze zurück zum Hof. Ich hatte großen Durst und lief in das Haus, um meinen Durst zu stillen. In der Küche traf ich Vater Eduard an. Er fragte: „Bist du mit deiner Arbeit fertig, und was willst du?" Ich antwortete: „Ja ich bin mit dem Walzen fertig, ich habe großen Durst und möchte etwas trinken." Vater fragte weiter: „Hast du dem Pferd was zum trinken gegeben? Es war ja genau wie du auf dem Feld."

Ich mußte mit „nein" antworten. Vater Eduard sagte: „Wenn das Pferd nichts zum saufen bekommen hat, dann brauchst auch du nichts trinken." Das hieß soviel: Zuerst versorgt ein Bauer seine Tiere, bevor er an sich denkt.

Wie es aussah, hatte ich daraus keine Lehre gezogen. Im Spätfrühjahr 1943, ich war damals gerade zwölf Jahre alt, aber sehr kräftig, erlaubte Vater Eduard mir, daß ich ein „Brachfeld" umpflügen durfte. Zwei Tage benötigte ich dafür und war mit meiner Leistung sehr zufrieden. Das gepflügte Brachfeld sollte ich am anderen Tag eggen.

Ich begab mich mit unseren beiden Pferden und der Egge zum Acker. Die Egge bestand aus zwei Teilen, die an eine Brake gekettet waren und nebeneinander liefen. Das ganze Gerät zogen unsere beiden Pferde. Ich begann mit der Arbeit, anfangs ging es ganz gut, aber später, wenn ich das Ende des Ackers erreichte, wendete meine Pferdestute von allein und auch zu schnell, so daß sich die eine Seite der Egge überschlug. Als es öfter passierte, bekam ich einen Wutanfall. Ich faßte die Stute am Zügel und gab ihr mehrere Hiebe mit dem Peitschenstiel auf den Kopf. Das arme Tier erschrak, aus großen ängstlichen Augen schaute es mich an und wollte ausreißen. Als ich die schreckgeweiteten Augen des Tieres sah, wurde mir bewußt, was ich in meiner Unbeherrschtheit angerichtet hatte. Wie vom Blitz getroffen begriff ich meine schändliche Tat gegenüber einer hilflosen Kreatur. Ich hätte vor Scham in den Erdboden versinken mögen! Es war mein Fehler, daß die Stute beim Wenden so reagierte, nicht der Fehler der Stute. Beruhigend sprach ich auf das Pferd ein. Mir liefen vor Scham und Reue die Tränen die Wangen herunter. Kopf an Kopf gelehnt standen Pferd und ein unbeherrschter Junge. Immer wieder streichelte ich den Kopf des Tieres. Mein Schluchzen nahm kein Ende, ich opferte der Stute sogar mein „Vesperbrot".

Danach habe ich meine Arbeit in Ruhe und Besonnenheit verrichtet. Mein Fehlverhalten, meine Unbeherrschtheit waren für mich wie ein Schock! Ich hatte mich an einer wehrlosen Kreatur vergriffen. Heute, nach fast 60 Jahren, sehe ich noch immer die großen ängstlichen Pferdeaugen und schäme mich meiner Tat sehr. Es ist wirklich wahr: „Quäle nie ein Tier zum Scherz, denn es fühlt wie du den Schmerz."

Vielleicht muß jeder Mensch eine eigene Niederlage erleben, um im späteren Leben eine Kreatur als Mitgeschöpfe Gottes zu betrachten und ihr Achtung entgegenzubringen.

Diese persönliche Niederlage, mein Versagen, war mir eine heilsame Lehre für die Zukunft. Von diesem Tag an habe ich ein anderes Verhältnis zu allen Tieren.

Vom „Deutschen Ansiedlungsstab" in Schaulen erhielt Vater Eduard die

Aufforderung, dort zu erscheinen, denn alle deutschen Männer in Litauen sollten „bewaffnet" werden.

Vater Eduard begab sich zwecks „Bewaffnung" zur Behörde und kehrte mit einem „Riesenschießprügel" zurück. Wo die Deutschen dieses „Monstrum" erbeutet hatten, mag der Teufel wissen, es war ein „überlanger unhandlicher" Karabiner. Mein Vater war in seinem Leben nie Soldat gewesen, er war für die Wehrmacht zu alt und wußte auch nicht so recht mit dieser „Kanone" umzugehen. Mit Interesse betrachtete ich „junger Bengel" das „Geschütz" und auch die Munition, die Vater mitbrachte. Irgend etwas schien an der Bewaffnung nicht zu stimmen.

Ich bat Vater Eduard, mir das Gewehr besser anschauen zu dürfen, er überließ es mir. An den Schriftzügen am Gewehr stellte ich fest, es war ein französisches Fabrikat. Der Witz an „unserer Bewaffnung" war: Die reichliche Munition, die Vater Eduard mitgebracht hatte, paßte überhaupt nicht zu dieser „Hakebuse", die bei genauer Betrachtung aus der „napoleonischen Zeit" zu stammen schien. Eine „handliche Holzkeule" hätte im Ernstfall mehr bewirkt als diese „unhandliche Kanone".

Eines Tages platzte für uns eine schlimme Nachricht ins Haus.

Die „Kriegsindustrie" im „Reich" benötige dringend kräftige Arbeiter. Unser Pavel war dank der guten Verpflegung ein „Kraftpaket" geworden. Jetzt sollte er für „kriegswichtige Arbeiten" ins „Reich" abkommandiert werden. Für uns war es ein herber Schlag. Wir mußten schweren Herzens diesen guten Mann Pavel hergeben. In zwei Tagen sollten wir ihn in das Sammellager bringen, wir hatten leider keine andere Wahl. Pavel weinte, weil er auch nicht wußte, was ihn im „Reich" erwartete. Wir Kinder waren sehr traurig, weil uns ein guter Freund verloren ging. Vater Eduard gab Pavel derbes Schuhwerk, Unterwäsche, Handtücher, zwei Paar Wollstrümpfe und zwei Wolldecken sowie mehrere Päckchen Rauchtabak mit auf seine lange Reise. Mutter Maria sorgte für den Reiseproviant. Pavel erhielt ein „Kuckel" selbstgebackenes Schwarzbrot (ca. 3 kg) und eine Seite geräucherten Speck. Ob man „unserem Pavel" die mitgegebenen Sachen beließ, bezweifle ich.

Beim Abschied küßte Pavel Mutters Hände und weinte. Er dankte für die schöne Zeit, die er hier als „einer von uns" sein durfte. Meine Eltern hatten einen guten Arbeiter, wir Kinder einen guten Freund verloren, der selbst in der Stadt Kasan am Ural eine Familie und fünf Kinder hatte und sich bei uns als „Ersatzvater" fühlte. Vater Eduard brachte Pavel in das Sammellager. Dort tauchte Pavel in der Menge unter.

Am 25. Mai war auf „unserem" Hof in Kairen ein freudiges Ereignis. Mutter Maria brachte ihr zehntes Kind zur Welt. Es war ein gesundes kräftiges Mädchen, das den Namen Roswitha erhielt. Jetzt waren wir wieder sieben Kinder auf dem Hof. Mein Bruder Erich lag noch immer im Schauler Militärlazarett. Er sollte den Kairer Hof auch nie wiedersehen.

Auf dem Kairer Hof waren viele Arbeiten zu erledigen. Vater Eduard begab sich erneut zur „Militär-Kommandantur" und bat um einen anderen Kriegsgefangenen als Helfer für den Hof. Aber diesmal lag Vater Eduard mit seiner Auswahl total daneben. Es war ein Mann etwa 30 Jahre alt. Sein Name „Vasili", der das Gegenteil von Pavel war. Pavel benötigte nie eine Uhr, er stand jeden Morgen fast pünktlich um 6.30 Uhr auf und weckte meinen Vater, indem er an das Schlafzimmerfenster klopfte und rief „Wirt aufstehen" (Chosjain, stojat), auf Pavel war immer Verlaß. Bei dem Neuen, dem Vasili, war es genau umgekehrt, man mußte ihn jeden Morgen aus dem Bett holen. Was er tat, verrichtete er lustlos und schlampig. Obwohl Vater Eduard mit allem sehr nachsichtig war, bei Vasili platzte ihm oft „der Kragen", und er wies ihn zurecht. Vater Eduard mähte ein Feldstück Rotklee ab, der in Schwaden auf dem Feld lag. Nach zwei Tagen sollte der Klee „von Hand" gewendet werden. Dieser Vorgang mußte mehrmals wiederholt werden, damit der Klee richtig austrocknete und danach in „Hocken" gesetzt werden konnte. Unser Hofarbeiter Herr Juoschkus und Vasili begaben sich aufs Feld, um diese Arbeit zu verrichten.

Am späten Nachmittag sollte ich den beiden das „Vesperbrot" bringen. Als ich am Feldrand erschien, waren sie in ein angeregtes Gespräch vertieft, dessen Bedeutung ich viel später erfahren sollte. Sie hatten mich nicht kommen sehen. Der gemähte Klee lag noch wie vorher in Schwaden auf dem Feld. Als die zwei mich bemerkten, sprangen sie auf wie von einer „Tarantel" gebissen.

Ich hatte nicht das Recht, fragte aber trotzdem (in litauisch): „Warum habt ihr nicht gearbeitet und den Klee gewendet, wie man es euch aufgetragen hat?" Herr Juoschkus war sehr verlegen, er bat mich, meinem Vater nichts zu sagen. Sie gingen an die Arbeit, um das Versäumte schnell nachzuholen. Bei Vater Eduard „verpetzte" ich die beiden nicht, aber Tage später erzählte ich dem SS-Mann Herrn Straucher, was ich damals auf dem Kleefeld gesehen hatte. Die Bemerkung, die ich Herrn Straucher gegenüber machte, sollte mit einer Katastrophe enden.

Das Kriegsglück hatte die deutschen Ostarmeen verlassen. Eine Offensive der Roten Armee hatte die deutsche Nordfront bei Welikije-Luki durchbrochen. Die Roten Armeen stürmten westwärts. Das Bauernleben, welches sich Mutter Maria erträumte, schien ausgeträumt.

In der Stadt Schaulen herrschte unter der Besatzungsbehörde große Aufregung. Die deutschen Oststäbe erhielten den Befehl, alle deutschen Bürger in das „Reich" zu evakuieren. Als meine Eltern meinen Bruder

70

Erich im Schauler Lazarett besuchen wollten, war das Militärlazarett bereits geräumt und in das „Reich" verlegt.

Bei uns auf dem Hof wurden Überlegungen angestellt, was zu tun sei, wenn wir den Hof verlassen müßten. In „weiser Voraussicht" begannen wir Bekleidung und Wäsche in Koffern zu verpacken. „Rauchkonservierte" Lebensmittel wie geräucherter Speck, Schinken und Dauerwurst wurden in Kisten verstaut, damit später nicht alles in Hast geschehen mußte.

Die deutsche Schule zu Schaulen wurde geschlossen. Gespannt warteten wir auf den Befehl des „Deutschen Ansiedlungsstabes", wann und wie wir den Hof in Kairen und Litauen verlassen sollten. Der eigenen Intuition durften wir nicht folgen, noch waren diese Herren in den besetzten Gebieten für unsere Sicherheit verantwortlich.

Flucht vor den Russen –
zurück in das „Reich"

Mitte Juli des Jahres 1943 erhielten meine Eltern den Befehl, mit einem Pferdetreck Hof und Ort Kairen in Litauen zu verlassen und sich in Richtung „Reichsgrenze" zu bewegen. Nun ging alles ziemlich schnell. Auf dem Hof wurde noch der Rest verpackt. Es sollte soviel wie möglich mitgenommen werden. Für den Treck waren zwei Wagen vorgesehen. Einen großen Leiterwagen, der von zwei Pferden gezogen wurde, sollte Vater Eduard lenken. Einen leichten Wagen, mit einem Pferd davor, den sollte ich lenken. Es war ein sehr heißer Sommer in Litauen, und „heiße" Tage standen auch uns bevor.

Beide Wagen mußten für den Treck durch Litauen hergerichtet werden und sollten vorher noch in einem „Wasserbad" stehen, damit das Holz der Räder aufquoll und bei der Fahrt durch Litauen die Eisenreifen der Räder nicht abrutschten.

Meine Eltern und die kleineren Geschwister „wuselten" im Haus herum. Meine Aufgabe war, die Wagen vorzubereiten. Da wir selbst keinen „Viehteich" besaßen, mußte ich beide Wagen, einen nach dem anderen, zum Gut des SS-Mannes Straucher bringen und in dessen Viehteich schieben. Ich mußte diese Arbeit allein machen, weil „unser Russe Vasili" in der letzten Nacht auf seltsame Weise verschwunden war. Ich konnte mit den Wagen gut umgehen, es bereitete mir keine Schwierigkeiten. Als ich gerade den zweiten Wagen zu Strauchers Gut brachte, fragte mich Herr Straucher, warum ich diese Arbeit ohne die Hilfe des Russen Vasili verrichte.

Ich erzählte wahrheitsgemäß, daß der Kriegsgefangene Russe Vasili in der letzten Nacht geflohen wäre und wahrscheinlich unser Arbeiter Herr Juoschkus ihm bei der Flucht behilflich war. Dabei berichtete ich das, was sich vor Tagen auf dem Kleefeld zugetragen hatte. Tags darauf am Nachmittag holte ich zuerst den großen Leiterwagen aus Strauchers Teich, damit er rechtzeitig beladen wurde. Auf dem Gutshof standen schon vier Treckwagen von Familien, die bereits eingetroffen waren. Am anderen Tag sollte der Treck losgehen. Herr Straucher gab uns noch ein gutes Pferd, wir besaßen ja nur zwei. Dieses Pferd sollte ich vor meinen Wagen spannen. Am späten Abend, die Sonne verschwand gerade am Horizont, begab ich mich abermals zu Strauchers Teich, um auch den kleinen (meinen) Wagen aus dem Teich zu holen, auf dem hauptsächlich der „Reiseproviant" und noch Kleinigkeiten verstaut werden sollten. Ich führte ein Pferd am Zügel, auf halbem Weg zu Strauchers Gut Kairen kamen mir Herr Straucher und ein anderer

Deutscher, er hieß Philip, entgegen. Beide Männer trugen in ihren Händen Gewehre. Ich blieb einen Moment stehen und fragte ganz naiv: „Herr Straucher, wo wollen Sie denn hin?" Seine Antwort lautete: „Hasen schießen, mein Junge." Der andere Mann sagte nichts, beide schritten weiter in Richtung „unseres" Hofes.

Ich begab mich zum Gut Kairen, spannte das Pferd vor den Wagen und zog ihn aus dem Teich. Da hörte ich mehrere Gewehrschüsse, wußte aber nicht was die zu bedeuten hatten. Das sollte ich aber am nächsten Tag schmerzlich erfahren.

Ich fuhr mit dem kleinen Einspänner zu „unserem" Hof zurück. Erneut begegnete ich den beiden Männern. Herr Straucher sagte noch: „Verpackt alle Sachen gut, der Treck dauert mehrere Tage." Ich fuhr weiter zum Hof, erst in der Frühe sollte der Rest verladen werden. Am anderen Morgen, die Sonne war schon aufgegangen, die ersten Strahlen schauten über den Horizont, waren die Wagen beladen. Nach einem ausgiebigen Frühstück setzte sich gegen 7 Uhr unser Treck in Richtung Strauchers Gut Kairen in Bewegung, denn dort war die erste Sammelstelle. Ich, der Richard, vorweg mit dem Einspännerwagen, dahinter Vater Eduard mit dem Rest der Familie auf dem großen Leiterwagen.

Wir, die Familie Eduard und Maria Neu mit ihren sieben Kindern, verließen den Hof in Kairen bei Schaulen, wo wir in dieser schlimmen Kriegszeit sieben gute Monate verlebt hatten. Mutter Marias Traum als Bäuerin war ausgeträumt, sie war erwacht.

Der Hof nebst Vieh und Inventar in Kairen gehörte von jetzt an wieder den Litauern, wie vorher. Wir Deutschen waren eine kurze Zeit „Besatzungsmacht" gewesen, jetzt verließen wir fluchtartig dieses Land. Zuerst mußten wir zu Strauchers Gut Kairen, von wo aus sich der Wagen-Treck in Bewegung setzen sollte. Als wir am Häuschen unseres Arbeiters Juoschkus vorbeifuhren, stürzte Frau Juoschkiene aus dem Haus, ihr kleines Kind auf dem Arm, und schrie wie irr: „Was haben wir euch getan, warum habt ihr meinen Mann ermordet? Ich verfluche alle Deutschen, ihr seid Mörder!"

Erst jetzt begriff ich, daß die Gewehrschüsse, die ich am Vorabend gehört hatte, die Exekution unseres Arbeiters Juoschkus waren. Der SS-Mann Straucher und der andere Mann Philip hatten ihn erschossen.

Der Grund der Exekution war wohl der, daß er dem Kriegsgefangenen Vasili, der als Arbeiter auf „unserem" Hof eingesetzt war, zur Flucht verholfen hatte. Ich fühlte mich „schuldig"! Ich war es doch, der dem SS-Mann Straucher von dem Gespräch an unserem Kleefeldrand erzählt hatte! Jetzt war der Mann tot, erschossen durch meine Schuld! Was mit mir, dem damals fast 13jährigen Jungen, geschah, ist kaum zu

beschreiben. Er ist durch meine Schuld getötet worden! Warum mußten sie Herrn Juoschkus erschießen? Wir alle verließen doch Litauen,
Herr Juochkus und auch der Russe Vasili hätten uns doch nicht mehr
geschadet!

Ich bekam einen Schock, mit dem ich nicht fertig wurde. Was ich von
diesem Moment an tat oder sagte, geschah alles in einem tranceähnli-
chen Zustand. Es schien, als ob ich mich durch eine nie endende Nebelwand bewegte. Nach kurzer Zeit erreichten wir Strauchers Gut Kairen. Alsbald setzte sich der „Anfangstreck", der aus neun Wagen bestand, in Bewegung. Beladen mit Bettzeug, Kisten, Koffern und anderen
Dingen, die jeweils wichtig erschienen. Am wichtigsten waren der Proviant wie Mehl und die von mir bereits aufgezählten „Räucherwaren",
außerdem Schmalz und selbstgebackenes Schwarzbrot.

Unsere beiden Wagen fuhren in der Mitte. Ich lenkte den kleinen
„Einspänner", mit einem Pferd davor. Es war gut, daß unsere Wagen in
der Mitte fuhren, denn ich war gar nicht in der Lage den Wagen zu len-
ken. Ich saß halb ohnmächtig auf dem Kutscherbock und nahm meine
Umwelt wie durch Nebel wahr. Mein Pferd trottete hinter den voraus-
fahrenden Wagen her. Der erste größere Ort, den wir erreichten, war
Radviliskis. Hier trafen wir auf einen größeren Treck, der aus dem
Landkreis und der Umgebung von Panevezys, einer großen Stadt im
Osten Litauens, kam. Unser „Bauerntreck" durfte nicht die einfache
und bequeme Straße Schaulen – Tauroggen – Tilsit benutzen, diese
Hauptstrecke war dem Nachschub der deutschen Wehrmacht vorbe-
halten. Unser Treck mußte die schlechteren Nebenstraßen benutzen.

In Radviliskis übernachteten wir das erstemal. Die Wagen stellte man
einen neben den anderen. Die Nachtlager mußten unter den Wagen
hergerichtet werden. Noch am Abend übernahm ein Trupp der RAD
(Reichsarbeitsdienst) den bewaffneten Schutz des Bauerntrecks und
sollte uns bis zur Reichsgrenze begleiten. Am nächsten Tag kamen alle
ganz in der Frühe „auf die Beine". Nachdem die Pferde versorgt waren
und die Menschen gefrühstückt hatten, setzte sich der Treck in Bewegung. Wer das Kommando hatte oder wer „Treckführer" war, das weiß
ich nicht. Das nächste Städtchen, das der Treck ansteuerte, hieß Tytovenai.

Es war ein unabsehbarer Treck, der sich wie eine Riesenschlange durch
Litauen langsam in Richtung Reichsgrenze bewegte.

Die bewaffneten RAD-Männer waren auf den Treckwagen so verteilt,
daß von vorne bis hinten des Trecks bewaffneter Schutz gewährleistet
war. Vor Partisanenüberfällen war man nicht sicher.

Kein Wölkchen am Himmel trübte unsere Flucht aus Litauen. Die Sonne brannte heiß und erbarmungslos vom Julihimmel herab. Die meisten

Männer, wenn sie nicht zu alt waren, marschierten neben ihren Fuhr-
werken. Ab und zu stiegen sie auf den Wagen, um den Beinen etwas Ruhe zu gönnen. In Zeitabständen mußte der gesamte Treck halten, um
die Pferde zu versorgen, wie Futter und Wasser vorzusetzen. Weil ich
auf „meinem Kutschbock" allein saß, stieg auch ein RAD-Mann zu mir,
wenn das Marschieren ihn ermüdet hatte. Als das Städtchen Tytovenai
erreicht war, machte der Treck halt, um hier die Nacht zu verbringen.
Die Treckwagen stellte man wieder so dicht zusammen wie in der Nacht
zuvor in Radviliskis. Auch die Nachtlager mußten aus Sicherheitsgründen immer unter den Wagen hergerichtet werden. Die RAD-Männer bezogen rings um die Wagen Posten.
Auch die zweite Nacht verlief ohne Zwischenfälle. Nachdem in der
Frühe Menschen und Pferde versorgt waren, setzte sich der Treck in
Bewegung. Unser nächstes Ziel war das größere Städtchen Raseiniai,
wo wir auch übernachten wollten. Der RAD-Mann auf „meinem" Wagen
übernahm oft die Zügel und lenkte Pferd und Wagen.
Ich hatte meine innere Leere nicht überwunden. Was ich auch machte,
ich tat es wie ein „Zombie", von einer fremden Macht geleitet. Auf unserem großen Wagen saß der Rest der Familie Neu. Mitsamt dem vor
kurzem geborenen Baby Roswitha. Das kleine Gesichtchen war trotz
gespendetem Schatten von der Sonne arg mitgenommen, fast krebsrot.
Auch die Kleinsten bekamen die Völkerwanderung unangenehm zu
spüren.
Meine Eltern waren seltsam still. Vielleicht hatten auch sie wegen des
Todes unseres Arbeiters Juoschkus einen Schock bekommen, oder aber
sie bereuten jetzt auf dieser Flucht die Rücksiedlung nach Litauen.
Als ich nach vielen Jahren Mutter Maria deswegen ansprach, sagte sie
mir: „Mein Junge, im Leben macht man nicht immer alles richtig, die
Rücksiedlung war wohl ein Fehler, aber es war Gottes Fügung, daß es
so kommen mußte, wir haben ja überlebt."
Auf die Treckwagen der Bauern wurden auch solche deutschen Flüchtlinge verteilt, die über kein eigenes Pferdegespann verfügten. Der RAD-
Mann auf meinem Wagen mußte seinen Platz einem Jungen meines Al-
ters abtreten. Er hieß Albert Endrukat, hatte strohblondes Haar und
trug eine überaus starke Brille. Ohne diese Sehhilfe war er fast blind.
Die Eltern von Albert sowie seine beiden Schwestern Erna und Olga wa-
ren auf andere Treckwagen verteilt. Familie Endrukat mußte ihren
Mühlenbetrieb aufgeben. Albert und ich kamen allmählich ins Ge-
spräch, so wurde ich auch von den schlimmen Geschehnissen auf dem
Kairer Hof abgelenkt.
Bevor der Riesentreck das Städtchen Raseiniai erreichte, mußte der
Fluß Dubyssa über eine „Furt" überquert werden. Brücken zur Fluß-

überquerung gab es im armen Litauen nicht. Nur in den großen Städten existierten Brücken. Eine Flußüberquerung über eine „Furt" ist nicht problematisch. Aber die Dubyssa fließt in Steilufern eingebettet, diese Furt mußten wir bewältigen. Für „normal" beladene Fuhrwerke eigentlich problemlos. Aber unsere beladenen Wagen konnten zwei Pferde nicht schaffen. So mußten vor jeden Wagen vier Pferde vorgespannt werden. Der Nachfolgende mußte dem Vorausfahrenden mit zwei Pferden aushelfen, die Steilufer schnell zu bewältigen. Das kostete viel Zeit, aber einer half dem anderen.

Die beladenen Wagen versanken tief in dem sandigen Boden, eine Qual für die Pferde. Dieses Hindernis schaffte die Treckmannschaft mit vereinten Kräften.

Am späten Abend erreichte der Treck das Städtchen Raseiniai. Dort war ein sehr großer Marktplatz. Die Wagen stellten wir so auf, wie es anfangs angeordnet war.

Die Pferde wurden ausgespannt, mit Futter und Wasser versorgt, damit die Tiere nach der langen Tagesstrecke ruhen konnten. Auch wir „Flüchtlinge" aßen unser Abendbrot. Es gab allerdings immer nur „kaltes Büfett". Zum Trinken „klares kaltes Wasser".

Unsere Nachtlager richteten wir wieder unter den Wagen ein. Das Nachtlager durfte in der Nacht nicht verlassen werden. Herumlaufen und lautes Reden waren nicht gestattet. Diese Maßnahmen dienten unserer Sicherheit, falls wir in der Nacht „unliebsamen" Besuch bekämen. Die RAD-Männer stellten rings um die Wagen Wachen auf.

Es mag Mitternacht vorüber gewesen sein, als ich durch laute Rufe erwachte. Danach peitschten immer wieder Gewehrschüsse durch die Nachtstille. Auch die deutschen Bauern des Trecks waren bewaffnet und griffen zu ihren Gewehren. In der Dunkelheit verständigten sie sich durch vereinbarte „Parolen". Der Schußwechsel hielt ziemlich lange an. Als endlich Stille eintrat, hörte ich einen Mann vor Schmerzen furchtbar schreien.

Trotz Verbot „robbte" ich in Richtung der Schreie. Die „Feldscher", ausgebildete Sanitäter der RAD, hatten schnell einen Verbandsplatz errichtet, dort lagen zwei Bauern unseres Trecks. Der eine lag etwas abseits und war tot. Eine Kugel hatte ihn genau in die Stirn getroffen und ihm den ganzen Hinterkopf weggerissen. So etwas Schreckliches hatte ich noch nie gesehen. Dem schreienden Bauern war die linke Seite der Lunge durchschossen. Er quälte sich noch einige Stunden und verstarb noch in der Nacht. Als die „Feldscher" mich erblickten, bekam ich meinen „Rüffel" und durfte mich von dannen schleichen. An Schlaf dachte ich in dieser Nacht nicht mehr. Die Erschossenen sahen schrecklich aus. Ich mußte in dieser Nacht an unseren Arbeiter Juoschkus denken, den der Straucher und Philip vor drei Tagen erschossen hatten. Ob er auch so furchtbar zugerichtet war wie die beiden deutschen Bauern? Wegen der Schießerei und des nächtlichen Lärms waren alle „Treckleute" erwacht, an Schlaf dachte niemand. Der Partisanenüberfall war ganz überraschend gekommen. Welchem Zweck er diente, wissen nur die Litauer. Wir waren doch nur Zivilisten und kein „Militär" und hatten den Litauern keinen Schaden oder Leid zugefügt. Außerdem waren wir dabei, ihr Land Litauen zu verlassen.

Am anderen Morgen begann man für die Weiterfahrt zu rüsten. Wir frühstückten mit wenig Appetit, die Aufregung der Nacht saß noch tief in uns.

Während wir noch mit unseren Vorbereitungen beschäftigt waren, fuhr ein deutscher Militärlastwagen in Begleitung eines Trupps Soldaten am Marktplatz vorbei. Auf der Ladefläche standen vier Litauer. Drei jüngere Männer und ein älterer Mann. Allen vier waren die Hände auf dem Rücken gefesselt. Der RAD-Mann, der auf meinem Wagen mitgefahren war, sagte mir, daß man diese vier in der Nacht gefangengenommen hätte, einige andere wären entkommen. Weil die Gefangenen beim Überfall Zivilkleidung trugen, Waffen bei sich hatten und keine Soldaten waren, wurden sie noch an diesem Morgen auf Befehl des Stadtkommandanten von Raseiniai an der Friedhofsmauer „standrechtlich" erschossen.

Die Weiterfahrt des Trecks verzögerte sich, weil die beiden Toten aus der vergangenen Nacht hier in Raseiniai beigesetzt wurden. Das war eine traurige Bilanz dieser Nacht.

Vier Litauer und zwei Deutsche tot. Was hatte man davon? Dieser Wahnsinn brachte nur Leid auf beiden Seiten. Um die Mittagszeit setzte sich der lange Treck in Bewegung. Das nächste Ziel, welches der Treck ansteuerte, hieß Jurbarkas. Eine litauische Stadt am Memelstrom. Bis dahin war es noch ein längerer Weg, der bis zur Abenddämmerung nicht zu schaffen war. Im kleinen Ort Ersvilkas übernachteten wir wieder. Für die Nacht wurden äußerste Sicherheitsmaßnahmen angeordnet.

In der Nacht gingen die deutschen Bauern gemeinsam mit den RAD-Männern auf Wache. Ein RAD-Mann und ein Bauer bildeten gemeinsam einen Wachposten.

Der Überfall in Raseiniai mahnte zur äußersten Vorsicht. Die Nacht verlief ruhig. Am nächsten Morgen in der Frühe ging es weiter, alle Treckleute waren sehr erschöpft. Wir konnten uns nicht waschen, kaum Wäsche wechseln und vieles mehr. Wir sehnten den Tag herbei, wo alles ein Ende hatte. Aber vorher mußten wir den Memelstrom überqueren, dann waren wir so gut wie in Sicherheit.

Das Wetter war uns nach wie vor „hold". Die Sonne begleitete unsere „Odyssee". Während der Fahrt wurde wenig gesprochen. Was sollte man sich auch erzählen? Wir alle wußten es, diese Fahrt geht nach „nirgendwo", und wir waren heimatlos. Am Nachmittag erreichten wir die Stadt Jurbarkas an der Memel.

Auch in Jurbarkas führte keine Brücke über den Memelstrom. Es gab auch keine „Furt", um den Strom zu überqueren, dafür war die Memel zu mächtig. In Jurbarkas gab es zur Flußüberquerung eine größere Fähre. Wie ich mich entsinnen kann, konnten vier Pferdefuhrwerke auf einmal übergesetzt werden. Das war schon was. Die Quälerei wie bei der Dubyssa-Überquerung blieb uns erspart. Der Wagentreck war noch länger geworden. Um Litauen zu verlassen, schlossen sich von allen Seiten immer mehr deutsche Bauern dem Wagentreck an. In Jurbarkas sahen die Litauer stumm zu, wie sich die „Wagenschlange" durch die Stadt in Richtung Memelfähre bewegte. Was mochten sie gedacht haben? Endlich verschwinden die deutschen Okkupanten?

Das Übersetzen der Wagen begann und sollte viele Stunden dauern. Ich hatte viel Zeit, langsam verdrängte ich auch die Geschehnisse auf dem Kairer Hof, setzte mich an den Memelstrom und beobachtete das träge dahinfließende Wasser. Dabei fiel mir der Geschichtsunterricht über die „Ostgoten" ein, deren Anführer einst Alarich war. Alarich war Este (Aiste). Die Ostgoten kamen so wie auch wir aus dem baltischen Raum und waren bis zum Fluß Busento in Süditalien gekommen, wo Alarich den Tod fand und im Fluß Busento begraben wurde. Natürlich begruben wir hier in Jurbarkas am Memelstrom nicht unseren „Treck-Anführer", aber wir begruben hier am Memelstrom unsere Heimat Litauen zum zweitenmal, und das endgültig!

Seit März 1941 war Familie Neu auf „Wanderung". Zuerst die Umsiedlung nach Deutschland (Graal-Müritz). Von Graal-Müritz nach Neustadt/Holstein. Von Neustadt/Holstein nach Schaulen. Von Schaulen zum Gut Cekaiciai. Von Cekaiciai zurück nach Schaulen und von Schaulen zum Hof in Kairen. Jetzt waren wir auf der Flucht vom Hof Kairen zurück in das „Reich"! Wohin geht es diesmal? Überall wo wir hinkommen werden, sind wir immer die „Fremden", die „Dahergelaufenen", auf die niemand wartete. Das waren die Gedanken eines fast 13jährigen Jungen.

Der gesamte Wagentreck setzte an einem Tag über den Memelstrom. Es war von allen eine große Leistung. Es war wie immer. Einer half dem anderen, jeder packte an, keiner schaute zu. Es gab kein „mein" oder „doin", es gab nur „uns", und wir hielten zusammen. Gegen Abend war der „Riesenlindwurm" von einem Treck an dem anderen Memelufer. An diesem Abend ging es nicht weiter. Menschen und Tiere mußten ausruhen und neue Kräfte schöpfen. Auf dieser Memelseite waren wir auch vor Partisanenüberfällen sicherer. Obwohl bei Jurbarkas der fast undurchdringliche 120 Quadratkilometer große Kurschowas-Wald war, der auch zum Teil in Ostpreußen hineinragt, mußten wir nicht mehr die Befürchtung haben, von Partisanen überfallen zu werden.

In der Frühe des nächsten Tages, nachdem alle gefrühstückt hatten, die Tiere versorgt waren, rüstete man zur Weiterfahrt. Das nächste vorgesehene Ziel war das litauische Grenzstädtchen Kybartai. Gegenüber dem Städtchen Kybartai lag das deutsche Grenzstädtchen Eydtkau. Der Treck hätte bereits bei dem litauischen Ort Slavikai die Reichsgrenze passieren können, aber hier existierte keine Bahnlinie. Kybartai auf der litauischen und Eydtkau auf der deutschen Seite lagen an der Bahnstrecke Kaunas – Gumbinnen – Insterburg.

Vom Grenzort Eydtkau sollten alle Flüchtlinge mit Zügen weitertransportiert werden. Von Jurbarkas nach Kybartai führte die Straße entlang des Flusses Sesupe (Scheschupe). Wären wir nicht auf der Flucht vor den anrückenden sowjetischen Truppen gewesen, hier hätte man Urlaub machen können. Die Schönheit der Natur nahmen wir kaum wahr. Der Fluß Sesupe schlängelt sich in vielen Windungen zur Memel. Die Straße, die wir befuhren, war den Flußwindungen angepaßt. Es war eine wunderschöne Naturlandschaft. Es schien, als ob nur der liebe Gott ein Einsehen mit uns „Wanderern" hatte. Wenn wir alle bereits zum zweitenmal unsere Heimat verlassen mußten, so sollte es wenigstens ein Abschied mit Sonnenschein sein. Die Tage, die unser Treck durch Litauen zog, hatten wir das herrlichste Wetter.

Was mich heute ein wenig verwundert ist, daß kein einziger Treckwagen mit einer „Plane" versehen war. So eine Plane schützt vor zuviel Sonne, aber vor allen Dingen vor Regen, den wir zum Glück nicht hatten. Was wäre gewesen, wenn es einige Tage tüchtig geregnet hätte? Ich glaube, wir wären alle bis auf die Haut durchnäßt worden.

Bevor wir mit dem Treck den Grenzübergang Kybartai – Eydtkau erreichten, machten wir zum letztenmal in dem litauischen Städtchen Kudirkos-Naumiestis Halt. Das war auch die letzte Übernachtung auf litauischen Boden. In diesem Städtchen verließ uns auch der bewaffnete Trupp der RAD-Männer. Wir benötigten ihren Schutz nicht mehr. Nach der letzten Übernachtung in Litauen setzte sich der Treck sehr früh in Richtung Kybartai – Eydtkau in Marsch. Dies sollte unsere letzte Etappe mit Pferd und Wagen auf litauischem Gebiet sein. Nach drei Stunden Fahrt hatten wir es geschafft. Gegen 9 Uhr erreichte die „Treckspitze" den litauischen Grenzort Kybartai, die Reichsgrenze war erreicht. Außer dem Partisanenüberfall in Raseiniai, wo man zwei deutsche Bauern erschoß, gab es auf der ganzen Fahrt durch Litauen keine ernstlichen Probleme. Keiner erkrankte, alle hielten bis hierher durch. In Kybartai, direkt vor der Grenze, erwartete uns ein Stab von „Parteibürokraten", die jetzt das Weitere organisierten. Zuerst wurden alle Personen registriert, alles noch mal überprüft und dann Wagen für Wagen über die Reichsgrenze zum Bahnhof Eydtkau geleitet, wo drei überdimensionale Personenzüge standen, in die wir mit unserem Hab und Gut umsteigen mußten. Jeder Familie wies man ein Abteil zu. Das Umladen des Gepäcks nahm viel Zeit in Anspruch. Gegen Abend war der erste Zug, der nach Westen abgehen sollte, in dem auch wir saßen, besetzt. Nur alte Männer, Frauen und Kinder durften mitfahren. Alle arbeitsfähigen Männer, auch Vater Eduard Neu, sowie alle Pferdegespanne mußten zum Aufbau des „Ostwalls" gegen die „Rote Armee" zurückbleiben. Das Zeremoniell wiederholte sich genau so wie damals 1941, als wir zur ersten Umsiedlung nach Deutschland antraten. Das heißt, die Ehemänner mußten sich von ihren Familien verabschieden und am Ort bleiben, die Familien brachte man ins Reich, wohin, das wußte im Moment keiner.

Bei dieser „Verabschiedung" unseres Vaters blieb Mutter Maria erstaunlicherweise sehr gelassen. Auch als sich der Zug langsam in Bewegung setzte, blieb sie ganz ruhig.

Mutter Maria Neu saß Ende Juli 1943 mit sechs ihrer Kinder in einem Zugabteil, und der Zug fuhr wieder „westwärts" nach „nirgendwo", genau so wie im März 1941!

Wohin ging es diesmal? Wir alle waren froh, die Strapazen des Trecks hinter uns zu haben, daß wir alles gesund überstanden und uns auf dem „Reichsgebiet" befanden.

Im Zugabteil konnten wir uns richtig „gehenlassen" und ausruhen, wir mußten nicht ständig auf der „Hut" sein. Mutter Maria, die 1942 unbedingt nach Litauen zurücksiedeln wollte, nahm alles mit Gleichmut hin. Die kleineren Geschwister plapperten durcheinander und freuten sich auf diese Bahnfahrt. Für das Baby Roswitha war es auch eine Erlösung, nicht mehr der Sonnenglut ausgesetzt zu sein.

Um die Mittagszeit des nächsten Tages hielt der vollgestopfte Zug in Allenstein/Ostpreußen. Auch hier wartete ein größerer „Partei-Stab" auf uns. Ein Teil der Menschen mußte mit dem Gepäck den Zug verlassen. Sie sollten auf verschiedene „Reichsgaue" verteilt werden. Mutter Maria erhielt die Order, sich mit ihrer Familie nach Thorn an der Weichsel zu begeben, dort würde die „Parteibehörde" bestimmen, wo wir untergebracht werden. Auch viele andere Familien bestiegen den Zug nach Thorn, der aber nicht gleich abfuhr. Bis spät in die Nacht stand unser Zug auf einem Nebengleis, dann ging die Fahrt weiter. Am anderen Morgen in der Frühe hielt der Zug auf dem Bahnhof

Thorn-Mokre. Von Angestellten der „Parteibehörde" wurden wir bereits erwartet. Die Familien, die den Zug verlassen sollten, wurden ausgerufen. Unsere Familie (Neu), Endrukat mit den Töchtern Erna und Olga sowie der Sohn Albert und die Frau des SS-Mannes Straucher mit ihren zwei Kindern waren unter den „Ausgerufenen". Diese drei Familien erhielten als Einquartierungsort das Gut Tielendorf zugewiesen. Wir mußten noch einmal mit unserem Gepäck einen Zug besteigen und bis zur Bahnstation Ostechau fahren, dort sollten wir alle von Tielendorfer Gespannen abgeholt werden.

Die Bahnstation Ostechau war nur zwei Stationen von Thorn entfernt, wir waren schnell da. Mutter Maria mit ihren sechs Kindern und die anderen beiden Familien mitsamt dem vielen Gepäck verließen den Zug. Vor dem Bahnhof standen drei stattliche Pferdewagen, die vom nahegelegenen Gut „herbeordert" waren, um uns, die „neue Einquartierung", abzuholen. Das Gut Tielendorf lag etwa 2 km vom Bahnhof Ostechau. Nach kurzer Fahrt erreichten wir unser vorläufiges Domizil. Die Wagen hielten vor dem Herrenhaus des Gutes, welches unbewohnt war. Der Verwalter des Gutes, ein älterer Herr, begrüßte uns und wies uns unsere Wohnräume zu. Dieses Gut sollte eine längere Zeit für uns Neuankömmlinge das „Zuhause" sein. Tielendorf, ein Gut von etwa 800 ha Bodenfläche in Westpreußen, stand unter Treuhand-Verwaltung. Der Verwalter und seine Familie bewohnten einen Anbau des Herrenhauses.

Mutter Maria erhielt für uns zwei größere Zimmer. Das schöne Mobiliar, welches hier in diesem schönen Herrenhaus gestanden hatte war ausgeräumt. Die uns zugewiesenen Räume waren notdürftig möbliert. Einfache Kasernen-Holzbetten, ein großer Tisch, Stühle, eine lange Bank und ein Schrank, das waren unsere Möbel. Aber benötigten wir mehr?

Nein, es genügte vollkommen. Wir hatten wieder eine Etappe unserer Wanderung erreicht und benötigten nichts weiter als ein wenig Ruhe und Besinnung. Tielendorf sollte auch nur eine „Zwischenstation" unserer „Odyssee" sein. Das Ende unserer Wanderung war noch nicht abzusehen. Wann und ob überhaupt unser Vater Eduard zu uns kommen sollte, stand in den Sternen. Von meinem Bruder Erich, der wegen seines verletzten Knies im Militärlazarett zu Schaulen gelegen hatte, wußten wir nichts. Er wurde wahrscheinlich mit den anderen verwundeten Soldaten weiter ins „Reich" verlegt. So war vieles ungewiß, wir mußten uns mit dem momentanen Zustand abfinden.

Tielendorf in Westpreußen

Das Gut Tielendorf, auf dem wir jetzt wohnten, war beinahe ein Dorf für sich. Riesige Stallungen, Scheunen und andere Wirtschaftsgebäude bildeten den Gutkomplex. Das Herrenhaus, in welchem wir wohnten, stand abseits in einem Park. Vom Gutshof führte eine kurze feste Straße zu den „Gesindehäusern". Zu beiden Seiten dieser Straße standen je drei Doppelhäuser mit angelegten kleinen Gemüse- und Blumengärten. In diesen Häusern wohnten polnische Arbeiter des Gutes mit ihren Familien. Auf dem Gut betrieb man Milchwirtschaft, Schweinemast und Getreideanbau.

Wir, die schulpflichtigen Kinder, mußten schon nach zwei Tagen zur Schule nach Ostechau. Für uns „Neuankömmlinge" gab es in der Schule keine Probleme. Die anderen Schulkinder nahmen uns sofort an. Die meisten Kinder hatten polnische Eltern, so wurden auch wir nicht mehr als „Pollaken" bezeichnet. Es war eine Schule mit guten Lehrern. Diese Schule zu besuchen, machte wirklich Spaß. Nach einigen Wochen kam auch Vater Eduard zu uns. Der „Ostwall", die „Festung Ostpreußen" zur Verteidigung des Reiches, war fertiggestellt, Deutschland gerettet, der „Endsieg ganz nahe"!

Ein Wunder war, daß Vater Eduard sogar unsere Pferde und einen Wagen vom „Ostwall-Bau" herübergerettet hatte. Er übergab das Gespann samt Wagen dem Gutsverwalter. Wir benötigten es ja vorläufig nicht.

Unsere Familie Neu war wieder zusammen, außer daß Erich irgendwo im Reich in einem Lazarett lag. Die Flucht aus Litauen hatten wir gut überstanden, jetzt mußten wir uns neu orientieren. Wie sah unsere Zukunft aus? Tielendorf in Westpreußen war bestimmt nicht das Endziel unserer „Wanderung". Vater Eduard meldete sich bei der Reichsbahn in Thorn und arbeitete fortan dort.

Wir Kinder hatten hier eine sorglose Zeit. Keine Diskriminierung, keine Arbeiten im Stall oder auf dem Feld, nur Schule und lernen; hei, war das ein Leben! Vor dem Herrenhaus befand sich ein kleiner Park, der schon bessere Zeiten gesehen hatte. Jetzt war er „verwildert" mit viel Rasen, den niemand nutzte. Das war unser Tummelplatz, hier konnten wir nach Herzenslust herumtollen.

Das Jahr 1943 verrann, für uns ohne große Ereignisse. In Tielendorf sollten wir unser erstes Weihnachtsfest erleben. Die Weihnachtsgaben fielen bescheiden aus. Wir hatten genug zum Essen, zwei warme Zimmer, das war in der damaligen Zeit schon sehr viel.

Der Winter 1943/44 war sehr streng. Niedrige Temperaturen, sehr viel Schnee.

Es war gut, daß Vater Eduard bei der Reichsbahn arbeitete, die „Kohlezuteilung" für die Reichsbahnbeschäftigten war ausreichend. Nach dem harten Winter folgten ein warmer Frühling und ein sehr heißer Sommer. Wir Kinder besuchten weiterhin die Schule zu Ostechau, ansonsten gab es für uns keine Beschäftigung. In der Umgegend gab es auch keine „H-J"-Gruppen, wo ich, der Richard, hätte beitreten können. Aber ganz und gar faulenzen wollten wir größeren Kinder auch nicht. So haben wir auf Wunsch des Verwalters für „gutes Taschengeld" allerlei leichte Feldarbeiten verrichtet. Die Schulpflichten vernachlässigten wir dadurch nicht. Das Jahr 1944 schritt voran.

Die Sommerhitze, besonders im Juli, machte uns fast apathisch. Am 20. Juli kam für uns damals eine unbegreifliche Nachricht. Deutsche Offiziere hatten auf den „Führer Adolf Hitler" ein Attentat verübt. Für uns „Volksdeutsche" aus Litauen war diese Nachricht sehr schlimm. Die damalige „Reichsregierung" hatte uns nach Deutschland geholt und uns vor der sowjetischen Sklaverei bewahrt. Meine Eltern waren keine „Nazis", aber dem deutschen Staat verpflichtet. Wir waren noch nirgends seßhaft geworden; wir suchten noch immer „unsere Heimat", wo wir Wurzeln schlagen konnten. Wo war dieser Ort? Wo das Fleckchen Erde, das wir Heimat nennen durften?

Von den grausamen Untaten des „NS-Regimes" wußten wir nichts. Woher auch? Wer sollte uns „Volksdeutsche" aufklären? Für uns Deutsche aus Litauen waren alle Deutschen „Ehrenmänner"! Die bittere Wahrheit sollten wir erst nach der Kapitulation im Jahre 1945 erfahren. Der Sommer ging zu Ende. Die Frontabschnitte in Rußland wurden laufend nach Westen „zurückgenommen". Der Krieg im Osten hatte sich gewendet. Es sah nicht gut aus. Wir konnten uns langsam ausrechnen, wann wir uns weiter nach dem Westen absetzen mußten. Am 1. November war ich 13 Jahre alt geworden. Ich war ein guter Schüler und lernte sehr gut. Ich besaß eine schnelle Auffassungsgabe, dementsprechend sahen meine Schulzeugnisse aus. Diese meine Schulzeugnisse brachten Mutter Maria auf eine geniale Idee. Sie wollte, daß einer ihrer Söhne etwas „Besonderes" werden sollte. Dieser Sohn sollte ich, der Richard, sein. Zuerst müsse ich das Gymnasium in Thorn besuchen. In Thorn an der Weichsel ist der Astronom Nikolaus Kopernikus am 19.2.1473 geboren, gest. am 24.5.1543. Ihm zu Ehren trug das Gymnasium seinen Namen. Das „Nikolaus Kopernikus Gymnasium" sollte ich, der Richard, in Zukunft besuchen und es zu „etwas bringen". Das hatte sich Mutter Maria in den Kopf gesetzt, nur leider sollte ich diese „Idee" verwirklichen. Wenn in Mutter Marias Kopf sich eine Idee festsetzte, war es zwecklos, ihr diese Idee auszureden. Sie mußte verwirklicht werden, genau so wie die Rücksiedlung nach Litauen. Mir war nicht wohl bei dem Gedanken, den Anforderungen des Gymnasiums gerecht zu werden. In mir klaffte eine viel zu große „Wissenslücke". Ich war wohl ein guter Schüler, aber bei unserem „Wanderleben" ging zuviel Schulzeit verloren. Das Versäumte war nicht aufzuholen. Mutter Maria wollte das nicht gelten lassen. Sie meinte: „Wer was will, erreicht es auch, es liegt nur am guten Willen." Ich mußte mich fügen und ergab mich meinem Schicksal. Mitte November 1944 bestiegen Mutter Maria und ich, der Richard, den Zug nach Thorn. Auf der kurzen Strecke von Ostechau nach Thorn fühlte ich mich hundeelend. Was verlangte meine Mutter von mir bei diesem Wanderleben? Ich war doch kein Genie oder Wunderkind, das sich das Wissen „nur so" aus dem Ärmel schüttelt. Ich war weiter nichts als ein Bauernjunge aus einem „mittelalterlichen Dorf" in Litauen. In Thorn angekommen, nahmen wir die Straßenbahn, die uns in das Stadtzentrum brachte, in dem das Gymnasium lag. Tapfer schritt ich an Mutters Seite in die „Höhle des Löwen". Vom Direktor des Gymnasiums wurden wir freundlich empfangen. Mein Herz schlug wie wild. Nach einem kurzen Gespräch mit Mutter Maria, die mich in den höchsten Tönen lobte, schaute sich der Direktor meine Schulzeugnisse an und meinte: „Was mir noch fehle, das wird man mir schon im Gymnasium beibringen." Mutter Maria war mit ihrem Erfolg sehr zufrieden. Nun würde das Gymnasium zu Thorn ihren Sohn Richard in ein „Genie" verwandeln.

Nach den Weihnachtsferien im Januar 1945 sollte ich meine neue „Lehranstalt" besuchen. Ich bekam einen großen Schreck. Im geheimen hatte ich gehofft, daß man mich ablehnen würde. Auf der ganzen Heimfahrt und auch noch Tage danach mußte ich immer an die Anforderungen des Gymnasiums und was mich dort erwartete denken.

Es sollte alles ganz anders kommen. Die Kriegsereignisse verhinderten, daß aus mir ein „Genie" wurde. Bereits in der Weihnachtszeit kamen von der Ostfront schlimme Nachrichten. Die „Rote Armee" war auf breiter Front auf dem Vormarsch. Der „Ostwall", die „Festung Ostpreußen", den auch Vater Eduard mitgebaut hatte, schien den „Endsieg" doch nicht herbeizuführen. Die Russen hatten den „Ostwall" und die „Festung Ostpreußen" überrannt und standen bereits in Ostpreußen.

Im Baltikum war die „Kurlandarmee" eingeschlossen. Anfang Januar 1945 befand sich die Mittelfront schon in Polen, und im Süden stand die „Rote Armee" bereits tief in Rumänien und Bulgarien.

Die „Sowjet-Union" war von der „deutschen Besatzungsmacht" befreit. Ihre Armeen stürmten auf das „Kornreich" zu. Wir Volksdeutschen aus Litauen, die hier in Tielendorf wohnten, machten uns große Sorgen. Ein Jahr und fünf Monate hatten wir hier ein einfaches aber doch ruhiges

Leben ohne nächtliche Bombenangriffe der „Anglo-Amerikaner" gelebt. Jetzt, Anfang Januar 1945, mußte etwas geschehen. Wohin es auch immer gehen sollte, wir wollten auf keinen Fall den „Sowjets" in die Hände fallen.

Vater Eduard ließ unseren Wagen mit einer Plane versehen, wir wollten wieder mit unserem Wagen westwärts flüchten. Dann erhielten wir von einer „NS-Dienststelle" die Order, binnen drei Tage Tielendorf zu verlassen und uns nach Westen abzusetzen, zu einer neuen Fahrt unseres Wanderlebens nach „nirgendwo".

Der Wagen mit der aufgesetzten Plane, die uns vor der Winterkälte schützen sollte, stand schon bereit. Unser „Hab und Gut" war bereits gepackt, am anderen Morgen sollte es losgehen. Zu unserem Unglück (vielleicht auch Glück?) erkrankte Vater Eduard an einer Grippe mit hohem Fieber. Eine Flucht mit dem Pferdewagen konnten wir nicht riskieren, es war für Vater Eduard zu gefährlich. Jetzt wurde „umdisponiert"! Alles Notwendige verpackten wir in vorhandene Koffer, so daß jede Person zwei Gepäckstücke tragen mußten. Wegen der Winterkälte aber auch um mehr zu retten zogen wir uns „doppelte Bekleidung" an. Was nicht verpackt wurde, blieb liegen.

Am anderen Tag in der Frühe brachte ein Wagen des Gutes uns, die „achtköpfige" Familie Neu, mit ihrer „Habe" und dem kranken Vater auf die Bahnreise nach Westen.

Außer den kleinsten Kindern schleppte jeder zwei Koffer. Das war jetzt unser „Hab und Gut". Mehr war nicht von unserer „Rücksiedlung" nach Litauen vom Jahre 1942 übriggeblieben. Vielleicht noch die bittere Erfahrung, daß damals ein sehr großer Fehler gemacht wurde. Aber diese Einsicht kam jetzt zu spät.

Flucht nach Westen

Im Jahre 1945 saßen wir wieder in einem Zug, der uns bis Thorn brachte. Von Thorn beförderte uns der nächste Zug nur bis Bromberg/Westpreußen. Von da ab mußten wir sehen, wie wir allein fertig wurden. Auf dieser Flucht nach Westen standen auf den Bahnhöfen keine Parteigenossen und kein „Rote-Kreuz"-Personal, die den Flüchtlingsstrom versorgten. Jetzt waren alle auf der Flucht. In Bromberg angekommen, mußten wir über zehn Stunden bis Mitternacht warten. Die Reichsbahn verfügte nicht über so viele Züge, wie benötigt wurden. Daß die Flucht der Deutschen nach Westen sehr „chaotisch" verlief, zeigten große Haufen von herrenlosem Gepäck, die auf den Bahnsteigen herumlagen. Das Leben retten war wichtiger als irgendwelche Habe.

Nach Mitternacht wurden die wartenden Menschen über Lautsprecher aufgefordert, sich zum Bahnsteig zu begeben, dort würde ein Personenzug nach dem Westen eingesetzt. Alles drängte zum Bahnsteig, jeder wollte mit. Nach kurzer Zeit schob man einen langen Personenzug ein. Als der Zug zum stehen kam, brach unter den Menschen eine Panik aus. Es war schrecklich. Drängen, Stoßen, Schieben, Schreien, so etwas hatte ich noch nicht miterlebt. Wir hatten Glück, daß die Abteiltür direkt vor meiner Mutter war, als der Zug zum stehen kam. Mutter Maria war schnell im Zug. Vater reichte die kleinen Kinder ins Abteil; danach kam das Gepäck an die Reihe. Wir hatten es fast geschafft, als der Zug ohne Vorwarnung sich einfach in Bewegung setzte und davonfuhr! Weg war er! Für viele, die auf dem Bahnsteig standen, unbegreiflich, was da geschah! Auch Vater Eduard und ich befanden uns unter den Verblüfften. Nach einer Weile fragte Vater Eduard: „Was wollen wir jetzt machen?" In meiner jugendlichen Denkweise, die auch richtig war, sagte ich: „Vater, wir müssen weiter nach Westen. Zuerst fahren wir nach Schwerin, dort ist die Reichsbahn-Direktion, der du auch schon früher angehört hast, als du 1942 in Neustadt/Holstein bei der Reichsbahn tätig warst. Von Schwerin könnten wir wieder zurück nach Neustadt/Holstein fahren." Vater Eduard stimmte zu, denn er war noch immer Angestellter der Reichsbahn. Es sollte alles ganz anders kommen.

Am frühen Morgen bekamen wir einen Zug nach Stettin. Nach mehreren Stationen hinter Bromberg erreichte unser Zug den Bahnhof Nakel. Als unser Zug den Bahnhof passierte, sahen wir, daß auf einem Nebengleis ein Zug entgleist war. Was Vater Eduard und ich nicht wußten, in diesem entgleisten Zug, an dem wir langsam vorbeifuhren, saß Mutter Maria mit meinen Geschwistern. Das haben wir viel später erfahren.

Für uns ging es weiter über Schneidemühl in Richtung Stettin. Dort wollten wir die Oder überqueren und weiter nach Schwerin. Am Stargarder Bahnhof war für alle Endstation. Man sagte uns, Stettin wäre „Militärgebiet", für Flüchtlinge gesperrt. Von Stargard begaben wir uns in das Städtchen Pyritz. In einer leerstehenden Pension brachte man uns notdürftig unter. Verpflegen mußten wir uns selbst. In einem Zimmer waren bis zu acht Personen untergebracht. Geschlafen wurde in Decken gehüllt auf dem Fußboden. In Pyritz blieben wir noch einige Tage, um Vater Eduards Grippe ganz auszukurieren.

Die Nachrichten über die Russen überschlugen sich. Ostpreußen war überrannt. Die Menschen flohen vor den anrückenden Russen. Alles befand sich in Auflösung. Vater Eduard und ich beschlossen, auf dem schnellsten Wege Pyritz zu verlassen und uns westwärts abzusetzen. Wir mußten über die Oder, dann war alles geschafft. Wir wollten von Pyritz nach Küstrin, um dort über die Oder zu kommen. Wir saßen bereits im Zug, da hieß es: „Alles aussteigen, die russischen Panzerspitzen stehen vor Küstrin." Jetzt war höchste Eile geboten.

Uns stand nur noch der Weg nach Stettin offen. Der Zug kam aber nur bis Greifenhagen, dort mußten alle Fahrgäste aussteigen. Es ging vorerst nicht weiter. In Stettin ließ man niemanden hinein. Eine große Menschenmenge stand auf dem Bahnsteig des kleinen Bahnhofs. Meistens Frauen mit ihren Kindern und viele alte Menschen. Es war ein Bild zum weinen! Keiner wußte Rat, niemand konnte sagen, wie es weitergehen sollte. Alle wollten über die Oder, dann weiter nach Westen. Wenn die Russen schon vor Küstrin standen, waren wir bereits „eingekesselt". Was ich nicht wußte war: Auch in Greifenhagen führte eine Eisenbahnbrücke über die Oder! Gegen Mittag wurde im Greifenhagener Bahnhof ein leerer Güterzug hineingeschoben. Als der Zug zum stehen kam, rief der Zugführer die Worte, die alle erschreckte: „Rette sich wer kann."

Wer das nicht selbst miterlebt hat, kann es sich nicht vorstellen, wie Menschen in Not panisch reagieren. Jeder wollte in den Zug. Das Problem war, daß die Güterwaggons keine Trittbretter haben und der Einstieg in den Waggon sehr hoch ist. In der Panik behinderten sich die Menschen gegenseitig. Ein furchtbarer Anblick.

Ich war ein kräftiger Junge und war schnell im Güterwaggon. Vater reichte mir das uns verbliebene Gepäck, dann zog ich Vater Eduard in den Güterwagen. Als ich sah, wie sich viele Frauen vergebens bemühten, ihre Kinder oder Kinderwagen in die Waggons zu bringen, sprang ich aus dem Zug, Vater Eduard ebenfalls. Gemeinsam halfen wir den Frauen und älteren Menschen in den Waggon zu gelangen. Es war sonst niemand da, der helfen konnte. Nach kurzer Zeit waren alle Menschen, die auf dem Bahnsteig standen, im Güterzug, der sofort Fahrt aufnahm.

Den Reichsbahnbediensteten sage ich heute „danke". Sie haben in dem damals herrschenden Chaos nicht die Übersicht verloren und vielen Hunderttausenden die Flucht nach dem Westen ermöglicht.

Als der Güterzug über die Oderbrücke fuhr, sagte ich zu Vater Eduard: „Vater, wir sind jetzt vor den Russen in Sicherheit. Die Oder liegt hinter uns, wir fahren weiter westwärts, aber wo ist Mutter mit den anderen Geschwistern?" Vater Eduard antwortete nicht, woher sollte er es wissen? Er war sehr niedergeschlagen.

Eine Frau, der wir auch in den Zug geholfen hatten, hörte unser Gespräch. Sie gab uns den Rat, nach Berlin zu fahren und im „Zentralregister des Roten Kreuzes" nachzufragen. Dort würden alle Flüchtlinge, die nach dem Westen flüchteten, registriert. In Pasewalk verließen wir den Güterzug und begaben uns auf den Weg nach Berlin. In Berlin angekommen, begrüßte uns als erstes ein Luftangriff der „Anglo-Amerikaner". Vor den Russen waren wir geflohen, hier „beharkten" uns die „Alliierten" mit ihren Bomben. Mehrere Stunden saßen wir im „Luftschutz-Hochbunker". Als „Entwarnung" gegeben wurde, begaben wir uns zur „Zentralstelle des Roten Kreuzes". Wir waren erstaunt, daß trotz der Flüchtlingsflut aus dem Osten und der Bombenangriffe hier beim „Roten Kreuz" alles in Ruhe und Disziplin abgewickelt wurde.

Man beorderte uns in das Zimmer, wo die Namen „N" registriert waren, aber eine „Neu Maria" mit ihren Kindern war nicht registriert. Was war jetzt zu tun? Wie sollte es in diesen Wirren weitergehen? Plötzlich hatten wir den Weg gefunden, um die Familie wieder zusammenzuführen.

Als man uns 1941 von Graal-Müritz nach Neustadt/Holstein in das „Reichsbahnlager am Holm" umquartierte, wurde meine Tante „Emma Borchert" (Schwester meiner Mutter Maria) mit ihrer Familie von Graal-Müritz nach dem Ort Oberast bei Straubing in Bayern umquartiert. Die Familie Borchert beging nicht den Fehler, nach Litauen „zurückzusiedeln". Sie blieb bei einem Bauern im Ort Oberast. Das war jetzt unser Ziel. Bei Mutter Marias Schwester Emma in Oberast mußten alle Fäden zusammenlaufen.

Wir machten uns auf den Weg nach Straubing in Bayern. Die Fahrt war beschwerlich, wir mußten oft umsteigen und lange Wartezeiten hinnehmen. Ich, der Richard, erkrankte. Meine Füße, Knöchel und die untere Beinpartie waren so dick angeschwollen wie die Beine eines Elefanten. Welche Krankheit es war, weiß ich nicht. Einen Arzt aufsuchen? Wo gab es in diesem Wirrwarr Ärzte? Vielleicht war es bei mir Übermüdung oder falsche Ernährung? Seit vielen Tagen hatten wir keine warme Mahlzeit zu uns genommen. Ohne Rücksicht auf mein „Weh-wehchen" ging die Fahrt bis zum Endziel Straubing weiter.

Vater Eduard und ich standen eines Februartages in Oberast vor der Tür unserer Tante Emma Borchert. Sie war so erstaunt und stammelte nur: „Herr Jesus Maria, wo kommt ihr beide denn her? Wo ist meine Schwester Maria mit den anderen Kindern?" Vater Eduard erzählte ihr, wie wir in Bromberg getrennt wurden. Wo Mutter Maria sich aufhielt, darüber war noch keine Nachricht eingetroffen.

Ich war sehr krank. Beim Gehen versagten meine Beine. Wir mußten für eine Weile hierbleiben, bis ich genesen war. Nach einigen Tagen traf von Mutter Maria eine Postkarte ein. Sie teilte nur kurz mit, sie befinde sich mit allen Kindern in der Stadt Zehdenick nördlich von Berlin. Von ihrem Ehemann Eduard und dem Sohn Richard sei sie in Bromberg ge-trennt worden, sie wisse nicht wo sie sich befänden.

Die Tage in Oberast taten meinen geschwollenen Beinen gut. Die Schwellung ging zurück, ich konnte wieder normal gehen. Zwei Tage nach Erhalt der Postkarte gingen Vater Eduard und ich wieder auf Rei-sen in Richtung Berlin und Zehdenick. In diesem „Kriegswirrwarr" ver-kehrten die Personenzüge erstaunlicherweise ziemlich regelmäßig.

Für die Fahrt von Straubing nach Berlin benötigten wir zwei Tage. Geschlafen wurde im Wartesaal irgend eines Bahnhofes oder im Zug. Nach zwei Tagen waren wir in Zehdenick und begaben uns sofort zum „Ortsgruppenleiter" der Stadt und fragten nach unserer Familie. Man teilte uns mit: „Ja, Frau Maria Neu mit ihren Kindern war hier, aber wegen Platzmangel wurde sie in dem kleinen Ort Vogelsang un-tergebracht." Wir machten uns sofort auf den Weg dorthin. Schon die nächste Bahnstation war Vogelsang. Es war bereits später Abend, als wir eintrafen. Der nächste Weg führte uns auch hier zum „Ortsgrup-penleiter". Dieser war sehr erstaunt uns zu sehen. Er nannte das Haus, in welchem unsere Familie untergebracht war. Wir machten uns auf dem schnellsten Weg dorthin. Als wir den Raum betraten, schauten uns alle an, als ob sie Gespenster sähen. Dann war die Freude groß! Die Familie Neu hatte sich trotz der chaotischen Zustände wiederge-funden. Auf der Flucht hatte sich die 17jährige Olga Endrukat meiner Mutter angeschlossen. Mit der Familie Endrukat hatten wir auf dem Gut Tielendorf/Westpreußen gewohnt. Als der Zug damals im Bahnhof Nakel entgleiste, hat Olga Endrukat in diesem „Wirrwarr" ihre Eltern verloren. Mutter Maria nahm sich ihrer an, sie sagte: „Komm mein Kind, ich habe so viele Kinder, da kommt es auf eins mehr oder weniger nicht an. Bis du deine Eltern wiedergefunden hast, bleibst du bei uns." Ab Vogelsang hatte ich eine „Schwester" mehr. Am anderen Morgen tagte der „Familienrat". Was war zu tun, welche

Schritte mußten unternommen werden, wo wollten wir hin? Wir kamen zu dem Schluß: Vater Eduard war noch immer Angestellter der Reichsbahn, die sollte uns jetzt weiterhelfen. Wir beschlossen die nächste „Reichsbahndirektion" aufzusuchen, und die war in Schwerin/Mecklenburg.

Auf ging die Fahrt nach Schwerin. Dort angekommen, brachte uns die Behörde in einer leerstehenden Pension unter. Hier sollten wir uns mehrere Tage aufhalten. Die Stadt Schwerin war damals noch nicht bombardiert worden. Alles war noch heil. Keine Ruinen an den Straßenseiten, das war noch eine schöne Stadt. Wir Kinder haben uns die Stadt angesehen.

Aber das Schönste war das „Schloß am See". Donnerwetter, so etwas Schönes, Erhabenes hatte ich in meinem „Wanderleben" noch nicht zu sehen bekommen.

Die Sehenswürdigkeiten zu beschreiben, dazu brauchte ich ein ganzes Kapitel. Jedenfalls soviel: Vor Staunen bekam ich „den Mund nicht zu". Meine Schwestern Amanda, Wally sowie die „angenommene" Schwester Olga Endrukat und ich verbrachten einen ganzen Tag in dem Schloß. Das war uns zu wenig. Am anderen Tag waren wir wieder im Schloß. Wir konnten uns nicht „satt sehen".

Nach drei Tagen erhielten wir von der Reichsbahndirektion Schwerin den Bescheid, wohin es endgültig gehen sollte. Es war das Städtchen Otterndorf an der Elbe. Ein Städtchen weit nördlich von Hamburg, in der Nähe von Cuxhaven. Die Ortsangaben sagten uns nichts. Wir wußten weder von Otterndorf noch von Cuxhaven etwas.

Aber daß die Orte jenseits der Elbe lagen, das gefiel uns. Denn dort würden die Russen niemals hinkommen. Wir, die Familie Eduard und Maria Neu mit ihren Kindern (und Pflegekind Olga), begaben uns auf die Weiterreise nach Westen. In der Nacht erreichten wir Hamburg.

Wir durften in dem Waggon bleiben, weil alle Mitreisenden Flüchtlinge waren, die nordwärts sollten. In Hamburg wurde unser Waggon an den Zug nach Cuxhaven angehängt. Es war Ende März 1945. Irgendwann in der Nacht hielt unser Zug in einem größeren Bahnhof. Es schien so, als ob wir hier die Nacht verbringen sollten.

Alles schien wie ausgestorben. Keine „Menschenseele" ließ sich blicken, um uns zu informieren. Städte und Bahnhöfe waren damals in der Nacht wegen der Bombenangriffe der „Anglo-Amerikaner" vollkommen abgedunkelt. Die Luft war naßkalt und diesig, ein echtes norddeutsches „Schmuddelwetter". Ich versuchte „krampfhaft" herauszufinden, wie diese Stadt, wie dieser Bahnhof hieß.

Trotz Verbot meiner Eltern „spurtete" ich los, um das herauszufinden. Ich fand ein Bahnhofsschild mit dem Namen „STADE". Von der Stadt

Stade hatte ich noch nie etwas gehört, auch in der Schule nicht. Ich konnte mit diesem Namen nichts anfangen.

In der Morgendämmerung setzte sich der Zug in Bewegung, es ging weiter nordwärts. In der Frühe erreichten wir unser Endziel, den Bahnhof und das Städtchen Otterndorf an der Niederelbe. Ein langer Zug mit Flüchtlingen aus den Ostgebieten machte hier Halt. Die Flüchtlinge sollten in der Umgegend auf alle Dörfer verteilt werden.

Jeder Bauer, jeder Hauseigentümer war lt. „Reichsverfügung" verpflichtet, Flüchtlinge aus dem Osten aufzunehmen. Vor dem Otterndorfer Bahnhofsgebäude standen Pferde-Fuhrwerke von den umliegenden Bauernhöfen. Ein N.S.-Beamter verteilte nach einer Liste (weiß der Teufel, wo er die herhatte) die Familien auf die Pferdefuhrwerke.

Meine Eltern mit fünf kleinen Kindern kamen zum Bauern Wierk nach Neuenkirchen-Döringworth. Meine Schwester Amanda, Olga Endrukat und ich, der Richard, wir kamen auf Wierks Nachbarhof zum Bauern Onnen. Die einheimische Bevölkerung im Land Hadeln hat sich gegenüber den Flüchtlingen vorbildlich und menschlich verhalten. Obwohl es damals ein jeder schwer hatte, halfen sie uns wo sie konnten. Eine Anekdote hat im Ort seine Runde gemacht. Die Bauern wußten ja, daß sie Einquartierung bekamen. Bevor der Wagen mit den Flüchtlingen den Hof erreichte, hatte die Bäuerin in „weiser Voraussicht" eine kräftige Eintopfsuppe vorbereitet, damit man nach Tagen der Entbehrung etwas Warmes und Kräftiges zu sich nehmen konnte. So auch die Bäuerin Wierk, wo meine Eltern und die kleineren Geschwister einquartiert wurden. Als das Gepäck entladen und ins Haus gebracht war, sagte die Bäuerin zu Mutter Maria: „Nun kommen Sie erst mal ins Haus, ich habe Ihnen eine kräftige Suppe gekocht, jetzt essen Sie erst mal etwas." Was Mutter Maria antwortete, haute das stärkste Pferd aus den Sielen. Sie sagte: „Frau Wierk, ich bin Bäuerin wie auch Sie. Wir sind nicht hergekommen um den anderen die Suppen wegzuessen. Wir sind hier, weil man uns aus dem Osten vertrieben hat." Die Bäuerin Frau Wierk war so perplex, daß sie darauf keine Antwort wußte. Sie hatte es doch nur gut gemeint, Mutter Maria war voll ins „Fettnäpfchen" getreten.

Im Dorf Neuenkirchen, am Kolkweg, waren zwei „Behelfsheime" für ausgebombte Hamburger Bürger erstellt. Jedes „Behelfsheim" war für zwei Familien vorgesehen. Meine Eltern und die kleineren Geschwister blieben nur zwei Nächte bei dem Bauern Wierk, dann wies man der „großen Familie" eine „Behelfsheimhälfte" zu. Hier waren eine Wohnküche, Schlafzimmer, Speisekammer, ein kleiner Flur, draußen ein „Plumpsklo". Auch wir, Schwester Amanda, Olga Endrukat und ich, der Richard, zogen in das Behelfsheim, aber hier reichten die Schlafmöglichkeiten nicht aus.

Etwa 50 m vom Behelfsheim stand eine Schmiede, daneben ein schönes fast neues Haus des Neuenkirchener Schmiedes Christian Schwanemann. Das Ehepaar hatte keine Kinder, mußte aber auch „Wohnraum abgeben". Wir erhielten ein großes Zimmer im Obergeschoß, wohin wir Kinder Amanda, Wally, Arno und ich, der Richard, nur am Abend zum Schlafen gingen. Schwanemanns hatten der „Reichsverordnung" genüge getan und wir ein schönes Schlafzimmer. Olga Endrukat übernachtete mit dem Dienstmädchen der Schwanemanns in einem Zimmer.

In Neuenkirchen, im Land Hadeln mit der Kreisstadt Otterndorf an der Niederelbe, war unser „Wanderleben", unsere „Odyssee" beendet.

Hier werden wir einen neuen Lebensinhalt mit seinen Höhen und Tiefen finden, uns „integrieren", uns Umsiedlern, den „Volksdeutschen aus Litauen", ein neues Zuhause, eine neue Existenz und eine neue „Heimat" geben.

Neubeginn im Land Hadeln

Die Flucht nach Westen hatte ein gutes Ende gefunden. Das Leben normalisierte sich. Vater Eduard nahm seine Arbeit bei der Reichsbahn in Cuxhaven auf. Wir Kinder besuchten die Volksschule in Neuenkirchen. Mit 14 Jahren war meine Schulzeit vorbei. Ich besaß aber kein Schulentlassungszeugnis aus der 8. Klasse, um bei meiner späteren Berufswahl meine Schulleistung vorzuweisen. Deshalb besuchte ich auch noch die Schule. Trotz meines nachträglichen Schulbesuchs bekam ich doch kein „Entlassungszeugnis".

Noch während der Schulzeit wurden alle 14jährigen „männlichen Schüler" zum Nachmittagsdienst „verpflichtet". Ein junger Fähnrich erschien, der uns 14jährige Jungen für den „Endsieg" vorbereiten sollte. Wir waren zwölf Jungen. Jeder erhielt eine „militärische Ausrüstung", die aus Stahlhelm, Gasmaske, Koppel und Drillichzeug bestand. Wir sollten die neue „Elitetruppe" für den Endsieg sein. Bei diesem Unterricht lernten wir, wie man Brandbomben bekämpft, mit einem Gewehr zielt und schießt, zuletzt wie man mit einer „Panzerfaust" einen Panzer abschießt. Es wurde weder mit einem Gewehr noch einer „Panzerfaust" scharf geschossen. (Welche Ironie, wir kamen leider nie zum Einsatz, wir hätten den Endsieg ganz bestimmt errungen!)

Im April 1945 entzog sich der „Führer Adolf Hitler" durch Selbsttötung seiner Verantwortung. Die „Rote Armee" kämpfte bereits um Berlin. Die „Alliierten" hatten den Rhein überschritten und marschierten ostwärts.

Am 8. Mai 1945 nahm die „neue Reichsregierung" (Großadmiral Karl Dönitz) die „bedingungslose Kapitulation" Deutschlands an. Das „III. Reich Adolf Hitlers" existierte nicht mehr.

Die englischen Truppen rückten nach Norden vor. Eines Nachmittags hörten wir gewaltiges „Kettenrasseln" und Motorenlärm der englischen Panzerkolonnen. Dann sahen wir die lange Schlange der englischen Panzerfahrzeuge, die sich durch Neuenkirchen schlängelte. Eine Einheit blieb im „Biwak". Ich sah zum erstenmal englische Soldaten.

Die Bewohner Neuenkirchens blieben in ihren Häusern. Wen sollten sie begrüßen? Unsere Befreier, die siegreichen Engländer? Insgeheim hatten die meisten Deutschen auf einen besseren Ausgang des Krieges gehofft. Für uns Deutsche war der Krieg endgültig zu Ende. Deutschland wurde in vier Besatzungszonen aufgeteilt. Im Osten „Sowjetische Zone"; im Norden „Englische Zone"; im Süden „Amerikanische Zone"; im Südwesten „Französische Zone".

In den ersten Tagen stand im zerstörten Deutschland alles still. Aber das Leben mußte weitergehen. Ganz langsam und behutsam erwachte die deutsche Bevölkerung aus der Erstarrung und mußte lernen, die neuangebrochene Zeit zu begreifen.

Bevor die Alliierten ganz Deutschland besetzten, haben die deutschen Behörden große Vorratslager geräumt und größere Mengen Grundnahrungsmittel an die Bevölkerung ausgegeben (Speiseöl; Butter; Zucker; Mehl; Graupen; Talg und Schweineschmalz). So war die erste Nachkriegsversorgung gesichert.

Die Verwaltungen in Gemeinden und Städten nahmen wieder ihre Arbeit auf und verkündeten die Anordnungen und neuen Gesetze der Militärregierung, die strikt eingehalten werden mußten. Nächtliche Ausgangssperre von 22.00 Uhr bis 6.00 Uhr in der Frühe. Diese Ausgangssperre zog sich eine längere Zeit hin.

Vater Eduard versah seinen Dienst bei der Reichsbahn in Cuxhaven. Ich, der Richard, jetzt aus der Schule, vertrieb mir die Zeit durch „kräftiges Nichtstun". Es war einfach nichts da, was man hätte tun können. Von meinem Bruder Erich, der mit dem Militärlazarett von Schaulen ins „Reich" verlegt war, hatten wir schon über zwei Jahre keine Nachricht. Mutter Maria ließ ihn über das „Rote Kreuz" suchen. Es war Mitte August, ich war mal wieder mit starkem Nichtstun beschäftigt, sah ich einen jungen Mann leicht hinkend unserem Behelfsheim entgegenstreben. Es verschlug mir fast die Sprache, ich erkannte meinen Bruder Erich. Ich rannte ihm entgegen, wir fielen uns in die Arme, ich habe vor Freude geweint, nein geheult! Auch Mutter Maria konnte es anfangs nicht fassen, daß es wahrhaftig Erich war. Sie sagte nur immer: „Mein Junge, mein Junge, Gott sei Dank du lebst, du bist wieder bei uns." Sein im litauischen Wald verletztes Knie war dank der Militärärzte wieder in Ordnung. Er konnte es noch nicht ganz durchbiegen, das sollte sich später geben. „Juchee, die Familie Neu war wieder komplett!"

Erich hatte viel zu erzählen. Sein Lazarett wurde mehrmals verlegt, zuletzt bei Lüneburg. Dort ist er auch in englische „Kriegsgefangenschaft" geraten, obwohl er nie Soldat war. Nachdem das Knie ausgeheilt war, entließen ihn die Engländer aus der „Kriegsgefangenschaft".

Nachdem auch Erich sich mehrere Wochen dem „schweren Nichtstun" gewidmet hatte, wurde es langsam Zeit, über unsere Zukunft nachzudenken. Aber wo gab es für uns eine Zukunft? Ich selbst war eigentlich nicht faul und habe alles „Lesbare verschlungen", dessen ich habhaft werden konnte. Mein Ziel war, einen guten Beruf zu erlernen, damit ich in meinem späteren Leben ein Auskommen hätte. Einen Berufswunsch hatte ich nicht. Zu jener Zeit gab es so gut wie keine Lehrstellen. Jedenfalls keine in unserer näheren Umgebung. In der Kreisstadt Otterndorf hatte sich im Herbst 1945 ein „Arbeitsamt" eingerichtet. Es muß

Ende September 1945 gewesen sein, ergriff Vater Eduard seine beiden Söhne, den Erich und mich, den Richard, und ab ging es zur „Berufsberatung" des Arbeitsamtes zu Otterndorf. Viele Berufe hatte die „Berufsberatung" nicht anzubieten, sozusagen „gar keine".

Aber dann fand man doch eine Lehrstelle im Nachbarort Altenbruch, wo eine „Autowerkstatt" einen „Lehrling" (so hießen sie damals) suchte. Mein Bruder Erich konnte sich nicht entscheiden, was er mal werden wollte. Ich der Richard, machte mich zu Fuß auf den Weg in das 10 km entfernte Altenbruch, um „Motorenfachmann" zu werden. Beim Meister angekommen, stellte ich mich vor und äußerte meinen Wunsch, „Autoschlosser" zu werden. Der Meister brachte mich in sein Büro, dort sollte ich meinen Lebenslauf schreiben. Da ich alles wahrheitsgemäß aufschrieb, daß ich sogar „Umsiedler aus Litauen" war, durfte ich, nachdem der Meister meinen Lebenslauf gelesen hatte, wieder nach Neuenkirchen gehen (zu Fuß) und dort auch bleiben. So einen „Vagabunden" hätte er sich als Lehrling nicht gewünscht! Auch hier spürte ich, welch ein „Makel" an mir hing. Ich war ja „nur ein Umsiedler aus Litauen"! Was war an mir, an uns so Schlechtes dran? Wenn ich auch aus Litauen kam, so sah ich genau so aus wie auch die anderen Deutschen. Ich sprach die gleiche Sprache, ich kleidete mich so wie die anderen Deutschen, was war der Grund meiner Diskriminierung? Der Grund war die *Herkunft*! Dies habe ich mir in Altenbruch hinter meine Ohren geschrieben. Die Herkunft ist der maßgebende Punkt! Ist ein und alles! Fortan bin ich in Ostpreußen geboren. In der Zukunft komme ich nicht aus Litauen, ich muß mein Geburtsland verleugnen. In Zukunft komme ich aus Ostpreußen. Ich spreche mit ostpreußischem Akzent. Wer will das kontrollieren?

In der Zukunft bin ich Richard Neu, geboren in Kaupiai Kreis Tauroggen in Ostpreußen! *Wer weiß schon wo Tauroggen liegt?* Tauroggen klingt „deutsch", also muß es in Ostpreußen liegen! Wo sonst?

Tauroggen heißt litauisch Taurage und liegt ca. 32 km nördlich von Tilsit, aber auf litauischem Gebiet. Diese Erkenntnis stärkte mein Selbstbewußtsein, aber einen Lehrplatz bekam ich trotzdem nicht.

Ein Ereignis trat ein, wo die Hilfe der Familie gefragt war. Meine Schwester Anna übersandte uns einen Brief, den ihr meine Schwester Marta geschrieben hatte, mit der Bitte, ihn an die Eltern weiterzuleiten, egal wo die Eltern sich in Deutschland aufhielten. In diesem Brief flehte meine Schwester in ihrer Not um Hilfe. Bereits in jungen Jahren hatte meine Schwester Marta „Gicht". Jetzt war es so schlimm, sie war am Ende. Ein „barmherziges Nonnenkloster" in Donauwörth hätte sie aufgenommen. Unsere Familie beschloß, Marta nach Neuenkirchen zu holen.

Einfach würde es nicht sein, denn um in die „Amerikanische Zone" zu reisen, benötigte man eine „Sondergenehmigung". Die bekam man nicht so ohne Weiteres.

Vater Eduard ließ sich in einem Übersetzungsbüro ein Schreiben in englischer Sprache aufsetzen, in dem es hieß, daß er seine schwerkranke Tochter nach Hause holen wolle. Dieses Schreiben sollte Vater Eduard bei einer eventuellen Kontrolle der „amerikanischen Militärpolizei" vorzeigen.

Wir drei, Vater Eduard, Erich und ich, der Richard, machten uns auf den Weg nach Donauwörth. Bis Hannoversch Münden ging alles gut. Der Zug hielt, alle Reisenden mußten mit ihrem Gepäck aussteigen und am Zug „Aufstellung" nehmen. Dann kam die Militärpolizei. Hier war die „Kontrollstation" der Amerikanischen Zone.

Alle Personen mußten sich ausweisen. Wir drei hatten ja kein „Permit" zur Einreise, Vater Eduard besaß nur den Brief in englischer Sprache. Ein großer farbiger Militärpolizist kam auf uns zu. Vater Eduard reichte ihm unsere Personalausweise und den Brief. Dieser gab Vater die Ausweise zurück, las den Brief, zerknüllte ihn und warf ihn Vater vor die Füße, holte aus und versetzte Vater Eduard einen Faustschlag ins Gesicht, so daß ihm das Blut aus der Nase schoß, und brüllte „Bastard". Ich wußte es damals nicht, daß die Amerikaner so nette Menschen sind, daß sie auf diese Art meinem Vater die „Blutsbrüderschaft" anboten, indem sie ihm das Blut aus der Nase prügelten. Vater Eduard hat in seinem Leben niemandem ein Leid zugefügt. Er war nie Soldat, hat auf niemanden geschossen, ein friedlicher Mann, der nur seine schwerkranke Tochter nach Hause holen wollte, und jetzt diese Behandlung? Die Amerikaner pochen doch gerne auf ihre „Humanität", wo war sie hier?

Über die Grenze durften wir nicht. Zurück ohne unsere todkranke Schwester? Nie und nimmer! Also, die Nacht abwarten. Mehrere Personen, die zwar keinen Faustschlag auf die Nase bekommen hatten, aber auch abgewiesen wurden, wollten über die Grenze.

Der Fluß Fulda bildete die Grenze zu beiden „Zonen". Diesen Fluß mußten wir alle überqueren, dann war es geschafft. Für ein paar Zigaretten fand sich ein Führer. In der Dunkelheit schlichen sich an die zwanzig Personen zur Fulda. Ein Boot brachte uns in drei Schüben hinüber. Wir warteten die Morgendämmerung ab und begaben uns zum Bahnhof Hannoversch Münden. Von da ab gab es keine Schwierigkeiten. Ohne Probleme kamen wir bis nach Donauwörth. In einer kleinen Pension bezogen wir Quartier, verpflegen mußten wir uns selbst. Da es am Ankunftstag bereits spät war, verschoben wir den Besuch beim „barmherzigen Nonnenkloster", wo meine Schwester Marta lag, auf den nächsten

Tag. Am anderen Morgen begab ich mich zum Bäcker, um Brötchen zum Frühstück zu holen. „Brotmarken" besaßen wir. Ich betrat die Bäckerei, „Guten Morgen, ich hätte gerne acht Brötchen", und reichte der Bedienung meine „Brotmarken" über den Tresen. Die Frau schaute mich nur kurz an und sagte: „Habn mer net", obwohl genug Brötchen da waren, ich erhielt keine.

Enttäuscht schlich ich zur Pension zurück und sagte, was passiert war. Erich grinste und sagte: „Laß mal, ich mach das schon."

Erich „stiefelte" los und kam tatsächlich mit schönen frischen Brötchen zurück. Ich schaute ihn erstaunt an und fragte, wie er das denn angestellt hätte. Er bekam Brötchen, ich keine. Erich sagte, das geht so: „Grüß Gott schöne Frau, a recht scheen Tog heit, i möcht bittschön acht Semmeln." Erich bekam seine acht Semmeln. Allein an „meiner Begrüßung" erkannte man in mir einen „Saupreiß", und „Saupreißen" wurden in dieser Bäckerei nicht bedient.

Nach dem Frühstück suchten wir das „Stift" auf. Eine Nonne führte uns in den Raum, wo Marta lag. Als sie uns erblickte, konnte sie es nicht fassen was sie sah!

Wir drei „Männer" waren sehr erschüttert. Ich hatte meine Schwester Marta drei Jahre nicht gesehen. In diesem Häufchen „Elend" erkannte ich meine Schwester kaum wieder. Das erste Wiedersehen war wirklich zum weinen. Wir alle vier weinten. Marta war sehr krank, total abgemagert, konnte keinen Schritt gehen. Es war allerhöchste Zeit, daß wir dieses „Häufchen Mensch" von hier fortschafften. Marta war gerade 18 Jahre alt und nur noch ein „Schatten" ihrer selbst. Nachdem im „Stift" alles geregelt war, lag der Abreise nichts mehr im Wege.

Als wir sie zur Abreise abholten, sah ich in ihrem ausgezehrten Gesichtchen nur die glücklichen Augen. Es schien, als ob die ganze Last der Welt von ihr genommen war. Marta konnte nicht gehen, sie mußte immer getragen werden. Immer zu zweit haben wir unsere Hände zu einem „Viereck" gegriffen und Marta draufgesetzt. Wir konnten sie leicht tragen, sie war wirklich nur eine kleine Last. Wir waren kräftige Jungen, für unsere kranke Schwester hätten wir das Letzte gegeben. Deshalb war uns kein Weg zu weit, keine Last zu schwer.

Für die Heimfahrt wählten wir diese Route: Donauwörth – Nürnberg – Frankfurt a.M. – Hamburg. Bis Frankfurt klappte alles sehr gut. Aber im Frankfurter Bahnhof schien sich alles zu versammeln, was Beine hatte. Die Bahnsteige waren total überfüllt. Egal wo ein Zug hinfuhr, die Menschen auf den Bahnsteigen standen dichtgedrängt.

Wir wußten beim besten Willen nicht, wie wir mit unserer kranken Schwester in den D-Zug nach Hamburg gelangen sollten. Die Reisenden nahmen auf uns keine Rücksicht. Vater Eduard hatte die „rettende

Idee". Er war ja bei der Reichsbahn angestellt und hatte in „weiser Voraussicht" seinen „Dienst-Vierkantschlüssel" mitgenommen. Wenn ein Zug „eingesetzt" wurde, war er von der dem Bahnsteig entgegengesetzten Seite stets abgeschlossen, damit die Reisenden den Zug nicht von beiden Seiten „stürmen" sollten. Also trugen wir unsere kranke Schwester auf den gegenüberliegenden Bahnsteig, wo noch kein Zug erwartet wurde, und warteten auf den Zug nach Hamburg. Es war später Abend, als die Waggons langsam an uns vorbeigeschoben wurden. Als wir von den wartenden Menschen nicht mehr gesehen werden konnten, überquerten wir schnell mit unserer Last die Nebenschienen und standen auf dem Mittelstreifen der Bahnschienen.

Wir wußten, wenn der Zug hielt, war an den Türen zuerst ein starkes Gedränge. Diese Sekunden mußten wir nutzen. Unser Plan gelang vollkommen. Der Zug hielt, Vater Eduard schloß blitzschnell die Tür auf, sprang in den Zug, wir reichten Marta hinein und waren eher in dem Abteil als die ersten Personen vom Bahnsteig. Wir drei „Männer" atmeten auf. Mein Schwesterchen war „selig". Durch unsere „Schnelligkeit" hatten wir sogar zwei Fensterplätze erwischt. Nun konnte nichts mehr passieren. Wir saßen in einen D-Zug, der bis Hamburg fuhr. Im selben Abteil saß auch ein junges Pärchen. Er noch in alter Soldatenkleidung, beide sehr jung, taten sehr verliebt. Dieser ehemalige Soldat hatte einen Rucksack, an dem auch eine „Feldflasche" hing, im Gepäcknetz deponiert. In dem fahrenden Zug herrschte in der Nacht vollkommene Dunkelheit. Nur wenn ein kleiner Bahnhof vorbeihuschte, erhellte sich das Abteil für Sekunden, um danach wieder in Dunkelheit zu versinken. Nach einigen Stunden Fahrt stieß meine Schwester Marta mich an und flüsterte, daß sie sehr großen Durst hätte. Wo in Gottes Namen sollte ich was „Trinkbares" hernehmen? Mir kam die Feldflasche des Soldaten in den Sinn. Sollte da was Trinkbares drin sein? Ich wartete bis der nächste Bahnhof vorbeihuschte und sah, daß das Pärchen in enger Umarmung „selig" schlief. Ich stand auf und begann ganz langsam die Feldflasche von dem Rucksack zu lösen, was mir ohne Probleme gelang. Aber die Verschraubung war dermaßen fest angezogen, daß ich drei Versuche benötigte, bis sich diese löste. Ich roch daran und war „baff"; in der Feldflasche war Branntwein. Ich nahm einen Schluck und reichte die Feldflasche Marta hin. Sie nahm ein paar Schlucke. Dann stieß ich Erich an, auch er nahm einen kräftigen Schluck. Marta durfte nochmals trinken. Ich schraubte die Feldflasche zu und habe sie in der Dunkelheit wieder an den Rucksack angeschnallt. Die beiden Schlafenden haben von all dem nichts mitbekommen. Ich war mir meiner „unrühmlicher Tat" wohl bewußt, aber was sollte ich machen, wenn meine kranke Schwester so großen Durst hatte? Sie hatte doch schon genug gelitten! Es war ein Notfall! Ich glaube, der Herr wird mir meine Tat heute bestimmt verzeihen.

Das Pärchen verließ in Hannover den Zug. In Gedanken bedankte ich mich bei ihm. Die Fahrt ging weiter nach Norden. In Hamburg angekommen, fiel uns allen ein „Riesenstein" vom Herzen. Von hier war es nur noch ein „Kinderspiel". Die Strecke Hamburg – Cuxhaven war nicht so stark frequentiert. Auf dem Hamburger Hauptbahnhof waren uns auch „Rote-Kreuz"-Helfer behilflich, Marta in den Zug nach Cuxhaven zu setzen. In Otterndorf war Endstation. Trotz einiger Schwierigkeiten hatten wir es geschafft, unsere kranke Schwester Marta nach Hause zu holen. Am Otterndorfer Bahnhof erwartete uns eine Pferdedroschke (damaliges Taxi), die uns in das 3 km entfernte Neuenkirchen brachte. Wir waren zu Hause und waren glücklich. Mutter Maria konnte es gar nicht fassen, sie hatte ihre „verlorene" Tochter wieder. Jetzt gingen wir ans Werk, Marta wieder „aufzupäppeln". Jeder gab sein Bestes, um dieses „Häufchen Mensch" wieder auf die Beine zu bringen. Eine Woche blieb Marta noch zu Hause, danach mußte sie für viele Wochen in das Otterndorfer Krankenhaus, wo sie gesundheitlich wieder hergestellt wurde.

Erst kam der Winter, dann auch Weihnachten des Jahres 1945. Es war die erste friedliche Weihnacht nach dem Zweiten Weltkrieg. In stiller Andacht haben wir das Fest gefeiert. Fast die ganze Familie war beisammen, außer meiner ältesten Schwester Anna, die in einem Hotel in Neustadt/Holstein tätig war. Meine Eltern, Eduard und Maria Neu, hatten acht ihrer Kinder gesund zu Hause. Das war viel wichtiger als materielle Geschenke zum Weihnachtsfest. Für uns war die Zukunft ungewiß, aber wen interessierte damals die Zukunft? Niemandem! Nur die Gegenwart zählte, nur das heute, das Überleben zählte.

So kam das Jahr 1946. Der Winter ging vorbei, der Frühling, der Lenz kehrte ein. Wir mußten die eigene Versorgung vorbereiten. Von der Gemeinde erhielten wir 600 m² „Kirchenland" zugewiesen, welches direkt am „Behelfsheim" grenzte. Dieser „Acker" kam unter den „Spaten". Wir drei „Männer" gruben diesen schweren Marschboden um, pflanzten Kartoffeln, Steckrüben, Weißkohl, Wurzeln und anderes Gemüse an. Das konnten wir gut, das hatten wir schon in Litauen gemacht.

Erich und ich, wir hatten noch keinen Arbeitsplatz oder eine Lehrstelle gefunden und wohnten noch immer im „Hotel Mama", was auch sehr bequem war. Um eine Lehrstelle zu bekommen, besuchte ich wöchentlich das Arbeitsamt in Otterndorf. Der Besuch war immer „negativ". Ich wollte unbedingt eine Beschäftigung. Man wies mir einen „Arbeitsplatz" auf einem Bauernhof zu, der in Neuenkirchen-Döringworth lag. Zu Hause packte ich meinen „Pungel" und marschierte los.

Nach 3 km Fußmarsch war ich am Ziel. Der Bauer begrüßte mich freundlich.

Auf dem Hof waren wenig Menschen. Das Bauernehepaar, eine sehr alte Großmutter und ein junger Mann, älter als ich und Brillenträger. Wo seine Eltern waren wußte er nicht. Er „hauste" in einer kleinen Kammer neben dem Kuhstall, wo auch ich jetzt einzog. Die Kammerwand zum Stall hatte einen starken Riß, deswegen stank es in der Kammer entsetzlich nach Kuhstall. Die Arbeit auf dem Hof war nicht schwer.

Das Beste auf dem Hof war das Essen. Ich langte kräftig zu. Das Lustigste aber war das Abendessen. Es gab meistens Bratkartoffeln, welche die Bäuerin in einer großen Bratpfanne zubereitete, danach diese Riesenpfanne auf den Tisch stellte. Wir fünf Personen drum herum. Bauer, Bäuerin, Großmutter, der Brillenträger und ich.

Die Bäuerin sagte: „Nun langt man kräftig zu." Es gab keine Teller. Jeder hatte eine Gabel und bediente sich aus der Riesenpfanne. So eine Eßgewohnheit kannte ich nicht. Anfangs getraute ich mich nicht so recht, aber dann langte auch ich zu. Worüber ich mich besonders freute, der Bauer besaß viele Bücher. Von 20.00 Uhr bis 23.00 Uhr war „Wohnzimmerzeit". Wir fünf saßen in der Wohnstube. Die Frauen machten Handarbeit, der Bauer saß nur da und rauchte seine Pfeife, der Brillenträger ging früh ins Bett, ich las in den Büchern.

Nach 14 Tagen stellte ich fest, daß ich als „Knecht" auf einem Bauernhof doch nicht mein Leben fristen wollte. Packte meinen „Pungel" und marschierte wieder ins „Hotel Mama" nach Neuenkirchen. Das war mein „14-Tage-Schnupperurlaub" auf einem Bauernhof. Auch Erich hatte noch keine Arbeit gefunden.

In Cuxhaven erwachte ganz langsam die Fischindustrie. Es galt in erster Linie, der Bevölkerung die Ernährung zu sichern. Die Stadt Cuxhaven besaß einen großen Fischereihafen und viele fischverarbeitende Betriebe. Es galt, diese Betriebe wieder zu „beleben". Fischdampfer, die im Kriege für die Kriegsmarine als „Vorpostenboote" dienten, gab die britische Militärregierung zum Fischfang frei. Die alten „Fischdampfer-Reedereien" konnten die Schiffe wieder zum Fischfang einsetzen. Ehemalige Fischdampfer-Kapitäne wurden wieder eingestellt, Besatzungen angeheuert. Die Schiffe fuhren zur Nordsee, nach Island oder an die norwegische Küste zum Fischfang. Die fischverarbeitenden Betriebe benötigten Arbeiter. Viele Männer sind aus dem Krieg nicht heimgekehrt. So bekamen Erich und ich eine Arbeitsstelle bei der Firma Hussmann & Hahn in Cuxhaven. In dieser Firma wurden vielerlei Fischerzeugnisse hergestellt. Hier sollte mein Arbeitsleben beginnen.

Mein Berufsleben beginnt

Am 12. April des Jahres 1946 trat ich mit 15½ Jahren in mein Berufsleben. Mein Arbeitsleben begann, wo ich jetzt für mich Verantwortung übernahm. Ich war ein kleines Rädchen im Getriebe der Arbeitswelt. In der Firma Hussmann & Hahn begann ich in der Verarbeitungsabteilung „Fisch-Räucherei". Die tägliche Arbeitszeit begann um 7.30 Uhr in der Frühe und endete am späten Nachmittag um 16.30 Uhr. Am Sonnabend arbeiteten wir nur bis 14.00 Uhr, so hatte eine Woche immer 48 Arbeitsstunden.

Die Wegstrecke von Neuenkirchen nach Otterndorf, täglich zu bewältigen, war ein hartes Stück Arbeit. Richtige Autobusse gab es damals nicht. Die Post hatte einen alten Militärlastwagen zum „Postbus" umgebaut, der in den Dörfern die Arbeiter auflas und zum Bahnhof nach Otterndorf brachte. Als Sitzplätze dienten an beiden Außenwänden angebrachte lange Sitzbänke. In der Mitte standen auch zwei lange Bänke, wo die Menschen Rücken an Rücken saßen. Als Schutz vor Regen und Fahrtwind war die hintere Fläche als „Kastenwagen" umgebaut. Das war damals unser „Autobus", der uns täglich und immer pünktlich zum Bahnhof hin und zurück kutschierte.

Auf dem Arbeitsplatz ging es munter zu. Was mir im besonderen auffiel, waren die vielen Frauen verschiedenen Alters. Die anfallenden Arbeiten, die gewöhnlich Männer verrichteten, erledigten jetzt wir heranwachsenden Jungen und viele Frauen. Ich war ein Jüngling von 15½ Jahren, der mit den weiblichen „Wesen" noch wenig anzufangen wußte. Dafür haben sich diese „Wesen" anfangs mit mir viele „Scherze" erlaubt. Am Montag war es immer besonders schlimm. Dann erzählten sich die Frauen ihre „Wochenenderlebnisse" absichtlich laut und nur dann, wenn ich in der Nähe arbeitete. Ob die Erlebnisse stimmten, bezweifle ich. Von dem, was ich hörte, wurde ich meistens vor Verlegenheit „rot". Das wäre noch zu ertragen gewesen, aber wenn das „Ausfragen" losging! „Richard, wie hast du dies und jenes gemacht?" Erst allmählich begriff ich, was die Frauen eigentlich bezweckten. Sie wollten auf „meine Kosten" ihren Spaß. Ich drehte den „Spieß" um und erzählte nun das, was sie hören wollten. Die Hänseleien hörten auf, ich konnte fortan meiner Beschäftigung in Ruhe nachgehen.

Auch mein Bruder Erich hatte bei der selben Firma Arbeit gefunden. Aber nach acht Wochen durfte er gehen, weil er einen Vorarbeiter verprügelt hatte. Auf der nächsten Arbeitsstelle passierte das gleiche. Ich fragte ihn, warum er das täte. Seine Antwort war: „Ich lasse mich nicht andauernd beleidigen und herumschubsen, nur weil ich in Litauen geboren bin." Ich blieb meiner Arbeitsstelle treu; wo sollte ich auch hin? Lehrstellen gab es kaum, außerdem erzählte ich keinem, daß ich in Litauen geboren bin.

Im Nachkriegsdeutschland wollten die Menschen auch an etwas anderes denken, als nur ans Überleben. Sie wollten Geselligkeiten und etwas Freude. Es bildeten sich Tanzkapellen, die an Wochenenden in Gaststätten mit Tanzsälen zum Tanz aufspielten, wo jung und alt ihren Spaß hatten. Die Säle waren immer „übervoll", es gab sonst keine musikalische Unterhaltung. Ein Radio besaß niemand. Kinovorstellung einmal in der Woche. Das war alles. Jetzt hieß es für mich Tanzen lernen. Können mußte man: Tango, Walzer, Foxtrott, Slow-Fox, Swing, English-Walz und Marsch. Wer diese Tänze beherrschte, war auf dem Tanzparkett ein „gefragter Bursche". Aber wo konnte man diese Tänze schnell erlernen? Meine älteste Schwester Anna weilte für zwölf Tage zu Besuch im Behelfsheim in Neuenkirchen. Anna konnte tanzen – und wie!

In diesen zwölf Tagen hat unsere Schwester Anna Erich und mir das Tanzen beigebracht. Mit „tänzerischen Qualitäten" ausgerüstet, begaben wir uns aufs Tanzparkett. Ohne Neid muß ich zugeben, Erich war von uns beiden der bessere Tänzer. Jeden Sonnabend und Sonntag waren wir nun auf den Tanzsälen von 20.00 Uhr bis 1.00 Uhr zu finden. Nach 5½ Jahren Krieg vergnügten sich die Menschen wieder. Alkohol gab es damals in keiner Gaststätte. Bei Tanzveranstaltungen schon gar nicht.

Es sei denn, jemand brachte sich heimlich eine Flasche mit und „schenkte unbeobachtet" aus.

Meine Zeit in der „Fischräucherei" sollte bald zu Ende gehen. Die Firma Hussmann & Hahn war auch gleichzeitig „Fischdampfer-Reederei". Das heißt sie besaß eigene Fischdampfer. Vor dem Kriege waren es drei, „Vorwärts", „Glückauf" und die „Fahrwohl", gewesen. Diese drei vor dem Kriege modernsten Schiffe hatte die „Kriegsmarine" als Vorpostenboote eingesetzt. Jetzt gab die britische Militärregierung die „Vorwärts" und „Glückauf" für den Fischfang an Hussmann & Hahn zurück. Die „Fahrwohl" wurde im Kriege versenkt.

Fischdampfer benötigen zum Fischfang große Netze. Hussmann & Hahn besaßen auch eine „Netzmacherei", die Netze für die eigenen Schiffe herstellte. Der „Betriebsmeister" benötigte einen „kräftigen jungen Mann" für seine Netzmacherei. Als solcher wurde ich eingestuft und mußte meinen Arbeitsplatz von der „Räucherei" zur Netzmacherei der Firma wechseln. Das „Grundschleppnetz" für Fischdampfer hat eine beträchtliche Größe und wird aus mehreren Teilen zusammengesetzt. Diese einzelnen Teile wurden wiederum von Frauen in Handarbeit „geschotet". Hier waren es sechs Frauen, die aus dickem „Manila-Netzgarn" die einzelnen Teile „schoteten". Der „Netzmacher" fertigte aus Tauwerk, Drahtseilen und diesen Netzteilen das „Grundschleppnetz". „Netzmacher" war ein Lehrberuf und erforderte drei Lehrjahre. Nach kurzer Krankheit verstarb unser „Betriebsmeister". Als neuen Leiter der Netzmacherei stellte die Firma einen „Netzmachermeister mit Meisterbrief" ein. So war sie jetzt auch ein Lehrbetrieb.

Meister Erwin Mohr war ein ruhiger, mit Riesenkräften ausgestatteter Mann. Ich war ja kein „Lehrling", nur „jugendlicher Arbeiter". Der Meister muß mich bei meiner Arbeitsverrichtung beobachtet und gemerkt haben, daß ich schnell begriff und selten einen Fehler machte. Eines Tages sprach er zu mir: „Richard, ich möchte, daß du den Beruf eines Netzmachers erlernst. Du begreifst schnell, ich werde aus dir einen guten Netzmachergesellen machen. Rede mit deinem Vater, was er dazu sagt." Ich bekam einen Heidenschreck. Denn ein Lehrling in der damaligen Zeit erhielt im ersten Lehrjahr monatlich 25,– RM (Reichsmark), im zweiten Lehrjahr monatlich 50,– RM und im dritten Lehrjahr 75,– RM monatlich. Aber als „jugendlicher Arbeiter" erhielt ich einen Stundenlohn von 52 Pfennig, das waren in einem Monat beinahe 100,– RM. Nein, das wollte ich auf keinen Fall aufgeben. Also sprach ich nicht mit Vater Eduard darüber. Am anderen Tag sagte ich zum Meister: „Mein Vater sagt, ich soll Geld verdienen, das sei wichtiger als lernen." Was natürlich nicht der Wahrheit entsprach. Meister Erwin Mohr war aber anderer Ansicht.

Ohne mein Wissen, ohne mein Einverständnis hat er bei der Hauptverwaltung der Firma angeordnet, daß der „jugendliche Arbeiter Richard Neu" seit dem 1.3.1947 die Lehre als Netzmacher angetreten hat! Und so habe ich es erfahren: An einem Vormittag kam ein Telefonanruf (Betriebstelefon) zur Netzmacherei: „Herr Neu, bitte sofort zur Hauptverwaltung." Es lief mir heiß über den Rücken. Was hatte ich angestellt, warum zur Hauptverwaltung der „Firmenobrigkeit"? Es blieb nicht viel Zeit zum Überlegen, also „stiefelte" ich los. Im Hauptbüro angekommen, meldete ich mich bei der „Information".

„Ach Herr Neu, bitte gehen Sie zu Frau B., Sie werden erwartet." Jetzt war alles aus. Frau B. war die Privatsekretärin des Chefs. Diese Dame war im Betrieb sehr gefürchtet, warum, das weiß ich auch nicht.

Frau B. liebte die rote Farbe. Sie trug stets ein kleines rotes Hütchen oder ein rotes Käppi, deshalb nannte man sie in der Firma auch das „Rotkäppchen". Jedenfalls, ich mußte zum „Rotkäppchen", das sagte schon einiges.

Ich stand vor der Tür mit ihrem Namensschild und überlegte, ob es nicht besser wäre, einfach wegzugehen. Mein Mut siegte, ich klopfte an.

Ich hörte tatsächlich „herein". Mein Gott, hätte sie doch bloß nicht „herein" gesagt, es wäre ein Grund gewesen abzuhauen. Jetzt half nichts mehr, ich betrat die „Höhle der Löwin". „Ach, Herr Neu, gut, daß Sie schon da sind, bitte nehmen Sie Platz", sagte sie ganz freundlich. Ich war ganz „baff" und nahm vor Schreck tatsächlich Platz. Sie kramte irgend welche Papiere hervor und hielt mir dann einen „Vortrag" über Lernen, Lehren und andere Dingen, die man fürs Leben brauche. Ich verstand überhaupt nicht, was die Dame meinte. Meine Ohren waren irgendwie auf „Durchzug" geschaltet. Ich muß sie wohl so, wie eine Maus eine Schlange anstarrt, angesehen haben. Dann fragte sie: „Haben Sie alles verstanden?" Verstanden hatte ich nichts, wußte auch nicht worum es eigentlich ging, aber ich nickte trotzdem. „Gut Herr Neu, dann unterschreiben Sie hier Ihren Lehrvertrag, und Sie sind somit der erste Netzmacher, den unsere Firma nach dem Kriege ausbilden wird. Jeden Donnerstag in der Frühe gehen Sie zur Berufsschule nach Döse." Frau B. drückte mir ein Schreibgerät in die Hand, ich unterschrieb den mir zugeschobenen Lehrvertrag.

Nun hatte ich ohne mein Dazutun eine Lehrstelle. Wenn ich auch kein Automechaniker werden konnte, so sollte ich doch einen Beruf erlernen. Ganz benommen kam ich zur Netzmacherei zurück und berichtete Meister Mohr, was mir widerfahren war. Er lächelte nur und sagte: „Dat hev ick wüßt" (das habe ich gewußt). Aber das Beste war, ich erhielt auch als „Lehrling" weiterhin 52 Pfennig Stundenlohn. Das hatte der gute Meister Mohr für mich bei der Hauptverwaltung durchgesetzt.

Wenn ein Fischdampfer unserer Reederei, die „Vorwärts" oder „Glückauf", von einer Fangreise zurückkam, brachte er auch einige zerstörte Netze mit, die wir vom Schiff holten und in der Netzmacherei reparierten. Auch das Bearbeiten von Stahlseilen verschiedener Stärken gehörte zu meiner Ausbildung. „Spleißen" dicker Stahlseile und Tauwerke erfordert Kraft und Geschicklichkeit. Nach so mancher Fangreise kam ich mit einigen Besatzungsmitgliedern ins Gespräch, die über die jeweilige Fangreise berichteten. So eine „Fangreise" dauerte 20 bis 24 Tage. Sechs Tage Hinfahrt, zwölf Tage Fischerei, dann wieder sechs Tage Heimfahrt.

Das klang alles sehr abenteuerlich. Ich hörte immer gespannt zu. Hin- und Rückfahrt sollen ja ganz gut sein, aber die zwölf Tage Fischerei sollen schlimmer als die Hölle sein. Daß die Matrosen beim Erzählen nicht übertrieben, im Gegenteil, noch untertrieben, sollte ich in meinem späteren Leben am eigenen Leibe zu spüren bekommen. Aber das kommt sehr viel später.

Ich konnte es damals 1946 noch nicht einmal ahnen, daß die Hochseefischerei mit all ihren guten und schrecklichen Seiten mein Berufsleben bestimmen sollte.

Die Zeit schritt voran, meine Lehre auch. Ich begriff schnell und hatte eine gute Auffassungsgabe. Meister E. Mohr war mit mir sehr zufrieden. Ich kann mich nicht erinnern, einmal einen Tadel bekommen zu haben. Mein Lernfleiß sollte sich später auf meine „Lehrzeit" auswirken. Das Jahr 1948 war fortgeschritten. Für die „englische", „amerikanische" und „französische" Zone ein entscheidendes Jahr. Am 20. Juni 1948 wurde in den drei „Zonen" eine „Währungsreform" durchgeführt. Jedem Deutschen, ob jung oder alt, tauschte die neugegründete „Bundesbank" das sogenannte „Kopfgeld" um. Jeder mußte 40 Reichsmark abgeben, dafür erhielt man das neue Geld: 40 „Deutsche Mark".

Die „Reichsmark" hatte als Währung ausgedient. Man konnte auch die „mühsam ersparte Reichsmark" nicht umtauschen. Das Geld war verloren.

Über Nacht, wie durch Zauberhand, waren die Schaufenster der Geschäfte mit den für die damaligen Verhältnisse schönsten Waren dekoriert. Lebensmittelmarken wurden nach und nach abgeschafft, ein jeder konnte kaufen was und wieviel er wollte, vorausgesetzt man besaß genügend „DM". Die „freie Marktwirtschaft" und das „deutsche Wirtschaftswunder" begannen.

An meinem Arbeitsplatz (Lehrstelle) änderte sich nichts. Ich erhielt auch weiterhin 52 Pfennig Stundenlohn. Das waren 25 DM wöchentlich, viel Geld damals.

Anfang Dezember 1948 rief mich mein Lehrmeister E. Mohr zu sich und verkündete mir folgendes: „In den nächsten Tagen erwarten wir den Fischdampfer ‚Vorwärts' von der Fangreise zurück. Damit du weißt und begreifst, wie die Netze, die du herstellst, eingesetzt werden und funktionieren, wirst du eine 24tägige Fangreise mit dem F.D. ‚Vorwärts' mitmachen. Auch alle an dich gestellten Aufgaben ohne murren verrichten." Ich bedankte mich beim Meister.

Donnerwetter, ich sollte eine Fangreise mitmachen! Zu Hause hörte ich gar nicht auf, über meine „Auszeichnung" zu berichten. Netzmacherlehrlinge anderer Firmen erhielten nicht dieses Privileg. Ich traf alle Vorbereitungen für meine Abenteuerfahrt. Dicke Wollsocken, Pullover, Unterwäsche, Hosen und Bettzeug wurden eingepackt. Am 7. Dezember 1948 begab ich mich mitsamt meiner Ausrüstung an Bord des F.D. „Vorwärts". Man gab mir eine „Koje" und eine „Backskiste", worin ich meine Ausrüstung verstaute. Danach beteiligte ich mich, das Deck aufzuklaren. Als das Schiff „seeklar", das heißt alles verstaut und „gezurrt", war, hieß es „Leinen los". Die Fangreise sollte in die Barentssee (nördlich Norwegen) gehen. Ich kam mir sehr „wichtig" vor. Als wir an

der Hafenausfahrt die „Alte Liebe" passierten, zeigte das „Semaphor"
Windstärke 8 aus Nordwest bei Helgoland an. Ich war zu „aufgekratzt"
um das wahrzunehmen. Aber bereits bei „Feuerschiff Elbe 2" machte
das Schiff Stampf- und Rollbewegungen. In kürzester Zeit hatte mich
die Seekrankheit ereilt und haute mich regelrecht aus den Stiefeln.
Als der F.D. „Vorwärts" in den späten Abendstunden die Insel Helgoland
passierte, lag ich bereits „platt". Mir war „speiübel", im Magen schien
sich das Unterste nach oben zu drehen, ich fühlte mich „hundeelend".
Es sollte aber noch schlimmer kommen.
Dieser Nordweststurm wollte kein Ende nehmen. In die „Koje" zum
schlafen konnte ich nicht gehen, denn wenn ich „spucken" müßte, hätte ich das Deck nicht erreicht.
Ich verkroch mich in das „Kabelgatt", wo die Netze und anderes Gerät
verstaut waren. Ich fühlte mich, als ob ich nur 1½ cm „mit Hut" groß
wäre. Nach drei bis vier Tagen besaß ich keinen Willen mehr. Wenn ich
noch die Kraft gehabt hätte, ich wäre über Bord gesprungen, nur damit
dieses Elend, diese Qual ein Ende hätten. Es fand sich auch sonst niemand an Bord, der mir einen Rat geben konnte oder irgendwie in meiner Not behilflich war. Wer zur See fährt, muß seine Qual mit dem Meer
aushandeln. Sonst hilft dir keiner. Am vierten Tag hatte ein Matrose
wohl etwas Mitleid mit mir. Er packte mich „am Kragen" und schleppte mich zum Mittagessen in die Mannschaftsmesse. Es gab Sauerkraut,
Speck und Kartoffelpüree. Das Essen schmeckte gut. Nur leider blieb es
nicht lange in mir, „Neptun" war unerbittlich. Er wollte von mir weitere „Opfer". In mir fühlte ich nichts, alles war leer. Die Kälte, die im Kabelgatt herrschte, fühlte ich auch nicht mehr. Ich wußte auch nicht ob
es Tag oder bereits Nacht war. Nach fünf Tagen flaute der Sturm etwas
ab, das Schiff machte diese fürchterlichen Bewegungen nicht mehr. Ich
begann ganz vorsichtig etwas zu essen, es wurde besser. Ich war aber
total entkräftet. Ein Matrose grinste mich an und meinte: „Richard, lerne leiden ohne zu klagen, erdulde deine Leiden mit Geduld, wer zur See
fährt hat selbst Schuld." Dieser Spruch nützte mir wenig. Ich hatte bereits genug gelitten. Irgendwann erreichten wir auch die Barentssee.
Ich war in eine „unwirkliche" Welt gelandet. Um diese Jahreszeit
herrscht in der Barentssee die „ewige Nacht". Ab 66° 30' nördlicher
Breite (Nordpolarkreis) erreicht kein Sonnenlicht dieses Seegebiet. Diese „ewige Nacht" war für mich schaurig. Der zwölftägige Fischfang begann. Der Arbeitsrhythmus ließ mich alles vergessen. Die Arbeitszeit
„rund um die Uhr", Netz aussetzen, Netz einholen, Fische verarbeiten,
dann schnell auf „Kommando" schlafen. Sobald die große „Fischnetzwinde" die dicken Stahlseile aufzurollen begann, an denen das Fanggeschirr hing, mußten sich alle schnell ankleiden. Wenn das Fanggeschirr

beiten konnte ich auch nicht. Zu den Mahlzeiten durfte ich nicht an die Back (Tisch), um die Mahlzeiten gemeinsam einzunehmen. Die anderen Matrosen duldeten es nicht, weil die Wunde entsetzlich stank. Als wir auf Heimreise gingen, war das erste Glied des kleinen Fingers weggefault, nur noch der Fingerknochen ragte raus, die ganze Hand war stark angeschwollen.

In Cuxhaven angekommen, begab ich mich sofort zum Unfallarzt Dr. B. Als man mir den Verband abnahm und er das weggefaulte Fingerglied sah, wo nur der Knochen rausschaute, fragte er entsetzt: „Mein Gott, wer hat diese Sauerei verschuldet, warum brachte man Sie nicht in einen Hafen? Sie hätten an Blutvergiftung auf See sterben können." Darauf wußte ich keine Antwort, die kannte nur der Kapitän Willi F. Noch an Ort und Stelle wurde ich unter Narkose gesetzt, dem kleinen Finger mußte auch das zweite Glied amputiert werden. Das erste Glied war mir bereits auf See „abhanden" gekommen. Kapitän Willi F. hätte es erkennen müssen, in welcher Gefahr ich mich befand und welche Gefahr meiner Gesundheit drohte. Er hat es wohl gesehen, aber ignoriert.

Daran kann man sehen, daß damals auf den Fischdampfern auf die Gesundheit der Besatzung keine Rücksicht genommen wurde. Ich hätte meinen ganzen Arm verlieren können. Es dauerte sechs Wochen, bis ich hergestellt war und meine Arbeit in der Netzmacherei wieder aufnehmen konnte.

Die Zeit rast dahin, wir rasen mit. Wir schreiben das Jahr 1951. Ich hatte auf einer Tanzveranstaltung ein Mädchen gleichen Alters kennen und lieben gelernt. Wir heirateten. Wir waren ein Ehepaar und ich mit 21 Jahren ein junger Ehemann, der von nun an Verantwortung für seine neugegründete Familie hatte. Schwierig war es damals, eine Wohnung zu bekommen. Durch einen „Glücksfall" erhielten wir im weiter entfernten Ort Warstade eine Wohnmöglichkeit, bestehend aus einer Wohnküche und einem unbeheizten Schlafzimmer. Für die damalige Zeit wirklich ein „Glücksfall". Ich, der junge Ehemann, verrichtete täglich meine Arbeit in der Netzmacherei in Cuxhaven. Nach elf Monaten waren wir zu „dritt". Wir hatten ein kleines Söhnchen bekommen, der auf den Namen „Norbert-Heinrich" getauft wurde.

Die Bauindustrie in der inzwischen gegründeten „Bundesrepublik" war in vollem Gange. Der Neuaufbau der zerstörten Städte hatte Hochkonjunktur.

In der Kreisstadt Otterndorf hatte die „Niedersächsische Heimstätte" ein Bauprogramm für bauwillige Vertriebene aufgelegt. Der Baugrund war „Kirchenland auf Erbpacht", konnte aber später erworben werden. Jeder Bauwillige mußte 5000 DM aufbringen, die restlichen Kosten mit monatlichen Abzahlungen tilgen. Jeder „Bauherr" verpflichtete sich, für seinen Bau „Eigenleistung" zu erbringen, zum Beispiel das Ausschachten der Baugrube für die Kellerräume, damals noch mit Spaten und Schubkarre. Mein Vater hatte die 5000 DM nicht und fragte mich, ob ich mich mit einer Hälfte dieser Summe beteiligen möchte, dann würde mir die obere 4-Zimmer-Einliegerwohnung von ca. 60 m² gehören. Ich zögerte keinen Moment. Das war die einmalige Chance, Eigentum zu erwerben. Wir waren jetzt „Bauherren"! Im Frühsommer 1953 begannen die Bauarbeiten, „unser Haus" war im Dezember „bezugsfertig". Noch vor dem Weihnachtsfest bin ich mit meiner kleinen Familie in „unsere" Wohnung eingezogen. Wir konnten das Glück noch nicht fassen, daß wir dieses Weihnachtsfest in unserer „eigenen Wohnung" feiern konnten. Unvorstellbar! Eine „Neubauwohnung" in der damaligen Zeit, beinahe ein Gottesgeschenk.

Im Jahre 1952 ließ die Fischdampfer-Reederei Hussmann & Hahn einen neuen Fischdampfer, die „Elbe", bauen. Nun besaß unsere Reederei vier Schiffe. Aus mir unbekannten Gründen gaben Hussmann & Hahn 1954 den Reedereibetrieb auf. Die Schiffe wurden von der Reederei Nordsee übernommen. Wo es keine Fischdampfer gibt, werden auch keine Netzmacher benötigt. Nach neun Jahren Betriebszugehörigkeit kündigte ich und wollte von nun an nur noch auf einem Fischdampfer zur See fahren. Da die Nordsee-Reederei „unsere" Schiffe übernommen hatte, wollte ich unbedingt auf dem F.D. „Elbe" anheuern. Die Heuerstelle der Reederei heuerte mich nicht an, weil die Besatzung bereits komplett war. Ich war sehr enttäuscht, ja beinahe wütend, daß ich nicht an Bord kam. Ich benötigte eine neue Arbeitsstelle. Zu dieser Zeit hatte sich eine Hamburger Fischdampfer-Reederei, die Finkenwerder Hochseefischerei, in Cuxhaven niedergelassen und benötigte für die Netzherstellung Netzmacher. Ich stellte mich beim Netzmachermeister vor und wurde noch am gleichen Tag eingestellt. Der Fischdampfer „Elbe", auf dem ich unbedingt anheuern wollte, lief am gleichen Tag aus dem Cuxhavener Fischereihafen aus, an dem ich meine neue Arbeitsstelle antrat. Am nächsten Tag konnte ich es nicht fassen, was ich über eine Katastrophe in der Zeitung las: „Fischdampfer ‚ELBE' in der Nordsee von einem Öltanker gerammt und unter Wasser gedrückt."

Von der 24köpfigen Besatzung wurden nur zwei Männer gerettet! Beim Lesen dieser Schlagzeilen wurde mir fast übel. Noch vor drei Tagen war ich sehr verärgert, weil ich nicht anheuern durfte. War es Vorsehung? Ich war auf wundersamer Weise dem „Seemannstod" entgangen.

Die neue Reederei Finkenwerder Hochseefischerei vergrößerte sich schnell. Am Ende waren es stolze 14 Fischdampfer. Aber die hohen Erwartungen erfüllten sich nicht. So schnell die Reederei aufgestiegen war, so schnell kam 1956 das Ende. Der Reedereibetrieb wurde eingestellt. Einige Schiffe übernahm die Nordsee-Reederei, andere wurden aus der Fahrt genommen und „abgewrackt". Meine Zeit als Netzmacher in einem Landbetrieb war beendet. Ich entschloß mich, einen neuen Berufsweg einzuschlagen.

Meine liebe Frau und ich berieten, wie wir unsere Zukunft gestalten wollten. Wir kamen zu dem Entschluß, daß ich fortan zur See fahren werde, und zwar auf Fischdampfern, weil es sich für mich als gelernten Netzmacher förmlich anbot.

In Cuxhaven war neben der Nordsee-Reederei auch die Cuxhavener Hochseefischerei ansässig, eine Reederei mit neuen und modernen Schiffen. Ich begab mich zur Heuerstelle der Reederei und konnte als Matrose auf dem Fischdampfer „Schwaben" anheuern. Es war ein neuer Weg in meinem Berufsleben.

Hochseefischerei

Ich beschritt einen neuen Berufsweg. Vom Sommer 1956 an sollte die Hochseefischerei mit all ihren Höhen und Tiefen mein Berufsleben bestimmen.

Der F.D. „Schwaben" lief aus und nahm den gleichen Seeweg, den ich vor acht Jahren mit dem F.D. „Vorwärts" gefahren war, nämlich zur Barentssee. Wenn das Meer um diese Jahreszeit auch relativ ruhig war, so wurde ich, wie sollte es anders sein, seekrank! Diesmal dauerte mein „Leiden" nur zwei Tage, dann war ich damit durch und konnte mich an allem beteiligen. Nachdem die „Schwaben" den 66°30'-Breitengrad (Nordpolarkreis) passierte, gab es keine Nacht mehr. In diesem Bereich geht im Sommer die Sonne nicht unter. Im Dezember 1948 war es genau umgekehrt. Damals herrschte „ewige Nacht".

Je näher wir Nord-Norwegen kamen, um so ruhiger wurde das Meer. Die Barentssee war so „ruhig" wie das Wasser in einer Badewanne. Die Natur ist doch auch irgendwie gerecht. Was damals 1948 für mich wie die Hölle aussah, war jetzt im Sommer eine wunderbare Welt. Die „Schwaben" ereichte das Fanggebiet, die Fischerei, die nie endenden Arbeitstage begannen.

Wir fingen Kabeljau in großen Mengen. In jedem „Hol" (so nennt man einen Fischzug), den ein Schiff machte, waren bis zu 200 Zentner Kabeljau im Netzstert. Jeder Fischzug dauerte etwa 1½ Stunden, dann wurde der neue Fang aus dem Meer geholt. Das Deck erneut vollgeschüttet. Wir vierzehn Matrosen standen bis zum „Schritt" mit unseren langen Gummistiefeln in der Kabeljaumasse. Ausnehmen, Spülen, ab in den Fischraum, dort vom II. Steuermann (Offizier) in einzelnen Fischhocken (Fächer) mit losem Eis „vereist". Stunde um Stunde, Tag für Tag, bis der Fischraum voll ist (4500 Zentner). Die Fänge waren so gut, daß wir nicht von Deck kamen. Fanggeschirr aussetzen, Fanggeschirr einholen, immer im 1½-Stunden-Takt.

Als wir fast am Ende unserer Kräfte waren, „gewährte" uns der Kapitän nach 72 Stunden ununterbrochener Arbeitszeit „großherzig" acht Stunden Schlaf!

Wir alle waren total übermüdet. Beim Mittagessen tauchte ich mit dem Gesicht in meinen Suppenteller. Ich war beim Essen eingeschlafen!

Dieser Arbeitsrhythmus herrschte damals auf allen Fischdampfern unserer Flotte. Das Motto hieß: „Wenn du schlafen willst, dann bleibe zu Hause. In der Fischerei bekommst du keinen Schlaf, da bestimmen der ‚Fang' und die ‚Fangmenge', wieviel und wie lange du schlafen darfst!"

Auch diese Barentssee-Reise war für mich sehr lehrreich, ich machte für mich eine freudige Feststellung, und die kam so: Das Deck war mit Kabeljau vollgeschüttet. Wir waren vor Müdigkeit und Erschöpfung am Rande unserer Kräfte. Dem Kapitän Hans E. arbeiteten wir nicht schnell genug. Er lehnte sich aus dem Brückenfenster, brüllte wie ein „Stier" und hatte über vieles zu „meckern", wir arbeiteten nicht schnell genug!

Seit Tagen standen wir Matrosen in gebückter Haltung und verarbeiteten den Fang, da trieb uns dieser „Sklaventreiber" noch an. Als der Kapitän da so herumbrüllte, richtete ich mich auf, schaute zum Kapitän hoch und sagte zu mir: „Richard, hier unten an Deck stehst du verkehrt. Dort oben von der Kommandobrücke wird die ‚Kapelle' dirigiert, die ‚Musik' gemacht und auch das ‚große Geld' verdient, da oben mußt du hin. Hier unten an Deck bist du immer derjenige, den man herumkommandiert." Seit dieser Barentssee-Reise habe ich das gefaßte Ziel fest „im Auge" behalten und arbeitete langsam darauf hin, um es zu erreichen. Jede Plage geht mal zu Ende. Dank unseres Fleißes wurde es eine gute und schnelle Fangreise. Auf der Heimreise schlief die Deckbesatzung 24 Stunden durch. Vorher ordneten wir unsere „müden Knochen", es schienen noch alle da zu sein.

Die Kameradschaft an Bord war sehr gut. Es wurde gearbeitet, gescherzt, aber es wurden auch ernste Gespräche geführt. An Bord lernte ich den Matrosen Fritz Krause näher kennen, einen sehr intelligenten Mann. In der Freizeit spielten wir oft Schach und kamen auch auf die Idee, aus der Schulzeit Rechenformeln „hervorzukramen" und Aufgaben zu lösen. Wir sprachen über Bücher, über Geschichte und Geographie. Die anderen Kameraden machten sich über uns „lustig", es hieß dann: „Ach, die Herren Professoren tagen schon wieder." Aber unseren Gesprächen haben sie doch gelauscht, weil es ja auch sehr interessante Themen waren. Wir blieben noch einige Fangreisen zusammen. Dann überredete man mich, bei einer anderen Reederei anzuheuern. Ich heuerte auf dem F.D. „Borkum" an, wo ich fast ein Jahr an Bord blieb.

Der Kapitän der „Borkum" beförderte mich vom Matrosen zum „Netzmacher". Auf Fischdampfern bekleidet der „Netzmacher" den gleichen Rang wie auf den Frachtschiffen der „Bootsmann". Der Netzmacher leitet die Tageswache, die aus sechs Männern bestand, die keine Brückenwache gingen, sondern während der Ausreise das gesamte Fanggeschirr nach Plänen des Kapitäns vorbereiteten und andere Arbeiten, die anfielen, verrichteten.

Es war eine „schnellebige Zeit". Auch diese kleine Reederei gab auf. Erneut begab ich mich zur Cuxhavener Hochseefischerei. Es war eine aufstrebende Reederei mit mehreren Neubauten. Im Heuerbüro legte ich mein „Seefahrtsbuch" vor. Der Heuerbaß Herr P. prüfte es und war froh, einen „Netzmacher" vor sich zu haben. „Das ist sehr schön, wir suchen seit Tagen für unseren F.D. ‚Württemberg' einen guten Netzmacher, wollen Sie dort anheuern?" Na und ob ich wollte. Die „Württemberg" war gerade zwei Jahre alt, ein modernes Schiff, wo die Besatzung nicht mehr „vor dem Mast" (im Vorschiff) in einem Massenquartier logierte, sondern im Achterschiff in „4-Mann"-Kabinen untergebracht war. Ich war sehr froh, auf diesem Schiff anzuheuern. Die „Württemberg" lag in Bremerhaven. Am anderen Tag begab ich mich mit meiner Ausrüstung zur Reederei, ein Kleinbus, den die Reederei stellte, sollte uns am 15. Mai 1957 nach Bremerhaven bringen.

Zu meiner großen Freude wartete auf der „Sammelstelle" auch mein ehemaliger „Seegefährte" von der „Schwaben", Fritz Krause. Fritz hatte in der Zwischenzeit die Nautische Hochschule in Cuxhaven besucht und das Steuermannpatent B.4 (Schiffsoffizier) erworben. Wir beide waren auf dem Weg zur „Württemberg". Jetzt konnte für mich nichts mehr „schiefgehen". Mußten doch der II. Steuermann und der jeweilige Netzmacher die große Fischnetzwinde beim Aussetzen und Einholen des Fanggeschirrs gemeinsam bedienen. Der Kleinbus hielt an der Pier. Da lag das herrliche Schiff! Brückenaufbauten, Schornstein, Steven und das Heck: alles „stromlinienförmig" gebaut. Ich war ein „Glückspilz", daß ich auf diesem Schiff fahren durfte. Auf den Kleinbus schritt ein großer, kräftiger Mann zu und fragte: „Wer von euch ist der neue Netzmacher?"

Der Fragesteller war Kapitän Hermann W. Ich meldete mich. Der Kapitän musterte mich von oben bis unten (von oben bis unten waren es ja nur 165 cm), deshalb war er mit der „Musterung" schnell fertig. Seine nächste Frage lautete: „Kannst du auch mit der Fischnetzwinde umgehen?" Ich antwortete: „Kapitän, ich kann mit der Fischnetzwinde umgehen. Ich kenne mich auch mit dem gesamten Fanggeschirr aus. Ich habe das Netzmacherhandwerk erlernt und sechs Jahre als ‚Geselle' in einer Netzmacherei gearbeitet, Netze zusammengebaut und jede Drahtseilspleißerei durchgeführt." Kapitän Hermann W. schmunzelte und meinte: „Na, dann habe ich ja einen guten Griff getan." Ja, das hatten Kapitän Hermann W. und auch ich wirklich getan. Auf diesem Schiff „Württemberg" sollte ich 3½ Jahre bleiben.

Weil die Fangergebnisse für dieses Schiff zu gering ausfielen, wurde Kapitän Hermann W. bereits nach zwei Fangreisen abgelöst. So war das in der Fischerei. Immer wenn ein Kapitän das „Pech" hatte, keine guten Fangergebnisse zu erzielen, löste man ihn ohne „wenn und aber" ab. Auf der „Württemberg" kam als neuer Kapitän Helmut D. an Bord. Diesen Kapitän kannte ich aus der Zeit, als die Reederei Hussmann &

In der Fischerei, F.D. „Borkum". Richard Neu rechts stehend im Kreise seiner Kameraden. Foto: Album Richard Neu

F.D. „Borkum" beim Fischfang in schwerer See. Foto: Album Richard Neu

Hahn noch existierte. Damals war er auf dem F.D. „Glückauf" als I. Steuermann eingesetzt. Es baute sich ein sehr gutes Arbeitsverhältnis auf. Nach einigen Fangreisen verließ der II. Steuermann Fritz Krause das Schiff, um an der Cuxhavener Seefahrtschule das Kapitänspatent für „Große Hochseefischerei" (B. 5) zu erwerben.

Mein Ziel war es auch, so schnell wie möglich die Seefahrtschule zu besuchen, um das Patent B.4 (Steuermannspatent) zu erwerben. Dafür mußte ich aber 52 Monate „Fahrenszeit" auf einem Fischdampfer nachweisen. 36 Monate hatte ich bereits zusammen, es fehlten immer noch 16 Monate. In dieser Zeit wollte ich mich für die Seefahrtschule gründlich vorbereiten.

Mein „alter Seegefährte" Fritz Krause hatte die Seefahrtschule erfolgreich absolviert und das Kapitänspatent für „Große Hochseefischerei" (B. 5) erworben. Kapitän Helmut D. forderte Fritz Krause als I. Steuermann (I. Offizier) an. So waren wir wieder auf einem Schiff. Zwischen der Schiffsführung und der gesamten Besatzung herrschte ein sehr gutes Arbeitsklima, so wie ich es bisher noch auf keinem Schiff erlebte. Es bildete sich eine „Stammbesatzung", die unzertrennlich war. Aufgrund meiner guten Arbeitsleistung an Bord beförderte mich Kapitän Helmut D. zum „Bestmann" (Steuermann ohne Patent). Auf der Ausreise und der Heimreise durfte ich die „Brückenwache" übernehmen, natürlich immer unter der Aufsicht des Kapitäns. Für mich war es ein Glücksfall. Nun hatte ich für meine Vorbereitung eine noch bessere Gelegenheit. Fritz K. löste mich um 12.00 Uhr von der Wache ab. Bereits um 13.00 Uhr war ich wieder auf die Brücke, und mein „guter Fritz" mußte von nun an „Lehrer" spielen. Mein „Wissensdurst" war enorm. Ich wollte, wenn ich die Seefahrtschule besuchte, schon vieles über die Nautik wissen. Wir ergänzten uns. Fritz war bestrebt sein Wissen mitzuteilen, und ich war begierig alles aufzunehmen. Wenn die „Württemberg" Cuxhaven verließ, nahm ich mir reichlich Blockhefte mit. Fritz K. und ich begannen systematisch das „durchzunehmen", was am Anfang des Semesters auf dem Lehrplan stand: „terrestrische Navigation", Besteckrechnungen, Ortsbestimmungen, Positionen, Kursbestimmungen, Peilungen jeder Art und vieles mehr. Fritz K. stellte mir die Aufgaben, ich mußte sie in der Freizeit lösen. Auf diese Art habe ich mich auf See, wenn es die Zeit erlaubte, für die Seefahrtschule vorbereitet.

Auf den Fangreisen mit der „Württemberg" haben wir die Küsten Islands, Labradors sowie die Küsten Ost- und West-Grönlands befischt. Ende April 1959 befanden wir uns mit der „Württemberg" auf der Ausreise in Richtung Nord-West Island. Im Nord-Osten Islands gerieten wir in den berüchtigten „Schwarzen Frost". Der „Schwarze Frost" ist ein „Eisnebel", der aus dem relativ wärmeren Seewasser in die frostige

F.D. „Württemberg" läuft zum Fischfang aus. Foto: Album Richard Neu

Ein zerstörtes Netz muß repariert werden. V.l.: Düwel, Krämer, R. Neu, Fritz Krause, „Mecki". Foto: Album Richard Neu

Luft aufsteigt und gefriert. An allen Aufbauten, in der Takelage bildet sich eine starke Vereisung. Dieser „Black-Frost" ist schon einigen Fischdampfern zum Verhängnis geworden. Die Schiffsführung muß „höllisch" aufpassen, daß das Schiff seine Stabilität behält und nicht durch die Schwerpunktverlagerung nach oben das Schiff zum Kentern bringt. In diese Hölle waren wir geraten. Die „Württemberg" war mit einem Eispanzer versehen. Beim Hellwerden sahen wir das Ausmaß!

Höchste Alarmstufe! Die See hatte sich beruhigt, aber das Schiff machte so schwerfällige Bewegungen, daß höchste Eile geboten war. Jeder an Bord, der zwei Hände besaß, mußte ran. „Eisklopfen" hieß die Devise. Zuerst mußte die Takelage, das heißt die höchsten Punkte, vom Eis befreit werden. Ich war dabei, die Wanten vom Eis zu befreien, da beging ich einen verhängnisvollen Fehler, der mir beinahe das Leben kostete. Ich beabsichtigte, den Eispanzer vom unteren Wantenschutz abzuschlagen, dabei stellte ich mich auf das Schanzkleid. Hielt aber aus Sicherheitsgründen das Stahlseil, mit dem das Rollengeschirr steifgehievt war, zwischen meinen Beinen und hatte so auch einen sicheren Halt. Vom „Jonasbaum", der vom Vormast in Richtung Bordwand zeigt, in dieser Stellung bereits aufgetoppt war, löste sich ein großer Eisbrocken und traf mich voll auf dem Kopf. Auf dem Kopf trug ich eine dicke Pudelmütze, darüber einen Südwester. Das war mein erstes „Glück". Das zweite war, daß ich nicht in die See, sondern an Deck stürzte, dann umgab mich „dunkle Nacht".

Wäre ich ins Meer gefallen, niemand hätte mich retten können, alle Rettungsboote waren von einem Eispanzer zugedeckt. Man brachte mich in die Mannschaftsmesse, wo ich erst nach längerer Zeit wie aus weiter Ferne die Stimme vom I. Steuermann Fritz K. zu hören glaubte. „Richard, hörst du mich? Wach auf, komm hoch." Ich versuchte es, aber sobald ich den Kopf etwas anhob, stürzte ich wieder in ein „dunkles Nichts". Ich lag noch immer in „voller Montur" (Seestiefel, Ölrock, Pudelmütze) in der Mannschaftsmesse, als die Deckbesatzung das Mittagessen einnehmen wollte. Der Netzmacher Horst L. und Fritz K. entkleideten mich ganz vorsichtig. Danach versuchten beide, mich in die Koje zu tragen. Sie mußten aber eine steile Treppe bewältigen. Ganz langsam richtete ich meinen Oberkörper auf, ich sah alles wie durch einen Schleier. Als sie mich bereits bis zum Niedergang gebracht hatten, kam ich halbwegs zu mir und stürzte wieder in eine „dunkle Nacht". Erst gegen Abend erwachte ich aus meiner tiefen Ohnmacht. Die Kameraden hatten mich bis auf die Unterwäsche entkleidet und in die Koje gebracht. Ich hatte mir eine schwere Gehirnerschütterung zugezogen. Vier Tage lag ich bereits ganz ruhig in der Koje. Aber sobald ich den Kopf anhob, wurde es mir „schwarz" vor den Augen.

F.D. „Württemberg" an der Labradorküste. Das vereiste Arbeitsdeck
voller Rotbarsch. Foto: Album Richard Neu

Ein „dicker Hol" Rotbarsch. Foto: Album Richard Neu

Inzwischen war auch die Fischerei in vollem Gange. Es gab viele Netz-schäden, nur ich, der Richard, lag in der Koje. Nach sechs Tagen mel-dete ich mich auf der Brücke und wollte an dem Arbeitsalltag teilneh-men, indem ich auf der Brücke die Arbeit des Rudergängers übernahm und der Rudergänger sich an Deck begab. Aber nach zwei Stunden war wieder „dunkle Nacht" bei mir. Man brachte mich in die Koje, ich war zu früh aufgestanden und hatte mir zuviel zugemutet.

Nach weiteren zwei Tagen hielt ich mich immer in „Warteposition". Wenn beim Einholen das Netz Schäden aufwies, begab ich mich ganz vorsichtig auf das Vordeck und half die Schäden zu beseitigen. Nur bücken durfte ich mich nicht. Dann kam wieder die „dunkle Nacht".

Auch nach diesem Unfall kann man sehen, daß damals auf See andere „Gesetze" galten. Wäre so ein Unfall in einem Landbetrieb passiert, hät-te man für mich einen „Notarztwagen" angefordert, danach wäre mit „Blaulicht und Martinshorn" zum nächsten Krankenhaus gerast. Auf See gab es diese „wunderbare Einrichtung" nicht. Gewiß, ganz so schutzlos war die deutsche Fischereiflotte nicht.

Wir hatten zwei „Fischerei-Schutzboote", Schiffe mit Arzt und Hospital an Bord, „Frithjof" und die „Poseidon", die speziell für solche Aufgaben auf See waren. Aber diese Hospital-Schiffe hielten sich stets dort auf, wo sich das „Gros" der Fischereiflotte befand. Bei meinem Unfall war keines in der Nähe, das mir hätte helfen können. Die Hospital-Schiffe unterstanden dem Ministerium für Ernährung, Landwirtschaft und For-sten.

Auf jedem dieser Hospital-Schiffe waren ein Arzt, ein Heilgehilfe und ein Hospital mit 14 Betten. Es waren „Hospital-Schiffe" speziell für die Hochseefischerei.

An dieser Gehirnerschütterung kurierte ich noch monatelang herum. Mein Fehler war, daß ich viel zu früh aufstand. Zumindest aber im Ha-fen hätte ich einen Unfallarzt aufsuchen müssen. Ich habe es nicht ge-tan und mußte mich deswegen viele Monate mit Halswirbelbeschwer-den plagen. Ich muß wohl eine „gute Natur" zur Gesundung besitzen, denn mit der Zeit sind die Beschwerden ganz verschwunden.

In der Hochseefischerei beschritt man neue Wege. Von den Reedereien und Werften wurden neue Schiffstypen geplant und gebaut. Es waren die sogenannten „Heckfänger" und „Fabrikschiffe". Die ersten dieser Schiffe sind von den Engländern und der damaligen Sowjet-Union ge-baut und verwendet worden. Die Ära der Heckfänger und Fabrikschif-fe begann. Die Schiffe waren so konzipiert, daß die Netze nicht mehr an der Steuerbordseite des Schiffes ausgesetzt und eingeholt wurden, son-dern über eine „Netzaufslippe" am Heck. Genau so wie bei den Wal-fangmutterschiffen, wo die Wale die „Slippe" hochgezogen wurden. Dieser Arbeitsvorgang, diese Arbeitsweise war eine Revolution in der Hochseefischerei. Für die Deckbesatzung eine hundertprozentige Arbeitserleichterung. Die Netze mußte man nicht mehr bei jedem Wetter mit den Händen an die Bordwand ziehen. Auf den Heckfängern erledigten alle Arbeitsvorgänge elektrische Winden. Auch das Aussetzen und Einholen des Netzes erledigte man in kürzester Zeit. Das Schiff wurde auf Schleppkurs gebracht, das Netz ausgesetzt, fertig! Auf den „Seitenfängern" muß man beim Aussetzen und Einhieven das Fanggeschirr durch „Kreismanöver" von der Schiffsbordwand „freidampfen". Über eine ganze Fangreise gesehen ein enormer Zeitverlust, außerdem war die Deckbesatzung auf den „Heckfängern" von überkommenden „Brechern" geschützt.

Die größte deutsche Fischdampferreederei Nordsee stellte in kurzer Zeit vier „Heckfänger" in Dienst. Es waren die „Berlin", „Cuxhaven", „Bremerhaven" und die „München". Bremerhavener Reedereien zogen nach. Langsam vergrößerte sich die Zahl der „Heckfänger". Auf diesen Schiffen wurden auch kleine Fischmehlfabriken installiert, damit der „Beifang" und die Fischabfälle nicht mehr ins Meer geschüttet, sondern zu Fischmehl verarbeitet werden konnten. Wir, die noch auf den „Seitenfängern" unsere Arbeiten verrichteten, sahen neidvoll zu den Heckfängern hinüber, wie schnell und reibungslos dort alles ablief. Mir war bekannt, daß auch die Cuxhavener Hochseefischerei, also meine Reederei, zwei Heckfänger in Bauauftrag gegeben hatte. Für mich bestand die Hoffnung, auf so einem Schiff an Bord zu kommen. Seit drei Jahren war ich an Bord der „Württemberg". Mein „Lehrer" Fritz Krause versicherte mir, daß ich ohne Bedenken mich zum Erwerb des Steuermannspatents B. 4 an der Cuxhavener Seefahrtschule anmelden könne. Was ich bei ihm gelernt hatte, zeigte, daß ich schnell begriff und mich nicht fürchten mußte. Im Sommer 1960 ließ ich mich für den ersten Lehrgang des Jahres 1961 in der Cuxhavener Seefahrtschule einschreiben. In diesem Jahr hatte auch unsere Reederei ihren „großen Tag". Der Heckfänger „Hessen" wurde in Dienst gestellt.

Unsere Reederei nahm auch am Fortschritt teil. Ein Schwesterschiff der „Hessen", die „Saar", sollte im Frühjahr 1961 fertiggestellt werden.

Im Dezember 1960, nach $3\frac{1}{2}$ Jahren, musterte ich von der „Württemberg" ab, wo ich meine Pflicht zu aller Zufriedenheit erfüllt hatte. Mit Wehmut schnürte ich meinen Seesack. Die Zeit auf der „Württemberg", wo ich mir einen festen Platz erarbeitet hatte, war endgültig vorbei. Meine Kameraden an Bord waren nicht über mein Weggehen begeistert.

In $3\frac{1}{2}$ Jahren waren wir zu einer guten Kameradschaft zusammengewachsen. Im Januar des Jahres 1961 begann für mich ein neuer Lebensabschnitt. Zuerst in Cuxhaven die Schulbank drücken. Zu meiner Freude fiel mir tatsächlich alles leicht. Das meiste hatte ich bereits bei Fritz Krause auf der „Württemberg" gelernt. Es gab natürlich auch Fächer, wo ich ordentlich „büffeln" mußte. Aber dafür besuchte ich ja die Seefahrtschule. Erlernbar ist alles, man muß es nur wollen. Ich konnte es mir erlauben, einen Schulkameraden, dem das Lernen sehr schwer fiel, die ersten Monate mit durchzuziehen. Ich nahm ihn mit nach Hause und „paukte" einige Stunden mit ihm. Erst danach konnte ich meine „Hausaufgaben" machen, die sich oft bis in die Nacht hinzogen. Geschenkt wurde mir das Fach, wenn es um Netzherstellung, Tauwerk und Drahtseilbearbeitung ging. Dies hatte ich bereits in der Netzmacherei zur Genüge getan.

Dank meines „Lehrers" Fritz K. auf der „Württemberg" bewältigte ich die Lehrfächer der Seefahrtschule sehr gut. Nach drei Monaten war die erste Prüfung zum „Steuermann in Kleiner Hochseefischerei B. 2", die ich mit dem Prädikat „gut" bestand. Die nächsten drei Monate mußte ich auf das Patent B. 4 hinarbeiten. Die erste Hürde war genommen, jetzt waren auch die Lehrfächer schwerer. Es kam die „astronomische Navigation" hinzu. Es ist ein schwierigeres Fach als die terrestrische Navigation. Zur genauen astronomischen Ortsbestimmung sind verschiedene logarithmische Berechnungsvorgänge notwendig. Das macht die astronomische Navigation schwierig. In der Praxis wird sie später weniger angewendet. Mit diesem Lehrfach kam ich auch sehr gut zurecht.

Bevor ich die Seefahrtschule besuchte, habe ich mir Kenntnisse über die Haupt-Fixsterne und die Sternbilder des nördlichen Sternenhimmels angeeignet, über die Astronomie einiges gelesen und war von der gigantischen Unendlichkeit fasziniert. Jetzt kam mir alles zugute. Der B. 4-Lehrgang hatte gerade begonnen, da traf eine furchtbare Nachricht ein. Mein älterer Bruder Erich, der im Dezember 1960 sein Studium als „Diplom-Wirtschaftler" erfolgreich beendet hatte, wurde bei einem Verkehrsunfall im Ruhrgebiet schwer verletzt. Nach zwei Tagen verstarb er. Das Tragische daran war, daß Erich, bevor er studieren durfte, eine Lehre als Großhandelskaufmann machte, aber gleichzeitig sein Abitur nachholte. Während dieser Zeit erhielt er von niemandem eine Unterstützung. Alles hat Erich aus eigener Kraft bewältigt. Erich war mir stets ein Vorbild gewesen. Er hat allen gezeigt, daß, wo ein Wille ist, kein Berg zu hoch ist, kein Weg zu weit. Erich hat beides bezwungen, den hohen Berg und den weiten Weg. Mein Bruder Erich war gerade 31 Jahre alt geworden; er hatte noch sein ganzes Leben vor sich.

Es ist schon etwas Wahres dran, was der römische Kaiser Marcus Aurelius einst sagte: „Welch ein kleines Teilchen der unendlichen und unermeßlichen Zeit ist jedem von uns zugemessen, so schnell wird es ja von der Ewigkeit verschlungen." Meinem Bruder war dieses „Teilchen" zu kurz bemessen. Er wurde nach Otterndorf überführt und beigesetzt. Für die ganze Familie Neu war dies ein herber Schlag. Es heißt aber auch: „Wen die Götter lieben, holen sie früh zu sich."

Die letzten Wochen unseres Lehrganges waren angebrochen. Wir schrieben bereits unsere Klausurarbeiten. Die Abschlußprüfung stand bevor. Meine Klausurarbeiten waren gut „benotet", ich konnte der Abschlußprüfung guten Mutes entgegensehen.

Die Prüfungswoche brach an. Für die schriftlichen Prüfungen waren vier Tage vorgesehen. Der fünfte Tag war die mündliche, die Abschlußprüfung. Wer gute Klausurarbeiten abgeliefert hatte, mußte nicht fürchten „durchzufallen". Es waren auch einige Wackelkandidaten dabei, die das Lernen nicht so ernst nahmen. Zwei Steuermannsanwärter bestanden die „B. 4"-Prüfung nicht.

Die erste Hürde war geschafft, ich bestand die Prüfung mit dem Prädikat „ gut" und erhielt das Patent „B. 4, Steuermann in Großer Hochseefischerei" ausgehändigt. Jetzt mußte ich zwei Jahre als II. Steuermann auf Fischdampfern fahren, danach erneut die Seefahrtschule besuchen, um das Kapitänspatent zu erwerben.

Ich meldete mich bei der Cuxhavener Hochseefischerei als II. Steuermann zurück. Im Frühjahr des gleichen Jahres hatte die Reederei einen zweiten Heckfänger, die „Saar", in Dienst gestellt. Die Führung des Schiffes unterstand Kapitän Karl H. Er war auch der „Spitzenkapitän" der Reederei. Kapitän Karl H. war ein großer, hagerer Mann in den mittleren Jahren, von Offizieren und der Mannschaft gefürchtet. Auf diesem Schiff kam ich „Neuanfänger" an Bord. Kapitän Karl H., hatte mich „angefordert", was das auch immer bedeuten mochte.

Vom Heuerbüro erfuhr ich später, daß der Kapitän gesagt hatte: „Auf meinem Schiff will ich eine gute Besatzung haben, den Steuermann Neu will ich mir mal ansehen." Zu meinem Glück mußte Kapitän Karl H. gerade diese Reise an Land bleiben, als ich mich mit geschultertem Seesack an Bord der „Saar" begab. Es war herrlich!

Ein neues Schiff, ein „Heckfänger", aufs modernste eingerichtet, ich konnte mein Glück kaum fassen. Außerdem eine 2-Mann-Kabine, die ich mit einem anderen Steuermann teilen mußte. Dieser andere Steuermann, Horst L., und auch der Netzmacher der „Saar", Rudolf H., stammten von der „Württemberg".

An Deck übernahm ich wie selbstverständlich das Kommando. Der Netzmacher Rudolf H., mit dem ich zwei Jahre auf der „Württemberg" zusammengearbeitet hatte, akzeptierte sofort meine Autorität, was nicht immer selbstverständlich war.

Viele II. Steuermänner haben über Decks- und Fanggeschirrarbeiten wenig Übersicht und werden oft von erfahrenen Netzmachern oder Bestmännern nicht akzeptiert. Während dieser Reise führte ein Aushilfskapitän das Schiff, ich konnte mich in allen Bereichen gut einarbeiten.

Wir zwei, der Netzmacher Rudolf H. und ich, der II. Steuermann Richard Neu, wir waren an Deck die Köpfe, die Deckmatrosen die Arme. Ich war mir völlig sicher, auf diesem Schiff bei diesem „gefürchteten" Kapitän zu bestehen.

Was konnte mir passieren? Die Nautik hatte ich auf der Seefahrtschule erlernt. Und an Deck? Da hatte ich bei allem die Nase vorn, eben durch die Lehre als Netzmacher. Ich glaube, ich war gut gerüstet und konnte allem gelassen entgegensehen.

Bei meiner ersten Reise mit der „Saar" mußte ich mich in dem Fischraum bewähren. Die Verarbeitung und Lagerung der gefangenen Fische obliegen dem II. Steuermann. Wehe dem Steuermann, der nicht sorgfältig genug arbeitet und am Ende der Fangreise schlechte Ware (Gammel) anlandet. Der Schaden ist sehr groß.

Zum einen kauft kein Fischhändler in der Auktionshalle minderwertige Ware, zum anderen, die Besatzung und die Reederei gehen leer aus. Die Besatzung ist am Verkaufserlös prozentual beteiligt. Die Fangreise an der Ost-Grönland-Küste mit Aushilfskapitän Werner T. ging zu Ende. Wir hatten 4500 Zentner Rotbarsch gefangen und ich mich an Deck und im Fischraum bewährt, meine Feuertaufe bestanden, die angelandete Ladung war von guter Qualität, der Markterlös sehr gut. Ich erhielt zum erstenmal eine Heuerabrechnung als II. Steuermann. Die nächste Fangreise begann, ich sollte zum erstenmal mit Kapitän Karl H. zusammentreffen. Die „Saar" verließ Cuxhaven und dampfte Elbe abwärts.

Derjenige Steuermann, der die kürzeste Fahrenszeit hat, muß die 8.00–12.00- und die 20.00–24.00-Uhr-Brückenwache gehen. Um 19.30 Uhr begab ich mich auf die Kommandobrücke, um meine Wache pünktlich um 20.00 Uhr anzutreten. Vorher wollte ich mich beim Kapitän vorstellen.

Ich klopfte an die Tür des Kapitänssalons. Auf das „Herein" trat ich ein. „Guten Abend Herr Kapitän, ich möchte mich vorstellen. Ich heiße Richard Neu und bin seit der letzten Reise hier an Bord als II. Steuermann angeheuert." Kapitän Karl H. erwiderte meinen Gruß; dann „musterte" er mich kurz und sagte in plattdeutsch: „Die haar ick mi doch grötter vörstellt" (dich habe ich mir größer vorgestellt). Wenn jemand ohne mich zu kennen meine Körpergröße (165 cm) kritisierte, wurde ich „ungehalten". So auch hier bei Kapitän Karl H. Ich blieb ihm die

F.M.S. „Saar", N.C. 454 / U.S.: DFNW. Reederei: Cuxhavener Hochseefi-scherei. Foto: P. A. Kroehnert, Rickmerswerft, DSM, Nordseearchiv

passende Antwort nicht schuldig. „Kapitän, Körperlänge hat mit ,Größe' nicht das geringste zu tun. Ein Mensch kann von großer Kör-perstatur sein aber in seinem Tun und Denken doch sehr klein. Ein an-derer von kleiner Körperstatur, aber in seinem Tun und Denken sehr groß." Kapitän Karl H. schaute mich über seinen Brillenrand einige Se-kunden verdutzt an, dann meinte er: „Da ist was Wahres dran, nun geh man auf die Brücke und übernimm deine Wache." Das war das erste Zusammentreffen mit dem allseits „gefürchteten" Kapitän. Seltsam, ich hatte keinen „Bammel" vor dem „großen" Kapitän Karl H. Er war ein Mensch wie jeder andere. Diese meine erste Fangreise mit Kapitän Karl H. sollte für mich noch eine sehr gute Seite haben.

Wir mit der „Saar" steuerten die „Lille Hellefiskebank" in West-Grön-land an. Das Meer war ruhig. Vom Kap Farvell der Südspitze Grönlands bis zum Fangplatz benötigten wir noch 24 Stunden. Das Panorama, welches sich uns bot, war phantastisch. Die Grönlandküste mit ihren schneebedeckten Bergen sah vom Schiff wie ein mit Puderzucker be-streuter Riesenkuchen aus. Viele riesige Eisberge, die von den Glet-schern Ost-Grönlands stammten, vom Ostgrönlandstrom getrieben um das Kap Farvell drifteten, kreuzten unsere Kurslinie. Wenn man dicht an so einem Eisriesen vorbeidampfte, konnte man seine gigantischen Ausmaße erkennen, die mir jedesmal einen großen Respekt einflößten.

Auf der „Lille Hellefiskebank" begann die Fischerei, und der „Meeressegen" kam mit Macht. Der Kabeljau-Fang war enorm; wir kamen nicht aus den Stiefeln.

Das Verarbeitungsdeck wurde vollgeschüttet und noch ein „Hol" von ca. 200 Zentnern als Reserve an Deck gelegt. Alles, was an Bord zwei Hände hatte, wurde vom Kapitän zum Schlachtdeck beordert. Im Fischraum, wo ich die geschlachteten und durch eine „Waschtrommel" gesäuberten Fische vereisen mußte, hatte ich als Hilfskräfte den Schiffskoch und zwei Motorenwärter. Alle anderen standen im Verarbeitungsdeck. Keiner murrte, daß das nicht sein Arbeitsbereich war, jeder packte mit an. In nur neun Tagen haben wir die „Saar" bis zu den Luken mit Kabeljau vollgepackt.

Als wir die Heimreise antraten, hat Kapitän Karl H. die gesamte Besatzung 24 Stunden schlafen lassen, ohne daß einer der Steuermänner oder Matrosen Wache gehen mußte.

Er wußte, was seine Besatzung geleistet hatte und ließ sie ihren „todesähnlichen" Schlaf schlafen. Diese Geste zeigte die menschliche Seite des Kapitäns. Nachdem das Schiff Kap Farvell passierte, gingen wir auf Ostkurs Richtung „Pentland-Firth". Der Bordalltag begann. Über Funk mußten wir unsere Fangmenge angeben, die von uns auf dem Cuxhavener Fischmarkt angelandet wurde. Um 8.00 Uhr begann meine Wache, ich war rechtzeitig auf der Brücke, dort erwartete mich Kapitän Karl H. Nachdem ich „guten Morgen" gewünscht hatte, fragte er mich: „Wieviel Zentner Fisch hast du in dem Fischraum?" Ich schaute ihn ganz verdutzt an, woher um Himmels Willen sollte ich das wissen? Der Kapitän sprach weiter: „Dein Vorgänger hat bei der ‚Jungfernreise' (die erste Reise eines Schiffes) auch die Fischräume voll gehabt, damals löschten (entluden) wir 6500 Zentner."

Meine Antwort war: „Auch diesmal können wir 6500 Zentner angeben, die werden wir ganz bestimmt löschen." „Gut", sagte er, „ich lasse diese Menge über Funk zum Seefischmarkt nach Cuxhaven melden. Wenn wir diese Menge nicht löschen, hast du schlecht gearbeitet, dann gibt es ein Nachspiel."

Stolz kam die „Saar" mit „voller Ladung" in Cuxhaven an. Anderentags begab ich mich sorgenvoll zur Reederei, da bekam ich von der Inspektion meinen „Rüffel". Ich hätte mich verschätzt und zu wenig angegeben. Der Seefischmarkt hätte sonst einen „Löschgang" mehr eingesetzt, wenn ich genauer angegeben hätte. Die „Saar" hatte unter Führung von Kapitän Karl H. 7350 Zentner Kabeljau gelöscht!

Bisher hatte noch kein deutscher Fischdampfer diese Fangmenge angelandet. Die „Saar" war in Fischereikreisen Tagesgespräch. Durch meine gute Verarbeitung im Fischraum hatte ich meinen Kapitän Karl

H. zum „Anlande-König" gemacht. Das zahlte sich gut für mich aus. Als wir zur nächsten Reise ausliefen, rief er mich zu sich und sprach mir sein Lob aus: „Ick hev wüßt, du büst een good Stürmann, mok wieder so."

Seit dieser Reise hatte ich beim Kapitän, so kann man sagen, ein „Stein im Brett", beinahe Narrenfreiheit. Wenn es um Netzangelegenheiten oder Fanggeschirrfragen ging, so rief er immer: „Richard kumm mol rop" (Richard komm mal rauf.) Wir haben dann gemeinsam am Fanggeschirr Veränderungen vorgenommen, die uns auf vielen Fangplätzen vor Netzschäden bewahrten. Ich wunderte mich sehr, normalerweise zieht ein Kapitän seinen I. Steuermann zu Rate, wenn es um Veränderungen im Fanggeschirr geht. Ich sah darin, welch großes Vertrauen Kapitän Karl H. in mich setzte. Daß ich vor Jahren den Netzmacherberuf erlernt hatte, kam mir in der Hochseefischerei zugute. Auch die alten erfahrenen Netzmacher und Bestmänner konnten mir in Netzarbeiten oder Drahtseilspleißen nichts entgegensetzen. Das gefiel Kapitän Karl H. besonders. Er sagte mal zu mir: „Ein Steuermann muß jedem Untergebenen in allen Arbeiten an Deck überlegen sein. Ist er das nicht, so haben die Deckleute vor ihm keinen Respekt." Was auch der Wahrheit entsprach.

Die Monate gingen dahin. Um die Weihnachtszeit befanden wir uns mit der „Saar" an der ostgrönländischen Küste. Am Heiligen Abend um 18.00 Uhr stellte der Kapitän für sechs Stunden die Fischerei ein. Es fehlten nur ein paar Tage, bis wir auf Heimreise gingen, die Fischräume waren fast voll. Ich hatte mir zum Weihnachtsfest ein kleines Tannenbäumchen mitgenommen. Jetzt zu Heiligabend hatte ich es schön geschmückt, meine „alten Deckgefährten" in meine Kammer zu einer „Privatfeier" eingeladen. An Bord der „Saar" herrschte wie einst in Amerika (1920–1934) „Prohibition", striktes Alkoholverbot. Es gab weder Bier noch andere harten Getränke. Wer von der Besatzung sich nicht daran hielt, durfte seinen Seesack schnüren und gehen.

Auf der Heimreise, kurz vor dem Einlaufen in Cuxhaven, erhielt jeder „seine Flasche" Heimatware, die von der Zollbehörde genehmigte „Freimenge". Das war's dann.

Nun ja; es war Weihnachten. Wir saßen in meiner Kabine und waren bei guter Laune. In all den Monaten hatten wir mit der „Saar" immer „volle Ladung" angelandet und sehr gut verdient, das war ein Grund zu einer kleinen Feier.

Weil sich zwischen Kapitän Karl H. und mir ein gutes Vertrauensverhältnis aufgebaut hatte, entschloß ich mich zum Kapitän zu gehen und wollte zur Krönung des Heiligen Abends um eine Flasche Krimsekt (Krimskaja) bitten. Guten Mutes und mit der Hoffnung, daß mein

Wunsch nicht abgeschlagen würde, begab ich mich zum Kapitänssalon. Der Kapitän lag auf dem Sofa und las ein Buch. Er klappte es zu und fragte kurz: „Was willst du?" „Herr Kapitän, in meiner Kabine habe ich (und zählte sechs Namen auf) eingeladen. Wir sitzen gemütlich beisammen, ich wollte um eine Flasche Sekt bitten, damit wir auf den Heiligabend gemeinsam mit einem Glas Sekt anstoßen können." Kapitän Karl H. schaute mich über seine Brillengläser fast ungläubig an und sagte: „Ich wußte es bis heute nicht, daß man sich am Heiligabend besaufen muß. Wenn ihr der Meinung seid, dann müßt ihr zu Hause bleiben, dort könnt ihr euch besaufen, das sehe ich ja nicht. Aber auf diesem Schiff dulde ich keine besoffenen Männer. Jetzt geh man wieder in deine Kabine, in einigen Stunden beginnt wieder die Fischerei." Etwas beschämt trollte ich mich. Obwohl ich beim Kapitän „einen Stein im Brett" hatte, wurde mein Wunsch nicht erfüllt. Beim Gang in meine Kabine überlegte ich, wie können sich sechs Männer mit einer Flasche Sekt betrinken? Das müßten schon mindestens sechs oder mehr Flaschen sein. Der Kapitän war um seine „Schäfchen" besorgt, in diesem Punkt war er unnachgiebig und machte keine Ausnahme.

Im Februar 1962 waren wir mit der „Saar" auf der Ausreise in Richtung West-Grönland. Als wir aus Cuxhaven ausliefen, herrschte bereits in der Nordsee ein Nord-West-Sturm von 8 bis 10 Windstärken, aber Fischdampfer kennen kein „schlechtes Wetter" und laufen bei jedem Wetter zum Fischfang aus. Bis zum „Pentland Firth", das ist die Durchfahrt zwischen Schottland und den Orkney-Inseln, waren wir mit der „Saar" ganz gut vorangekommen. Als wir den „Pentland Firth" hinter uns hatten und querab von der Nordspitze der Insel Lewis waren, erreichte uns der Orkan mit voller Stärke. Dieser Orkan hat später die Flutkatastrophe in der Elbmündung und Hamburg ausgelöst, wo damals die Deiche brachen und in Hamburg 320 Menschen in den Fluten ertranken. In diesem Orkan dampften wir mit der „Saar" zum Fischfang nach Grönland.

Der Kurs, den wir steuern mußten, war 272°. Der Wind kam aus N.W.z.W. (aus 300°), so daß die See (Wellen) und der Wind etwa 28° von der Steuerbordseite einkamen.

Wer so etwas noch nicht gesehen und mitgemacht hat, kann sich diese entfesselte Naturgewalt überhaupt nicht vorstellen. Obwohl es vormittags war, schien es, als ob der Tag zur Nacht werden wollte. Einen Horizont gab es nicht mehr, Himmel und Meer waren „eins". Das Meer wurde von der unheimlichen Windstärke aufgepeitscht und war nur noch eine weiße Gischtmasse. Die Wellen türmten sich zu riesigen Wasserbergen auf, der Wind heulte und vibrierte, es schien, als ob das Meer zu einem Höllenschlund geworden war. Kapitän Karl H. war auf der

Brücke und hatte die Verantwortung übernommen. Die „Saar" war ein sehr seetüchtiges Schiff, aber man soll die Naturgewalten nicht herausfordern. Ich hoffte insgeheim, daß der Kapitän das Schiff mit dem Bug in die See drehe, um diesen Orkan „abzureiten", wie es in der Seemannssprache heißt. Beim „Abreiten" wird der Bug des Schiffes gegen Wind und See gelegt, dann mit langsamer Fahrt nur „steuerfähig" gehalten, damit das Schiff nicht quer zur See getrieben wird. Nein, die „Saar" steuerte auch weiterhin ihren abgesteckten Kurs von 272°, als ob dieser Orkan nur ein kleines Lüftchen wäre.

Brecher überrollten das Vorschiff. Im Wind war ein Heulen und Vibrieren, als ob er alles wegfegen wollte. Gegen 11.00 Uhr baute sich eine „Monsterwelle" auf, überrollte das gesamte Vorschiff und traf mit unvorstellbarer Kraft die Kommandobrücke. Obwohl wir vor allen Brückenfenstern stählerne Schutzblenden angebracht hatten, wurden vier Brückenfenster mitsamt den Stahlblenden mit einem großen Knall wie Pappe eingedrückt. Wir hatten auf einmal „freie Sicht" nach draußen und standen bis zu den Knöcheln im Seewasser. Jetzt hatten wir die Bescherung. Nun kam auch das Kommando vom Kapitän an den Rudergänger: „Ruder hart Backbord."

Die „Saar" drehte vor Wind und See, wir mußten aus der Gefahrenzone. Auf der Brücke wurden die Schäden und das Seewasser von der Tageswache beseitigt. Der Bordfunker und wir Nautiker kümmerten uns um die nautischen Geräte. Vor allen Dingen durfte das Radargerät keinen Schaden davontragen, denn an der Grönlandküste war das Gerät unentbehrlich. Die „Saar" steuerte jetzt den Hafen Stornoway auf der Hebrideninsel Lewis an, dort sollte der Seeschaden behoben werden.

Ich lernte daraus, daß man gegen Naturgewalten wenig ausrichten kann, man muß sich den Gewalten beugen. Auch eine Lehre für meine spätere berufliche Laufbahn.

Die Schäden wurden in Stornoway behoben. Als wir nach zwei Tagen ausliefen, trafen wir nur noch auf die Rückfront des Orkantiefs. Der Wind und die See waren nicht mehr so schlimm. Unser Ziel war wie immer Ost- oder West-Grönland.

Aus den Nachrichten, die der Bordfunker täglich aufnahm und am „Schwarzen Brett" aushängte, lasen wir mit großer Besorgnis, welche Verheerung dieser Orkan in Norddeutschland angerichtet hatte. In Cuxhaven und Otterndorf hatten die Deiche gehalten.

Aber weiter nach Hamburg rauf, im Land Kehdingen, waren die Deiche an mehreren Stellen gebrochen, das Hinterland überflutet, den Bauern war das Vieh verendet. Besonders hart traf es Hamburg, wo 320 Menschen in den Fluten ertranken.

Nach dieser Sturmflut-Katastrophe wurde der Deich von Cuxhaven bis

Hamburg erhöht und verbreitert, so daß der Deich heute auch ein anderes Gefälle hat. Die Stadt Cuxhaven hat den gesamten Hafenbereich sturmflutsicher ausgebaut. Gegen solche hohen Wasserstände wollte man in der Zukunft gerüstet sein.

Die Zeit rann dahin, ich rannte mit und wurde älter. Das Jahr 1963 war fortgeschritten, meine Zeit auf der „Saar" abzusehen. Für das nächste Semester zum Erwerb des Kapitänspatents B. 5, das im Oktober 1963 beginnen sollte, hatte ich mich in der Seefahrtschule zu Cuxhaven „eingeschrieben".

Bis zum Beginn des Semesters hieß es „sparsam leben". Während des Lehrganges mußten wir unseren Lebensunterhalt vom „Ersparten" bestreiten. Finanzielle Unterstützung gab es von keiner Stelle, vorerst jedenfalls.

Bevor ich die „Saar" auf immer verließ, sollte es zwischen mir und Kapitän Karl H. zu einer Auseinandersetzung kommen.

Bestellungen für das Schiff mußten vom Kapitän bewilligt und „abgezeichnet" werden. Als wir uns auf der Heimreise befanden, bestellte ich für die Vereisung der Fische im Fischraum vier leichte Aluminiumschaufeln, weil mir die vorigen, wegen Materialermüdung, eine nach der anderen abbrachen. Vor Antritt der nächsten Reise fand ich anstatt der bestellten leichten Alu-Schaufeln vier eiserne Riesenschaufeln an Deck, welche früher die Heizer in den Maschinenräumen zum Kohletrimmen oder um die Feuer mit reichlich Kohle zu versehen benötigten.

Ich ging zum Kapitän und meldete, daß man mir nicht die von mir bestellten Alu-Schaufeln geliefert hatte. Er schaute mich nur an und erwiderte: „Du hättest die anderen Schaufeln nicht abbrechen sollen."

Über diese Antwort war ich sprachlos, er hatte also meine Bestellung nicht nach meinem Wunsch abgegeben. Mit diesen „Baggern" sollte ich nun die ganze Reise im Fischraum arbeiten? Nein, ich sollte es nicht, ich mußte es! Vom Maschinen-Ing. ließ ich zunächst das Schaufelblatt um ein Drittel kürzen und noch Löcher einstanzen, damit die „Monsterschaufel" leichter wurde. Allzuviel brachte das alles nicht, aber es erleichterte etwas das Gewicht.

Seit Tagen fischten wir bei Sukertoppen an der westgrönländischen Küste, der Tagesfang war nicht gerade gut, sollte aber noch besser werden. Ich quälte und mühte mich ab, oft mit Wut „im Bauch", weil ich dem Kapitän die Schuld gab, daß ich mein Arbeitsgerät nicht erhielt. Es kam wie es kommen mußte!

Im Fischraum, beim Fischvereisen, holte ich mit der „Baggerschaufel" aus, um das Eis an einer bestimmten Stelle zu plazieren. Bei dieser Ausholbewegung schlug mein rechter Ellenbogen gegen einen Eisenstützen des Fischraumes! Ich stieß einen barbarischen Schrei aus. Mein ganzer

Arm wurde lahm, der „Riesenbagger" entfiel meinen Händen, ich war vor Schmerz wie von Sinnen!

Jetzt war der Moment da, wo ich dem Kapitän meine Wut ins Gesicht schreien konnte. Ich stoppte das Laufband und stürmte mit wutverzerrtem Gesicht auf die Brücke.

Woher ich den Mut nahm, weiß ich nicht, wahrscheinlich aus dem unsagbaren Schmerz, den ich am rechten Ellenbogen spürte.

Bisher hatte es keiner gewagt, Kapitän Karl H. zu brüskieren oder zu widersprechen.

Jetzt stürmte der „kleine II. Steuermann" auf die Brücke, um sich mit dem Kapitän anzulegen. Ich betrat mit wutverzerrtem Gesicht, noch immer meinen schmerzenden Arm festhaltend, die Brücke. Kapitän Karl H. saß auf dem „Jagdsitz" und beobachtete den Meeresgrund im Echolot. Er drehte sich nur kurz um, sah mich an und nahm seine alte Sitzposition wieder ein. Ich schrie ihn an, tobte wie ein Irrer. Was ich von mir gab, weiß ich heute nicht mehr. Als der „Dampf" bei mir raus war, wartete ich auf die Reaktion des Kapitäns. Nichts! Absolut nichts! Ich wartete.

Ganz langsam drehte er sich mitsamt seinem „Jagdsitz" zu mir und erwiderte: „Richard, ich habe alles gut gehört, und laut genug warst du auch. Aber das alles, was du mir lauthals in die Ohren geschrien hast, mußt du in Cuxhaven deinem Reeder, Herrn Robert A., erzählen, und jetzt geh wieder in den Fischraum und erledige deine Arbeit."

Über soviel Kaltschnäuzigkeit war ich perplex!

Kapitän Karl H. blieb tatsächlich ruhig und gelassen. Er erhob auch nicht seine Stimme, was oft seine Art war. Nein, er war das, was man in solchen Situationen selten erlebt, er war eben der Kapitän, der über den Dingen stand. Ich wendete mich ab und verließ die Brücke, da rief er mich zurück: „Richard, wenn sich ein anderer meiner Besatzung das geleistet hätte, was du dir soeben geleistet hast, den hätte ich eigenhändig von der Brücke geprügelt. Aber du hast einiges gut bei mir, diesmal werde ich es durchgehen lassen, daß du dich danebenbenommen hast, auf ein zweites mal laß es nicht ankommen!" Jawohl, er sagte „danebenbenommen", das traf mich härter, als wenn er eine „Schimpfkanonade" losgelassen hätte.

Der Kapitän war der absolute „Sieger". Diesen Vorfall erzähle ich deshalb, weil ich aus dem Verhalten des Kapitäns Karl H. „meine" Lehre gezogen habe; daß man immer in jeder Situation Ruhe und Gelassenheit bewahren soll. Als wir nach dieser Reise wieder in Cuxhaven waren, bin ich tatsächlich zu meinem Reeder, Herrn Robert A., gegangen und habe mein Anliegen vorgetragen. Ich erhielt sofort meine gewünschten Arbeitsgeräte. Kapitän Karl H. und auch viele andere Kapitäne waren noch die „alte" Kapitäns-Generation. Wir Jüngeren waren die „Nachstürmenden". Unsere Zeit sollte noch kommen. Es wird die Zeit der „Fischerei-Fabrikschiffe", die Zeit der sogenannten „Vollfroster" sein.

Die Fischdampfer-Reedereien beschritten neue Wege und ließen einen ganz neuen Schiffstyp bauen, die „Fischerei-Fabrikschiffe". Die Nordsee-Reederei ließ sechs solcher Schiffe bauen. Es war die sogenannte „Universitätsklasse". Diese Schiffe wurden nach deutschen Universitätsstädten benannt. Das erste Schiff war die „Heidelberg", es folgten die „Bonn", „Tübingen", „Freiburg i. Breisgau", „Erlangen" und die „Marburg". Diese sechs Schiffe waren für die deutsche Hochseefischerei bahnbrechend. Die „Vollfroster" waren mit mehreren „Filetierstraßen" ausgerüstet.

Jeder gefangene Fisch wurde an Bord filetiert und das Fischfilet „schockgefroren", so daß die Fischwaren immer frisch waren. Der gesamte Fischabfall und die Beifänge wurden in der bordeigenen Fischmehlfabrik zu Fischmehl verarbeitet.

Nach 16 Monaten Bordzugehörigkeit war meine Zeit auf dem F.M.S. „Saar" beendet. Ich nahm meinen Jahresurlaub. Nach zwölfjähriger Ehe sind meine liebe Frau und ich zum erstenmal in den Urlaub gefahren. Wir begaben uns nicht nach Italien oder nach Spanien, nein, wir fuhren in den Schwarzwald. Wir bezogen im Hochschwarzwald in einem Gasthaus Quartier und verbrachten dort unseren ersten gemeinsamen Urlaub. Es war wunderbar. Wir lebten in den Tag hinein, unternahmen Wanderungen und freuten uns unseres ersten Urlaubs.

Der erste gemeinsame Urlaub war zu Ende. Etwas traurig ging es wieder nach Hause, dort begann der Alltag. Für mich sechs Monate Seefahrtschule in Cuxhaven.

Unser Söhnchen Norbert befand sich seit sieben Jahren im orthopädischen Heim Friedehorst in Bremen. Als er drei Jahre alt war, stellten die Ärzte eine angeborene Knochenkrankheit fest. Er mußte täglich fachlich betreut werden. Diese Krankheit klingt mit der Pubertät ab. Während ich auf See war, weilte meine Frau oft eine längere Zeit bei unserem Sohn in Friedehorst/Bremen.

Am 15. Oktober 1963 begann das Semester zum Erwerb des „Kapitänspatents B. 5 für Große Hochseefischerei". Die Hochseefischerei stellte für dieses Semester nur zehn Kapitänsanwärter. Für eine Unterrichtsklasse waren wir mit zehn Männer zu wenig.

Aus diesem Grunde wurden die Kapitänsanwärter der „Großen Hochseefischerei" mit denen zusammengelegt, die das Kapitänspatent für Mittlere Fahrt „A.4" erwerben wollten. Diese Gruppe bestand auch nur aus 14 Männern. So waren wir eine Klasse von 24 „Studenten". Zur

Beihilfen wohl niemals erhalten werden. Aber mein Rechtsempfinden läßt es einfach nicht zu, daß wir übergangen werden, weil sich niemand für unsere Belange einsetzt, wir sind uns selbst überlassen! Es muß noch einen anderen Weg geben zum Ziel zu kommen, nur sehe ich den Weg nicht." Der Beamte des Arbeitsamtes gab mir den Rat, wenn ich überhaupt noch etwas erreichen könnte, dann nur über den „Petitionsausschuß des Bundestages" in Bonn.

Wenn ich auch von dort eine Absage erhielte, könne ich unsere Angelegenheit „zu den Akten" legen. Der „Petitionsausschuß"? Wer ist das? Davon hatte ich noch nie etwas gehört.

Der „Petitionsausschuß" ist eine oberste Behörde der Regierung im Parlament, um die Eingaben der Bürger überprüfen, wenn sie von Ministerien oder Regierung benachteiligt werden. Wir, die Kapitänsanwärter der Hochseefischerei, waren benachteiligt und übergangen!

Ich verfaßte ein neues Schreiben an den „Petitionsausschuß des Deutschen Bundestages" und ließ alle Kapitänsanwärter der Hochseefischerei unterzeichnen.

Bereits nach einer Woche erhielt ich eine Antwort, daß unsere „Petition" eingegangen sei, daß wir „diesbezüglich" nichts unternehmen sollen, das wird der „Petitionsausschuß des Deutschen Bundestages" für uns regeln!

Einen „halben Sieg" hatte ich errungen. Aber wie würde in Bonn über unsere Angelegenheit entschieden? Wir mußten warten, uns in Geduld üben. Wenn auch der „Petitionsausschuß im Deutschen Bundestag" unsere Eingabe ablehnte, war es mit Beihilfen für die Kapitänsanwärter der Hochseefischerei vorbei. Es wurde Zeit, mich jetzt um die wahren Aufgaben zu kümmern, weswegen ich die Seefahrtschule besuchte. Die Angelegenheit wegen unserer Beihilfen aus Bonn hatte mich doch stark in Anspruch genommen. Vom Direktor, Kapitän K., erhielt ich ein Lob, weil ich mich für die Kapitänsanwärter der Hochseefischerei so stark engagierte.

In der Seefahrtschule ging alles seinen gewohnten Gang. Die gestellten Anforderungen waren mit gutem Fleiß zu bewältigen. Das schwierigste Fach war für uns die Mathematik. Alle Kapitänsanwärter der Hochseefischerei (B. 5) waren „Volksschulabsolventen" und beherrschten nicht die „höhere Mathematik", waren aber bereit vieles zu lernen. Unser „Mathelehrer" war der Seefahrtschuldirektor Kapitän Kröger. Bei anderen Lehrern und anderen Lehrfächern gaben sich die „Schüler gelöst und locker". Aber sobald die „Mathestunde" anbrach (es grenzte schon an Komik), saßen alle wie erstarrt da, wie eine Maus, die von der Schlange fixiert wird. Diese „Erstarrung" der Klasse war dem Direktor auch nicht entgangen. Eines Tages fragte er mich: „Herr Neu, was ist mit Ihrer Klasse los? Jedesmal, wenn ich den Klassenraum betrete, sitzen Sie alle wie vom Blitz getroffen da. Ich warte nur noch, bis einer von euch vom Stuhl fällt. Also, was ist los?" Ich wußte, daß sich die meisten vor dieser „Mathestunde" fürchteten. So antwortete ich: „Herr Direktor, die zehn Männer, die Sie vor sich sitzen sehen, sind Hochseefischer, die das Kapitänspatent B. 5 erwerben wollen. Wir alle haben nur einen Volksschulabschluß und beherrschen die Rechenart Algebra nicht (Gesetze des Buchstabenrechnens, Rechnen mit Unbekannten und Gleichungen). Auch für die Zukunft als Kapitäne werden wir Algebra nicht gebrauchen. Wir wollen weder Forscher noch Gelehrte werden, wo diese Rechenart vonnöten ist, wir werden Hochseefischer! In anderen Rechengebieten wollen wir alles hinzulernen, dafür sind wir hier. Aber ‚Algebra‘ zu begreifen, dazu reicht unser Semester nicht aus. Wir haben das Gefühl, deswegen von Ihnen nicht akzeptiert zu werden, das ist unser Problem, Herr Direktor." Kapitän Kröger schaute mich sprachlos an, dann sprach er: „Meine Herren, jetzt bin ich erschüttert, Sie verkennen mich."

Er setzte sich vor uns auf den Tisch und ließ die Beine baumeln. Ließ Mathematik Mathematik sein und unterhielt sich eine ganze Stunde mit uns. Unter anderem sagte er: „Wenn ich Seemännern Respekt entgegenbringen muß, dann sind es die Hochseefischer. Die kennen kein schlechtes Wetter. Trotzen auf See jeder Gefahr und gehen bei eisiger Kälte ihrer schweren Arbeit nach und stehen mit dem Meer auf ‚du und du‘. Meine Herren, ich glaube, Sie haben mich vollkommen falsch eingeschätzt." Von diesem Tag an war das „Eis gebrochen", die Aussprache hatte Wunder bewirkt. Die gefürchteten „Mathestunden" bei uns Studenten verliefen in gelöster Atmosphäre.

In meinem Lieblingsfach „Astronomische Navigation" wurde bedeutend mehr gelehrt und abverlangt als auf dem B. 4-Lehrgang vor zwei Jahren. Für mich gab es nichts Faszinierendes, als nach den „Gestirnen" zu navigieren. Es ist einfach „umwerfend". Wie ich es bereits erwähnte, man muß auf dem Sternenhimmel Planeten und Fixsterne genau kennen. Mit den Gestirnen zu arbeiten habe ich in meiner späteren Fahrenszeit trotz modernster Navigationstechnik wie „Satelliten-Navigation" beibehalten. Allein aus dem Grunde, damit man die Rechenart der „Astronomischen Navigation" nicht vergißt, was bei einigen oft geschah.

Das Jahr 1963 ging zu Ende. Das neue Jahr brachte zunächst nichts Umwälzendes. Unser Examen war für Ende April des Jahres 1964 vorgesehen. In allen Lehrfächern schrieben wir unsere Klausurarbeiten. Aus den Bewertungen konnte ein jeder seine Chance bei den anstehenden Schlußexamen erkennen.

Dank meines Lernfleißes erhielt ich gute Noten und konnte so dem Schlußexamen beruhigt entgegensehen. Der „Wochenlehrplan" beinhaltete auch „medizinischen Unterricht", den der Hafenarzt Dr. W. abhielt. Die designierten Kapitäne sollten in der Lage sein, auf See kleinere Verletzungen richtig zu behandeln, größere Wunden zu „klammern" und einiges mehr. An einem Tag behandelten wir das Thema „scheintot". Dr. W. hielt seinen Vortrag, was alles beachtet werden mußte und worauf es ankam. Mir war in dieser Stunde die Konzentration abhanden gekommen, ich war „eingenickt". Dr. W. hatte es bemerkt, er kam langsam auf meinen Platz zu, während er in seinem Vortrag fortfuhr. Obwohl seine Stimme immer näher kam, ich hörte sie ja, wachte ich nicht auf. Dr. W. stand neben meinem Stuhl, legte seine Hand ganz „forsch" auf meine Schulter und sagte: „Hier, meine Herren, haben Sie einen typischen Scheintoten."

Wie von einer Tarantel gebissen fuhr ich hoch! Die Klassenkameraden lachten, Dr. W. schmunzelte, und ich hatte vor Verlegenheit ganz rote Ohren. Dr. W. hatte sofort über den „menschlichen Schlaf" etwas zu sagen. „Der Schlaf trägt zur Gesundung der menschlichen Organismen bei. Wie ich es weiß, meine Herren, sind Sie doch alle sehr gesund, darum bitte ich Sie, nicht während des Unterrichts dieses zu tun."

Dieser „Hieb" saß. Es war mir eine Lehre, in Zukunft jede Unterrichtsstunde mit größter Konzentration zu verfolgen.

Die „Wetterkunde" war ein Lehrfach, welches wir mit größtem Interesse verfolgten. Die gesamte Hochseefischerei spielte sich zumeist im Nordatlantik ab, wo wir mit Schlechtwettergebieten laufend konfrontiert wurden.

Die Labradorküste, Ost- und West-Grönland, Islandküste, norwegische Küste und die Barentssee, dort waren unsere Fischereigebiete, aber dort war auch das „schlechte Wetter" zu Hause. So war es zwangsläufig, daß man uns die meteorologischen Zusammenhänge näherbrachte.

Für einen Seemann ist es wichtig, die Windstärken zu bestimmen. Bis

Windstärke 4 kann man das Meer als „ruhig" bezeichnen.
Windstärke 5 = frischer Wind
Windstärke 6 = starker Wind
Windstärke 7 = steifer Wind
Windstärke 8 = stürmischer Wind
Windstärke 9 = Sturm
Windstärke 10 = starker Sturm
Windstärke 11 = schwerer Sturm
Windstärke 12 = Orkan
Windstärken 13–17 = schwerer Orkan.

Das sind Bezeichnungen für die Windstärken, die sich nach „Meter / Sekunden" richten.

Der Monat April war endlich da, die Prüfungen begannen. Dafür war eine ganze Woche vorgesehen. Für jedes Hauptfach war ein Tag anberaumt, Nebenfächer zwei an einem Tag. Nach einer Woche „nur Examen" kam für uns Hochseefischer der große Tag.

Alle zehn Absolventen bestanden das Examen. Wir alle hatten eine große Hürde genommen. In einer „Feierstunde" überreichte Seefahrtschuldirektor Kapitän Kröger jedem das „Kapitänspatent in Großer Hochseefischerei B.5" und wünschte uns für unsere Zukunft viel Erfolg. Es war geschafft!

Ich hatte mein Ziel erreicht, welches ich mir 1956 auf dem Fischdampfer „Schwaben" abgesteckt hatte. Ich hatte mein „Kapitänspatent für Große Hochseefischerei B. 5", aber ein Fischdampferkapitän war ich noch lange nicht.

Dazu gehört mehr als ein „Patent", dazu gehören Schiffsführung, Menschenführung und vor allem die Kenntnisse der Fischereigebiete im Nordatlantik. Den Werdegang bis zum Fischdampferkapitän werde ich in den nächsten Kapiteln noch genauer beschreiben.

Der beschwerliche Weg

Ich war überglücklich. Es kann sich keiner vorstellen, wie es in mir aussah. Der Bauernjunge aus dem „mittelalterlichen Dorf Kaupiai im Kreis Tauroggen in Litauen", als Junge sehr oft diskriminiert, besaß jetzt das „Kapitänspatent B. 5 der Großer Hochseefischerei"! Nicht nur das, ich hatte auch noch in allen Fächern die Note „Gut" erhalten.

Fürs erste hatte ich mein Ziel erreicht. Nun hieß es ein gutes Schiff finden und einen Kapitän, der mich in diesem Beruf förderte. Ein gutes Abschlußexamen macht noch keinen guten „Fischfangkapitän". Zuerst muß man als „Wachsteuermann" auf Fischereifahrzeugen fahren, um die Fanggründe im Nordatlantik kennenzulernen. Das kann aber nur geschehen, wenn ein erfahrener Fischdampferkapitän einen Steuermann fördert. Der I. Steuermann ist auch der Wachsteuermann, der den Kapitän in allen Bereichen vertritt. Kapitän und Wachsteuermann lösen sich in der Fischerei zwölf um zwölf Stunden ab. Kapitänswache von 12.00 bis 24.00 Uhr, Wachsteuermannswache von 24.00 bis 12.00 Uhr. Der Kapitän erschien aber meistens um 8.00 oder um 9.00 Uhr auf der Brücke und übernahm die Fischerei. Der I. Steuermann (Wachsteuermann) konnte sich um andere Belange an Bord kümmern. Dies alles hatte ich noch vor mir, „ein beschwerlicher Weg"!

Nachdem bei mir die erste Euphorie verflogen war, meldete ich mich bei meiner alten Reederei Cuxhavener Hochseefischerei zurück und bekam den Heckfänger „Hessen" als I. Steuermann. Ich war erstaunt, auf dem F.M.S. „Hessen" traf ich die alte Besatzung der „Württemberg" wieder. Kapitän Helmut D., der die „Württemberg" vier Jahre erfolgreich geführt hatte, war jetzt Kapitän auf der „Hessen". Wen traf ich dort auch noch an? Meinen „Bordlehrer" von der Württemberg Fritz Krause, der hier der I. Steuermann (Wachsteuermann) war. Fast die gesamte Besatzung der „Württemberg" war mit Kapitän Helmut D. auf die „Hessen" mitgegangen. An Bord ließen wir die „alten Zeiten" aufleben. Nach drei Fangreisen mußte ich leider die „Hessen" verlassen. Die „Baden", ein Seitenfänger, ein Schwesterschiff der „Württemberg", benötigte einen „Wachsteuermann". Auf eine Art wurde ich „befördert", aber die „Baden" war kein Heckfänger und für mich weniger interessant. Ich war jetzt „Angestellter der Reederei" und mußte die Anordnung der Inspektion befolgen. Ende November liefen wir mit der „Baden" in Cuxhaven ein. Mein alter „Seegefährte" Fritz Krause war mittlerweile „Nautischer Inspektor" der Reederei geworden. Bereits beim Anlegen des Schiffes rief Fritz freudig zu mir herüber: „Richard, deine Sache ist durch, du hast auf der ganzen Linie gewonnen."

Ich wußte beim besten Willen nicht was er meinte. Ich rief zurück: „Was meinst du mit ‚meine Sache sei durch'?" „Richard, deine Angelegenheit mit Bonn, die Beihilfen für die Kapitänsanwärter der Hochseefischerei B. 5." Na, das war ein Ding. Mir wurde fast schwindelig! Ich hatte diese Angelegenheit gedanklich bereits abgehakt.

Fritz gratulierte mir überschwenglich, weil ich die finanziellen Beihilfen für die Kapitänsanwärter der Hochseefischer erkämpft hatte und wir mit den A. 4-Lehrgängen gleichgestellt waren. Zu Hause fand ich zwei Schreiben vor. Das erste war vom „Bundesminister für Arbeit und Sozialordnung". Der Wortlaut war kurz. Vorweg, worum es ging: „Die Lehrgänge der Seefahrtschulen zur Erlangung des Patents B. 5 (Kapitän in Großer Hochseefischerei) sind durch meine Entscheidung vom 24.3.1964 mit Wirkung vom 1.1.1964 als förderungsfähig anerkannt worden. Zur Teilnahme an diesen Lehrgängen können daher jetzt Beihilfen gewährt werden."

Das zweite Schreiben war vom „Petitionsausschuß des Deutschen Bundestages". Vorweg worum es ging, dann der Wortlaut: „Die Bundesregierung teilt in einer Stellungnahme zu Ihrer Eingabe mit, daß Ihrem Anliegen entsprochen werde.

Ihre Petition wird daher als erledigt angesehen, falls Sie nicht binnen zwei Wochen etwas Gegenteiliges mitteilen."

Ich konnte es fast nicht glauben, was ich da in meinen Händen hielt. Ich hatte etwas in Bewegung gesetzt, mein Ziel nicht aus den Augen verloren. Mein Rechtsempfinden war so stark, daß ich nur gewinnen konnte. Ich kann es nur wiederholen, „niemals aufgeben und niemals sagen, laß es doch einen anderen machen".

Ich machte mich auf den Weg zum Cuxhavener Arbeitsamt. Ich war der Meinung, daß ich für die Monate des Jahres 1964 die jetzt gewährte Beihilfe rückwirkend erhalte.

Der nette Beamte, der mir damals den entscheidenden Tip gegeben hatte, mußte mich diesmal lächelnd enttäuschen. Er sagte: „Herr Neu, die nächsten Kapitänsanwärter können Ihnen, wenn Sie einmal die Seefahrtschule besuchen, für Ihre Mühe einen roten Teppich ausrollen. Aber rückwirkend erhalten Sie keine Beihilfe. Die neue Verordnung sagt klar: Alle Kapitänslehrgänge, die am 1.1.1964 beginnen, erhalten Beihilfen. Ihr Kapitänslehrgang, Herr Neu, begann am 15.10.1963." So gesehen, habe ich für mich persönlich keine finanziellen Vorteile verschafft, aber den nachfolgenden Seefahrtschülern sorgenfreie Semester beschert. Es war auch eine persönliche Genugtuung, etwas erkämpft zu haben, wo Institutionen und selbstherrliche Sesselhocker kläglich versagten, weil sie nur auf ihre „Pöstchen" hockten und unfähig waren, das Richtige zu tun.

F.D. „Baden", N.C. 409 / U.S.: DNFC. Foto: Archiv DSM

Der „Hinterwäldler aus Litauen" hat für die Hochseefischer eine Gleich-
stellung erkämpft. Wenn auch ohne Vorteile für sich. Der Seefahrtschule stattete ich einen Besuch ab und wurde vom Lehrerkollegium
freudig begrüßt. Seefahrtschuldirektor Kapitän K., bei dem ich mich
anfangs so in Rage geredet hatte, beglückwünschte mich und sprach
ein besonderes Lob aus.
In der Fischereiwelt fühlte ich mich irgendwie unzufrieden. Auf dem
Seitenfänger „Baden" fühlte ich mich nicht wohl. Gewiß, ich war der
„Wachsteuermann" und Vertreter des Kapitäns, aber das Schiff war
nicht die Zukunft, die ich mir vorstellte. Außerdem mit einem Heckfänger nicht zu vergleichen.
Während andere Reedereien immer modernere und größere Fabrikschiffe in Dienst stellten, tat sich bei der Cuxhavener Hochseefischerei
nichts. Das gab mir zu denken. Die Zukunftsfischerei gehörte den „Fa-
brik-Vollfrostern". Ich mußte die Reederei wechseln. Bei der Nordsee-
Reederei brauchte ich gar nicht anfragen, die hatten ihren „Nach-
wuchs" aus den eigenen Reihen. So orientierte ich mich nach Hamburg.
Im Sommer 1964, nach dem Kapitänsexamen, bestand ich auch die
Führerscheinprüfung für Pkw. Im Januar 1965 lieh ich mir bei einer
„Leihfirma" einen Pkw und stürzte mich in den Hamburger Großstadt-
verkehr. Viel Fahrpraxis besaß ich nicht, dafür aber mehr Mut. Wie
durch ein Wunder, ohne Schwierigkeiten, fand ich den Fischereihafen,

wo drei Fischdampfer-Reedereien ansässig waren. Als erstes suchte ich die Reederei Atlantische Hochseefischerei auf, deren Chef Ernst A. P. Koch war.

Ich stellte mich vor, berichtete dem Reeder, wo ich zur Zeit und in welcher Position beschäftigt war und nannte den Grund, warum ich die Reederei wechseln wollte. Ich überreichte dem Reeder meine Zeugnisse, meinen Netzmacher-Gesellenbrief und mein Patent B. 5. Mir war bekannt, daß diese Reederei noch in diesem Jahr zwei Fabrikschiffe, die „Othmarschen" und die „Altona", in Dienst stellen wollte. Ein anderes Fabrikschiff, die „Blankenese", war bereits in Fahrt. Die Atlantische Hochseefischerei benötigte Offiziersnachwuchs. Noch am gleichen Tag wurde ich eingestellt und sollte meinen Dienst am 1.3.1965 antreten.

Die Kündigungsfrist mußte eingehalten werden, so machte ich meine letzte „Frischfischfangreise" mit der „Baden" in den isländischen Gewässern und kündigte zum 28.2.1965 mein Angestelltenverhältnis bei der Cuxhavener Hochseefischerei.

Neun Jahre hatte ich hier meinen seemännischen Dienst versehen. Mit etwas Wehmut verließ ich die Reederei. Aber wenn ich mich für die „Fischerei-Zukunft" entscheiden wollte, mußte dieser Weg beschritten werden. Ende Februar 1965 kam das F.M.S. „Blankenese" von seiner Fangreise zurück. Dort an Bord sollte ich meine Erfahrungen für Fabrikschiffe sammeln. Aber auch hier mußte ich von unten anfangen und wurde als I. Steuermann angeheuert, erhielt auch die Bezüge als solcher, aber der „Wachsteuermann" an Bord war ein anderer. Eine Fangreise sollte ich hier mitmachen, der Reeder hatte mich als „Wachsteuermann" für den Neubau „Altona" vorgesehen. So begab ich mich nach Hamburg zu meinem neuen Schiff, dem FMS. „Blankenese". Von nun an sollten die Fangreisen immer von Hamburg aus gehen.

Der Kapitän des F.M.S. „Blankenese", Paul Joswig, war ein ehrgeiziger junger Mann von 29 Jahren, 192 cm groß, der auch zum Jähzorn neigte.

Die „Blankenese" war ein kleineres Fabrikschiff, noch kein Vollfroster, sondern „kombiniert". Das Schiff faßte 300 to. Frostware und im Eisraum noch etwa 3000 Zentner Frischfisch. Meine erste Reise mit diesem Schiff ging an die kanadische Labradorküste, zur „Hamilton-Bank", wo von Mitte Dezember bis in den Monat März Kabeljauschwärme anzutreffen waren. Als wir mit der „Blankenese" dort ankamen, herrschte bereits starker Eisgang. Große Eisfelder drifteten vom Labrador-Strom getragen über die „Hamilton-Bank" und erschwerten die Fischerei. Der starke Frost, oft −14° bis −18°, tat das seine dazu, daß die Eisplatten immer dicker wurden und die Eisfelder sich zu „Packeisfeldern" zusammenschoben. Unter diesen Verhältnissen war

146

Fischfang unmöglich. Alle Schiffe, die hier fischten, Deutsche aus Ost und West, Polen, Russen und Engländer, mußten dieses ertragreiche Fanggebiet wegen starker Eisbehinderung verlassen. Ein an PS starkes Schiff, ich glaube es war die „Bonn", brach den Weg durch das Eis. Alle anderen Schiffe folgten. Es war ein sonnenklarer Morgen, wie weit die Augen sehen konnten war nur eine geschlossene Eisdecke von gefährlicher Stärke. Mittendrin ca. 40 bis 50 Fabrikschiffe in Kiellinie, die aus dem Eisfeld brachen. Ein imposanter Anblick.

Nach etwa zehn Stunden „Eisfahrt" war die Eisgrenze erreicht. Die Schiffe hatten freies Fahrwasser, die Flotte löste sich auf. Die westdeutschen Schiffe setzten sich nach Norden ab. Die Kapitäne beratschlagten (auf UKW-Sprechweg) die nächsten Schritte.

Sie kamen überein, das „Unternehmen Cumberland" zu starten. Das heißt, man wollte feststellen, ob dort Kabeljauschwärme anzutreffen seien. „Cumberland" ist die Südspitze der Baffininsel auf der kanadischen Seite der Davis-Straße. Die Flotte dampfte auf der Westseite der Davis-Straße nordwärts. Die Echolote (Fischfinder) zeigten keine Fischvorkommen an. Zuletzt hatten wir auch keine genaue Position. Wir konnten nur das „Flug-Funk-Feuer" von „Holsteinsborg" an der westgrönländischen Küste peilen. Aber eine Peillinie ergibt keine Position. Obwohl ich keine Wache hatte, hielt ich mich auf der Brücke auf. Kapitän Paul Joswig schimpfte, weil keine genaue Position zu erhalten war.

Für einen kurzen Moment riß die Wolkendecke auf, die Sonne zeigte sich. Ich rannte in den Seekartenraum, ergriff den Sextanten, nahm eine „Sonnenhöhe" und errechnete die „Standlinie". Mit der „Sonnenstandlinie" hatte ich eine Linie, danach peilte ich das „Flug-Funk-Feuer" von „Holsteinsborg" und erhielt die zweite Standlinie.

Dort, wo sich beide Linien kreuzten, war unsere Position. Ich zeichnete sie in die Seekarte ein und zeigte unsere genaue Position dem Kapitän. Paul J. rief seinem Wachsteuermann Klaus M. zu: „Hast du das gesehen? So wird das gemacht."

Wie ich es bereits erwähnte, „astronomische Navigation" war in der Seefahrtschule mein Lieblingsfach gewesen und zahlte sich manchmal aus.

Nach sechzig Tagen endete an der westgrönländischen Küste meine erste Fangreise auf einem Fabrikschiff. In Hamburg ging ich von Bord, um mich um meine neuen Aufgaben auf der inzwischen fertiggestellten „Altona" zu kümmern. Das Schiff lag in Bremerhaven am Ausrüstungskai.

Auf Weisung der Inspektion begab ich mich an Bord, um die Ausrüstung mit Netzmaterial zu überwachen. Das Schiff führte Kapitän Erich

Korsch. Als Wachsteuermann sollte ich eingesetzt werden. Ich hatte den ersten Zug nach Bremerhaven genommen, um rechtzeitig an Bord zu sein. Ein Taxi brachte mich zum Ausrüstungskai.

Da lag der Neubau! Ein schönes Schiff. Das also sollte mein „neues Zuhause" sein. Ich betrat mit meinem Gepäck die I.-Steuermanns-Kabine. Im Halbdunkel sah ich einen Mann auf dem Sofa liegen. Nachdem ich ihn geweckt hatte und er einigermaßen wach war, stellte ich mich vor und bat ihn, diese Kammer zu verlassen, da ich jetzt hier einziehe. Er schaute mich ungläubig an und sprach: „Ich heiße Günter W. und bin schon lange bei dieser Reederei. Man hat mir dieses Schiff als Wachsteuermann versprochen und wie du es siehst auch bereits gegeben."

Meinen Ärger und meine Enttäuschung mußte ich erst „verdauen". Die Inspektion hatte mich ganz schön „hinters Licht" geführt. Um mich jetzt mit der Inspektion auseinanderzusetzen, dazu war es zu spät. Ein Telefon war nicht vorhanden, und Hamburg war weit. Gewiß, ich erhielt das gleiche Gehalt. Aber ich wollte den Kapitän beim Fischfang ablösen, denn nur dann kann man für die spätere Zukunft als Kapitän eines Schiffes etwas lernen. An Deck übernahm ich die Leitung aller anfallenden Arbeiten. Das „Verarbeitungsdeck", die sogenannte „Fabrik", unterstand einem „Fischmeister", der die „Fangverarbeitung" leitete. So hatte jeder seinen Arbeitsbereich.

Wir liefen zur Jungfernreise aus. Es ging zu den „Grand Banks of Newfoundland", wo nur Kabeljau gefangen wurde. Die Jungfernreise der „Altona" war nicht gerade gut zu bezeichnen. Aber in der Fischerei gibt es Höhen und Tiefen, wo man oft viel Geduld aufbringen muß. Die Fischschwärme sind nicht immer dort anzutreffen, wo ein Kapitän sie vermutet. Der Nordatlantik ist sehr groß. An welchen Küsten befinden sich die Fischfangplätze? Zu welcher Jahreszeit wird wo und was gefangen? Erfahrene Kapitäne wissen das. Von solchen Kapitänen muß man alles lernen und eigene Erfahrungen sammeln. Da können leicht zwei oder drei Jahre vergehen, bis man die Fangplätze kennt und selbst ein Schiff zum Fischfang führen darf. Diese Erfahrungen zu sammeln, stand mir noch bevor. Ich war mittlerweile 34 Jahre alt und hatte nicht mehr viel Zeit. Nach der Jungfernreise lief die „Altona" zum Heringsfang in die Nordsee. Während dieser Reise begann für mich eine neue Ära der Fangmethoden. Es war die „pelagische Fischerei". Bis zum Beginn dieser Fangmethode wurde jede Fischart – Kabeljau, Rotbarsch, Schellfisch, Seelachs, Hering, Makrele und auch andere Fischarten – immer mit einem „Grundschleppnetz" am Meeresgrund gefischt. Das Grundschleppnetz hat nur eine maximale Öffnungshöhe von 3,50 bis 4,50 m. Befand sich ein Fischschwarm höher als die erwähnte Höhe, war er für das Grundschleppnetz unerreichbar.

F.M.S. „Altona", H.H. 331 / U.S.: DNJL. Foto: P. A. Kroehnert, Rickmers-werft, DSM, Nordseearchiv

Mit dem pelagischen Netz konnten die Kapitäne jede gewünschte Tiefe befischen. Von direkt unterhalb der Wasseroberfläche bis jede gewünschte Tiefe. Um die pelagische Fischerei erfolgreich auszuüben, waren einige technische Erneuerungen und Hilfsmittel notwendig. Als erstes installierte man auf den Schiffen ein „Sonargerät". Dieses Sonargerät, auch „Horizontal-Suchgerät" genannt, war eine Abwandlung der Geräte, die während des Krieges auf „U-Boot-Jägern" zum Aufspüren von U-Booten eingesetzt waren. Das Sonargerät sendet in kurzen Abständen Schallwellen in horizontaler Richtung unter Wasser aus. Treffen die Schallwellen unter Wasser auf ein Hindernis (Fischschwarm), so kommt ein „dickes Echo" zurück, man hatte einen Fischschwarm „geortet". Wenn das geschehen war, steuerte man den Schwarm „gezielt" an und „überfuhr" den Schwarm mit dem Schiff. In dem Moment, wo sich der Fischschwarm direkt unter dem Schiff befand, konnte man im Tiefenecholot (auch Fischfinder genannt) die Stärke des Schwarms genau bestimmen und das pelagische Netz aussetzen. Auf dem „Kopftau" des Netzes war ein „Echolot-Schwinger" montiert, der mittels eines langen Einleiterkabels mit dem Schiff verbunden war. Dieser „Echolot-Schwinger" zeigte die Höhe des Netzes vom Meeresboden an, auch die Netzöffnung und wie die Fische vom Netz „eingefangen" werden.

Auch auf der „Altona" sollte dieses „Wundernetz" eingesetzt werden, welches ich zum erstenmal zu Gesicht bekam. Kapitän Erich Korsch rief mich zu sich, übergab mir eine Zeichnung des pelagischen Netzes, auf der auch die Stahlseilführung eingezeichnet war. „Schau dir alles genau an, mache das Netz einsatzklar, morgen will ich damit fischen."
Vom Abend bis spät in die Nacht hinein machte ich mit der Deckbesatzung das Netz einsatzklar. Am frühen Morgen hatte der „Wachsteuermann" Günter W. einen Heringsschwarm geortet. Der Befehl kam „aussetzen". Der „Wachsteuermann" Günter W., noch unerfahren in Steuerung des pelagischen Netzes, setzte das Netz sofort auf den Meeresgrund. Das Wundernetz war zerstört. Obwohl er sofort das Netz einhieven ließ, war es zu spät. Wir holten nur „Netzstreifen" aus den Wasser. Von diesen Netzen besaßen wir nur zwei. Mit dem verbliebenen Netz wurde jetzt ganz vorsichtig gearbeitet. Über Funk bestellte der Kapitän ein neues Netz und einige Netz-Ersatzteile. Ein „Seitenfänger" der Reederei der F.D. „Barmbeck", der auf der Ausreise nach Island war, sollte uns diese Ersatzteile mitbringen. Inzwischen fischten wir mit der „Altona" südlich der Hebriden-Inseln. Der F.D. „Barmbeck" kam mit den angeforderten Netzteilen. Beide Schiffe dampften aufeinander zu. In ganz geringem Abstand stoppten beide Schiffe, die Materialübergabe sollte stattfinden. Ich hatte das kleine „Arbeits-Schlauchboot" klarmachen lassen, damit wollten ich selbst und ein Matrose hinüberrudern und eine Seilverbindung zur Übernahme des Netzmaterials herstellen. Mit angelegten Schwimmwesten bestiegen der Matrose Hermann N. und ich das Schlauchboot. An den Halteleinen, die rings um das Schlauchboot verlaufen, knotete ich ein dünnes Perlonseil, welches wir hinter uns herziehen wollten, um eine Verbindung von Schiff zu Schiff herzustellen. Es herrschte eine Windstärke von 4–5. Wir legten ab. Matrose Hermann N. vorne, ich hinten im Boot, wir „paddelten" los.
Auf der „Altona" waren zwei Matrosen beauftragt, die Perlonleine, die wir hinter uns herzogen, aus einer „Trosse" auszustecken. Diese beiden „Helden" waren unachtsam und steckten zuviel Leine aus. Die „Altona" wiederum hat eine „Verstell-Propeller"-Anlage. Das heißt, auch wenn das Schiff gestoppt hat, dreht sich die Schiffsschraube. Durch das Auf und Ab des Hecks, durch die bewegte See erfaßte die Schiffsschraube die zuviel ausgesteckte Perlonleine und wickelte die Leine wie eine Nähmaschinenspule auf. Wir zwei im Schlauchboot wurden wie durch eine Riesenfaust durchgeschüttelt und plötzlich mit ziemlicher Geschwindigkeit zur Schiffsschraube gezogen. Matrose Hermann N. wurde durch den plötzlichen Ruck sofort aus dem Boot geschleudert. Ich, der hinten saß, mich drückte es auf den Bootsboden.
Das Letzte, was ich wissend wahrnahm, war, daß ich mitsamt dem Boot

gegen die Bordwand der „Altona" schlug. Mit klarem Bewußtsein, ohne jede Panik, waren meine letzten Gedanken: „Das also ist das Ende." Dann umgab mich dunkle Nacht. Ich kam wieder zu mir und trieb in die See. Um mich herum nur Wasser. Ich wußte nicht, wie ich in die See kam und warum das Schlauchboot dort trieb.

Ganz langsam schwamm ich zum Schlauchboot und wollte mich hineinziehen, konnte aber den linken Arm vor Schmerzen kaum bewegen. Irgendwie schaffte ich es, in das Schlauchboot zu kommen. Löste vom Bootsboden das Reservepaddel, sah in einer Entfernung den Matrosen Hermann N. im Wasser. Mühsam paddelte ich dahin, zog Hermann N. in das Schlauchboot. Alles was ich tat, geschah wie durch eine Nebelwand. Ich stand unter totalem Schock. Anstatt zu unserem Schiff, der „Altona", zurückzukehren, paddelten wir weiter zur „Barmbeck". Man holte uns an Bord, und wir wurden notdürftig versorgt. Kapitän Hans F. erzählte mir, was passiert war. Die nächste Verbindung von Schiff zu Schiff stellte man mit „Raketen" her. Als alle Ersatzteile auf der „Altona" waren, sind wir zwei „Schiffbrüchigen" zu unserem Schiff zurückgepaddelt. Ich konnte mich kaum bewegen, mit meinem Brustkorb stimmte etwas nicht. An Bord der „Altona" war Kapitän Erich Korsch außer sich, weil diejenigen, die das Perlongut ausstecken sollten, durch ihre Fahrlässigkeit uns beinahe in den Tod geschickt hatten. Nachdem ich an Bord richtig verbandagiert war, gratulierte mir der Kapitän zu meinem „zweiten Geburtstag". Wenn die Halteleinen, die um das Schlauchboot angebracht waren, nicht ausgerissen wären, die Schiffsschraube hätte mich wie ein Fleischwolf regelrecht zerfetzt.

Am anderen Tag waren meine Schmerzen so stark, daß ich kaum zu atmen wagte. Ich mußte nach Hause. Der Fischdampfer „Mark Brandenburg" aus Cuxhaven befand sich auf Heimreise, der Kapitän des Schiffes erklärte sich bereit mich heimzubringen.

Meine liebe Frau fiel aus „allen Wolken", weil ich so ohne Vorankündigung plötzlich vor der Tür stand. Am anderen Tag begab ich mich nach Cuxhaven zum Unfallarzt. Die Röntgenaufnahme zeigte vier gebrochene Rippen auf der linken Brustseite. Diese Rippenbrüche mußte ich erst mal auskurieren.

Es sollte aber alles ganz anders kommen. Damals war man noch nicht so „modern", daß jeder Haushalt ein Telefon besaß, unserer auch nicht. Nach acht Tagen erhielt ich ein Telegramm der Reederei :„Erbitten einen sofortigen Anruf." Ich kam dem nach. Inspektor Walter S. teilte mir mit, daß ich „sofort" nach Grönland fliegen müsse, denn seit zwei Tagen liege das F.M.S. „Blankenese" im Godthabsfjord in West-Grönland, weil sich der „Wachsteuermann" eine schwere Rückgradverletzung zugezogen hatte. Die „Blankenese" konnte nicht auslaufen, weil sie keinen

I. Steuermann hatte, der den Kapitän vertrat. Meinen Einwand, daß ich einen schweren Unfall hatte, wobei mir vier Rippen gebrochen waren, ließ er nicht gelten. Seine Antwort war: „Richard, du brauchst an Bord ja nicht arbeiten. Du mußt nur in der Nacht den Kapitän vertreten, auf dem ‚Jagdsitz' sitzen und Fische fangen. Deine Rippen heilen, auch wenn du sitzt." Was blieb mir anderes übrig? Inspektor Walter S. hatte keinen anderen Steuermann parat, so sagte ich zu. Diese meine „Zusage" war auch „mein Sprung nach oben". Ich packte das Notwendigste und begab mich zur Reederei. Inspektor Walter S. freute sich über meine Zusage, daß ich trotz meiner Verletzung nach Grönland fliegen wollte. Er händigte mir den Flugschein nach Godthab aus und wünschte mir „viel Glück" (welches ich wirklich benötigte). Für mich war es ein aufregendes Ereignis, es war der erste Flug in meinem Leben. Der Flug ging von Hamburg-Fuhlsbüttel über Kopenhagen nach Sondre-Strömfjord in West-Grönland. Von Sondre-Strömfjord flog täglich ein Passagier-Hubschrauber über Sukkertoppen nach Godthab.

In Kopenhagen hatte ich eine Stunde Aufenthalt, dann wurde der Flug nach „Los Angeles" aufgerufen, der über Sondre-Strömfjord und Chicago ging. Flugzeuge fliegen immer einen „Großkreis-Kurs", das ist bei großen Entfernungen der kürzeste Weg. Die Maschine überflog die Stadt Bergen in Norwegen, Keflavik auf Island, danach die Dänemarkstraße zwischen Island und Grönland. Vor Grönlands Küste konnte man von oben Eisfelder und auch Eisberge sehen.

Als die Maschine die Küste Grönlands erreichte, sahen die schneebedeckten Berge von oben majestätisch aus. Es war ein herrlicher Anblick.

Am späten Abend landete das Flugzeug in Sondre-Strömfjord. Nur einige Passagiere verließen die Maschine. Unter diesen „einigen" war auch ich.

Die Inspektion in Hamburg hatte mir ein Schreiben in englischer Sprache mitgegeben. Dieses Schreiben war mein „Sprachbegleiter". Die Flughafenhalle war eine größere Baracke oder Doppelbaracke. An der Information übergab ich einer Dame meinen „Begleitbrief". Ein Grönländer brachte mich in mein Nachtquartier, eine ehemalige amerikanische Militärbaracke, die jetzt zivilem Zweck diente. Dieser Mann erklärte mir, wenn es weitergehen wird, bekomme ich Bescheid.

Anderentags herrschte starker Wind mit Schneefall. Bei so einem Wetter flog der Helikopter nicht. Auch am nächsten Tag war das Wetter schlecht. Ich konnte nichts tun als die Wartezeit mit Schlafen und Nichtstun verbringen. Am dritten Tag, ganz in der Frühe, weckte man mich, es hieß, in einer halben Stunde geht der Flug über Sukkertoppen nach Godthab. Am Vormittag landete der Helikopter in Godthab. Ein

Herr der Hafenagentur erwartete mich bereits. Mit seinem Wagen fuhren wir zum Hafen. Eine Barkasse brachte mich zur „Blankenese", die im Fjord vor Anker lag. Vor sieben Monaten war ich auf diesem Schiff gewesen, um Erfahrungen auf einem Fabrikschiff zu sammeln. Jetzt kehrte ich als „Wachsteuermann", als Vertreter des Kapitäns, zurück. Es war schon ein seltsames Gefühl, aber ängstlich war ich nicht. Mein Handwerk verstand ich, nach meiner Einschätzung sollte ich keine Probleme an Bord haben.

Der Kapitän Paul Joswig, ein Mann von 192 cm Körpergröße, ich sein Vertreter von nur 165 cm. Welch ein Gespann, Riese und Zwerg! Wir brauchten uns nicht lange vorzustellen, wir kannten uns ja von früher. Das Schiff lichtete den Anker, wir verließen den Fjord und steuerten den Fangplatz an. In den ersten drei Wochen mußte ich meine gebrochenen Rippen auskurieren und habe den Kapitän nur beim Fischfang abgelöst. Als ich keine Schmerzen mehr verspürte, beteiligte ich mich auch an einigen Deckarbeiten. In erster Linie waren Netze für den Einsatz vorzubereiten, was eigentlich nicht meine Aufgabe war, aber ich tat es sehr gerne, um auch die Deckleute näher kennenzulernen. Die neuen Netze mußten aus der Vorpiek zum Achterdeck gebracht werden. Mir war es von jeher gegen den „Strich" gegangen, wenn Arbeiten nach der „Hauruck-Methode" ausgeführt wurden. Das hatte man hier so eingeführt. Ich ließ alles mit der Winde hieven, um die Kräfte der Männer zu schonen.

So war es auch eines Morgens. Kapitän Paul (so nannte ich ihn) hatte mich schon früh auf der Brücke abgelöst. Ich begab mich an Deck und ließ zwei Netze von der Vorpiek zum Achterdeck hieven, nicht mit „Hauruck" zum Achterdeck schleppen.

Während wir nun auf dem Achterdeck mit den Netzarbeiten begannen, hörte ich über den Bordlautsprecher die Stimme des Kapitäns. „So etwas habe ich noch nicht gesehen, was das wohl soll, scheint nicht richtig im Kopf zu sein" und noch einiges mehr. Ich begriff zuerst nicht, wen und was Kapitän Paul meinte, bis ich die verlegenen Blicke der Matrosen bemerkte. Aha! Das galt also mir! Er mischte sich in meine Arbeitsweise ein. Das konnte und durfte ich nicht hinnehmen. Mit ein paar Sprüngen hatte ich den Aufgang erreicht und betrat die Brücke. Mein Zorn war groß. Zum Rudergänger sagte ich: „Geh von der Brücke, trink in der Messe eine Tasse Kaffee." Der Rudergänger schaute zu Paul hinüber, er wußte nicht, was er tun sollte. Da explodierte ich: „Du sollst dich von der Brücke entfernen, ich habe mit dem Kapitän unter vier Augen zu reden."

Der Rudergänger verließ die Brücke. Jetzt war der Zeitpunkt da, die Grenzen ein für allemal abzustecken. Ich begann: „Paul, du bist der Kapitän dieses Schiffes, deine Autorität ist unbestritten. Ich stehe loyal zu dir, von mir erhältst du jede Unterstützung. Ich dulde es aber nicht und nehme es auch nicht hin, daß du durch deine Kommentare über den Bordlautsprecher meine Autorität bei der Besatzung zu untergraben versuchst.

Ich nehme es für mich in Anspruch, daß mir in allen Arbeiten an Deck, mit Netzen, Tauwerk und Stahlseilen, niemand etwas vormachen kann. Ich habe alles von der Pieke auf gelernt und das Gelernte auf Fischdampfern vervollkommnet. Du selbst hast mir nur dieses eine voraus: Du kennst die Fangplätze und deren Beschaffenheit. Das ist aber auch schon alles. Du hast zwei Möglichkeiten: Entweder du läßt mich so arbeiten, wie ich es anordne, und störst mich in Zukunft nicht, oder die zweite Möglichkeit ist die: Du machst alles allein, dann benötigst du keinen Wachsteuermann, sondern einen Hampelmann, und den gebe ich für dich nicht ab." Der „Dampf" war raus, in ruhigem Ton fuhr ich weiter fort: „Paul, wir dürfen und können nicht gegeneinander, wir müssen auf Gedeih und Verderb zusammenarbeiten. Nur so können wir ein gutes ‚Team' werden. Kümmere dich nicht um das Arbeitsdeck, auch nicht um das Verarbeitungsdeck. Konzentriere dich nur auf den Fischfang, alles andere überlaß mir." Die ganze Zeit, während ich sprach, starrte Paul krampfhaft in das Echolot. Er entgegnete mir kein einziges Wort. Ich erwartete auch keine Antwort.

Ich verließ die Brücke und schickte den Rudergänger wieder hinauf. Von diesem Tag an hatte ich in allen Arbeiten und Anordnungen, die in meinem Kompetenzbereich lagen, freie Hand. Kapitän Paul ließ mich gewähren. Aber insgeheim beobachtete er mich, ob ich mir irgendwo eine Blöße gab. Das war aber nicht der Fall.

Langsam baute sich ein gutes, ja freundschaftliches Verhältnis zwischen uns auf. Paul überließ alles mir. Er war nur der Kapitän. Selbstverständlich berichtete ich Paul über alles, was ich getan oder angeordnet hatte.

Wenn die „Blankenese" auf Ausreise war, erschienen jeden Abend der Bestmann und der Fischmeister in meiner Kabine, um für den nächsten Tag den Arbeitsplan für die Decks- und Fabrikbesatzung festzulegen. Ich entschied auch nicht allein, sondern ließ vom Bestmann und Fischmeister Vorschläge machen. So wußten auch sie, daß sie zum „Team" gehörten. Bevor die Fischerei begann, hatte ich drei „Arbeitswachen" aufzustellen. Jede „Wache" bestand aus elf Männern. Die Arbeitszeit in der Fischerei war so eingeteilt: zwölf Stunden arbeiten, danach sechs Stunden Ruhe. Das heißt, wenn die erste und zweite Wache arbeiteten, hatte die dritte Wache Ruhe. Nach sechs Stunden zog die dritte Wache auf, die erste Wache begab sich zur Ruhe. Nach sechs

Stunden zog die erste Wache auf, und die zweite Wache begab sich zur Ruhe. So reihum ging es Tag um Tag, Woche um Woche, bis der Fischraum voll war.

Auch bei dieser Wachaufstellung standen mir Fischmeister und Bestmann zur Seite. Sie kannten ihre „Schäfchen" genau und wußten, wie sie am effektivsten eingesetzt werden konnten. Wir hatten uns alle „zusammengerauft" und bildeten auf der „Blankenese" ein wirklich freundschaftliches Arbeitsteam.

Im privaten Bereich verlief mein Leben in ruhigen Bahnen. Seitdem ich auf der „Blankenese" war, mußte auch meine Frau länger auf ein Wiedersehen warten. Wir wohnten noch immer zusammen mit meinen Eltern in Otterndorf. Seit Jahren hatten meine liebe Frau und ich beschlossen, ein „eigenes Haus" zu besitzen. Uns fehlte nur noch der richtigen Ort und ein Baugrundstück. Wir suchten schon eine geraume Zeit danach. Ende des Jahres 1966 bot die Gemeinde Hechthausen/Oste bauwilligen Bürgern gute Baugrundstücke an. Meine Frau begab sich nach Hechthausen, nahm das Bebauungsgebiet in Augenschein und sicherte für uns ein Baugrundstück von ca. 1250 m². Als ich im Januar 1967 von einer Fangreise zurückkam, berichtete mir meine Frau, daß wir Besitzer eines Baugrundstückes wären. Wir mußten recht bald bei der Gemeindeverwaltung den Kaufvertrag abschließen.

Wir machten uns auf die Bahnreise nach Hechthausen, um den Kauf zu besiegeln. Ich hatte das Baugrundstück, mein späteres Domizil, noch gar nicht gesehen. Ich vertraute meiner Frau, daß sie den richtigen Platz ausgesucht hatte. In Hechthausen suchten wir den Bürgermeister auf, der seine „Neubürger" in spe freundlich begrüßte. Bevor ich den Kaufvertrag unterzeichnete, wollte ich doch wenigstens wissen, wo in aller Welt mein zukünftiges Haus stehen sollte. Es war ein sonniger Tag, der Bürgermeister, Herr G., lud uns in sein Auto und kutschierte uns durch eine weiße Winterlandschaft zum Bebauungsgebiet. Am Rande eines kleinen Wäldchens, auf einem Feldweg hielt der Pkw. Der Bürgermeister wies mit ausgestrecktem Finger in eine schneebedeckte Richtung: „Dort drüben, Herr Neu, liegt Ihr Baugrundstück." Ich sah nur niederes Gestrüpp, kleine Birken und ansonsten nur Schnee, viel Schnee.

Aber das Wäldchen, an dem wir standen, und auch sonst schien diese Gegend ideal für unser Heim, für unseren neuen Lebensabschnitt zu sein. Der Kaufvertrag wurde an diesem Tag nur vorbereitet. Alles andere, wie notarielle Formalitäten, hat meine Frau ganz allein abgewickelt. Der erste Schritt für ein eigenes Heim war getan.

Jetzt gab es kein zurück. Noch in diesem Jahr sollte Baubeginn sein. Nur leider konnte ich wenig dazutun, denn ich verbrachte die meiste Zeit auf See.

Einen Architekten beauftragten wir nicht, das Honorar wollten wir uns sparen. Ein naher Verwandter, Dipl.-Tiefbauingenieur, zeichnete nach unseren Vorstellungen die Baupläne und erstellte auch die Statik. Die Finanzierung war gesichert, es fehlte noch die ausführende Baufirma. Eine größere Baufirma in Hechthausen erhielt den „Zuschlag". In mehreren Verhandlungstagen wurden alle Leistungen festgelegt und ein „Festpreis" vereinbart. Der Bau unseres Hauses konnte beginnen. Ich konnte nichts beisteuern. Alles lag in den Händen meiner lieben Frau, die von ihrem Vater Heinrich Ruhmann unterstützt wurde. Mein Schwiegervater war selbst Bauhandwerker, deswegen hatte ich es mit der Baufirma so vereinbart: „Herr Heinrich Ruhmann überprüft sämtliche Bauarbeiten. Wenn Herr Ruhmann etwas sagt oder bemängelt, ist es so zu verstehen, als ob ich es gesagt oder bemängelt hätte." Auf diese Art hatte ich meinem Schwiegervater die „Vollmacht" zum Überwachen des Baues gegeben.

Als ich wieder von See zurückkam, stand der Baubeginn bevor. Meine liebe Frau und ich begaben uns zum Bauplatz nach Hechthausen. Was ich zu sehen bekam, war ein tiefes großes ausgebaggertes Loch, wo später der Hauskeller sein sollte. Der Anfang war getan. Ich konnte nur hoffen, daß alles ein gutes Ende nahm.

Wir liefen mit der „Blankenese" zu einer neuen Fangreise aus. Während der ganzen Fangreise dachte ich an nichts anderes als an meinen Hausbau. Ich rief des öfteren über Funk meine Frau an, um mich nach dem Stand des Baues zu erkundigen. Aber meine Frau sagte nur: „Du wirst es sehen, wenn du nach Hause kommst." Sie ließ mich regelrecht zappeln.

Nach 62 Tagen waren wir mit der „Blankenese" wieder in Hamburg. Meine Frau erwartete mich an der Pier. Nachdem alle Formalitäten erledigt waren, begaben wir uns auf dem schnellsten Weg heimwärts. Einen Pkw besaßen wir damals nicht, das Geld benötigten wir für den Bau. Unser Verkehrsmittel war die Eisenbahn.

Wir fuhren aber nicht bis Otterndorf, sondern stiegen in Hechthausen aus, ich mußte den „Bau" in Augenschein nehmen. Dann waren wir da! Ich staunte nur. An unserem Haus waren schon die Mauern hochgezogen. Während „meines Besuchs" wurde gerade der „Ringanker" des Hauses geschüttet, ich konnte mir den Arbeitsvorgang eine Weile ansehen. Auch die Garage stand bereits, allerdings noch ohne Dach, aber ich konnte es mir genau vorstellen, wie alles später aussehen würde. Rundherum zufrieden fuhren wir heimwärts. Ich wußte es, wenn ich nach der nächsten Fangreise heimkomme, werden meine Frau und ich im „eigenen Heim" wohnen!

Beruflich hatte ich mich auch sehr gefestigt. Zwischen Kapitän Paul und mir hatte sich ein gutes gegenseitiges Vertrauen, beinahe ein freundschaftliches Verhältnis aufgebaut. Zu Weihnachten wollte Kapitän Paul in Urlaub gehen, dann benötigte die „Blankenese" einen Vertreter als Kapitän. Ich besaß das Vertrauen des Kapitäns und auch das der Reederei. So erhielt ich die Vertretungsreise als Kapitän!

Das Schiff wurde für 60 Tage ausgerüstet. Am 7.12.1967 verließ die „Blankenese" den Hamburger Fischereihafen. Das Schiff wurde von Kapitän Richard Neu geführt!

Wer meine Biographie von Anfang gelesen hat, kann es sich vorstellen, wie ich mich jetzt fühlte. Der Bauernjunge aus dem „verschlafenen mittelalterlichen Dorf Kaupiai" im Kreis Tauroggen, in Litauen, führte jetzt ein Schiff als Kapitän mit einer Besatzungsstärke von 42 Mann. Ein Schiff, welches eine „schwimmende Fischfabrik" ist. Ich hatte mein Ziel, welches ich immer anstrebte, nicht durch Protektion, sondern durch harte und disziplinierte Arbeit erreicht. Als nächstes mußte ich diese, meine erste Reise als Kapitän erfolgreich abschließen. Die gesamte Besatzung war ein eingearbeitetes Team, so konnte eigentlich nichts verkehrt laufen. Ich nahm Kurs auf die westgrönländischen Fangplätze. Bis dahin benötigte die „Blankenese" sechs bis sieben Tage. Es war Spätherbst, um diese Jahreszeit war im Nordatlantik kein gutes Wetter zu erwarten. Die Nordsee hatten wir schnell durchfahren, den „Pentland-Firth" vor Tagen passiert und näherten uns „Kap Farvell", der Südspitze Grönlands.

Das Schiffsbarometer fiel stündlich, ein Zeichen dafür, daß einiges zu erwarten war. Der Bordfunker brachte die Wettermeldung, daß ein Orkantief bei „Kap Farvell" festlag. Aus diesem Grund wählte ich den Schiffskurs so, daß wir das Kap in 60 Seemeilen (111 km) Abstand passieren wollten.

Ich wollte jede Gefahr vermeiden, die von Eisbergen, Eisfeldern und Growlern ausgeht. Das oberste Gebot eines Kapitäns ist, Menschenleben und Schiff keiner Gefahr auszusetzen. Bevor wir das Kap umrunden konnten, waren wir mittendrin im Orkan. Stürme in allen Stärken waren wir gewohnt. Aber hier am „Kap Farvell" lauerten andere Gefahren. Rund um die Küste Grönlands treiben zu jeder Jahreszeit Eisberge. Große Eisberge kann man auch im Orkan mit dem Radargerät orten. Aber es gibt die abgeschmolzenen Eisberge, die „heimtückischen Growler", deren Hauptmasse unter Wasser liegt und die kaum aus dem Meer ragen. Diese „Growler" sind bei so schlechtem Wetter das Problem. Der Wind blies aus Nord-Ost. Wir hatten „achterliche See und Wind". Das Meer war ein einziges Inferno. Einen Horizont konnte man nicht erkennen. Der Sturm heulte, als ob er die Welt aus den Angeln heben wollte. Am Tage war dieses Inferno noch zu ertragen, aber jetzt kam die Nacht! Obwohl wir auf dem Peildeck zwei große „Xenon-Eis-scheinwerfer" besaßen, die das Meer vor dem Schiff nach Hindernissen ausleuchteten, war bei diesen tobenden Elementen nichts zu erkennen, wenn plötzlich so ein „Growler" vor dem Bug aufgetaucht wäre. Der Wind und die See schoben die „Blankenese" wie ein Spielzeug vor sich her, die Wellenberge wuchsen zu „Monstern" an. Ich hatte die Fahrt des Schiffes so reduziert, daß es nur „steuerfähig" war. Ich wollte es nicht länger verantworten, „vor der See" zu fahren, der Wind und die See trieben mir das Schiff zu schnell vorwärts. Ich wollte beidrehen und das Schiff gegen Wind und See legen und den Orkan „abreiten". Ich warte-te einen günstigen Moment ab, dann gab ich das Kommando „Ruder hart Backbord". Mit schneller Drehung legte ich die „Blankenese" ge-gen Wind und See. Eine Stunde lagen wir nun gegen Wind und See. Mir kamen Zweifel, hatte ich das Richtige getan? Das Meer ist ein unbarm-herziger Lehrmeister, der keine Fehler zuläßt! Wie sah die Rückfront des Orkantiefs aus? Im Moment war es relativ warm, aber wenn die Rückfront Kälte mitbrachte? Dann mußte ich mit starker Vereisung rechnen.

Im März dieses Jahres war hier einer der modernsten deutschen Fisch-dampfer, die „Johannes Krüß" aus Bremerhaven, mit 24 Mann Besat-zung auf unerklärliche Weise verschollen, das gab mir zu denken. Ich faßte den Entschluß, „vor See und Wind" weiterzudampfen. Erneut das Kommando „Ruder hart Steuerbord". Das Schiff drehte vor „Wind und See". Ich gab dem Schiff durch die „Verstellpropeller-Anlage" nur soviel Schub, daß das Schiff nur „langsame Fahrt" machte. Außerdem beor-derte ich noch zwei Matrosen zusätzlich als Ausguck auf die Brücke. So hielten vier Matrosen Ausschau nach Growlern und Eisbergen. Mit dem wachhabenden Steuermann waren wir sechs Männer auf der Brücke. Als der Morgen langsam graute, hatte der Orkan seine Stärke nicht ver-loren, aber die Sicht war besser als in der Nacht. Der zusätzliche Aus-guck war nicht mehr nötig. In der Nacht hatten wir einen Kurs von 272° gesteuert. Kap Farvell war passiert. Ich ließ den Kurs auf 320°, Rich-tung Nord-West, ändern. Am späten Nachmittag flaute der Orkan etwas ab, gegen Abend war es nur noch ein „starker Sturm". Als wir die Insel Storoe passierten, war von dem Orkan nichts mehr zu spüren. Nach 36 Stunden Brückenwache hatte ich „meine Sturmtaufe als Kapitän" be-standen. Die „Blankenese" war ohne Schaden durch den fürchterlichen Orkan gekommen, ich war sehr froh darüber. Nachdem wir die Insel Storoe hinter uns gelassen hatten, war das Meer so ruhig wie in einer Badewanne. Ich begab mich in die Koje und wollte die nächsten Stun-den nicht geweckt werden.

In der damaligen Zeit waren die Fischgründe noch nicht so „überfischt". Man konnte an der westgrönländischen Küste gute Fänge tätigen. Ich traf die westdeutsche Flotte auf der „Lille-Hellefiskebank" an. Die Fangergebnisse waren gut, die Verarbeitung bereitete keine Probleme. Das „Fischermannsglück" schien mit mir zu sein.

Langsam näherte sich auch der 24. Dezember. Heilig-Abend! Seltsam, die Seefahrt hat mir immer große Freude bereitet. Aber um die Weihnachtszeit auf See ist alles anders.

Die meisten Männer an Bord waren Familienväter, die jetzt gern bei ihren Lieben daheim gewesen wären. Ein jeder war in sich gekehrt und weilte gedanklich bei seiner Familie. Um diese Zeit mußte man die Besatzung mit besonderem Fingerspitzengefühl behandeln. Es war eben die Weihnachtszeit! Am Heiligen Abend um 18.00 Uhr stellte ich für sechs Stunden die Fischerei ein. Der Schiffskoch bereitete zu diesem Anlaß ein gutes Abendessen.

Die Schiffsausrüster und andere „Belieferer" hatten für die Besatzung allerlei „Weihnachtliches" mitgegeben. Jedes Besatzungsmitglied erhielt während des Abendessens eine gutgefüllte „bunte Tüte". Nach dem Abendessen ließ ich jedem einen vorher zubereiteten Punsch servieren. Es wurden aber nur zwei Tassen ausgeschenkt, mehr gab es nicht.

Bei dieser Gelegenheit hielt ich eine vorbereitete kurze Ansprache, indem ich mich bei allen für ihren Einsatz während dieser Reise bedankte. Auch im Namen des Reeders für den geleisteten Einsatz und gute Zusammenarbeit während des ganzen Jahres bedankte ich mich. Die Weihnachtstelegramme vom Reeder sowie vom „Minister für Ernährung Landwirtschaft und Forsten" und der Bundesregierung, die an alle Schiffe auf See gerichtet waren, hängte der Funker am „Schwarzen Brett" aus. Nach sechs Stunden „Heilig-Abend" begann wieder die Fischerei. Der erste und zweite Weihnachtstag in der Fischerei waren nur ein „rotes Datum" im Kalender. Solche Festtage wie Weihnachten, Ostern und Pfingsten existierten für den Fischer auf See nicht. Die Devise hieß: nicht „Feste feiern", sondern „feste arbeiten". Auch zum Jahreswechsel waren wir auf See. Wo an Land alles „aus dem Häuschen" ist, wurde auch hier für nur sechs Stunden die Fischerei eingestellt. Das neue Jahr wurde mit einem „Drei-Tassen-Punsch" begrüßt und darauf angestoßen. Das war alles.

Auf der „Store Hellefiskebank" traf ich auch mit dem F.M.S. „Hessen" zusammen, die noch immer von Kapitän Helmut D. geführt wurde, der mein Kapitän auf der „Württemberg" in den Jahren 1958–1961 war. Die „Hessen" hatte man auch zum „Fabrikschiff" umgebaut. Die „Blankenese" war ein größeres und moderneres Schiff als die „Hessen". Mein ehemaliger Kapitän Helmut D. gratulierte mir zu meinem Erfolg und wünschte mir für meinen Berufsweg „alles Gute". Wir waren jetzt Fischereikollegen.

Der Verlauf meiner ersten „Kapitänsreise" hatte ein gutes Ende. Am 19. Januar 1968 waren die Kühlräume voll, ich trat mit der „Blankenese" die Heimreise an, wo ich am 26. Januar an der Kühlhallenpier in Hamburg-Altona festmachte. Die Gesamtreise hatte 50 Tage gedauert. Der Reeder war sehr zufrieden. Auch meinen Kapitän Paul Joswig hatte ich nicht enttäuscht, auf dessen Empfehlung man mir die „Blankenese" anvertraute. Mir selbst hatte ich den Grundstein für meine spätere Berufslaufbahn gelegt.

Der Bau unseres Wohnhauses war gut vorangekommen, so daß meine Frau am 8. Februar 1968 im neuen Heim einziehen wollte. Der gesamte Hausrat war verpackt, nun kam ich von der Fangreise zurück. So schnell hatte sie mich nicht zurückerwartet.

Jetzt wieder alles Notwendigste auspacken. Meine Fangreise mit der „Blankenese" war gut verlaufen, es ging mit allem aufwärts. Anfang Februar lief die „Blankenese", wieder unter Führung von Kapitän Paul J., zu einer neuen Fangreise nach West-Grönland aus. Die Wetterbedingungen waren diesmal weit besser, obwohl die Frühjahrsstürme im Nordatlantik gefürchtet sind. Die Fangergebnisse waren auch während dieser Reise gut. Bei der Brennstoffergänzung im grönländischen Hafen Fähringehavn, wo wir auch unsere „Heimatpost" hinsenden ließen, erhielt ich von meiner Frau die Nachricht, daß „wir" umgezogen wären und in der Zukunft im „eigenen Haus" in Hechthausen wohnen würden. Vor Freude über diese Nachricht hätte ich die ganze Welt umarmen können. Diese Fangreise ging zu Ende. Die sechs Tage der Heimfahrt war ich voller Ungeduld. Das „neue Heim" war fertig und meine Frau mit dem ganzen Hausstand umgezogen. Wie mag alles wohl aussehen? Entsprach es meinen Vorstellungen? Dann war der Tag da.

Die „Blankenese" machte an den Kühlhallen in Hamburg-Altona fest, meine Frau erwartete mich am Kai. Nach Erledigung aller Formalitäten brachte uns ein Taxi nach Hechthausen. Ehrfürchtig betrat ich zum erstenmal unser „neues Heim".

Meine Frau und ich besaßen wahrhaftig ein „eigenes Haus". Es war wie ein Märchen. Hier konnte ich mich nach den schweren Seereisen ausruhen. Hier konnte ich mich erholen. Ich mußte keinen fragen ob ich dies oder jenes tun dürfte. Meine Frau und ich, wir waren unabhängig.

Während der Hafenliegezeit der „Blankenese" mußte ich zur Reederei, um die Ausrüstung für die nächste Fangreise zu überwachen und „offene" Fragen klären. Inspektor Walter S. erwartete mich schon. „Gut, daß du kommst, dann brauche ich dir am Telefon nicht alles erklären" (im neuen Haus hatten wir auch Telefon). Er fuhr fort: „Du mußt wieder als Kapitän mit der ‚Blankenese‘ auslaufen. Paul Joswig ist auf dem Flug nach Godthab/Grönland und übernimmt auf See die ‚Altona‘. Der Kapitän der ‚Altona‘, Erich Korsch, hat Urlaub, sein Steuermann hat die Vertretung übernommen. Aber an Bord gibt es irgendwelche Schwierigkeiten, und Paul Joswig soll dort die Kapitänsstelle einnehmen." So weit so gut, ich fragte: „Herr S., wen haben Sie für die ‚Blankenese‘ als Wachsteuermann vorgesehen?" Inspektor Walter S. legte mir seinen Arm auf die Schulter: „Ja, ich habe hier einen Steuermann aus Bremerhaven, Holger K. Er ist hier, ich werde ihn dir vorstellen und euch bekanntmachen."

Immer, wenn Inspektor Walter S. jemandem „seinen Arm um die Schulter" legte, war „höchste Wachsamkeit" geboten, dann wollte er denjenigen „einlullen". So erging es auch mir. In mir schrillten die Alarmglocken. Ich sagte mir: „Richard paß auf, er will dich über den Tisch ziehen." Genau so war es auch. Inspektor Walter S. rief den Steuermann herein und stellte mir Holger K. vor. Ich stellte ihm die für mich sehr wichtige Frage: „Wo und auf welchem Schiff haben Sie als ‚Wachsteuermann‘ gefahren, und bei welchem Kapitän haben Sie Fischereierfahrungen gesammelt?" Seine Antwort bestätigte meine Vermutung. „Nirgendwo, ich habe noch nicht als ‚Wachsteuermann‘ gefahren, aber einmal muß doch jeder mal anfangen." Damit hatte Holger K. sogar recht, aber warum mußte er gerade bei mir damit anfangen? Ich war doch selbst noch „Kapitänsanfänger". Was einen „erfahrenen" Fischdampferkapitän ausmachte, diese Erfahrungen besaß ich noch nicht. Inspektor Walter S. hatte sich für Holger K. entschieden, ich mußte seine Entscheidung akzeptieren. Außerdem hatte er auch keinen anderen Steuermann „parat". Ich hatte bei dieser Wahl instinktmäßig ein „ungutes Gefühl". Mein Instinkt sollte sich später auch bestätigen. Inspektor Walter S. hatte eine wahre Niete gezogen, deren Folgen ich ausbaden mußte.

Ende April 1968 verließen wir mit der „Blankenese" den Fischereihafen von Hamburg-Altona. Zu meinem Glück war die gesamte Stammbesatzung an Bord, so daß die Deck- und Fabrikleitung in guten Händen lagen. Mein Ziel war die westgrönländische Küste.

In den ersten Tagen, bis sich alle Arbeitsvorgänge normalisiert haben, herrscht an Bord eine gewisse Hektik, danach tritt die Normalität ein. Mein Steuermann Holger K. entpuppte sich als „Quasselstrippe", als „Maulheld", so schätzte ich ihn ein. Jedesmal wenn ich zu den Mahlzeiten die Offiziersmesse betrat, bestand sein Unterhaltungsthema nur über den „Sex". Nach drei Tagen platzte mir der „Kragen", ich kam in Rage und wies ihn zurecht. „Steuermann K., jetzt reicht es mir. Halten

Sie Ihre ‚schwülstigen‘ Gespräche und Redensarten, wo immer Sie es wollen, aber nicht hier in der Offiziersmesse und niemals in meiner Gegenwart. Ich werde es später in der Fischerei feststellen, ob Sie in Ihrem Können auch so tüchtig sind wie in der für einen Schiffsoffizier unwürdigen Sprache. Denken Sie einmal darüber nach, als was Sie hier angeheuert haben. Sie sollen Vorbild sein, dem man Respekt zollt. Wenn Sie irgendwo den Clown spielen wollen, dann hätten Sie zum Zirkus gehen, aber nicht zu mir an Bord kommen sollen. Haben Sie mich verstanden?" Mein Steuermann Holger K. war über die Zurechtweisung im Beisein der anderen Schiffsoffiziere so erschrocken, daß er zu keiner Antwort fähig war. Ab diesem Zeitpunkt ist er wohl in sich gegangen, denn es sollte noch einiges auf ihn zukommen. Auf meine Leute an Deck, Maschine und in der Verarbeitung konnte ich mich voll und ganz verlassen. Was aber würde mein „Wachsteuermann" bringen? Bevor die Fischerei begann, habe ich mich ordentlich ausgeschlafen. In den ersten Tagen mußte ich meinen Steuermann Holger K. in alle Belange der Fischerei einweisen. Wir erreichten mit der „Blankenese" den Fangplatz bei Storoe. Dort traf ich auch unser Reedereischiff „Altona", wo jetzt Paul J. das Kommando hatte. Wir begrüßten uns auf UKW-Sprechweg. Paul wünschte mir für diese Reise viel Erfolg.

Die Fischerei begann. In den ersten 36 Stunden, in denen ich die Brücke nicht verließ, hatten wir gute Kabeljaufänge getätigt. In dieser Zeit versuchte ich dem Steuermann Holger K. alles Wissenswerte zu erklären und in die Aussetz- und Hievvorgänge einzuweisen. Die Fänge bei Storoe ließen nach, wir dampften zum nächsten Fangplatz „No-Name"-Bank. Für diese vier Stunden konnte ich mich beruhigt schlafen legen, dann erreichten wir den Fangplatz, die Fischerei begann aufs neue. Bis Mitternacht blieb ich auf der Brücke. Nach dem Netzeinhieven setzte ich das Fanggeschirr aus und übergab dem Steuermann Holger K. die Fischereiwache. Ich begab mich in die Koje und schlief sofort ein. Durch das Geräusch, welches die Fischnetzwinde beim Einhieven des Netzes verursacht, erwachte ich und merkte, daß da etwas nicht stimmte. Das Fanggeschirr war in dem Moment am Meeresgrund an ein Hindernis „festgehakt", als der Hievvorgang begann.

Das Geräusch, wovon ich erwachte, war die Überlastung der Fischnetzwinde. Dies hatte der „Wachsteuermann" überhaupt nicht bemerkt.

Ein „Überlastungsmanometer" auf der Brücke zeigt sofort an, wenn das Fanggeschirr beim Hievvorgang am Meeresgrund festhakt. Dann muß man die Fahrt aus dem Schiff nehmen und mit „langsam rückwärts" auf das festgehakte Fanggeschirr zusteuern, um das viele Tausend Mark teure Fanggeschirr vom Meeresgrund freizubekommen.

Obwohl die „Überlast voll auf rot" zeigte, unterließ er es, das Schiff zu stoppen und „rückwärts" zu gehen. So wirkten jetzt zwei Kräfte auf den Stahlseilen, an denen das Fanggeschirr festgeschäkelt ist. Die eine Kraft war die Fischnetzwinde die zog, die andere Kraft der „Tonnenschub" der Schiffsschraube. Diese Belastung war für die Stahlseile zu hoch, sie brachen. Die Fischnetzwinde, ihrer „Belastung" ledig, heulte auf.

Ich wußte es, daß wir soeben ein ganzes Fanggeschirr verloren hatten. Noch im Schlafanzug versuchte ich, bevor die Stahlseile brachen die Brücke zu erreichen, um das Schlimmste zu verhüten. Ich schaffte es nicht. Als ich auf halber Treppenhöhe war, brachen die Stahlseile. Ich betrat die Brücke: „Steuermann, Sie sind beim Netzeinhieven mit dem Fanggeschirr am Grund festgehakt und haben nicht aufgepaßt. Jetzt sind wir das Fanggeschirr los!" Er: „Nein, ganz bestimmt nicht, hier ist alles in Ordnung." „Wir werden es ja gleich sehen. Ich sage Ihnen, Sie haben soeben mit dem Fanggeschirr 20 000 Mark auf den Meeresgrund gelegt."

Ich begab mich in meine Kabine, kleidete mich an und wartete, was mir mein Steuermann berichten würde. Nach einigen Minuten erschien er in heller Aufregung: „Alles ist weg, ich weiß nicht wie das passieren konnte."

Ab jetzt „duzte" ich ihn. „Wenn du in diesen 48 Stunden, die ich ununterbrochen auf der Brücke war, nur einen Bruchteil von dem behalten hättest, was beim Netzeinhieven und Festhaken besonders zu beachten ist, und nicht weiter den Bordclown gespielt hättest, wäre uns dieser Schaden erspart geblieben." Ich war außer mir vor Zorn. Da hatte ich diesem Kerl alles, was wichtig war, erklärt, aber er hatte nichts begriffen. Ich fuhr weiter fort: „Ich kann dich nicht entlassen, du kannst ja nicht von Bord, aber eines kann ich; ich entbinde dich von allen Aufgaben. Einem so schlechten Mitarbeiter kann ich bei dieser wichtigen, verantwortungsvollen Aufgabe kein Vertrauen schenken. Wenn ich persönlich am Ende meiner physischen Kräfte sein werde, lasse ich lieber das Schiff ‚treiben', als daß du dem Schiff und der Reederei weiteren Schaden zufügst. Bitte verlasse jetzt die Brücke." In der Zwischenzeit hatte die Deckwache ein neues Fanggeschirr „angeschlagen". Ich selbst übernahm wieder die Fischerei.

Viele Tage und Nächte vergingen, ich mühte mich sehr ab. Meine Füße waren angeschwollen. Das Gesicht vor Müdigkeit entstellt. Man sagte mir später, ich hätte furchtbar ausgesehen. Ich war immer sehr froh, wenn wir den Fangplatz wechselten.

Dann holte ich den II. Steuermann auf die Brücke, der dann den von mir bestimmten Fangplatz ansteuerte. Ich selbst fiel in einen „todesähnlichen Schlaf".

Steuermann Holger K. hatte Zeit, in sich zu gehen und über sich selbst nachzudenken. Wie viele Tage und Nächte ich mich abmühte, weiß ich heute nicht mehr. Er erschien auf der Brücke und bat mich, „wenigstens beim Schleppen" des Fanggeschirrs ihm die Wache zu übergeben, damit ich an einem Tag zu einigen Stunden Schlaf käme.

Mir blieb schließlich keine andere Wahl, als auf seinen Vorschlag einzugehen, wollte ich mir keinen gesundheitlichen Schaden zufügen. So durfte Holger K. während das Netz geschleppt wurde die Wache übernehmen. Ich kleidete mich nicht mehr aus, sondern legte mich in voller „Montur" auf das Kabinensofa zum Schlafen.

Das Aussetzen und Einholen des Fanggeschirrs gab ich nicht mehr aus den Händen. Es sollte für mich aber noch „dicker" kommen.

Es war der 15. Mai 1968. Für mich „Kapitänsanfänger" ein denkwürdiger Tag. Wir fischten auf der „No-Name"-Bank an der westgrönländischen Küste. Die Fänge waren gut, das Meer ruhig, es herrschte dicker Nebel. Auf dem Fangplatz war viel Treibeis, durchsetzt mit den gefürchteten „Growlern" und Eisbergen. Der Nebel und die Eisplatten erschwerten das Fischen. Es ist aber nicht ganz so gefährlich, wenn mit dem Schiff vorsichtig manövriert wird. Beim Schleppen des Netzes macht das Schiff 4 Knoten (7,5 km/h) Fahrt. Um 8.15 Uhr setzte ich das Fanggeschirr aus, bestimmte, welche Wassertiefe gehalten werden sollte, und übergab meinem Steuermann Holger K. die Wache. Mir war bekannt, daß vom Süden ein geschlossenes Packeisfeld, vom Strom getragen, nordwärts driftete. Gegen 9.15 Uhr, nach einer Stunde Schleppzeit, stand der Rudergänger in meiner Kammer, ich solle sofort auf die Brücke kommen, Eisfeld voraus. Ich ließ das Fanggeschirr an Deck hieven. Wir mußten dieses Fanggebiet verlassen. Mein nächstes Ziel war die nördlicher gelegene „Danas-Bank". Dorthin setzte ich den zu steuernden Kurs ab. Beide Radargeräte waren eingeschaltet. Wegen starkem Eisgang, „Growlern" und kleineren Eisbergen waren auf dem Radarbild Schiffe vom Eis nicht zu unterscheiden, weil beides ein gleiches Echo auf dem Radarbild abgibt. Der Steuermann Holger K. beobachtete das B.B.-Radargerät, ich das St.B.-Radargerät. Mit langsamer Fahrt und wechselnden Kompaß-Kursen dampften wir durch das aufgelockerte Eisfeld, welches mit „Growlern" und kleineren Eisbergen durchsetzt war. Das Packeisfeld war südlich von uns.

Die „automatische Makrofonanlage" war eingeschaltet und gab alle zwei Minuten einen „langen Ton" (Nebelsignal nach Seestraßenordnung). Ich dampfte mit „langsamer und halber Fahrt" und wechselnden Kursen durch das Eisfeld. Etwa gegen 10.05 Uhr stoppte ich das Schiff, weil ich einige „größere Objekte" an der St.B.-Seite im Radar ausmachte. Ich gab zwei lange Töne mit dem „Typhon". Antwort-Nebelsignale eines anderen Fahrzeugs hörten wir auf der Brücke nicht. Also mußten es Eisberge sein. Ich legte den Fahrthebel wieder auf „langsame Fahrt". Im Radar entdeckte ich an der Steuerbordseite eine größere Eislücke. Ich änderte den Kurs auf 60°, legte den Fahrthebel auf „Halbe Voraus" (6–7 Knoten, 12 km/h).

Da! Um 10.10 Uhr sichtete ich durch die Nebelwand einen größeren Schatten etwa 20° an Steuerbord voraus! Ich legte den Fahrthebel der Schiffsschraube auf „Voll Rückwärts" und gab gleichzeitig das Kommando: „Ruder hart Steuerbord", um den „Steuerborddreh" zu beschleunigen. Es nützte nichts. Gegen 10.12 Uhr erfolgte eine Kollision mit einem anderen Schiff, welches in einem „Kollisionswinkel" von etwa 75°–80° achtern an der Backbordseite getroffen wurde.

Meine Deckbesatzung, die noch mit Netzarbeiten auf dem Achterdeck beschäftigt war, hatte den „Zusammenstoß" beider Schiffe überhaupt nicht bemerkt.

Einige portugiesische Fischwerker (Fischverarbeiter im Verarbeitungsdeck), die im Vorschiff ihre Kammern hatten, liefen nach achtern und riefen: „Anderes Schiff kaputt." Die Matrosen auf dem Achterdeck wollten es nicht glauben, weil es keine Erschütterung gegeben hatte. Dann kam mein Kommando über die Rundrufanlage: „Rettungsboot klarmachen." Als ob der Herrgott ein Einsehen mit mir hatte, riß plötzlich die Nebelwand auf. Beide Schiffe lagen nun in einem Abstand von ca. 50 Metern entfernt gestoppt.

Ich konnte sehen, wie drüben zwei „Rettungsinseln" ins Meer geworfen wurden, die sich sofort aufblähten und die Männer drüben in die „Rettungsinseln" sprangen. Auf der „Blankenese" brauchte ich das große Doppelschlauchboot nicht auszusetzen. Der Bestmann Gerhard Köhler und noch zwei Matrosen brachten unser kleines „Arbeitsschlauchboot" zu Wasser und begaben sich mit kräftigen „Paddelschlägen" zu den Rettungsinseln. Nacheinander holten meine Männer beide Rettungsinseln längsseits der „Blankenese". Innerhalb zehn Minuten hatte ich die 21 Männer des „Kollisionsgegners" an Bord meines Schiffes. Mein „Kollisionsgegner" war die „Gudmundur" aus dem Hafen Tovoeroyry von den Färöer-Inseln. In der Zeit, wo wir die „Schiffbrüchigen" der „Gudmundur" an Bord holten, schloß sich die Nebelwand wieder. Der Havarist war aus meinem Sichtfeld geraten. Jetzt wußte ich es nicht; ist die „Gudmundur" gesunken? Schwimmt sie noch? Ein Puzzlespiel begann. Ich konnte nur nach dem Radarecho suchen. Aber im Radarbild gab jeder „Eisklotz" das gleiche Echo wie ein Schiff. Es war zum verzweifeln! Ich drehte mit der „Blankenese" langsame Kreise. Immer und immer wieder. Endlich um 11.00 Uhr hatte ich die „Gudmundur" wiedergefunden. Mit äußerster Vorsicht manövrierte ich die „Blankenese" längsseits und begab mich persönlich an Bord des Havaristen, um die Beschädigung in Augenschein zu nehmen. Der Kollisionsschaden war nicht so gravierend, wie ich es anfangs angenommen hatte. Achtern war „nur" das Schanzkleid bis etwa 1 m unterhalb der Wasserlinie eingedrückt, und in einer Matrosenkammer stand etwa 10 cm Wasser. Außerdem hatte der überhängende Steven der „Blankenese" das B.B.-Rettungsboot der „Gudmundur" zertrümmert. Größeren Schaden konnte ich nicht feststellen. Die Maschine lief noch, und alle nautischen Geräte waren in Ordnung. Der Kapitän der „Gudmundur", Andras Olsen, sein Steuermann und sein Maschinen-Ing. gingen an Bord zurück. Ich ließ eine Schleppverbindung herstellen und mußte die „Gudmundur" zum nächsten Hafen Fähringehavn schleppen. Jetzt hatte ich mein Dilemma: einen Steuermann, auf den ich nicht „bauen" konnte, und nun noch einen „Havaristen" im Schlepp. Bei der Kollision war kein Mensch zu Schaden gekommen, das Schiff ist auch nicht versenkt worden, es hatte „nur" eine größere Beule abbekommen. Trotzdem wollte ich den Havaristen nicht bis Fähringehavn schleppen und das aus folgendem Grund: Die Färöer-Inseln, wo die „Gudmundur" beheimatet war, standen unter dänischem Hoheitsrecht. Was konnte mit meinem Schiff, der „Blankenese", geschehen, wenn ich mich in die „dänische Hoheit" begab?

Die Schuldfrage an der Kollision war noch nicht geklärt. Konnte man die „Blankenese" festhalten, bis meine Reederei eine Kaution gestellt hatte? Solche und andere Fragen beschäftigten mich sehr. Ich mußte versuchen, die „Gudmundur" loszuwerden. Zuallererst rief ich über Funk den Reedereiinspektor Walter S. an und schilderte meine Lage und meine Bedenken. Auch er gab mir den Rat, die „Gudmundur" auf „irgendeine Weise loszuwerden". Ich rief die Hafenbehörde in Godthab an und bat um einen „Schlepper", der mir die „Gudmundur" vor Fähringehavn abnehmen sollte.

Als Begründung gab ich an (was nicht stimmte), daß ich das Fahrwasser um Fähringehavn nicht kenne und es daher gefährlich sei, mit einem „Schleppzug" dort einzulaufen. Es half nichts. Einen Schlepper hatte man dort nicht, ich sollte weiter in Richtung Fähringehavn schleppen, vor dem Hafen würde mich ein „Lotsenboot" mit einem Lotsen in Empfang nehmen. Meine Ausreden hatten nicht gefruchtet.

Aber vorher sollte noch etwas passieren. Der Wind frischte auf so um die Stärke 7. Auch das noch. Es kam, wie es kommen mußte, die Schlepptrosse brach. Aus Vorsicht hatte ich vorher noch eine Sicherheitsleine zur „Gudmundur" rübergegeben, jetzt konnten wir das Schiff langsam „ranhieven" und die Schleppverbindung wieder herstellen.

Der Wind flaute wieder langsam ab, das Meer wurde ruhig. Aber dann

trat das ein, womit ich am wenigsten gerechnet hatte. Eine „dicke Nebelsuppe" zog auf, und in dieser „Nebelsuppe" sollte ich in den Hafen! Ich hatte die „Kurslinie" in einer „Ansteuerungs-Seekarte" eingezeichnet, und genau nach Radarpeilung mußten wir uns auf dieser Kurslinie bewegen. Alle 15 Minuten wurde die neue Schiffsposition auf der Kurslinie eingetragen, welches ich immer selbst vornahm. Gegen 9.00 Uhr in der Frühe wurden wir auf UKW-Sprechweg Kanal 16 angerufen: ‚Blankenese', hier ist das Polizei-Boot ‚Kimik', können Sie mich hören?" Ich antwortete: „Polizei-Boot ‚Kimik', hier ist die ‚Blankenese', ich höre Sie klar und deutlich, over." Dann wieder die „Kimik": ‚Blankenese', hier ‚Kimik', ich kann Sie im Radar gut ausmachen, bitte steuern Sie Ihren Kurs so weiter, Sie haben den richtigen Kurs, over." Dann war ich wieder an die Reihe: „‚Kimik', hier ‚Blankenese', ich kann Sie in meinem Radargerät noch nicht ausmachen, bitte kommen Sie vorsichtig an den Schleppzug heran, denn hier herrscht dicker Nebel, die Sicht ist gleich Null, over." Dann war die „Kimik" an die Reihe: „‚Blankenese', hier ‚Kimik', die Sicht wird sich bald ändern, Sie werden die Nebelwand verlassen, hier herrscht strahlender Sonnenschein, over and out." Ich war sehr gespannt, und richtig, nach zehn Minuten liefen wir aus der „Nebelsuppe" und hatten das herrlichste Wetter. Strahlender Sonnenschein, kein Wölkchen am Himmel, spiegelglattes Meer, und die Berge Grönlands sahen in der Morgensonne paradiesisch aus. Dann sichteten wir auch das Polizeiboot „Kimik". Kurze Zeit später war es längsseits. Der dänische Lotse, Herr Hansen, ein älterer Herr, kam an Bord. Er sprach perfekt deutsch und „lotste" die „Blankenese" zum Ankerplatz in den Fjord. Im Fjord gab ich den Havaristen frei, das Polizeiboot schleppte ihn zur „Nordafahr"-Pier auf der anderen Seite des Fjordes. Um 10.45 Uhr gab ich den Befehl „Anker zu Wasser". Eine große Last war ich vorerst los. Abwarten, was jetzt weiter geschah. Auf der „Blankenese" sollte nur die „Verklarung" stattfinden. Bei einer Verklarung wird ein Protokoll angefertigt, wobei jeder kollisionsbeteiligte Kapitän seine Schiffspapiere vorlegen muß. Es werden alle Daten festgehalten über: Schiff, Reederei, Heimathafen, Land, Name des Kapitäns, Kollisionsposition, Wetterverhältnisse, Stunde und Minute der Kollision sowie eingeleitete Maßnahmen zur Rettung von Besatzung und Schiff. Wenn bei einer Schiffskollision Menschen ums Leben kommen oder ein Schiff geht „verlustig", dann gibt es hinterher grundsätzlich eine „Seeamtsverhandlung" vor einem Seeamt, wo die Schuldfrage geklärt wird. Es kommt auch vor, daß dem schuldigen Kapitän das Patent entzogen wird. In „meinem Fall" klärten es später die Versicherungen.
In Fähringehavn verlief alles sehr ruhig. Die Herren kamen an Bord. Auch Kapitän Andras Olsen der „Gudmundur". Ich bewirtete sie gut,

nach zwei Stunden war alles überstanden, meine Befürchtung hatte sich nicht bestätigt. Nach dem Mittagessen holte das Polizeiboot „Kimik" auch die Besatzung der „Gudmundur" ab.

Nach einem „guten Umtrunk" verließen auch diese Herren die „Blankenese", die „Kimik" holte sie ab. Um 15.30 Uhr lichteten wir den Anker und verließen Fähringehavn. Das „Gros" unserer Fischereifahrzeuge hatte sich ganz nach Norden in Höhe von „Holsteinsborg" begeben, wo gute Fänge getätigt wurden. Auch unser Kurs ging dorthin. Für mich ein großes Glück, denn bis dorthin benötigten wir zehn Stunden. So konnte ich mich für den nächsten Anlauf ausruhen und stärken.

Dort angekommen, ging es gleich zur Sache. Die Fänge waren gut, ich mußte zwei volle Tage Fischerei nachholen. An Bord lief alles reibungslos, mit Ausnahme meines „Stellvertreters", der sich als völlig ungeeignet erwies. Ich konnte das Rad nicht zurückdrehen, er war nun mal an Bord, ich versuchte das Beste daraus zu machen.

Ich wandte mich über UKW-Sprechfunk an die „Kapitänsvertreter" der anderen Schiffe, die während der Nacht die Fischerei ausübten, und bat sie, „meinen Steuermann" etwas zu unterstützen, was auch ganz gut gelang. Nach einigen Tagen verschlechterten sich die Fangergebnisse so drastisch, daß die Flotte andere Fangplätze aufsuchte. Am Ende landeten wir auf der „Fyllas-Bank" und befischten eine Wassertiefe von 600 m. Das Wetter hatte sich seit Tagen verschlechtert, Windstärke 7, außerdem waren viele Netzschäden zu beklagen. Mir behagte das alles nicht. Von Kap Farvell bis zur „No-Name"-Bank hatten Packeisfelder die befischbaren Bänke zugedeckt. Ich war mit meinem „Fischereilatein" am Ende. In der Zwischenzeit hatte sich die „Altona" mit Paul Joswig an Bord nach Süden abgesetzt und machte auf der „Nanortallik-Bank" gute Tagesfänge. Paul übermittelte mir eine „verschlüsselte Nachricht", die nur die eigenen Reedereischiffe mit einem „Code-Schlüssel" entschlüsseln konnten, daß er dort 10 to. Tagesproduktion halten konnte. Was ich mit dieser Nachricht anstellte, war meine Entscheidung. Ich holte das Fanggeschirr an Deck und dampfte südlich.

Über UKW-Sprechweg fragten andere Kapitäne an, wo ich denn hinwollte. Ich antwortete zur „Frederikshaab-Bank". Ich bekam zu hören: „Da fahr man hin, dort kommst du wegen der Eislage überhaupt nicht ran. Die Engländer haben es bereits vor zwei Tagen versucht und sind gescheitert." Meine Antwort: „Ich will es trotzdem versuchen." Daß ich nach „Nanortallik" wollte, sagte ich nicht. Aber um dort hinzukommen, mußte ich an der „Frederikshab-Bank" vorbei. Bis wir dort ankamen, konnte ich mich ordentlich ausschlafen. Auf der „Frederikshab-Bank" angekommen, waren keine Eisfelder zu sehen. Einen Tag hielt ich mich dort auf, der Tagesfang fiel bescheiden aus. So entschloß ich mich in der Nacht, nach „Nanortallik" zur „Altona" zu dampfen. Aber irgend etwas hielt mich zurück. Auf der Nordseite der „No-Name"-Bank angekommen, war auch hier von Eisfeldern nichts zu sehen. Gegen 18.00 Uhr ließ ich das Netz aussetzen. Weil ich im „Fischfinder-Echolot" keine „Fischanzeige" sehen konnte, ließ ich enttäuscht das Fanggeschirr nach einer dreiviertel Stunde wieder einholen. Die Scherbretter des Fanggeschirrs waren gerade vor die Tophanger gehievt, schoß das letzte Ende des Netzes wie eine Riesenwurst aus dem Wasser. Das ganze Achternetz war voller Kabeljau! Im Echolot hatte ich nicht die kleinste Fischanzeige gesehen, und nun dies!

Jetzt war das Problem, diese Menge heil an Deck zu bekommen, ohne daß der „Stert" (das letzte Ende des Netzes) abriß. Ich begab mich persönlich an Deck, um die Arbeiten zu leiten. Mein Bestmann Gerhard K. schaute mich an und meinte: „Du hast es diese Reise schwer genug, bitte geh auf die Brücke und überlasse alles andere mir, ich hole dir den Fang an Deck." Er hatte Recht. Er war ein guter und besonnener Mann, er wird, nein er muß es schaffen. Denn was da im Netzstert zappelte, waren an die 400 Zentner bester Kabeljau.

Ich begab mich auf die Brücke und schaute nicht mehr achteraus. Die Männer an Deck arbeiteten hervorragend. Dann war das „Schwergutgeschirr" angeschlagen und steifgehievt. Der Bestmann gab mir ein Zeichen, ich legte den Fahrthebel auf „Halbe-Voraus", damit das Schraubenwasser den „Stert" mit hochdrückte. Die „Schwergutgien" wurde gleichmäßig eingehievt, es gelang! Eine „Riesenwurst" lag an Deck. Jetzt ging alles schnell. Leerschütten, das Fanggeschirr schnell aussetzen. Von meiner Müdigkeit spürte ich nichts mehr, sie war wie weggeblasen. Das „Jagdfieber" hatte mich gepackt. Jetzt ließ ich das Netz nur eine halbe Stunde schleppen, dann war nicht so viel Fisch im Netz, und alles ging schneller. In kürzester Zeit hatte ich die „Auffangbunker" im Verarbeitungsdeck vollgeschüttet und legte noch eine „Reservewurst" voller Kabeljau an Deck. So gegen 24.00 Uhr ließ ich die Schiffsmaschine abstellen. Ich ließ die „Blankenese" einfach treiben.

Dem Steuermann Holger K. übergab ich die Wache mit der Order, wenn eine Seite des Auffangbunkers verarbeitet sei, es mir sofort zu melden. Um 7.00 Uhr war es soweit. Ich hatte sieben Stunden geschlafen, welch ein Luxus. Nach einem Duschbad begab ich mich auf die Brücke, ließ die Schiffsmaschine starten und dampfte zu der Position zurück, wo ich am Abend vorher so viele Tonnen Kabeljau gefangen hatte.

In sieben Stunden waren wir doch eine ziemliche Strecke nach Norden verdriftet. Als ich nun zum Nordende der „No-Name"-Bank kam, traute ich meinen Augen nicht. Was ich sah, das konnte ich einfach nicht glauben! Auf der ganzen „Schleppstrecke", wo ich vor acht Stunden gute Fänge getätigt hatte, lagen jetzt drei „Langleinen-Fischer", die ihre „kilometerlangen Angelleinen" ausgelegt hatten. Drei Färöer „Langleinen-Fischer" waren es, die mir mein Konzept verdarben. Auch in der Fischerei gilt: „Wer zuerst da ist, hat das Vorrecht." Ich konnte nur noch ein „langes Gesicht" machen.

Am Tage vorher hatte man sich bei mir erkundigt, wie auf den südlichen Bänken die Eisverhältnisse seien. Ich gab einen Bericht über die Eislage. Die Abendfänge hatte ich noch nicht getätigt.

Aufgrund meiner positiven Angaben war die westdeutsche Flotte zur „Frederikshab-Bank" gedampft und hatte riesige Kabeljauschwärme angetroffen. Vorher hatte ich mein UKW-Gerät abgeschaltet. Jetzt, wo die „Langleinen-Fischer" mir den Weg versperrten, schaltete ich das UKW-Gerät wieder auf Kanal 8, wo die deutschen Schiffe „kommunizierten". Durch Zufall hörte ich, wie Kapitän Ewald Z. von der „Saarbrücken" einfach so ins „Blaue" fragte: „Wo ist bloß der Richard mit der ,Blankenese'?"

Ich antwortete sofort: „Ewald, ich bin hier auf dem Nordende der ,No-Name'-Bank und suche Fischanzeigen." Mein guter Ewald schrie es förmlich in den Hörer: „Junge, such nicht lange, komm zur ,Frederikshab-Bank', hier tanzt der Bär, hier ist der Wohlstand ausgebrochen, gib deiner ,Blankenese' die Sporen." Es war ja nicht weit zu dampfen. Nach 1½ Stunden sah ich die „Armada" im Radarbild. Eine Zusammenrottung von vielen Schiffen. In der Tat, auf der „Frederikshab-Bank" war im Juni 1968 der „Wohlstand" ausgebrochen. Am Tage brauchte ich „nur" drei oder vier Fischzüge zu machen, dann waren die Auffangbunker im Verarbeitungsdeck wieder gefüllt, der Fang mußte nur noch verarbeitet werden.

Auch ich konnte mich von den Strapazen der letzten Wochen erholen. Mit meiner Besatzung war ich sehr zufrieden, sie hat mich mit all ihrer Kraft unterstützt, ich war ihr sehr dankbar. Auf der „Frederikshab-Bank" sollte die Fangreise noch nicht zu Ende gehen. Die Fischschwärme verflüchteten sich, oder sie waren weggefangen. Wieder verteilte sich die Flotte. Jeder Kapitän suchte woanders sein Glück. Ich dampfte mit der „Blankenese" zur „Fyllasbank", dort beendete ich meine zweite Fangreise als Kapitän. Bevor wir auf „Heimreise" gingen, hatte ich noch ein nettes „Erlebnis", welches erwähnenswert ist.

Die Portugiesen, ein altes Fischereivolk, betrieben seit Jahren die „Salzfischerei". Das heißt, dem Kabeljau werden Kopf und Hauptgräte entfernt und die „Filetseiten mit Haut" zu Trockenfisch (Dorryfisch) gesalzen. Von meiner Warte aus betrachtet waren diese Männer Fischerei-Sklaven. Ein „Dorrysegler" war ein großes Segelschiff, das zu den Kabeljaugebieten segelte, sich auf eine der Fischbänke vor Anker legte und unzählige kleine Boote aussetzte. In jedem Boot so ein Fischer-Sklave mit Angelleinen ausgerüstet, der nun vom „Mutterschiff" wegruderte und den ganzen Tag für das Mutterschiff Kabeljau angelte. Dieser „Angler im Boot" war sich selbst überlassen. Vom Aussetzen des Bootes bis zum späten Abend, wenn die Boote „per Signal heimgerufen" wurden, hatte der Angler sich mit allem zu versorgen.

Essen und Trinkbares mußte er für den ganzen Tag in sein Boot mitnehmen, versorgt wurde er von keinem. Viele dieser tapferen Männer haben dabei ihr Leben verloren.

Die Westküste Grönlands wird in den Sommermonaten sehr oft von tagelangem Nebel heimgesucht. So mancher „Bootsangler" hat am Abend sein Mutterschiff nicht wiedergefunden und ist auf See verschollen. Dies alles erwähne ich, weil ich ein nettes Erlebnis mit diesen „Bootsanglern" hatte.

Mein Fischmeister erschien auf der Brücke und sagte mir, daß er nicht mehr viel Kabeljau gebrauchen könne, die Kühlräume wären voll. Nach 1½ Stunden Schleppzeit ließ ich das Fanggeschirr einholen, es waren an die 120 Zentner Kabeljau im Netz.

Ich fragte den Fischmeister, wieviel er noch benötige, da meinte er: „Na ja, schütte man 70 Zentner hinunter, mehr auf keinen Fall." Die 70 Zentner wurden hinuntergeschüttet, der Rest blieb auf dem Oberdeck. Mit „langsamer Fahrt" fuhr ich zu den Bootsanglern und schob mich mit der „Blankenese" zwischen die Boote; stoppte und ließ mit dem Typhon mehrere lange Töne erschallen. Einige der Angler begriffen sofort, daß sie aufgefordert wurden heranzukommen. Mit schnellen Ruderschlägen waren sie längsseits der „Blankenese". Ich ordnete an, den Kabeljau, der bei uns an Deck lag, in die Boote der Angler zu werfen. Ein Boot nach dem anderen ruderte heran und wurde „vollgeladen". Über einige war ich doch sehr gerührt, sie blickten zu mir hoch, bekreuzigten sich mit den Worten „Madre de Dios". Von meiner Besatzung wurden Zigaretten und Verarbeitungshandschuhe hinuntergegeben. Die dankbaren Blicke „sprachen Bände". Nachdem alle Fische an die Angler abgegeben waren, es mag gegen 16.00 Uhr gewesen sein, gab ich über die Rundrufanlage bekannt, was jeder Fischermann am liebsten hört. „Heimreise, Deck und Verarbeitungsdeck seefest machen!"

Im nachhinein war ich froh, daß ich diesen Einfall hatte. Gerade während dieser Fangreise hatte ich am eigenen Leibe erfahren, wie schwer „Fischerei" sein kann.

In den nächsten 24 Stunden wollte ich von niemandem gestört werden, es sei denn, die „Blankenese" lief vor Packeis oder es standen andere wichtige Dinge an. Nach 18 Stunden Schlaf sah ich die Welt wieder von der heiteren Seite. Die Kühlräume waren voll und alle Strapazen vergessen.

Während dieser Reise hatte ich keinen guten Vertreter, außerdem eine Kollision mit der „Gudmundur", wobei zwei Tage Fischerei verloren gingen. Als wir wieder in Hamburg ankamen, hatte ich mit der „Blankenese" in nur 43 Tagen die schnellste Fangreise gemacht. Das war noch keinem Vorgänger gelungen. Als wir Grönland weit hinter uns gelassen hatten, lud ich alle Offiziere sowie Bestmann und Fischmeister zu einem „kleinen Erntedankfest" in meine Kabine.

Ich war allen zum Dank verpflichtet, hatten sie doch ihr Bestes zum Gelingen der Fangreise beigetragen. Mein Steuermann Holger K. war auch „geläutert". Ich selbst trug ihm nichts nach. Jeder muß so genommen werden wie er ist. Er selbst hatte erkannt, daß er die Leistung, die auf einem Fabrikschiff abverlangt wird, nicht bringen konnte. Im Juni 1968 liefen wir in Hamburg ein. Der Reeder Ernst A. P. Koch beglückwünschte mich zu meiner „erfolgreichen Fangreise". Bei passender Gelegenheit und in einem „zwanglosen" Gespräch machte ich Inspektor Walter S. klar, daß er mir keinen guten Dienst erwiesen hatte, indem er mir einen unerfahrenen Steuermann mitgegeben hatte. Aber das war jetzt „Schnee von gestern", wichtigere Dinge standen im Vordergrund. Nach einigen Tagen wurde ich zur Reederei beordert. Die Kollision am 15. Mai mit der „Gudmundur" war seitens des Reeders noch nicht zur Sprache gekommen. Dem Reeder lag nur mein Kapitänsbericht vor. Ich berichtete dem Reeder, wie es zu der Kollision kam, daß aus meiner Sicht die Schuldfrage zu 50 % auf beiden Seiten lag. Nach zwei Tagen wurden der Reeder Ernst A. P. Koch und der Kapitän der „Blankenese" Richard Neu zur „Seeversicherung" in Hamburg bestellt.

Die Berichte der Kapitäne, Andras Olsen der „Gudmundur" und Richard Neu der „Blankenese", lagen der „Seeversicherung" vor. Weil bei der Kollision weder ein Schiff verloren ging, noch Menschenleben zu Schaden kamen, hat die „Seeversicherung" aus den Kapitänsberichten ihre Schlüsse gezogen.

Die Schuldfrage wurde zu 75 % und 25 % festgelegt. Das heißt, Kapitän Andras Olsen trug 75 %, Kapitän Richard Neu trug 25 % Schuld an der Kollision am 15. Mai 1968.

Begründung: Die „Gudmundur" fuhr trotz dichtem Nebel „volle Fahrt". Sie gab keine Nebelsignale. Trotz des dichten Nebels war kein Nautiker auf der Brücke, und das Radargerät war auch nicht besetzt. Lediglich ein Leichtmatrose weilte auf die Brücke. Das war bei solcher schlechten Sicht eine große Fahrlässigkeit des Kapitäns Andras Olsen. Dem Kapitän Richard Neu sind keine nautischen Fehler unterlaufen. Lediglich anzumerken ist: Die „Gudmundur" kam der „Blankenese" von der St.B.-Seite und hatte laut „Seestraßenordnung" die Vorfahrt.

Am Nachmittag des gleichen Tages traf ich in der Inspektion mit Paul Joswig zusammen, dem ich die „Blankenese" wieder übergeben mußte. Als er mich sah, lachte er und meinte: „Na Lütter, woer di een im Wech, heßt em op de Hörner nomen?" (Na Kleiner, war dir einer im Wege, hast ihn auf die Hörner genommen?) Aber trotz der unterschiedlichen Körpergröße waren wir ein sehr gutes und eingespieltes „Arbeitsteam", wo sich einer auf den anderen voll verlassen konnte. Auch Paul gratulierte mir zu meiner guten Fangreise und meinte: „Du hast mir eine Zeit vorgelegt, die sehr beachtlich ist." Das war aber nicht böse gemeint.

Paul hatte wieder das Kommando auf der „Blankenese" übernommen. Über die folgende Fangreise ist nur so viel zu berichten, daß wir sie an der Südwestküste Grönlands begannen und auch beendeten, ohne einmal den Fangplatz zu wechseln. Seit Tagen hielten wir uns auf dem Fangplatz „Nanortallik" auf.

Die Tagesfänge waren sehr gut. Seltsam, sobald es dunkel wurde, blieb das Netz leer, in der Nacht war einfach kein Fisch zu fangen. So hatte ich immer von 22.00 Uhr bis am Morgen 7.00 Uhr Brückenwache. Entweder wir ließen uns mit gestoppter Maschine treiben oder aber mit „langsamster Fahrt" die Position halten.

Nach mehreren Tagen Fischerei mußten am Fanggeschirr einige Teile ausgewechselt werden. Vier Männer der Deckbesatzung sollten das ausführen. Es war Mitternacht vorbei, ich stoppte das Schiff. Als ob mir ein „siebter Sinn" sagte: „Geh mal schnell an Deck und schau nach dem Rechten." Ich betrat das Arbeitsdeck, in diesem Moment sah ich mit Schrecken, wie der Netzmacher Wolfgang F. bei laufender Netzwinde immer wieder um den Spillkopf herumgeschleudert wurde. Ich stoppte sofort die Netzwinde. Der Netzmacher war „beim Hieven über den Spillkopf" mit einem Bein in eine Drahtschlinge gekommen und wurde laufend herumgeschleudert. Zu unser aller Glück lief die Netzwinde in dem Moment nicht zu schnell. Der Netzmacher Wolfgang F. schrie vor Schmerz und Panik. Jetzt war „erste Hilfe" nötig. Ich sprach beruhigend auf ihn ein: „Wolfgang, bleib ganz ruhig, schau, ‚Richi' ist bei dir und wird dir helfen. Hol erst mal ganz tief Luft und beruhige dich." Er schaute mich mit schreckgeweiteten Augen an und beruhigte sich ganz allmählich. Als erstes mußte ich feststellen, ob sein Rückgrat verletzt war, das mußte aber mit seiner Hilfe geschehen. Eine „falsche Hilfeleistung" kann mehr Schaden anrichten als helfen. Ich sagte: „Wolfgang, deine beiden Beine stecken in Drahtschlingen, diese müssen wir erst mal befreien." Das stimmte natürlich nicht, ich wollte nur feststellen, ob er seine beiden Beine bewegen konnte.

„So, Wolfgang, zuerst mußt du das linke Bein aus der Schlinge ziehen." Er winkelte das Bein an. „So, Wolfgang, jetzt das rechte Bein", auch das winkelte er an. Gott sei Dank, das Rückgrat schien nichts abbekommen zu haben. Aus der Schiffsapotheke hatte man mir eine Schere geholt, ich schnitt ihm die Beinkleider auf.

Vom Schritt bis zu den Knöcheln war alles stark geprellt, aber nichts gebrochen. Der Netzmacher Wolfgang F. schrie immer noch vor Schmerzen. Danach schnitt ich den Pullover und Hemdenärmel auf und bekam einen Schreck. Wie sah der rechte Arm aus? Einen so kurzen Unterarm gibt es doch gar nicht. Da sah ich auch schon, wie aus der Seite des Unterarms der Knochen hervorschaute. Eine „offene Unterarmfraktur". Hier konnte ich nicht helfen, Wolfgang F. mußte auf dem schnellsten Weg in ein Krankenhaus gebracht werden. Ich legte einen Preßverband an, danach schiente ich den Arm und gab ihm wegen der starken Schmerzen eine Morphium-Spritze, die ich ihm unter die Haut des linken Unterarms spritzte. Ich überzeugte mich, daß es keine weiteren äußerlichen Verletzungen gab, dann konnten wir ihn auf die Bahre legen. Ein zu schnelles Fortschaffen kann mehr Schaden anrichten als nützen. Als der Verletzte versorgt war, nahm ich sofort Kurs auf den grönländischen Hafen Julianehab, dann weckte ich Kapitän Paul Joswig. In drei Stunden konnten wir im Hafen sein. Ich verständigte über UKW-Sprechweg die Hafenbehörde, die uns erwartete. Ich dampfte „voll voraus". Für jeden Hafen gibt es „Ansteuerungskarten", so auch für Julianehab. Ich suchte die Ansteuerungskarte heraus und dampfte weiter. Wer nicht auf der Brücke erschien, war mein Kapitän Paul J. Ich weckte ihn mehrere Male, er versprach zu kommen, aber er kam nicht! Erst als wir kurz vor der Hafeneinfahrt waren, rief ich ihn nochmals an und sagte, daß wir bald im Hafen seien. Erst jetzt erschien er auf der Brücke und meinte: „Ich habe überhaupt nicht begriffen, um was es hier eigentlich geht, du hast ja alles gut im Griff, nichts verkehrt gemacht." Das sollte ein Lob sein, aber ich war auch sehr verärgert, denn in meinem Leben war ich noch niemals in Julianehab gewesen; und jetzt sollte ich in der Nacht mit einem Schwerverletzten einlaufen.

Julianehab hat eine gute Hafeneinfahrt, keine Riffs oder Barrieren. Die Hafeneinfahrt ist sehr breit und tief, so hatte ich keine Schwierigkeiten einzulaufen. Paul stand auf der Brücke und tat überhaupt nichts, schaute aus dem Fenster und ließ mich gewähren.

Die Hafenbarkasse kam uns entgegen, um den Verletzten abzuholen. Ich verließ die Brücke, um die Bahre mit dem Verletzten an die Barkasse abzugeben. Die Übergabe des Verletzten ging gut und schnell vonstatten, ich begab mich wieder auf die Brücke. Ich dachte bei mir, daß Paul jetzt zum Auslaufen das Kommando übernehmen würde, aber

174

weit gefehlt. Er sagte: „Richi, du bist hier allein eingelaufen, du wirst auch allein wieder auslaufen. Gute Nacht und weiterhin gute Wache." Sprach's, und weg war er.

Im ersten Moment war ich sprachlos, aber dann begriff ich, welch großes Vertrauen mir Kapitän Paul Joswig entgegenbrachte. Ja, wenn ich damals im Mai auch so einen Steuermann gehabt hätte, dem ich so „blind" hätte vertrauen können, wäre vieles besser gewesen. Am anderen Tag sprach ich Paul über die vergangene Nacht an und fragte ihn, weshalb er nicht auf der Brücke erschienen wäre, da sagte er mir etwas, was mich besonders freute: „Richi, was hätte ich in der Nacht anders oder besser machen können als das, was du gemacht hast?" „Du hast alles richtig gemacht, und das ist gut so." Danach ging alles wieder seinen gewohnten Gang.

Den Netzmacher Wolfgang F. hat man in Julianehab ärztlich versorgt und auf dem schnellsten Weg nach Hamburg in eine Spezialklinik für Unfälle ausgeflogen. In der Klinik wurde er wieder völlig gesund und konnte nach einer Erholungszeit wieder zur See fahren.

Das Jahr 1968 ging seinem Ende entgegen. Vorher hatte Paul eine noch bessere Fangreise in „nur" 33 Tagen „abgeliefert". Ich freute mich für ihn, Neid kannte ich nicht. Dann kam die Weihnachtsreise 1968. An Bord der „Blankenese" kam es zwischen dem leitenden Maschinen-Ing. und Kapitän Paul Joswig zu Unstimmigkeiten, die unüberwindbar waren. Ende Januar 1969 liefen wir mit der „Blankenese" in Hamburg-Altona ein. Bereits nach dem Festmachen des Schiffes kam es zwischen Kapitän Paul J. und dem Junior-Chef der Reederei zu einer Meinungsverschiedenheit, die am Ende eskalierte. Das Ende war, daß Kapitän Paul Joswig „fristlos" kündigte. Eine „fatale" Situation. Wir zwei, Paul und ich, waren ein starkes „Team" gewesen. Wie es schien, sollten sich jetzt unsere Wege trennen. Es war ein Jammer, daß man zwei Männer trennte, die sich auf „Gedeih und Verderb" vertrauten. Vorerst bin ich mit der Hoffnung nach Hause gefahren, daß sich die „Wogen der Erregung" noch glätten würden. Nach zwei Tagen begab ich mich zur Reederei und wurde zum Reeder Ernst A. P. Koch bestellt. Er teilte mir mit, daß Kapitän Paul Joswig die Reederei verlassen hatte, ob ich gewillt sei, die „Blankenese" als Kapitän zu übernehmen. Es ist schon ein Vertrauensbeweis, wenn ein Reeder einem jungen Kapitän sein Schiff anvertraut.

Aber in diesem Fall war ein „bitterer Beigeschmack" dabei. Paul Joswig verließ die Reederei, ich sollte ihn ersetzen. Irgendwie kam es mir wie ein Verrat an Paul Joswig vor. Sollte ich ablehnen und jemand anderem den Vortritt lassen? Nein, das war ich „uns" schuldig, ich übernahm das Kommando auf dem F.M.S. „Blankenese".

Am Berufsziel: Kapitän

Mein Berufsziel hatte ich erreicht. Wie wird das Schicksal mit mir weiter verfahren? Die „Blankenese" war nicht eines der motorstärksten Schiffe. Andere Reedereien bauten größere und maschinenmäßig stärkere Schiffe, die auch größere Netze mit schwereren „Scherbrettern" schleppen konnten. Mit der „Blankenese" konnten ich das nicht; so hielt sich mein Erfolg in Grenzen. Als Wachsteuermann hatte ich einen älteren Seemann aus Bremerhaven, Walter B. Er war erfahren und umsichtig. Die erste Fangreise begann an der Labradorküste und endete in den westgrönländischen Gewässern. Während meiner zweiten Fangreise mußte ich ein seemännisches „Husarenstück" fertigbringen, welches im nachhinein erwähnenswert ist.

Das „Gros" der Fischereiflotte fischte auf der „Lille Hellefiskebank" an der Westküste Grönlands. Alle Schiffe haben nur für eine begrenzte Zeit Diesel-Kraftstoff für die Schiffsmotoren an Bord. Nach dem Verbrauch dieser Mengen muß der Brennstoff-Vorrat ergänzt werden. Der Bunkerhafen für uns war Fähringehavn. In diesem Frühsommer 1969 war an der Westküste Grönlands besonders starker Eisgang.

Das „geschlossene Eisfeld" hatte die gesamte Westküste Grönlands von Kap Farvell bis rauf nach Sukkertoppen zugedeckt. Somit war auch Fähringehavn für uns vom Eis abgeschnitten. Weit nördlich von Godthab liegt der Ort Holsteinsborg. Weil kein Schiff in Fähringehavn seinen Brennstoff ergänzen konnte, erklärte sich die Hafenbehörde von Holsteinsborg bereit, Schiffe mit Brennstoff zu versorgen. Auch unser Brennstoff ging langsam zur Neige, er reichte noch für einige Tage. Über Funk rief ich die Inspektion an, bat um Erlaubnis, in Holsteinsborg unseren Brennstoff ergänzen zu dürfen. Als Antwort erhielt ich: Abwarten, vielleicht wird Fähringehavn noch frei.

Diese Einstellung verstand ich überhaupt nicht. Es wäre doch vollkommen egal, wo wir unseren Brennstoff ergänzten. Aber die Eisverhältnisse vor Fähringehavn änderten sich nicht. Nach zwei Tagen wiederholte ich den Anruf bei der Inspektion, erhielt aber die gleiche Antwort. Nach weiteren zwei Tagen wurde es mir langsam „eng". Ich rief den Reeder Ernst A. P. Koch persönlich an und schilderte meine Lage. Wenn ich in Holsteinsborg den Brennstoff nicht ergänzen darf, dann muß ich nach Reykjavik/Island dampfen und dort das Schiff „bebunkern". Der Reeder gab mir sofort „grünes Licht", den Brennstoff in Holsteinsborg zu ergänzen. Über Funk ließ ich die „Blankenese" für den nächsten Tag zur „Bebunkerung" anmelden. Dem I. Steuermann übergab ich die Wache, er sollte bis 24.00 Uhr fischen, dann nach Holsteinsborg dampfen.

F.M.S. „Blankenese", H.H. 327 / U.S.: DNDV. Reederei: Atlantische Hoch-
seefischerei, Hamburg. Foto: Hermann Schlüter, Bremerhaven

Eine Stunde vor dem Hafen wollte ich geweckt werden, um das Einlaufen persönlich zu übernehmen. Nach etwa zwei Stunden Schlaf stand
mein Steuermann Walter B. an meiner Koje. Ich fragte erstaunt: „Na-
nu, sind wir schon vor Holsteinsborg?" Seine Antwort war für mich
ernüchternd. Nach Holsteinsborg brauchen wir nicht hinzufahren, die
Hafenbehörde hat vor fünf Minuten angerufen, sie hätten nur noch
Brennstoff für die „Venus", die sich vor uns angemeldet hatte. Für die
„Blankenese" hätte man keinen Brennstoff mehr. Jetzt war guter Rat
teuer.
Ich überlegte kurz, dann traf ich eine für mich „schwere Entscheidung". „Morgen versuchen wir durch das Eis zu brechen und nach
Fähringehavn zu kommen." Mein Steuermann Walter B. schaute mich
ungläubig an und verließ meine Kammer. Ich überlegte mir noch alles
gründlich, dann rief ich die Brücke an. „Walter, du mußt dich mit dem
Fischen so einrichten, rechtzeitig den Fangplatz zu verlassen und in
Richtung Godthab zu dampfen. Wenn das Eisfeld in Sicht kommt, mich
sofort wecken."
Am anderen Morgen gegen 6.30 Uhr war es soweit. Um 7.00 Uhr betrat
ich die Brücke und übernahm die Wache und das weitere Geschehen.
Das Eisfeld war ganz nahebei, das Wetter gut, wolkenloser Himmel,
strahlender Sonnenschein, kein Wind, kein Seegang.

Irgendwie ein herrlicher Tag. Nur mir, besser gesagt uns allen, stand noch einiges bevor. Ich dampfte bis zum Eisfeldrand, er war zu kompakt und auch zu breit, um da durchzubrechen. Ich wußte es, daß zwischen dem Packeisfeld und der Küste „freies Fahrwasser" war. Aber zuerst mußte ich durch das kompakte Eisfeld.

Ich dampfte mit der „Blankenese" nordwärts, irgendwo mußte doch ein Durchkommen sein. Ein Schiff kam uns entgegen, es war die „Saar" mit Kapitän Walter Biermann. Er rief mich auf dem UKW-Sprechweg an: „Richard, dreh um, hier kommst du nirgendwo durch das Eis." Ich antwortete: „Walter, ich will es trotzdem versuchen." Walter B.: „Na, dann viel Glück." Nach einer Stunde „nördlicher Fahrt" erspähte ich eine schmale Stelle im Eis von ca. einer Seemeile, und das Eis war hier auch nicht so kompakt zusammengeschoben. „Hier und nur hier müssen wir durch." Vorher hatte ich meine beiden II. Steuermänner auf die Brücke beordert, die mich unterstützen sollten. Mit „langsamster Fahrt" schob sich die „Blankenese" durch das Eis. Wir hatten Glück und kamen durch. Eine „kleine Etappe" war geschafft. Jetzt hatten wir freies Fahrwasser und konnten „volle Fahrt" südlich dampfen. Nach etwa zwei Stunden sah ich einen Fischdampfer uns entgegenkommen. Es war die „Nordenham" mit Kapitän Hans Reinhold. Wir begrüßten uns über UKW-Funk. Auch Kapitän Hans R. gab mir den Rat umzukehren, das Eisfeld wäre zu kompakt, um nach Fähringehavn zu kommen. Ich fragte ihn: „Wie weit bist du gekommen?" Er antwortete: „Bis zu 100° Peilung der Insel Simiutaq." Das ist eine vorgelagerte Insel etwas nördlich von Fähringehavn. Ich bedankte mich. „Ich will mir trotzdem selbst ein Bild über die Eislage machen." Auch Kapitän Hans R. wünschte mir „viel Glück". Ich bedankte mich und steuerte weiterhin „südlichen Kurs", noch hatten wir freies Fahrwasser. Das kompakte unübersehbare Eisfeld an der Steuerbordseite, die Küste Grönlands an der Backbordseite, dazwischen noch immer „freies Fahrwasser". Nach einer weiteren halben Stunde konnte ich am Horizont erkennen, wo sich das Eisfeld in Richtung Küste hinzog und das freie Fahrwasser zu Ende war. Wir erreichten mit der „Blankenese" das geschlossene Eisfeld, welches nun mit der Küste verbunden war. Jetzt lag es an mir, die Fahrt durch das Eis zu wagen oder abzubrechen.

Es war ein herrlicher Sonnentag, irgendwie spürte ich, daß ich es schaffen werde. Nur leichtsinnig handeln durfte ich nicht, denn außer meiner Person waren noch weitere 43 gute Männer an Bord, deren Leben wichtiger war als alles andere. An Bord hatte ich einen Matrosen, Lothar H., dieser hatte lange Zeit auf kleineren Frachtschiffen vorwiegend Deutschland–Finnland gefahren. Um in die kleineren finnischen Häfen zu kommen, muß man durch die „Schären" steuern, das sind winzige Inseln und Riffs, die vor den Hafeneinfahrten liegen. Diesen Matrosen beorderte ich auf die Brücke. „Lothar, schau dir das Eisfeld an, traust du es dir zu, die ‚Blankenese' hier durchzusteuern? Von mir bekommst du den ‚Generalkurs', auf den du immer zurückkommen mußt, bist du dazu bereit?" „Ja, ich traue es mir zu, und wir werden es auch schaffen." „Na, dann ans Ruder, wir versuchen nach Fähringe-havn zu kommen!"

Einen II. Steuermann postierte ich im Seekartenraum, den anderen Steuermann am Radargerät. Ich ordnete an: „Von nun an wird jede fünfte Minute eine Radarpeilung von der Insel Simiutaq vorgenommen und in die Seekarte eingetragen." Die Eisfahrt der „Blankenese" be-gann. Minuten und Stunden verrannen und wurden mir zur Qual. Es waren bei Gott kein Mut und Abenteuer, die mich zu dieser Eisfahrt be-wegten, es war die Notwendigkeit, die ich in erster Linie meinem Ree-derei-Inspektor zu verdanken hatte. Nur er hatte mich in diese ver-dammte Lage gebracht. Wenn er mir freies Handeln zugebilligt hätte, steckte ich jetzt nicht im Eisfeld. Aber so ist es: „Genies geben Order, Idioten führen sie aus." In diesem Fall war ich der Idiot.

Meine Erkenntnis half mir leider sehr wenig. Mein begonnenes Werk mußte ich jetzt erfolgreich beenden. Die Peilung der Insel Simiutaq von 100°, die der F.D. „Nordenham" erreichte, hatten wir hinter uns gelas-sen und peilten die Insel bereits in 90°. Durch das Fernglas sah ich die Öltanks von Fähringehavn silbrig im gleißenden Sonnenschein. Freudig rief ich aus: „Wenn ich die Öltanks schon sehen kann, dann will ich auch Gasöl haben." Weiter ging die Eisfahrt. Nach einer dreiviertel Stunde hatten wir die Hafeneinfahrt nach Radarpeilung querab. Ich ließ den Kurs ändern und steuerte auf die Hafeneinfahrt zu. Auf dem UKW-Sprechweg rief ich die Bunkerstation an. Dort fiel man aus „allen Wolken", von wo in der Welt kam jetzt bei dieser Eislage ein Schiff zum Bebunkern? Nach einer weiteren halben Stunde passierten wir das „Einfahrtsfeuer", steuerten die Bunkerpier an und machten dort fest. Der gesamte Fjord war eisfrei.

Wir hatten es vorerst geschafft. Die Gasöl-Tanks in Fähringehavn wa-ren randvoll, deshalb dauerte die Bebunkerung nur eine kurze Zeit. Außerdem ließ ich noch einige Proviantvorräte ergänzen, die mir eine Barkasse der „Nordafahr" an Bord brachte.

Nach einigen Stunden war alles geschafft. Brennstoff und Proviant wa-ren im Schiff, außerdem nahm ich für 14 Schiffe die Heimatpost mit, denn vorläufig kam kein Schiff hierher. Dann war es soweit. Leinen los, wir verließen Fähringehavn, die zweite Eisfahrt begann. Nachdem wir den Hafen verlassen und die gefährlichen Riffs passiert hatten, ging ich auf „Nordkurs" und ließ aus Vorsicht jede 15. Minute unsere Position in die Seekarte eintragen. Auf der Rückfahrt ging es auch Stunde um Stunde mit „langsamer Fahrt" durch das kompakte Eisfeld. Bei dieser Eisfahrt überkam mich auch eine andere „Vorstellung". Was würde geschehen, wenn plötzlich der gefürchtete „Grönlandnebel" einsetzte? Bisher waren strahlender Sonnenschein unser Begleiter und gute Fernsicht der Garant, daß wir heil aus dem Eisfeld kommen sollten. Aber wehe, wenn Nebel aufzöge!

Im freien Fahrwasser stört uns der Nebel weniger, dafür haben wir zwei Radargeräte an Bord. Aber im Eisfeld? Im Nebel kann man die kleinen Rinnen und Lücken im Eisfeld nicht erkennen, dann wird es gefährlich. Aber wir alle und meine gute „Blankenese" hatten Glück. Voraus am Horizont konnte ich den dunklen Streifen des „freien Fahrwassers" erkennen. Von meinen Schultern fiel eine „Zentnerlast". Wir hatten es geschafft! Am frühen Morgen hatte ich es gespürt, daß wir es schaffen werden.

Es war nicht allein mein „Verdienst", daß alles gutgegangen war, sondern alle, die mitgeholfen hatten, wie der Matrose Lothar H. und die beiden II. Steuermänner, die mit mir zusammen das Schiff navigierten. Allen gebührte mein Lob und mein Dank. Als der Steven der „Blankenese" in das „freie Fahrwasser" eintauchte, betätigte ich das Typhon und begrüßte nun die „freie Fahrt" mit drei langen Tönen. Ich fühlte mich wie „neugeboren". Alles war Gott sei Dank gutgegangen. Gewiß, wir mußten noch einige Stunden am Eisfeld längs fahren, aber was machte das schon aus? Für zwei Stunden zog ich mich zurück und überließ meinem I. Steuermann Walter B. die Wache.

Ich mußte meine „Anspannung" loswerden. Die „Blankenese" steuerte immer nordwärts. Das Eisfeld befand sich jetzt an der B.B.-Seite und die Küste an der St.B.-Seite. Vor uns noch immer freies Fahrwasser. Nach zwei Stunden begab ich mich auf die Brücke, um eine Durchfahrt durch das Eisfeld zu finden. Wir entdeckten eine schmale Stelle im Eisfeld, wo das Eis nicht so kompakt und auch nicht aufeinander geschoben war. Wir wagten die Durchfahrt, die uns auch ohne Mühe gelang. Nach einer dreiviertel Stunde waren wir durch. Wir hatten es endgültig geschafft. Im nachhinein möchte ich anmerken, daß ich so eine Eisfahrt kein zweites Mal machen möchte. Es war keine „Meisterleistung", wir hatten nur einfach Glück. Ich nahm Kurs auf die Süd-West-Ecke der „Lille Hellefiskebank". Über UKW-Sprechweg meldete ich mich bei den anderen Schiffen zurück und verlas die Namen der Schiffe, deren Heimatpost ich mitbrachte, die sie sich bei passender Gelegenheit abholen konnten.

Diese Fangreise konnte ich erfolgreich beenden. Die nächste ging auch nach West-Grönland. Ende Oktober 1969 kam ich mit der „Blankenese" zurück. Das sollte meine letzte Fahrt als Kapitän der „Blankenese" gewesen sein. Die Hafenliegezeit nach einer Fangreise betrug immer sechs bis acht Tage. Aber nach dieser Reise lag das Schiff bereits 14 Tage an der Pier, und nichts deutete auf eine neue Fangreise hin. Es kursierte ein Gerücht, daß ein stiller Teilhaber der Reederei seine Finanzeinlagen abzog und die Geschäftsleitung den Reedereibetrieb einstellen wollte. Nach einer weiteren Woche suchte ich den Seniorchef der Firma auf und bat um eine Aufklärung.

„Herr Koch, wenn die ‚Blankenese' nicht wieder zum Fischfang auslaufen soll, dann muß ich mir ein neues Betätigungsfeld suchen. Ich möchte über das Schiff, dessen Kapitän ich bin, und über meine Person Klarheit haben. Sollte die ‚Blankenese' aus Gründen, die ich nicht kenne, nicht mehr in Fahrt kommen, dann bitte ich um eine fristgerechte Kündigung." Der Reeder Ernst A. P. Koch, erwiderte zunächst nichts. Es war auch sein Lebenswerk, welches, wie es schien, in Kürze zu Ende ging. Er erwiderte: „Herr Neu, die ‚Blankenese' kommt nicht wieder in Fahrt, wir haben das Schiff bereits zum Verkauf ausgeschrieben. Es ist mir angenehm, daß Sie um Ihre Kündigung bitten, sonst hätten wir es von uns aus tun müssen." Ich erhielt noch am gleichen Tag meine Kündigung zum 31.12.1969. Nach vier Jahren und neun Monaten Reedereizugehörigkeit mußte ich mir ein neues Betätigungsfeld suchen.

Für andere Fischdampfer-Reedereien bekundete ich wenig Interesse, allein aus dem Grunde, weil sie ihren Kapitänsnachwuchs aus den eigenen Reihen nahmen. Als Bittsteller wollte ich an keiner Tür klopfen. Der Hochsee-Fischerei hatte ich 14 Jahre zur Verfügung gestanden. Jetzt wollte ich etwas anderes versuchen. Ich suchte mehrere Hamburger Frachtschiff-Reedereien auf und lotete meine Chancen aus. Nautiker waren damals sehr gefragt, ich wollte aber nichts überstürzen, mir das Beste heraussuchen. Ich begab mich in Hamburg-Altona auch zur „Bundesforschungsanstalt", wo das Ministerium für „Ernährung, Landwirtschaft und Forsten" eine Nebenstelle hatte. Das Ministerium verfügte über zwei Hospitalschiffe sowie über zwei größere Fischerei-Forschungsschiffe. Dort wurden auch des öfteren Nautiker benötigt. Daß ich dort keine Anstellung als Kapitän erhalten würde, das war mir klar. Beim Staat mußte man sich vom nautischen Schiffsoffizier zum Kapitän „hochdienen". Beim Personalchef Kapitän D., der für die Besetzung der Schiffe verantwortlich war, gab ich meine Bewerbung für die Forschungsschiffe ab. So hatte ich mehrere „Eisen im Feuer". Eine größere Hamburger Fracht-Reederei bot mir einen Neubau-Container an, der zum Anfang auf der Route Bremen–Norwegen eingesetzt werden sollte. Das sagte mir zu, ich war bereit, auf dem Neubau-Container als „Alleinsteuermann" anzuheuern. Mit der Reederei-Inspektion war alles

Notwendige besprochen, ich sollte nur noch den Heuervertrag unterschreiben. Es sollte alles ganz anders kommen.

In Hamburg waren noch zwei andere Fischdampfer-Reedereien ansässig. Die „Cranzer Hochseefischerei" und „Fock & Pickenpack". Die letztere der Reedereien expandierte und baute neue große Fischerei-Fabrikschiffe und benötigte für diese Schiffe erfahrene Nautiker. Als ich meine persönlichen Sachen von der „Blankenese" abholte, sprach mich der Inspektor der Reederei „Fock & Pickenpack", Herr Joachim W., an und bat um ein Gespräch in seiner Reederei. Ich hatte genügend Zeit und sagte zu. Herr Joachim W. bat mich, in den Dienst der „Pickenpack"-Reederei zu treten, vorerst als „Wachsteuermann". Wenn ein Neubau käme, sollte ich die Führung eines älteren Schiffes übernehmen. Nun war ich in der Zwickmühle. Bei der Fracht-Reederei hatte ich bereits zugesagt. Aber hier bei der „Pickenpack-Reederei" hatte ich die besseren Aussichten, bald ein Schiff als Kapitän zu führen. Ich bat mir Bedenkzeit aus.

Jetzt durfte ich nicht überhastet handeln. Für eine Reederei mußte ich mich entscheiden. Über eines war ich mir im klaren; von der Frachtfahrt beherrschte ich nur die Nautik sowie den Bordbetrieb und mußte in vielen Dingen einiges dazulernen. Die Fischerei kannte ich, ihre Tücken und auch die guten Seiten. In der Fischerei konnte man mehr Geld verdienen. Geld konnte ich gut gebrauchen, denn ich wollte so schnell wie möglich mein Haus „schuldenfrei" haben. Ein eigener Pkw schwebte mir auch vor. Aber bevor mein Haus nicht „schuldenfrei" war, gab es keinen Pkw.

So entschied ich mich für die „Fischerei" und sagte der Frachtfahrt ab. Bereits am 1.12.1969 unterschrieb ich den Heuervertrag bei der Reederei „Fock & Pickenpack". Ich war für das F.M.S. „Julius Pickenpack" als „Wachsteuermann" vorgesehen, welches von Kapitän Paul N. geführt wurde. Das Schwesterschiff der „Julius Pickenpack" war die „Hans Pickenpack" und wurde von dem ehemaligen Kapitän der „Blankenese", Paul Joswig, geführt.

Wir beide waren wieder bei einer Reederei, aber nicht auf demselben Schiff. Am 8.12.1969 trat ich meine erste Fangreise mit dem F.M.S. „Julius Pickenpack" an. Das Ziel waren die Fanggründe an der Labradorküste von Kanada. Die Überfahrt verlief problemlos. Für die Deck- und Fabrikbesatzung die altbewährte Arbeitszeit zwölf Stunden Arbeiten, sechs Stunden Ruhe. Die Wachablösung auf der Brücke, Kapitän und I. Steuermann, zwölf um zwölf Stunden. An Bord lebte ich mich gut ein. Aber mit Kapitän Paul N. baute sich kein so gutes Verhältnis auf wie einst mit Paul Joswig auf der „Blankenese".

Nach einigen Tagen Fischerei hatte ich mit Kapitän Paul N. ein Pro-

blem. Mein guter Kapitän gönnte sich einfach zuviel Schlaf. Am Abend um 22.00 Uhr erschien ich immer auf die Brücke und übernahm die Fischerei. Am anderen Tag um 11.00 Uhr, aber spätestens um 12.00 Uhr hätte er mich ablösen müssen. Er tat es nicht! Nein, er tat es nicht. Es war zum verzweifeln. Manchmal dachte ich, ihn muß eine Tsetsefliege gestochen haben, und er hat die „Schlafkrankheit", sonst konnte es doch nicht angehen, daß ich ihn manchmal um 14.00 Uhr förmlich aus der Koje ziehen mußte. Jedesmal um die Mittagszeit stellte ich mir die Frage: Kommt er heute etwas früher als nach dem Mittagessen? Nein, die meiste Zeit brachte mir der Koch das Mittagessen auf die Brücke, weil meine Ablösung von der Tsetsefliege gestochen war. Es kam auch Weihnachten. Wie sollte es anders sein, jedes Fischerei-Fabrikschiff muß Weihnachten auf See sein. Deswegen heißen sie ja auch „Seeschiffe" und nicht „Hafenschiffe". Auf der „Blankenese" war es am Heiligabend schöner gewesen. Der Koch hatte immer vorher ein gutes Essen vorbereitet, und um 18.00 Uhr wurde die Fischerei eingestellt. Danach saß man bis Mitternacht beisammen. Hier auf dem F.M.S. „Julius Pickenpack" war alles unpersönlich. Kapitän Paul N. hatte einfach keinen „Draht" zu seiner Besatzung. Außerdem stellte er erst um 20.00 Uhr die Fischerei ein. Ich übernahm die Wache mit der Order, um 24.00 Uhr das Fanggeschirr wieder auszusetzen. Bei einem doch wichtigen Jahresfest muß der Kapitän sich mit seinen Männern und Mitarbeitern zusammensetzen um zu zeigen, daß man eine Gemeinschaft ist, daß man zusammenstehen muß. Auf der „Julius Pickenpack" war es leider nicht der Fall. Als ich das Fanggeschirr um Mitternacht aussetzen wollte, hatten sich einige Matrosen betrunken und erschienen gar nicht an Deck. Nein, Kapitän Paul N. hatte seine Leute nicht „im Griff". Silvester und Neujahr verliefen ähnlich wie der Heiligabend, ohne persönliche Note, ohne Engagement vom Kapitän.
Mitte Januar 1970 traf ein Telegramm der Reederei mit folgendem Wortlaut ein: „Das F.M.S. ‚Wilhelm Ladiges' ist ausgelaufen mit dem Ziel Labrador. Bei Eintreffen des Schiffes übernimmt der I. Steuermann Richard Neu das Schiff als Kapitän." Da war ich doch sprachlos.
Der Kapitän des F.M.S. „Wilhelm Ladiges" war erkrankt, ich sollte die Vertretung übernehmen. Ein Schiff auf See zu übernehmen, ist eine riskante Angelegenheit. Einen Tag lang überlegte ich, dann entschied ich mich, das Schiff auf See nicht zu übernehmen. Ich telegraphierte zurück: „Lehne es ab, die ‚Wilhelm Ladiges' auf See zu übernehmen." Dann kam ein Gespräch über „Norddeich-Radio" von der Reederei für mich. Man teilte mir mit, daß es eine beschlossene Sache sei, daß ich das Schiff das nächste halbe Jahr als Kapitän führen solle. Eine Ablehnung käme nicht in Frage. Na gut, dachte ich, dann man los!

Ich wartete auf das Eintreffen der „Wilhelm Ladiges". Wohl war mir nicht dabei. Ich kannte weder die Eigenschaften des Schiffes noch die Besatzung, mit der ich zusammen arbeiten sollte. Auch das Fanggeschirr mußte ich neu zusammenstellen, weil ein jeder Fischdampferkapitän seine eigenen Vorstellungen hat. Das mußte geschehen, wenn das Schiff auf dem Fangplatz war. Deswegen wollte ich das Schiff auch nicht auf See übernehmen. Der 23. Januar 1970 kam, die „Wilhelm Ladiges" auch! Meinen Koffer hatte ich bereits gepackt, meinen Seesack geschnürt und war zum „Übersteigen" bereit. Die „Julius Pickenpack" und die „Wilhelm Ladiges" suchten sich eine eisfreie Stelle und stoppten ihre Maschinen. Die „Wilhelm Ladiges" setzte ein Schlauchboot aus, um ihren Kapitän abzuholen. Gleichzeitig brachten sie für die „Julius Pickenpack" einen neuen Wachsteuermann mit. Ich verabschiedete mich von allen und begab mich in das Schlauchboot, welches mich zu meinem neuen Wirkungskreis brachte.

Auf der „Wilhelm Ladiges" wurde ich „begutachtet". Man kannte den „neuen Kapitän" nicht. In meiner Kabine wechselte ich die Kleidung, bestellte alle Offiziere, Bestmann, Netzmacher und Fischmeister zu mir. Ich stellte mich vor und wünschte von allen eine gute Zusammenarbeit. Dem II. Steuermann, Bestmann und Netzmacher nannte ich die Veränderungen, die am Fanggeschirr vorgenommen wurden. Dann begann die mühsame Fischerei. Mühsam deswegen, weil große Eisfelder alles erschwerten. Seit Anfang Januar herrschte starker Eisgang. Von Tag zu Tag wurde es schwieriger, das Fanggeschirr auszusetzen und Fischerei zu betreiben. Wenn ein Fischdampfer sein Netz aussetzt, muß das Schiff mindestens 9 bis 10 Knoten (17–18 km/h) Fahrt machen, damit das Fanggeschirr sich nicht „verheddert" und „klar" auf den Grund des Meeres gesetzt wird. Diese Geschwindigkeit im Eisfeld zu halten ist nicht einfach, weil das Eis wie eine Bremse wirkt. Die Schiffsmotoren müssen schon das Letzte hergeben, um diese Geschwindigkeit zu ermöglichen. Ein anderes Problem stellen die großen Eisschollen beim Schleppen des Netzes dar. Wenn sich große Eisschollen unter den Kurrleinen (wo das gesamte Fanggeschirr dranhängt und über den Meeresgrund geschleppt wird) schieben, kann es passieren, daß diese Eisschollen das gesamte Fanggeschirr vom Meeresgrund heben. Der Schleppvorgang muß abgebrochen werden. Andere Reedereien hatten bereits Verfahren entwickelt, die es ermöglichten, beide „Topphanger", durch die die Kurrleinen liefen, zur Mitte des Hecks zusammenzufahren. Dieses Verfahren hatte den Sinn, die Kurrleinen stets im Schraubenwasser des Schiffes zu halten. Auf diese Art konnte sich kein Eis unter die Leinen schieben. Die Schiffe der „Pickenpack-Reederei" besaßen diese praktische Einrichtung nicht, so stand mir noch einiges bevor.

F.M.S. „Wilhelm Ladiges", H.H. 322 / U.S.: DNBM. Foto: unbekannt

Nach acht Tagen Mühen und Plagen meldete mir beim Wachwechsel mein Wachsteuermann Egon K., daß er in der Nacht beim Fangge-schirraussetzen Eisberührung gehabt habe. Ich mußte lachen und ent-gegnete: „Wir stecken doch mitten im Eisfeld und haben immer Eis-berührung." Mein Wachsteuermann war ein guter und umsichtiger Mann. „Nein", sagte er, „beim Netzaussetzen gab es am Steven ein selt-sames Geräusch, es muß ein großer ‚Growler' gewesen sein." In der Nacht konnte man die Dinger trotz Eisscheinwerfer nicht richtig sehen.

Als es Tag war, begab ich mich auf die Back, um nach einem Eischa-den zu suchen. Ich konnte von oben am Steven nichts Auffälliges fest-stellen. Es war ein wolkenloser Tag, eisig kalt (-18°), ganz ruhige See. Auf der Hamilton-Bank, wo die Flotte fischte, befand sich auch das Fi-scherei-Hospitalschiff „Poseidon". Dessen Seetage waren abgelaufen, das andere Fischerei-Hospitalschiff „Frithjof" sollte es ablösen. Bevor die „Poseidon" sich auf den Heimweg machte, fragte der Kapitän an, ob es auf den Fangschiffen noch Personen gäbe, die ärztlich behandelt werden wollten. Ich ließ bei mir an Bord nachfragen, es meldeten sich sechs Männer, die zum Arzt wollten. Über UKW-Funk meldete ich mei-ne Patienten an. Der Kapitän der „Poseidon" forderte mich auf, mit der „Wilhelm Ladiges" aus dem Eisfeld zu dampfen, weil im Eisfeld ein Bootsverkehr unmöglich sei. Im freien Wasser stoppte ich in einem geringen Abstand von der „Poseidon". Drüben setzte man ein Boot aus und holte meine Männer ab. Das Meer war ganz ruhig, nur die Dünung ließ den Steven der „Wilhelm Ladiges" auf- und abtauchen. Nach einer Zeit brachte das Boot meine Männer zurück. Als das Boot fast drüben war, rief mich der Kapitän der „Poseidon" noch mal an: „Herr Neu, wissen Sie eigentlich, daß Ihre ‚Wilhelm Ladiges' fast gar keinen Steven hat? Bei jedem Auftauchen aus der Dünung kommt ein Riesenloch zum Vorschein." Ich begriff zuerst gar nicht was er meinte. Er sprach weiter: „Wenn Ihr Schiff mit dem Steven aus dem Wasser taucht, fehlt Ihnen ein Stück vom Schiff." Ich bat, er möge sein Boot zurückschicken, damit ich in das Boot steigen könne, um den Schaden zu überprüfen.

Das Boot kam zurück, ich stieg hinab und ließ mich zum Steven fahren. Die Dünung hob das Vorschiff an, der Steven oder, besser gesagt, was noch da war hob sich aus dem Wasser. Was ich zu sehen bekam, stockte mir den Atem! Der Steven war in Höhe der Wasserlinie durch den Zusammenprall mit dem „Growler" eingedrückt und nach unten weggerissen. Der Schiffsstahl, durch die Kälte von -18° schon stark belastet, ist regelrecht explodiert. Nur die wasserdichten Schotten im Vorschiff hatten es verhindert, daß wir noch in der Nacht gesunken waren! Als ich im Sommer 1969 mit der „Blankenese" durch das harte Grönland-Eis nach Fähringehavn dampfte, sind am Schiff keine Schäden entstanden, aber hier bei Labrador verliere ich den Schiffssteven. Es war zum Verzweifeln! Ich setzte mich über Funk mit der Reederei in Verbindung, welchen Reparaturhafen ich anlaufen sollte. In Frage kamen St. Johns auf Neufundland, Halifax auf Nova-Scotia oder Hamburg. Die Order der Reederei lautete: Hamburg, Werft „Blohm + Voss". Die Fischerei war für uns beendet. Wir begaben uns auf die Heimreise. Mehr als 9 Knoten Fahrt in der Stunde schafften wir mit dem lädierten Steven nicht. Als wir Kurs „Hamburg" nahmen, präsentierte sich uns ein strahlend blauer Winterhimmel; das Meer war ruhig, ich hoffte, ohne größere Schwierigkeiten den Nordatlantik zu überqueren. Meine erste Reise mit der „Wilhelm Ladiges" stand unter keinem guten Stern. Der Bordfunker brachte mir die Wettermeldung, wonach ein Sturmtief zu erwarten sei. Auch wenn unser Steven ein klaffendes Loch aufwies, so war noch keine Gefahr für Schiff und Mannschaft zu befürchten. Fischdampfer sind die seetüchtigsten Schiffe, denen ein Sturm nicht viel anhaben kann. Einen Tag später war es soweit. Der Wind und die See kamen aus Süd-West, so hatten wir „achterliche See", die das Schiff vor sich herschob. Für mich eine gute Fügung, wurde dadurch doch unser Steven nicht so stark belastet. Der Wind entwickelte sich zum „schweren Sturm" mit Orkanböen. Schwere Brecher rollten über das Achterschiff. An Deck war alles seefest gelascht, alle Außenschotten waren verriegelt.

Dann kam die „unselige Nacht" des dritten Tages. Gegen 22.00 Uhr erschien der Chief-Ingenieur in meiner Kabine und verkündete mir, daß
wir umgehend die Maschine stoppen müßten, irgend etwas stimme mit
einem Kolben nicht. Ich glaubte nicht richtig gehört zu haben.
Bei diesem schweren Sturm mit Windstärken von 9–10 mit Orkanböen
das Schiff stoppen? Wußte der Mann eigentlich, was er da von mir verlangte? Auf meine ungläubige Frage „und wie lange soll ich das Schiff
stoppen?" kam die Antwort des Chiefs: „Mindestens vier bis fünf Stunden, wir müssen einen Kolben ziehen." Was das bei diesem Wetter bedeutete, wußten wir beide. Zum einen, die Männer in der Maschine
konnten sich bei dieser Arbeit wegen der „Schaukelei" kaum auf den
Beinen halten, zum anderen mußte ich die manövrierunfähige „Wilhelm Ladiges" dem Wind und den Wellen als Spielball überlassen. Ich
begab mich auf die Brücke, ließ von der Wache noch mal alle Schotten
überprüfen und auch ob in allen Besatzungskammern die Sicherheitsblenden vor den Bullaugen verriegelt waren. Außerdem empfahl ich
der Besatzung, wenn sie sich zur Ruhe begebe, angekleidet in die Koje
zu gehen, aber auch die Schwimmwesten sollten „griffbereit" liegen.
Mehr konnte ich nicht tun. Gegen 22.30 Uhr stoppte ich die Maschine.
Wie es nun auf dem F.M.S. „Wilhelm Ladiges" weiter gehen sollte, lag
in „Gottes Hand". Meine Maßnahmen waren bei dem schweren Sturm
nur ein „Alibi" meiner Machtlosigkeit. Ich meinte aber alles Menschen-
mögliche getan zu haben. Es dauerte nur eine kurze Zeit, dann hatte
der Wind das Schiff quer zu den Wellen gelegt, wir trieben jetzt quer in
der See. Wir waren auf „Gedeih und Verderb" den Naturgewalten ausgesetzt. Riesige Wellenberge hoben das Schiff an und ließen es anschließend mit Schlagseite in das Wellental abtauchend hineinkrachen.
Querseen überrollten das Achterdeck. So verrannen Stunde um Stunde.
Ich mochte auf der Luv-Seite nicht mehr hinausschauen, mein Blick
war immer auf die Lee-Seite gerichtet, weil die Wellenberge dort nicht
mehr so gefährlich aussahen. Gegen 2.00 Uhr in der Nacht entdeckte
ich ein Riesenschiff, welches uns ganz nahebei passierte. Das fremde
Schiff dampfte gegen Wind und See, sie mußten uns doch gesehen haben – oder? Wir trieben hell erleuchtet, am Signalmast zwei rote „Lichter übereinander", welche besagen, daß wir „manövrierunfähig" sind.
Nein, das fremde Schiff sah uns nicht. Auf UKW-Kanal 16 (internatio-
naler Sprechfunk-Kanal) rief ich den Fremden an: „Cargo Ship, here is
the German Fisherie-Freeser Wilhelm Ladiges, DNBM, I have a Pan
Message, Pan, Pan, Pan!" Immer wieder gab ich den Notruf auf UKW-
Funk ab. Der Fremde gab keine Antwort! Hat der Wachhabende drüben
geschlafen, uns nicht gesehen und auch nicht gehört? Bis zum heutigen
Tag habe ich es nicht begriffen, warum das fremde Schiff meinen Hilfe-

ruf nicht hörte oder hören wollte. Eine „Pan"-Meldung oder ein -Ruf bedeutet im internationalen Notrufverkehr, daß für Menschen eine unmittelbare Gefahr besteht und Beistand benötigt wird. Das fremde Schiff hätte nur „Standby" bleiben, erst bei Lebensgefahr für meine Besatzung Rettungsmaßnahmen einleiten sollen. Erst wenn für „Menschen und Schiff" eine unmittelbare Gefahr besteht, wird „**Mayday**" gerufen oder S.O.S. (... − − − ...) des Morsealphabets gefunkt. Nichts geschah. Das Riesenschiff steuerte unbehindert seinen Kurs, wir auf der „Wilhelm Ladiges" bangten um unser Leben. Endlich, nach vielen bangen Stunden kam um 5.30 Uhr der erlösende Anruf aus der Maschine, die Arbeiten seien erfolgreich abgeschlossen, und in wenigen Minuten könnten wir wieder Fahrt aufnehmen. Dann war es soweit. Der Schiffantriebsmotor lief, die Schiffsschraube nahm ihre Schubkraft auf, ich ließ das Schiff auf Kurs bringen. Wir waren Gott sei Dank heil davongekommen. Ich übergab dem II. Steuermann die Wache, danach begab ich mich in den Maschinenraum, um mich bei den Ingenieuren und Assistenten für die bei diesem Unwetter geleistete Arbeit zu bedanken. Bei so einer „Schaukelei" einen „Kolben ziehen", dabei wurde den Männern das Letzte abverlangt. Ich spendierte für meine „Helden" eine Kiste Bier und begab mich zur verdienten Ruhe. Die weitere Atlantiküberquerung gelang uns ohne Schwierigkeiten.

Wir liefen mit der „Wilhelm Ladiges" in Hamburg ein und machten an der Ausrüstungspier des Fischereihafens fest. Wie das Schiff so festvertäut an der Pier lag, konnte man beim besten Hinschauen keinen Schaden entdecken. Auch der Juniorchef sprach mich deswegen an: „Herr Neu, hoffentlich ist der Eisschaden auch so groß, daß er eine Gefahr für Menschen und Schiff darstellte. Ist der Eisschaden zu gering, übernimmt die Seeversicherung für die unterbrochene Fangreise keine Haftung."

Ich entgegnete: „Herr Pickenpack, wenn die ‚Wilhelm Ladiges' im Trockendock liegen wird, werden Sie erschrecken." In der Frühe des nächsten Tages machte ein Hafenschlepper vorne, ein anderer achtern fest, und sie schleppten das Schiff zur Werft „Blohm + Voss". Nachdem die Eindockung beendet war, hob sich das Dock langsam aus dem Wasser, das Schiff lag „trocken". Erst jetzt konnte ich das ganze Ausmaß des Schadens sehen. Was ich sah, konnte ich fast nicht glauben. In jener Nacht war das Schiff beim Fanggeschirraussetzen mit ca. 10 Knoten Fahrt mit dem „Growler" kollidiert. In Höhe der Wasserlinie wurden dabei der Steven eingedrückt und der gesamte Stahl des Stevens regelrecht weggesprengt. Es fehlte einfach ein ganzes „Stück Schiff". Wenn ich das Ausmaß dieses Schadens vorher gewußt hätte, wäre ich mit diesem Schiff nicht über den Atlantik gefahren. Wie ich mit diesem

„Wrack" den schweren Sturm und die Atlantik-Überquerung geschafft habe, weiß nur Gott allein.

Für Schiff und Besatzung müssen mehrere Schutzengel ihre Hände über uns gehalten haben. Auch mein Junior-Chef wurde nachdenklich, als er das Ausmaß des Schadens sah. Meine Aufgabe war hier beendet, alles andere regelte die Inspektion.

Nach Beendigung der Reparatur in der Werft würde man mich benachrichtigen. Ich begab mich heimwärts. Im Bahnabteil sitzend, hatte ich Zeit und Muße, über die Seefahrt, speziell über die Hochseefischerei nachzudenken. Die meisten Menschen an Land mit Ausnahme ganz weniger haben von der Seefahrt überhaupt keine Vorstellung.

Sie meinen: „Eine Seefahrt die ist lustig, eine Seefahrt die ist schön" oder „Seemanns-Braut ist die See". Das sind so Lieder, die die Seefahrt verherrlichen. Wie aber sieht die Wirklichkeit aus? Vor allen Dingen auf den Fischerei-Fabrikschiffen? Wenn am Fangplatz die Fischerei beginnt, ist die Arbeitseinteilung bereits eine starke Zumutung. Zwölf Stunden arbeiten, sechs Stunden Ruhe. Tage, Wochen, monatelang, bis die Kühlräume voll sind. Bis Windstärke 8–9 wird das Fanggeschirr aus- und eingebracht. Bei Kälte bis -18° müssen Netzschäden mit bloßen Händen behoben werden. Beim Netzeinholen gefriert das Netz an Deck sofort. Die Männer sind all diesen Bedingungen ausgesetzt. Ist hier die „Seefahrt noch lustig"? Wenn Frachtschiffe die Eisfelder nur von weitem sehen, machen sie einen großen Bogen um das Eisfeld.

Die Fischerei-Fabrikschiffe sind mitten im Eisfeld und verrichten dort ihre schwere Arbeit. Das tun wir Fischdampfer-Kapitäne nicht aus Abenteuerlust oder zu unserem Vergnügen, wir müssen mit unseren Schiffen im Eis manövrieren, weil die Eisfelder die Fangplätze bedecken, und unter dem Eis sind die Fischschwärme. Es wird auch über die „große Freiheit" auf dem Meer gesprochen, über das herrlich blaue Meer, welches die Seemannsbrust anschwellen läßt, es werden gesungen „Seemann, deine Heimat ist das Meer" und noch andere Lieder, die das Seemannsleben lustig erscheinen lassen. Die Wirklichkeit sieht so ernüchternd aus, daß man davor erschrecken könnte. Wir alle auf den Fischerei-Fabrikschiffen lebten am Leben vorbei! Ostern, Pfingsten, Weihnachten, Silvester und das Neujahrsfest, welche Tage sind das eigentlich? Feiertage? Ja, aber feiern konnten wir diese Tage mit unseren Familien nicht. Für uns Hochseefischer gab es kein Familienleben. Wie konnte man es Familienleben nennen, wenn der Ehemann 60 bis 80 Tage auf See verbrachte, nach der Heimkehr acht bis zehn Tage daheim bleiben durfte? Der Seemann war nur „Gast", er war nur „Besuch". Die Ehefrauen, die Kinder? Ewiges Warten.

So ist manche Seemanns-Ehe zerbrochen, weil nicht jede Frau zur

„Seemannsfrau" geboren ist. Aber diesen Frauen, die über Jahrzehnte das Warten und die Einsamkeit auf sich nahmen, gebührt große Hochachtung, weil sie an der harten Arbeit ihrer Ehemänner auf See in Gedanken teilnahmen. So galt für uns Hochseefischer nur das eine Lied „Rolling home". Das waren meine Gedanken über meinen Beruf als Hochseefischer. Ich war 39 Jahre alt, voll im Berufsleben, aber mit meiner Ehefrau bisher nur einmal im Urlaub gewesen. Es ist nicht zu glauben, aber es ist die Wahrheit.

Die Reparatur am Vordersteven der „Wilhelm Ladiges" dauerte Wochen. Ich habe daheim schöne Tage verbracht und mich für die nächste Fangreise ausgeruht. Anfang März 1970 erhielt ich einen Anruf der Reederei, die Reparatur wäre beendet, das Schiff solle am 4. März auslaufen. Außer dem Funkoffizier war die alte Besatzung vollzählig an Bord. So mußten der I. Steuermann und ich auch den „Funkdienst" übernehmen, eine Arbeit, die zusätzlich anfiel. Wir steuerten West-Grönland an. Die Fischerei begann, die Fangergebnisse waren zufriedenstellend. Aus der Maschinenanlage kam die erste „Hiobsbotschaft". Die Fischmehlproduktion konnte nicht aufgenommen werden, weil in der Werftzeit bei „Blohm + Voss" ein Teil der Wasserrohre in der Fischmehlanlage durch starken Frost zerstört war. Ein großer finanzieller Verlust für Schiff und Reederei. Alle Produktionsabfälle und „Beifänge" mußten ins Meer geworfen werden. Solange sich die Tagesfänge in Grenzen hielten, fiel mir auch der desolate Zustand der Filetiermaschinen und der Frostanlage nicht auf.

Jede Nacht gegen 23.00 Uhr erschien der Fischmeister auf der Brücke und überbrachte mir die geleistete Tagesproduktion, je nach Fanglage von zehn bis zwölf Tonnen. Bisher hatte ich keinen Grund, die Produktionsanlage (Verarbeitungsdeck) zu bemängeln. Das änderte sich. Die Fangflotte begab sich nach Ost-Grönland. Dort waren die Fänge am Tage sehr groß. Nur meinem Schiff nützte das sehr wenig. Die Tagesausbeute betrug maximal 15 Tonnen Filet. Wie war das möglich? Was nützten mir die guten Fänge, wenn die Tagesproduktion nicht stimmte? Die Produktionsanlage der „Wilhelm Ladige" war so konzipiert, daß eine Tagesproduktion von 25 Tonnen vorgesehen war, und jetzt dies? An Bord hatte ich einen älteren erfahrenen Steuermann, Friedrich F. Ich entband ihn von allen anderen Aufgaben und übertrug ihm die Gesamtleitung der Verarbeitung. Das nützte aber wenig, die Filetiermaschinen waren im Hafen schlecht gewartet worden und arbeiteten dementsprechend. Außerdem funktionierten die Frostanlagen nicht richtig, daß wir die „Frostkapazität" auch nicht ausschöpfen konnte. Was nützten mir die guten Fänge, wenn der gefangene Fisch im Fabrikdeck nicht verarbeite wurde?

So reihte sich eines zum anderen, letzten Endes muß der Kapitän für alles die Verantwortung übernehmen. Ein Teil Schuld an dieser Misere war mir zuzuschreiben. Ich hätte mich in der Werftzeit bei „Blohm + Voss" mehr um das Schiff kümmern müssen. Im Januar hatte ich auf der Hamilton-Bank das Schiff übernommen in „gutem Glauben", daß das Schiff allen Anforderungen gewachsen sei. Ich hatte mich sehr geirrt und mußte das Versäumte jetzt ausbaden. Es bewahrheitet sich immer: „Vertrauen ist gut, Kontrolle ist besser." Jetzt auf dem Fangplatz halfen keine Selbstvorwürfe. Ein Paradebeispiel für die Zukunft und schmerzhafte Lehre zugleich.

Mein Selbstbewußtsein war angeschlagen, trotz größter Anstrengung gelang es uns nicht, die Tagesproduktion zu steigern. Zu allem Ärger kam auch ein Funkgespräch über Norddeich-Radio. Meine Frau teilte mir mit, daß ich beim „Bundesministerium für Ernährung, Landwirtschaft und Forsten" auf einem Fischereiforschungsschiff als „nautischer Offizier" eingestellt werden sollte, leider war ich auf See. Dieses Gespräch munterte mich auch nicht auf.

Meine Frau erbat, meine Einstellung auf einen späteren Zeitpunkt zu verschieben, womit der Personalchef bei der Behörde, Kapitän D., einverstanden war. Jeder Ärger hat mal ein Ende, auch meiner auf der „Wilhelm Ladiges". Nach 56 Tagen waren die Kühlräume voll, wir begaben uns auf die Heimreise. Es war keine schlechte Fangreise, sie hätte aber mindestens zehn bis zwölf Tage kürzer sein können. Nach dem Funkgespräch vor einigen Tagen mit meiner Frau dachte ich intensiv über mein Berufsleben nach. Über die Vorteile, als Kapitän in der Fischerei zu fahren, wo erfolgreiche Fangreisen nicht immer gewiß waren, oder die Berufssparte wechseln und als „nautischer Offizier" auf einem Fischerei-Forschungsschiff weiter zur See fahren. Bei Ankunft in Hamburg mußte ich die „Wilhelm Ladiges" sowieso an den Stammkapitän Christoph D. übergeben. Ein Schiff hatte ich vorläufig nicht und war frei. Um der Fischerei nicht ganz „Ade" zu sagen, entschloß ich mich, auf ein Fischerei-Forschungsschiff zu gehen und „Staatsangestellter" zu werden. Ich gab an die Reederei folgendes Telegramm auf: „Beim Einlaufen der Wilhelm Ladiges in Hamburg kündige ich fristlos mein Heuerverhältnis bei der Reederei Fock & Pickenpack." So, dieser Schritt war getan, jetzt blieb abzuwarten, was die Zukunft bringen werde. Nachdem ich mich zu diesem Schritt entschlossen hatte, war ich ganz gelöst und guter Dinge. Kurz vor Erreichen der Hebriden-Inseln begegnete ich dem F.M.S. „Hans Pickenpack", welches auf dem Weg nach Grönland war. Dieses Schiff führte Kapitän Paul Joswig, mit dem ich drei Jahre auf der „Blankenese" zusammenarbeitete. Er als Kapitän, ich als I. Steuermann. Paul Joswig hatte noch in der Reederei von meiner „fristlosen Kündigung" erfahren und rief mich jetzt auf UKW-Funk an. „Hallo Richi, Glückwunsch zu deiner guten Fangreise, aber nun sag mal, was in der Welt hat dich veranlaßt fristlos zu kündigen? Was ist geschehen?" „Hallo Paul, zu meiner Reise mußt du mir nicht gratulieren, mich eher bedauern. Ich will mich hier nicht weiter auslassen, das ist eine Angelegenheit zwischen dem Reeder, der Inspektion und mir. Ich brauche mit nichts mehr zurückzuhalten, ich werde meiner Meinung freien Lauf lassen und werde es ausgiebig tun." Paul Joswig gab nicht auf. „Richi, ich benötige einen guten Wachsteuermann, nimm die Kündigung zurück, komm nächste Reise zu mir an Bord. Richi, denk an die drei Jahre auf der ‚Blankenese', wo wir ein harmonierendes Team waren. Ich möchte dich wieder an Bord haben, du weißt es doch, wir konnten uns immer aufeinander verlassen. Überlege es dir, ich würde mich sehr freuen." Ich antwortete: „Paul, eine Zusage kann ich hier und heute nicht machen, ich muß zuerst in der Reederei einiges klären, außerdem will ich auch andere Möglichkeiten ausloten. Sollte sich nichts Konkretes ergeben, bin ich bereit, auf das F.M.S. ‚Hans Pickenpack' als I. Steuermann zu kommen." „Gut Richi, ich hoffe, wenn es auch boshaft klingt, daß du nichts anderes findest. Ich brauche dich hier an Bord. Ich wünsche dir weiterhin eine gute Heimreise, over and out." „Paul, danke für deine Wünsche, ich drücke dir die Daumen für eine erfolgreiche Fangreise, viele Grüße an alle Bekannten an Bord, over and out". Wir setzten unsere Reisen fort, Paul nach Grönland, ich nach Hamburg. Dann kam der Tag, wo wir im Fischereihafen von Hamburg-Altona am Kühlhaus festmachten. Nach dem Anlegen erfolgt immer als erstes die Zollabfertigung. Dann erscheinen die Herren aus der Chefetage. Zunächst werden alle Formalitäten erledigt und besprochen. Dienstliche Angelegenheiten gehen immer vor den privaten. Dann war es soweit, der Seniorchef berührte das Thema: „Herr Neu, Sie haben aus für uns unverständlichen Gründen fristlos gekündigt. Uns ist Ihre Handlungsweise rätselhaft. Bitte nennen Sie uns Ihre Gründe, die eine fristlose Kündigung rechtfertigen." Ich brauchte nicht lange zu überlegen, was ich sagen wollte war nur zum Besten des Schiffes. „Meine Herren, ich habe auf ausdrückliche Order der Reederei das Schiff als Kapitän übernommen. Ich war im guten Glauben, wenn ein Fabrikschiff auf eine lange Fangreise geschickt wird, ist es mit allen erdenklichen Notwendigkeiten ausgerüstet. Es ist Sache der Inspektion, dafür Sorge zu tragen, wenn sich der Kapitän im Hafen nicht selbst darum kümmern kann. Ich konnte es nicht, weil ich zu der Zeit auf der ‚Julius Pickenpack' als I. Steuermann eingesetzt war. Nach einigen Tagen erlitten wir einen großen Eisschaden, ich mußte die Fangreise abbrechen, das Schiff kam in die Werft. In dieser Zeit wurde ein Teil der Wasserrohre in der Fischmehlanlage durch Frosteinwirkung zerstört, die Fischmehlproduktion fiel aus. Das Schlimmste aber ist der desolate Zustand des Verarbeitungsdecks. Sämtliche Filetiermaschinen sind schlecht oder kaum gewartet. Bei guten Fängen kann die Tages-Höchstproduktion von 25 to. nicht erreicht werden. Ein kundiger Monteur ist nicht an Bord. Außerdem sind aus den Plattenfrostern im Hafen Platten ausgebaut worden. Hinzu kommt, daß beide Frosttunnel nicht richtig funktionieren. Das sind die Beweggründe, die mich zur Kündigung veranlaßten." Der Juniorchef unterbrach mich: „Herr Neu, die Fangreise ist trotz der aufgezählten Widrigkeiten doch gut verlaufen, Sie haben eine ‚volle Ladung‘ angelandet, wir sind zufrieden." „Herr Pickenpack, Sie mögen mit der Fangreise zufrieden sein, ich bin es nicht. Die Fangreise hätte, wenn im Verarbeitungsdeck alles in Ordnung gewesen wäre, zehn bis zwölf Tage kürzer ausfallen können." Ich erhob mich. „Bitte meine Herren, begleiten Sie mich in das Verarbeitungsdeck." Dort zeigte ich auf, was alles geändert werden müsse, um aus der „Wilhelm Ladiges" ein funktionstüchtiges Fabrikschiff zu machen. Zurück in meinem Salon, bat mich der Reeder, meine Kündigung zurückzunehmen und alles in Ruhe zu überdenken, denn Kapitän Paul Joswig wolle mich auf der „Hans Pickenpack" als „Wachsteuermann" haben. Ich bat mir Bedenkzeit aus und wollte nichts übereilen.

Zwei Tage später begab ich mich zur Reederei, um die „Wilhelm Ladiges" ihrem Kapitän zu übergeben. Ich war nur eine Vertretung gewesen, aber der Herr erschien nicht zur Übergabe, so wickelte ich alles mit der Inspektion ab. Am gleichen Tag suchte ich die Nebenstelle „Ministerium für Ernährung, Landwirtschaft und Forsten" auf, wo ich mich als „nautischer Offizier" beworben hatte. Ich wäre eingestellt worden, wenn ich zu diesem Zeitpunkt an Land gewesen wäre, leider war ich auf See. Ich besprach mit dem Personalchef Kapitän D., was weiter geschehen solle. Weil ich nicht zu erreichen war, wurde für mich ein anderer Nautiker eingestellt. Wir kamen überein, daß ich meine Bewerbung auch weiterhin aufrecht halte, denn dort wurden des öfteren Nautiker benötigt. Insgeheim war ich mir im klaren, daß ich eines Tages die Hochseefischerei aufgeben würde, um einen anderen Berufsweg zu wählen. Aber bis dahin sollten noch fünf Jahre vergehen. Über meine Bewerbung sprach ich mit niemandem. Wenn ich vom „Ministerium" einen zweiten Einstellungsbescheid erhalten sollte, würde ich die Hochseefischerei verlassen, um in eine andere Berufssparte zu wechseln. Ich rief die Inspektion an und nahm meine Kündigung zurück, erklärte mich bereit, Kapitän Paul Joswig auf F.M.S. „Hans Pickenpack" zu folgen. Bis das Schiff von seiner Fangreise zurückkam, genoß ich zu Hause meinen „Zwangsurlaub". Jetzt im Spätfrühling stand in unserem

Garten alles in voller Blüte. Eine Wohltat für das Gemüt und die strapazierten Nerven. Wann bekommt man als Seemann dieses alles, was das Auge erfreut, zu sehen? Es sei denn, eine Fangreise ist gerade zu diesem Zeitpunkt beendet. Meine Zeit zu Hause verrann wie im Fluge, weil wir unseren Sohn Norbert für einige Wochen nach Hause geholt hatten, das „schöne Leben" war abzusehen. Die „Hans Pickenpack" war auf Heimreise, ich bereitete mich langsam auf meine neue Aufgabe vor. Schön wäre es gewesen, wenn ich ein Schiff wieder als Kapitän hätte führen können. Es war aber kein Schiff für mich vorhanden, es hieß warten, nicht ungeduldig werden.

F.M.S. „Hans Pickenpack"

Nachdem das F.M.S. „Hans Pickenpack" im Hafen einlief, heuerte ich als I. Steuermann an und wollte weiter mit Paul Joswig zusammenarbeiten, wie es sein innigster Wunsch war. Mir blieb im Moment auch keine andere Wahl, als weiter als I. Steuermann zu fahren. Dann schon mit meinem alten „Seegefährten" Paul Joswig, weil auf beiden Seiten ein absolutes Vertrauensverhältnis bestand.

Nachdem das Schiff entladen war, traf die Inspektion Vorbereitungen für die nächste Fangreise. Im Verarbeitungsdeck wurden zwei Herings-Filetiermaschinen eingebaut.

Kapitän Paul J. und ich wurden zum Reeder bestellt. Er verkündete uns, daß wir ein neues Fanggebiet aufsuchen und uns eine neue „Fangmethode" aneignen sollten. Das Fanggebiet war die „Georges-Bank" an der amerikanischen Küste, zwischen New York und Boston. In den Monaten Juli bis November waren dort große Heringsschwärme anzutreffen. An diesem Heringsfang sollten wir teilnehmen. Für uns beide, Paul und mich, war es „Neuland", welches wir betreten sollten. Der Hering wurde mit „pelagischen Netzen" gefangen. Wir hatten noch keine Erfahrung mit dieser Fangmethode, sie war uns fremd. Außerdem sollte die Fangreise ein halbes Jahr dauern. Der Grund dafür war, daß die Überfahrt hin und zurück etwa 20 Tage dauerte. Diese Zeit war zu kostbar und mußte eingespart werden. Später, wenn die Kühlräume des Schiffes mit Heringsfilets gefüllt waren, sollten wir in den kleinen Hafen Saint Pierre dampfen und dort die Ladung auf Kühlfrachter umladen. Der Hafen Saint Pierre liegt auf den französischen Miquelon-Inseln, südlich der kanadischen Insel New Foundland. Alle westdeutschen Schiffe sollten ihre Ladungen dort den Kühlfrachtern übergeben.

Am 20. Juni 1970 verließen wir den Fischereihafen von Hamburg-Altona und begaben uns auf die etwa zehntägige Überfahrt zur „Georges-Bank" an der amerikanischen Ostküste. Bei der langen Überfahrt hatten wir reichlich Zeit, die „pelagischen Netze" vorzubereiten und uns alle Arbeitsabläufe „gedanklich vorzustellen". Ist man erst auf dem Fangplatz angekommen, ist jede Minute zu kostbar, um Experimente durchzuführen. Um diese Jahreszeit war die Überfahrt fast eine Erholung. Täglich blauer Himmel, die Luft warm, das Meer ruhig und friedlich. Uns standen zehn Tage zur Verfügung, wo wir uns der Illusion „schöne Seefahrt" hingeben konnten. Alle an Bord hatten „nur" einen „Achtstunden-Arbeitstag" und konnten die Freizeit ausgiebig genießen. An einem Abend Filmvorführung, am nächsten Abend ein Preisskat oder eine andere Geselligkeit. Wenn die Fischerei begann, waren wir alle wie umgewandelt, dann zählte nur die Tagesproduktion in „Tagestonnen".

Auf der „Georges-Bank" angekommen, begannen die Jagd auf den „Meeressegen" und der Streß, mit den anderen Schiffen im Ergebnis gleichzuziehen. Der Blick galt nicht mehr den schönen Sonnenauf- und -untergängen, der Blick war nur auf das Fischfinder-Echolot, das Gehör auf die „Ping-Ping-Ping"-Geräusche des „Sonar-Gerätes" gerichtet. Bevor die „Laichzeit" des Herings einsetzte, waren die kleineren Heringsschwärme sehr schnell und mit dem „Sonar-Gerät" schlecht zu orten, wir nannten es die „Vorlaichzeit". Später, in der „Laichzeit", rotteten sich die kleineren Schwärme zu enormen Größen zusammen, wurden „träge" und konnten leicht geortet werden. Das „Sonar-Gerät" war dafür die Garantie. Das Gerät habe ich bereits beschrieben, als ich mich 1965 auf das F.M.S. „Altona" als Steuermann befand. Jetzt hier auf dem F.M.S. „Hans Pickenpack" mußte ich auf meiner Wache selbst damit arbeiten und alles auswerten, was das Gerät anzeigte. Der „Sonarschwinger", der im Vorschiff eingebaut war, wurde etwa 2 m „nach unten" ausgefahren, wie bei einem U-Boot das „Periskop" nach oben. Dieser „Sonarschwinger" mit geknicktem Strahlengang sendete Schallwellen aus.

Trafen diese Schallwellen auf einen Heringsschwarm, kam akustisch ein dumpfes Echo oder in der „Sonar-Lupe" ein enormer „Ausschlag". So konnte der Wachhabende auf der Brücke jeden georteten Schwarm zielgenau ansteuern. Das Einfangen bereitete keine Probleme. Zu der damaligen Zeit besaßen die pelagischen Netze eine vertikale Öffnung von 22 bis 27, die horizontale Öffnung von ca. 40 Metern. Dieser großen Öffnung entkam kein Heringsschwarm. Am Kopftau des pelagischen Netzes war ein „Echolot-Schwinger" angebracht, dieser war mit einem „Einleiter-Spezialkabel" und dem Schiff verbunden. Mit diesem „Echolot-Schwinger" wurde auch das Netz gesteuert. Er zeigte die Höhe des Netzes vom Meeresgrund und den „Einlauf" des Fischschwarms im Netz an. In wenigen Tagen hatten Paul und ich alles erfaßt und begriffen. Wir ergänzten uns wie immer. Einer war dem anderen behilflich, wenn es um die Fangtechnik ging. Vor einigen Tagen war auch das F.M.S. „Wilhelm Ladiges" unter Führung von Kapitän Christoph D. auf die „Georges-Bank" eingetroffen. Es war der 9. Juli 1970, in der Nacht hatte sich dichter Nebel gebildet.

Bei Ansammlung vieler Schiffe verschiedener Nationen war besondere Vorsicht geboten. An diesem Morgen gegen 9.00 Uhr erschien Paul auf der Brücke. Vor einer halben Stunde hatte ich das Netz ausgesetzt, er übernahm die Wache und die Fischerei.

Ich verließ nicht sofort die Brücke, wir unterhielten uns noch eine Weile über private Dinge. Nebenbei verfolgten wir ein Gespräch zwischen dem Kapitän Christoph D. der „Wilhelm Ladiges" und dem Kapitän Fritz B. der „Österreich" auf UKW Kanal 8. Beide Schiffe waren auf gleicher Höhe in einem seitlich geringen Abstand an einer sehr „flachen Stelle" (langgezogenes Riff) angekommen. An dieser Stelle hievte man das Netz vor dem Heck, drehte das Schiff ziemlich flott (mit dem Netz, welches sich noch im Wasser befand) auf Gegenkurs, danach fierte man das Netz wieder in die gewünschte Tiefe. Wenn die Sicht gleich „Null" war, wurden die auszuführenden Manöver zwischen den Wachhabenden auf dem UKW-Sprechweg abgesprochen. An diesem Morgen hatten die Kapitäne der „Wilhelm Ladiges" und der „Österreich" ihre Wachen angetreten und die Fischerei übernommen. Beide Schiffe hatten am „Riff" ihre Netze am Heck vorgehievt und begannen mit dem Wendemanöver. Auf einmal hörten wir einen aufgeregten Wortwechsel zwischen beiden Kapitänen. Ein Kapitän hielt sich nicht an die gemachte Absprache oder hatte diese falsch ausgelegt und drehte jetzt über die „verkehrte Seite". Es kam zur Kollision. Die „Österreich" hatte mit ihrem Wulstbug die „Wilhelm Ladiges" unterhalb der Wasserlinie in Höhe des Maschinenraumes die Bordwand eingedrückt. Der Kapitän der „Wilhelm Ladiges" rief auf UKW: „Das Schiff hat ein Leck, Wasser strömt ein." Einen Moment später: „Wir bekommen Schlagseite." Paul und ich schauten uns an und wußten was passieren wird. Paul gab Order, sofort das Fanggeschirr einzuholen. Ein anderer Teil der Männer machte die Rettungsboote klar zum Wegfieren. Das Fanggeschirr war schnell an Deck. Nach Radarortung tasteten wir uns ganz langsam an den Havaristen heran. Kapitän Christoph D. der „Wilhelm Ladiges" rief aufgeregt über UKW-Funk: „Ich gebe der Besatzung den Befehl, in die Rettungsboote zu gehen, das Schiff sinkt." Wir mit der „Hans Pickenpack" und dem zweiten Reedereischiff „Julius Pickenpack" tasteten uns mit Radarortung an den Havaristen heran und lagen etwa 100 m gestoppt neben der sinkenden „Wilhelm Ladiges", um die Schiffbrüchigen aufzunehmen. Sehen konnten wir nichts, der dichte Nebel nahm uns jede Sicht. Durch den Nebel hörten wir nur laute und aufgeregte Stimmen, die von dem sinkenden Schiff zu uns herüberhallten. Ich hatte mir das „Megaphon" genommen und rief in Richtung des Havaristen immer wieder „Boote hierher", damit sich die Bootsinsassen nach dem Ruf orientieren konnten. Das erste Boot tauchte aus dem Nebel auf. Ein Freudenschrei hier und aus dem Boot. Im ersten Boot saßen 16 Männer. Dann tauchte das zweite Boot auf, in dem saßen nur 13 Männer, darunter Christoph D., der Kapitän. Als auch die Männer des zweiten Bootes an Bord waren, schien es, als ob man uns unsere „Ohnmächtigkeit" zeigen wollte. Die Nebelwand schob sich für einen kurzen Augenblick beiseite, es zeigte sich ein „verwundetes Schiff", welches am sterben war. Das Achterschiff war bereits unter Wasser. Der Steven zeigte schräg nach oben, die Kommandobrücke schaute noch so eben aus dem Wasser. Es folgte ein Donnergetöse der berstenden Schotten, und das F.M.S. „Wilhelm Ladiges" verschwand mit einem Brodeln und Zischen in der Tiefe des Meeres. Der Untergang ging mir doch sehr nahe. Vor einem halben Jahr führte ich das Schiff, jetzt hatte es hier auf der „Georges-Bank" sein „nasses Grab" gefunden.

Während wir die Schiffbrüchigen bargen, waren noch drei andere Schiffe herbeigeeilt, um Hilfe zu leisten oder nach Überlebenden zu suchen. Unser Schwesterschiff „Julius Pickenpack" hatte ein Boot mit 14 Schiffbrüchigen an Bord genommen. Der größte Teil der Geretteten war bei uns an Bord, so holten wir auch die restlichen 14 Männer zu uns herüber. Ich ließ alle Männer der „Wilhelm Ladiges" auf dem Vordeck antreten, um uns zu überzeugen, daß auch alle Männer gerettet waren. Anhand der Mannschaftsliste, die mir Kapitän Christoph D. (der noch unter Schock stand) überreichte, mußten es 42 Männer sein. Ich rief jeden namentlich auf, der mußte sich zur anderen Seite begeben. Es waren nur 41 Männer.

Noch einmal zählen, es blieb bei 41 Männern! Ich wollte gerade „Alarm" schlagen, damit eine Suchaktion eingeleitet würde, da sagte Kapitän Christoph D.: „Der kann ja nicht abhanden gekommen sein, er saß doch in meinem Boot."

Ich begab mich sofort in unser Mannschaftslogis und traute meinen Augen nicht. Da saß der „Vermißte" und trank seelenruhig ein „spendiertes Bier". Auf meine empörte Frage, warum er sich der „Zählung" entzogen habe, antwortete er ganz gelassen: „Ach Steuermann, ich mußte mir zuerst den großen Schreck herunterspülen, ich bin ja nicht verloren gegangen." Ja, das war ein echter „Gemütsmensch", den erschütterte auch kein Schiffsuntergang. Gott sei Dank, die Havarie hatte keine Menschenleben gefordert. Die drei herbeigeeilten Schiffe wurden von der Hilfeleistung entbunden. Nach Rücksprache mit der Reederei in Hamburg nahmen wir mit den Schiffbrüchigen Kurs auf Boston/USA. Dort wurden alle neu eingekleidet und nach Hamburg ausgeflogen. Wir dampften zum Fangplatz zurück, die Jagd nach dem Meeressegen begann aufs neue. Anfangs waren die Tagesfänge nicht überwältigend. Oft haben sich die Fabrikschiffe getrennt, um die Schwärme zu orten. An dieser Suchaktion beteiligten sich auch die Schiffe der DDR und die der Polen. Diese drei Flotten arbeiteten gut zusammen, meldeten angetroffene Heringsschwärme, so waren bessere Erfolge zu erzielen. Wenn damals auch der „Eiserne Vorhang" zugezogen war, diese politische Ein-

stellung kannten wir auf See nicht. Politische Themen waren auf den Fangplätzen absolut „tabu". Die sowjetische Flotte war ausgenommen. Wir waren eine „verschworene Meute, Deutschlands Hochseefischerleute". Viele polnische Kapitäne sprachen ganz gut deutsch, es entwickelten sich oft auf dem UKW-Sprechweg sehr lustige Gespräche. Einige DDR-Schiffe versorgten uns auch ärztlich, wenn ein westdeutsches Hospitalschiff nicht am Ort war. Ich selbst mußte mit „üblem Zahnweh" zum DDR-Fabrikschiff „Walter Dehmel", das einen Arzt an Bord hatte. Dort verlor ich einen Backenzahn. An Bord lernte ich auch den Kapitän des Schiffes Horst P. kennen. So war die Zusammenarbeit auf See. Wenn wir auch aus zwei deutschen Staaten mit unterschiedlichen Weltanschauungen stammten, auf den Fangplätzen waren wir alle, Polen, Russen, Deutsche aus Ost und West, „Kameraden auf See".
Der einzige Kampf, der zwischen uns stattfand, war der, seinem Schiff die Kühlräume schneller zu füllen. Nachdem wir unsere „Hans Pickenpack" mit 600 to. Heringsfilet gefüllt hatten, ging es zum Hafen Saint-Pierre auf Miquelon. Dort lag das Kühlschiff, dem wir unsere Ladung übergaben. Die Hafenarbeiter in Saint-Pierre arbeiteten in drei 8-Stunden-Schichten, um die Ladung schnell auf das Kühlschiff zu bringen. Dieses „Umladen" brachte für Reederei und Schiff einen enormen Zeitgewinn. Von der „Georges-Bank" bis zum Hafen Saint-Pierre benötigten wir zwei Tage. Das Umladen der Ladung: maximal drei Tage. Dabei wurde das Schiff verproviantiert und mit Gasöl bebunkert. Nach weiteren zwei Tagen waren wir mit dem Schiff wieder zum Heringsfang auf der „Georges-Bank". Schneller konnte es kaum gehen. Auf diese Art haben zunächst alle westdeutschen Fabrikschiffe, die auf der „Georges-Bank" eingesetzt waren, ihre tiefgefrorene Ladung in Saint-Pierre auf Kühlfrachter umgeladen. Das war eine neue Methode, aus „Zeit" Geld zu machen. Im Jahre 1970 waren wir mit „Hans Pickenpack" dreimal in Saint-Pierre, um jedesmal unsere Ladung von 600 to. auf ein Kühlschiff umzuladen. Mit der vierten Reise und vollen Kühlräumen sind wir am 17. Dezember in Hamburg-Altona eingelaufen. Für uns eine doppelte Freude, wir konnten während des Weihnachtsfestes bei unseren Familien sein.
Welch ein Luxus! Nach sechs Jahren war es mir und meiner lieben Frau vergönnt, das Weihnachtsfest gemeinsam zu feiern. Wir waren mit der „Hans Pickenpack" sechs Monate von zu Hause fort gewesen. Jetzt sollten wir zwei Wochen daheim bei unseren Lieben verbringen.
Nach den Feiertagen begann wieder der „Ernst des Lebens". Das Schiff sollte wieder hinaus und wurde für die nächste Fangreise ausgerüstet. Bei der Inspektion überprüfte ich die Posten der Ausrüstung, für die ich verantwortlich war. Nichts dem „guten Glauben" überlassen. Alles ge-

nau überprüfen, auf See ist alles zu spät. Meine Lektion habe ich damals auf der „Wilhelm Ladiges" erhalten. Im Januar 1971 verließen wir mit „Hans Pickenpack" Hamburg-Altona und steuerten Elbe abwärts in die Nordsee, Kurs: die Pentlands. Nach dem Passieren der Hebriden-Inseln der neue Kurs: „Hamilton-Bank" an der Labradorküste von Kanada. Wie ich dieses Fanggebiet um diese Jahreszeit haßte! Das einzig Positive in diesem Fanggebiet waren die guten Kabeljaufänge, die dort zu erwarten waren. Alles andere war eine Plage.

Frost und Eisfelder lösten sich in bösartiger Gemeinheit ab. In mancher „besinnlichen Stunde" (auch Seeleute neigen dazu) stellte ich mir ganz bewußt die Fragen: „Warum nehmen die Männer diese Strapazen jahrelang auf sich, und wie halten sie diese Tortur aus?" Ich hörte nie Klagen, kein Jammern. Sie taten einfach das, was man ihnen abverlangte. Es waren harte Männer, die sich sagten: „Lerne Leiden ohne zu Klagen!" Mich selbst betraf es nicht. Mein Arbeitsbereich war die stets beheizte Brücke. Auf das Arbeitsdeck begab ich mich nur dann, wenn etwas ganz Unerwartetes eintraf. Zum Beispiel: Wenn beim Fischen das Fanggeschirr am Meeresgrund festhakte und eine „Kurrleine" (Stahlseil, mit dem das Fanggeschirr geschleppt wird) brach, so war als gelernter Netzmacher das Zusammenspleißen dieser Stahlseile meine Arbeit. Auch wenn aus irgend einem Grund das Fanggeschirr „verheddert" war, gehörte es zu meiner Aufgabe, das zu „klarieren". Für diese Situationen besaß ich ein „besonderes Auge" und Übersicht. Auch in meiner Freiwache, wenn ich mich zur Ruhe begeben hatte, stand des öfteren ein Matrose von Deck an meiner Koje und weckte mich: „Steuermann, komm an Deck, wir haben unklares Geschirr." Ich kleidete mich schnell an, begab mich an Deck, „klarierte" das „verhedderte" Fanggeschirr und begab mich wieder in meine Koje um zu schlafen. Das waren auch Eigenschaften, die Kapitän Paul J. an mir schätzte. Ich erledigte meine Arbeit schnell und präzise, war im nächsten Moment auch wieder verschwunden.

Nach sechs Tagen Überfahrt waren wir am Ziel, die „Hamilton-Bank" war erreicht. Wie ich es bereits vorausahnte, viel Eis, starker Frost! Es sah schon seltsam aus, das eisbedeckte Meer und darin wie die „Saurier" Fischereifabrikschiffe verschiedener Größen und Nationen. Die sowjetische Flotte war mit den meisten Schiffen vertreten und besaß auch die größten Fabrikschiffe. Darunter wahre Riesen. Wir mit unseren Fabrikschiffen wirkten gegenüber den Sowjets wie Zwerge.

Diese „Armada", Schiffe verschiedener Nationalitäten, verrichtete im eisbedeckten Meer ihr Handwerk. Große Aufmerksamkeit war oberstes Gebot. Die Schiffe schleppten ihr schweres Fanggeschirr mehrere hundert Meter hinter sich her. Beim Passieren durften die Schiffe sich nicht zu nahe kommen, es hätten sich beide Fanggeschirre ineinander „verhaken" und großen Schaden anrichten können.

Eines Morgens, es war bitterkalt, -16°, die Brückenwache hatte Paul bereits übernommen, „verhakte" sich das Fanggeschirr am Meeresgrund an ein Hindernis, das Fanggeschirr saß „fest". Durch geschicktes Manövrieren konnte Paul es vom Meeresgrund lösen. Aber beim Weiterhieven drehte sich das Fanggeschirr zusammen.

Wie ich es bereits beschrieben habe, stand ein Matrose in meiner Kammer: „Steuermann, das Geschirr ist zusammengedreht, komm bitte an Deck." Das „Klarieren" besorgten grundsätzlich der Bestmann Gerhard K. und ich. Die Deckmatrosen durften nur „Handreichungen" leisten. Diesmal dauerte es etwas länger. Hinzu kommt, ich konnte mich nie daran gewöhnen, an Deck mit Handschuhen zu arbeiten. So auch an diesem Morgen bei -16° Kälte. Als das Fanggeschirr wieder klar war, bemerkte ich mit Schrecken, daß meine linke Handkante und der „Stummel" des 1949 amputierten kleinen Fingers ganz weiß waren. Ein Matrose rannte sofort los und holte einen Eimer mit Wasser, in den ich die Hand auch eintauchte, aber es war zu spät. Ich hatte eine starke Erfrierung. Am nächsten Tag löste sich die Haut, die ganze linke Handkante und ein Teil des Handrückens waren eine „wässerige häßliche Wunde". Für die nächste Zeit war das Deck für mich „tabu", zuerst mußte die Erfrierung heilen.

Nach zwei Wochen bildete sich eine neue Haut, die Erfrierung heilte jedenfalls vom Handrücken aus. Aber von der Handballenseite wurde der amputierte Fingerstummel langsam schwarz. Das bereitete mir Sorgen. Ich hoffte, daß es besser würde, es tat sich nichts. Seltsamerweise verhärtete sich diese schwarze Hautfläche.

Auf UKW-Funk rief ich das DDR-Fabrikschiff „Junge Garde" an und bat den Bordarzt zu sprechen. Ich schilderte, was mir widerfahren war, daß die Erfrierung gut abgeheilte, aber der „schwarze Fingerstummel" mir Sorgen bereite. Die Antwort des Arztes war: „Herr Neu, das muß amputiert werden." Na, das war was. Nach ein paar Tagen Aufschub entschloß ich mich zur „Selbsthilfe", begab mich in unsere Bordapotheke, reinigte die Handkante und Fingerstummel ausgiebig, legte mir ein Skalpell zurecht, „vereiste" den Fingerstummel und zog mit dem Skalpell einen runden Schnitt, dort, wo der Übergang der „normalfarbigen zur schwarzen Haut" war. Einen Schmerz fühlte ich nicht. Danach klappte ich die „harte schwarze Haut" nach vorne und traute meinen Augen nicht. Unter dieser „toten Haut" hatte sich bereits eine „zartrosa Haut" gebildet. Sie war noch sehr dünn, blutete etwas, aber alles war in bester Ordnung. Danach schnitt ich die noch schwarze Haut an der Handballenseite ab und benötigte keine ärztliche Hilfe. Nachdem alles fachgerecht verbunden war, nahm ich das „Stück schwarze Haut" und begab mich zur Brücke. „Schau her, Paul, ich habe mich soeben selbst operiert, und das ist noch ein Stückchen meines Fingers." Ich zeigte es Paul. Er sprang vom „Jagdsitz", lief in die Nock, dann fiel ihm der „Morgenkaffee aus dem Gesicht". (Er übergab sich.) Ich mußte herzhaft lachen, denn Paul konnte so etwas nicht sehen. Nach einer Woche war alles verheilt, meine linke Hand wieder einsatzfähig.

In diesem Fall konnte man sehen, daß ein Hochseefischer, wenn es sein muß, sich selbst helfen konnte. Nach vielen Tagen des „Herumwühlens" in dem immer dicker werdenden Eis war es abzusehen, wann die Fischerei hier eingestellt werden mußte. Der Tag war gekommen, wo sich alle Kapitäne einig waren, aus dem Eisfeld zu brechen und andere Fanggründe aufzusuchen. Die westdeutschen Schiffe setzten sich nach West-Grönland ab. An die Spitze des „Konvois" setzte sich ein Schiff mit sehr starker Maschinenleistung, brach das Eis auf, die anderen Schiffe, viele an der Zahl, folgten in Kiellinie. Auch Schiffe anderer Nationen, mit schwacher Maschinenleistung, schlossen sich dem Konvoi an. In den letzten Tagen war es vorgekommen, daß man ein englisches und polnisches Schiff „freibrechen" mußte, weil die sich im Eis festgefahren hatten, weder voraus noch zurück konnten. Ein Anruf auf UKW-Funk genügte, dasjenige Schiff, welches gerade in der Nähe war, leistete Hilfe. Nationalitäten spielten hier keine Rolle. Hier im Eisfeld von Labrador waren wir alle, ob Russen, Polen, Franzosen, Engländer, Deutsche aus Ost und West, eine „Familie", wenn es notwendig war, trat einer für den anderen ein. Nach 18 Stunden Eisfahrt war das „freie Fahrwasser" erreicht, der Konvoi löste sich auf. Wir mit der „Hans Pickenpack" dampften nach West-Grönland. Auf der „Lille Hellefiskebank" beendeten wir unsere Fangreise. Nach 68 Tagen liefen wir in Hamburg-Altona ein.

Nach dieser Reise wollte Paul seinen Jahresurlaub nehmen, ich sollte ihn als Kapitän vertreten. Es war ein Vertrauensbeweis der Reederei. Ende März 1971 verließen wir mit dem F.M.S. „Hans Pickenpack" den Hafen von Hamburg-Altona. Von der Reederei erhielt ich die Order, zu den Fanggründen an der Norwegen-Küste und in die Barentssee zu fahren. Bei dieser Fangreise hatte ich kein „gutes Gefühl", was sich später auch bestätigen sollte. Diese Fanggebiete waren für mich „Neuland". In den Gewässern um Island, Ost- und West-Grönland sowie Labrador kannte ich mich aus, aber dort oben? Die westdeutschen Fabrikschiffe waren auch hier präsent, aber auf verschiedenen Fangplätzen. Einige fischten bei der Bäreninsel, andere auf der Skolpenbank oder bei Vardö oder am Nordkap. Anfangs sollen die Fänge gut gewesen sein, als wir mit „Hans Pickenpack" eintrafen, war es mit „guten Fängen" vorbei. Wäre ich doch nach Grönland gefahren!

Das einzig Positive an der Barentssee war der 24-Stunden-Sonnentag. Wie ich es bereits beschrieben habe, nördlich des Polarkreises (66° 30' Nord) wird es ab dem 21. März nie mehr Nacht. Wenn der Himmel nicht wolkenverhangen ist, scheint die Sonne 24 Stunden lang. Dieses Naturereignis nahm ich nur am Rande wahr, wir wollten keinen 24-Stunden-Sonnentag, wir wollten Fische fangen. Aber gerade das gelang mir nicht. Es waren nirgendwo welche anzutreffen, es war zum verzweifeln. Allen anderen Schiffen erging es ebenso, wir hatten keinen Erfolg. Das zählt aber nicht. Als Kapitän ist man für Schiff und Ladung allein verantwortlich. Nach etwa 40 Tagen intensiven Suchens und Fischens waren wir nicht über 5 to. Tagesproduktion hinausgekommen. Ein schlechtes Ergebnis. Um das Schiff mit „voller Ladung" nach Hamburg zu bringen, hätte wir 100 Tage fischen müssen. Ich kam des öfteren in Panik. Für einen Fischdampfer-Kapitän gibt es nichts Schlimmeres, als dem Reeder eine schlechte Fangreise abzuliefern. Eine Fangreise ist die Visitenkarte eines Kapitäns, entweder sie zerstört oder fördert seinen „Nimbus". Bisher hatte ich noch große Hoffnung gehabt, aber die Hoffnung schwand, wurde immer kleiner, um ganz am Horizont zu verschwinden. Das Fischerglück wendete sich nicht, es blieb vor meiner Tür stehen und trat nicht ein. Eines Tages kam ein erlösender Anruf der Reederei mit der Frage, ob sich die Tagesfänge in absehbarer Zeit zum Besseren wenden könnten? Ich sagte klar: „Aus meiner Sicht ist in nächster Zeit nicht mit besseren Fängen zu rechnen."

Am nächsten Tag kam die Order, die Fangreise abzubrechen, nach Hamburg zu kommen und das Schiff auf Heringsfang umzurüsten. Bei dieser Fangreise habe ich mich nicht mit „Ruhm" überhäuft, sie hat mir mehr geschadet als genützt. Ein Reeder wird es sich überlegen, ob er mir noch mal ein Schiff anvertraut, wo am Ende der Fangreise kein Gewinn erzielt wird. Ich hatte eine Lektion erhalten, in einer „flauen Fangzeit" kein Schiff als Kapitän-Vertreter zu übernehmen. Ich war 40 Jahre alt, beruflich gut gefestigt. Eigentlich sollte man zufrieden sein, ich war es nicht. Im geheimen wünschte ich mir ein Schiff als Kapitän, nicht nur „vertretungsweise". Alles Nachgrübeln nützte wenig, vorerst mußte das Schiff für das nächste halbe Jahr für „Georges-Bank" ausgerüstet werden. Wieder sollten wir ein halbes Jahr dort bleiben und unsere Ladungen in Saint-Pierre auf ein Kühlschiff umladen.

Anderen Reedereien war das Umladen der Ladung in Saint-Pierre noch nicht genug „Zeitgewinn". Sie dirigierten das Kühlschiff direkt zum Fangplatz. Wenn ein Fabrikschiff seinen Kühlraum voll hatte, ging es längsseits des vor Anker liegenden Kühlfrachters und übergab seine Ladung auf See. Das war von den Reedereien eine „barbarische Anordnung". Bevor ein Fabrikschiff seine 600 bis 800 to. Ladung hat, muß die

Besatzung Schwerstarbeit leisten. Danach ist es ratsam, der Besatzung einige Tage Ruhe zu gönnen. „Seeumschlag", wie man es nannte, war Sklavenarbeit, die Kapitän Paul Joswig strikt ablehnte. Ende Mai 1971 liefen wir zur zweiten „halbjährigen Fangreise" zur „Georges-Bank" aus. Die Überfahrt über den Nordatlantik gewährte uns eine zehntägige Erholungspause. Im Jahre 1970 beschritten Paul und ich für uns noch fremde Fangmethoden. In diesem Jahr sahen wir allem gelassen entgegen. Auf der Überfahrt saßen wir am Abend oft beisammen, schauten uns Spielfilme an (jedes Schiff hatte acht Spielfilme an Bord und tauschte die Filme auf See untereinander). Wir sprachen auch über private Dinge, über Familie, Kinder, Häuser und vieles mehr. So wuchs man auch im privaten Bereich zusammen. Einer kannte des anderen Sorgen und Nöte. Es wurden gescherzt und gelacht, aber auch über ernste Dinge Gespräche geführt. Ein „Umtrunk" fand auch statt, aber immer in angemessenem Rahmen. In meiner Freizeit las ich sehr viel. Seit Jahren nahm ich mir immer ein paar gute Bücher auf See mit. Lesen lenkt vom täglichen Trott ab, erweitert den menschlichen Horizont und zwingt über viele Dinge des Lebens nachzudenken. Wer viel wissen will muß viel lesen. In den Büchern steht alles geschrieben. Wichtige und unwichtige Dinge. Was wichtig ist, muß ein jeder für sich herausfinden und es für sich verwerten. Ich tat es für mich auf meine Weise, entdeckte viel, ja sehr viel, was mein Wissen erweiterte.

Nach zehn Tagen der angenehmen Überfahrt war die „Georges-Bank" erreicht, für uns begann der Fischereialltag. Paul und mir fiel in diesem Jahr der Anfang nicht so schwer wie vor einem Jahr, als wir uns in die pelagische Fischerei „einarbeiten" mußten.

Nach 26 Fischereitagen dampften wir nach Saint-Pierre, unsere 600 to. Ladung auf ein Kühlschiff umzuladen. Das Umladen verlief problemlos. Vier unserer Matrosen wurden von der Inselpolizei zur Ausnüchterung einen Tag eingesperrt. Saint-Pierre ist zollfreies Gebiet, dementsprechend ist auch der „Bacardi-Rum" in den Bars spottbillig.

Weil es auf See an Bord keinen Alkohol gab, wurde diese „einmalige Gelegenheit" reichlich genutzt. Während der Fischerei mußten sie alle schwere Arbeit verrichten, da haben sie in der Hafenfreizeit dem „Bacardi-Rum" zugesprochen. Es war ihnen gegönnt. In den erwähnten Bars gab es „nur" Bacardi-Rum, keine anderen „frivolen Belustigungen", wie es in vielen Häfen üblich ist. In Saint-Pierre erhielten wir die Heimatpost von unseren Lieben daheim, von hier gingen auch unsere Briefe heimwärts.

Im Städtchen konnten wir die besten französischen Parfüms zu Niedrigpreisen erstehen. Ich habe immer, wenn wir dort waren, meiner lieben Frau beste Parfüms als Geschenk mitgenommen.

Seit einigen Tagen waren wir wieder auf der „Georges-Bank". Die Laichzeit des Herings hatte eingesetzt. Die besten Fänge wurden in der Nacht erzielt, weil die Heringsschwärme sich dann vom Meeresboden lösten, um sich im „Mittelwasser" zu bewegen, wo sie mit dem pelagischen Netz leicht eingefangen wurden. Bei Tagesanbruch lösten sich die Schwärme im Mittelwasser auf und bewegten sich flach auf dem Meeresboden. Fabrikschiffe vieler Nationen waren hier vertreten. Deutsche aus Ost und West, Polen, Russen, Rumänen und Japaner. Die Schiffe aller Nationen richteten sich meist nach einer bestimmten Schlepprichtung aus, entweder: Nord–Süd, Süd–Nord oder Ost–West, West–Ost. Auf diese Art kam sich niemand mit dem großen pelagischen Netz in die „Quere". Aber die Japaner! Wir nannten sie „Kamikaze". Die Japaner marschierten mit ihren Schiffen quer durch die „ausgerichtet-schleppende Flotte"!

Im wahrsten Sinne des Wortes, die Japaner waren gefürchtet. An einem Abend, gegen 22.00 Uhr, übernahm ich von Paul die Fischerei. Mir kamen zwei Schiffe „netzschleppend" entgegen. Als erstes Schiff passierte mich an der Steuerbordseite das polnische Fabrikschiff „Kalmar". Das nächste Schiff war ein „Kamikaze", den wollte ich an der Backbordseite passieren. Der „Kamikaze" steuerte einen seltsamen Kurs. Wenn er so weiter steuerte, würde er mir mein Netz abreißen. Auf allen UKW-Kanälen rief ich ihn an, er antwortete nicht, steuerte seinen Kurs weiter. Nach der Steuerbordseite konnte ich nicht ausweichen, weil ich dann mit dem Netz der „Kalmar" kollidiert wäre. Zu guter Letzt schaltete ich unseren „Xenon-Eisscheinwerfer" an und hielt den gebündelten Lichtstrahl in die Kommandobrücke des Japaners. In diesem Moment war er noch $^1/_{10}$ Seemeile (180 m) von der „Hans Pickenpack" entfernt. Erst da muß er mich bemerkt haben und brachte sein Schiff auf „Parallel-Kurs". Von der „Kalmar" war ich immer noch nicht frei, sonst hätte ich hart nach Steuerbord abgedreht. Ich passierte den Japaner ganz nahebei. Es war die „Zuzuku-Maru". Was auf der Brücke des Japaners vorgegangen sein mag, das weiß nur „Buddha", Gott der Japaner, allein. Wir beide hatten uns gerade passiert, da drehte der „Kamikaze" auf seinen alten Kurs zurück. In diesem Moment war ich auch von der „Kalmar" frei und drehte 40° nach Steuerbord ab, ich wußte, daß der Japaner mit seiner Kursänderung mir mein Netz zerstören mußte. Trotz meiner Kursänderung konnte ich unser Netz nicht retten. Es gab einen „Knall", und die Backbord-Kurrleine (Stahlseil) brach. Auch das „Netzsonden-Kabel", welches mit dem Netz verbunden ist, hing schlaff an Deck. Mein ausgeführtes „Notmanöver" hatte mir nichts genutzt. Der „Kamikaze" hatte unser pelagisches Netz abgerissen und zerstört. Die Japaner müssen wahrscheinlich einen anderen

„Blickwinkel" haben, sonst hätte der Wachhabende der „Zuzuku-Maru" im Radar erkennen müssen, daß es mit seiner Kursänderung zur „Netzkollision" kommen mußte. Das, was von unserem Netz übrig war, holten wir an Deck. Es dauert Stunden, bis ein neues pelagisches Netz einsatzklar ist. Paul war auf der Brücke erschienen, ich begab mich an Deck, um alles zu beschleunigen. Nach zwei Stunden war das neue Fanggeschirr einsatzklar, und ich begab mich wieder auf die Brücke. Ich gestehe es ein, daß ich bei der Netzkollision einen kleinen „Schock" erlitt, aber Paul nahm das überhaupt nicht zur Kenntnis. „So, Richi, nun dampfe auf Position und setz das Netz wieder aus." Ich glaubte nicht richtig gehört zu haben. Sah er es denn nicht, daß ich ganz „tüddelich" war? Nee, er sah es nicht! Er fuhr fort: „Sieh mal zu, daß du in der verbleibenden Zeit noch ein bis zwei gute ‚Hols' (Fischzüge) bekommst, du weißt, die Filetiermaschinen dürfen nicht stillstehen." Sprach's und verließ die Brücke. Im Hinausgehen wünschte er mir grinsend: „Na, dann gute Wache und Fischerei." Von wegen „gute Fischerei". Ich war noch zu aufgeregt und nicht in der Lage, das Netz auszusetzen, benötigte noch fast eine halbe Stunde, bis ich meine innere Ruhe wiederfand. Zwei- oder dreimal war ich schon über einen beachtlichen Heringsschwarm rübergedampft, ehe ich das Netz aussetzte. In dieser Nacht, besser gesagt an diesem frühen Morgen, gelangen mir zwei gute „Hols" (Fischzüge), dann war die Tagesproduktion gesichert. Als es heller Tag war (fischen brauchten wir ja nicht), machte Paul sich auf die Suche nach der „Zuzuku-Maru", dem „Kamikaze". Wir machten sie „ausfindig", sie hatte gerade ihr Netz eingeholt. Wir fuhren ganz dicht an ihr Heck heran und konnten an ihren „Scherbrettern" noch Fetzen unseres zerstörten Netzes sehen. Paul legte die „Hans Pickenpack" ganz dicht an die Steuerbordseite des Japaners und gab dem Mann, der in der Brückennock erschien, ein Zeichen, er möge auf UKW-Funk antworten. Keine Reaktion. Zum Schluß setzten wir Signalflaggen, die nach dem „Internationalen Signalbuch" folgendes signalisieren: „Sie haben mein Netz zerstört." Aber auch hier schien Asien von Europa keine Notiz zu nehmen. Man schaute zu uns gelangweilt herüber, mehr geschah nicht. Zusammenfassend kann ich sagen, das war die asiatische Gelassenheit, von der wir Europäer etwas lernen können. Wir hatten den Schaden, ihn focht das wenig an. Die zweite „Etappenreise" war beendet, wir dampften wieder mit 600 to. Heringsfilet zu einem Kühlschiff nach Saint-Pierre. Im Hafen sahen wir erfreulicherweise das Schwesterschiff unseres Japaners, die „Shirane-Maru". Über den Hafenagenten brachten wir in Erfahrung, daß der Inspektor der japanischen Reederei sich auf dem Schiff aufhielt. So wurde für einen Abend wegen „Schadensregulierung" ein Treffen vereinbart. Kapitän Paul Joswig und der I. Steu-

ermann Richard Neu erhielten eine Einladung, am anderen Tag um
19.00 Uhr auf der „Shirane-Maru“ zu erscheinen. Paul und ich machten uns „landfein“, begaben uns pünktlich um 19.00 Uhr an Bord des
Japaners. Als wir so unterwegs waren, sagte ich zu Paul: „Weißt du
auch, wenn etwas zum Essen gereicht wird, daß wir mit ‚Stäbchen‘ essen müssen, kannst du das?“ „Quatsch“, sagte Paul, „die Japaner wissen es doch, daß wir Europäer mit Gabel, Messer und Löffel unsere
Mahlzeiten zu uns nehmen, dann werden sie für uns auch ein Besteck
bereitlegen.“ Innerlich mußte ich lachen, woher sollten die Japaner
plötzlich Bestecke herzaubern? Wir schritten die „Gangway“ hinauf, ich
machte Paul darauf aufmerksam, daß die Japaner kleine Menschen
sind, daß alle Schotten am Schiff wohl etwas kleiner sind als bei uns.
Wir standen vor dem Mittelschott und wollten gerade eintreten, da
machte es „bum“. Paul hatte sich nicht genügend gebückt und knallte
mit dem Kopf gegen die obere Kante des Mittelschotts! Ich konnte mir
eine Bemerkung nicht verkneifen: „Paul, ich konnte es wirklich nicht
ahnen, daß du wegen des zerstörten Netzes solche Wut auf den Japaner hast, daß du ihn mit einem Kopfstoß versenken willst.“ Paul: „Halt
den Mund, ich konnte es wirklich nicht ahnen, daß der Eingang so niedrig ist.“ Der I. Steuermann des Japaners erwartete uns und schritt voran zum Kapitänssalon. Ich war vor Paul hergegangen, drehte mich um
und sah, daß Paul beinahe Tränen in den Augen hatte. „Paul, du bist
über diese Einladung regelrecht gerührt, du hast ja Tränen in deinen
Augen.“ Paul: „Wenn du Kröte nicht den Mund hältst, explodiere ich
gleich. Ich habe auf meinem Kopf eine Taubenei große Beule, die höllisch schmerzt.“ Ich mußte doch lachen, nicht aus Schadenfreude über
seine Beule, nein, ich hatte es Paul gesagt, die Japaner sind „kleine Seeleute“. Der japanische Steuermann geleitete uns zum Kapitänssalon,
wo wir vom Kapitän der „Shirane-Maru“, dem Inspektor der japanischen Reederei sowie dem Hafenagenten empfangen wurden. An einem
reichlich gedeckten Tisch nahmen wir Platz. Zuerst wurde ein Umtrunk
in kleinen Schalen gereicht. Leise fragte ich Paul: „Siehst du auf dem
Tisch irgendwo Bestecke?“ Paul: „Nein, du hattest Recht, das gibt ja
noch was ab.“
Der japanische Inspektor, ein typischer Geschäftsmann, elegant gekleidet, freundlich, aber sehr wachsam. Das Abendessen begann mit einer
„Peinlichkeit“. Wir konnten mit den Eßstäbchen nicht umgehen. Man
hatte Mitleid mit uns. Der Inspektor zeigte uns, wie die Stäbchen gehalten werden müssen, um damit zu essen. Nach einigen Versuchen gelang es, etwas zu uns zu nehmen. Der Kapitän der „Shirane-Maru“, ein
älterer Herr mit zerfurchtem Gesicht, saß die ganze Zeit am Ende des
Tisches im sogenannten Schneidersitz. Nach mühsamer Beendigung

des Abendessens entwickelte sich zwischen beiden Kapitänen ein kurioses Zwiegespräch. Der Japaner fragte Paul: „Du siehst sehr jung aus, wie alt bist du?" Paul antwortete: „Ich bin 37 Jahre alt." Der Japaner: „Mit 37 Jahren wärest du in Japan noch kein Kapitän, du wärest zu jung." Dann stellte Paul eine Gegenfrage: „Wie alt bist du denn?" Der Japaner antwortete: „Ich bin 66 Jahre alt." Paul zu ihm: „Mit 66 Jahren wärest du in Deutschland kein Kapitän, du wärest zu alt." Nach diesem lustigen Gespräch verabschiedete sich der japanische Kapitän und zog sich zurück. Als der Kapitän den Salon verlassen hatte, verhandelten wir mit dem Inspektor über den Verlust unseres Netzes. Alles wurde notiert, die Tagebucheintragung festgehalten. Der Japaner versprach, den durch die „Zuzuku-Maru" angerichteten Schaden zu regulieren. Nach einigen gemütlichen Stunden verließen wir das gastliche Schiff. Ob der Schaden jemals reguliert wurde, entzieht sich meiner Kenntnis. Als wir den Salon verließen, warnte ich Paul noch mal: „Paul, wenn du durch das Eisenschott willst, vergiß nicht dich ordentlich zu bücken, sonst kommst du noch wie ein Teufel mit zwei Hörnern auf ‚Hans Pickenpack' an." Er sagte nichts, brummte nur etwas Unverständliches. An Bord angekommen, saßen wir noch eine Weile beisammen und ließen alles noch mal Revue passieren.

Die Heringsaison auf der „Georges-Bank" war beendet. Die Saison war für uns erfolgreich verlaufen. Auch in diesem Jahr sollten wir das Weihnachtsfest mit unseren Familien gemeinsam feiern. Aber nur das Weihnachtsfest. Für den 27. Dezember war bereits der nächste Auslauftermin anberaumt. So waren Schiff und Besatzung nach Weihnachten wieder auf See. Das neue Jahr erwarteten wir im Nordatlantik bei stürmischem Wetter mit Windstärken von 7 bis 8 aus Südwest, so daß die „Hans Pickenpack" gegen Wind und See anrennen mußte und alle ordentlich durchgeschüttelt wurden. Unser Ziel? Natürlich die Fanggründe bei Labrador.

Als wir nach der stürmischen Überfahrt auf der Hamilton-Bank ankamen, sah es sehr gut aus. Kein Eis, keine Kälte, für Schiff und Besatzung eine enorme Erleichterung.

Noch konnten wir Hochseefischer die Fanggebiete, wo wir fischen wollten, selbst bestimmen, aber am „politischen Fischereihimmel" zogen für uns dunkle Wolken auf. Jeder Staat, der Küstengebiete sein eigen nannte, trachtete seine „Hoheitsgewässer" auszudehnen. Bisher galt international die „12-Seemeilen-Grenze" (22,2 km) als „Hoheitsgebiet eines Staates". Bei den Staaten, die der „EWG" angehörten, gab es keine Fischereiprobleme, aber andere Staaten, wie Norwegen, Island, Grönland, Kanada und die USA, trachteten sogenannte „200-Seemeilen-Wirtschaftszonen" einzurichten. Anfang der 70er Jahre hat Island einseitig die „50-Seemeilen-Wirtschaftszone" proklamiert. England, Deutschland und Belgien, die in den isländischen Gewässern Fischerei betrieben, erkannten diese „einseitige Hoheitsgebiet-Erweiterung" nicht an und fischten dort weiter. Es kam zu dem bekannten „Kabeljaukrieg". Die isländische Regierung setzte ihre Marine gegen die Fischdampfer ein. Es wurde nicht geschossen, die Isländer dachten sich was Einfaches aus, und das sah so aus: Wenn ein Marinefahrzeug ein fischendes Fahrzeug ausmachte, fuhren sie dicht an das Heck des Fischers, fierten vorher ihren „Heckanker" mit mehreren Kettenlängen weg, fuhren einen engen Kreis um das fischende Fahrzeug und rissen ihm mit dem „Heckanker" das teure Fanggeschirr ab.

Die deutsche und englische Regierung protestierten, es half nichts. Großbritannien schickte sogar eine Fregatte, um die eigenen Schiffe zu schützen, aber die Isländer beharrten auf ihrer „50-Seemeilen-Fischereigrenze". Es war nur noch eine Frage der Zeit, wann die anderen Staaten endgültig nachzogen. Auch die Verantwortlichen der deutschen Reedereien sahen voraus, was kommen mußte. Sie begannen ältere Fischereifahrzeuge aus der Fahrt zu nehmen, zu verkaufen oder zu verschrotten. Die deutsche Hochseefischerei hatte ihren „Kulminationspunkt" erreicht und begann langsam zu sinken. Die Fabrikschiffe vieler Nationen, auch „Staubsauger der Meere" genannt, wurden an den Küsten nicht gerne gesehen. Bei der „Pickenpack"-Reederei schien es aufwärts zu gehen. Noch in diesem Jahr 1972 sollte das vierte Fabrikschiff, „Harengus", in Dienst gestellt werden. Ich habe in stillen Stunden über die Entwicklung der Grenzerweiterung nachgedacht und mir die Frage gestellt: Was wird aus unseren Fabrikschiffen werden, wenn wir nirgendwo mehr fischen dürfen? Meine Antwort auf diese Frage war: Die Schiffe werden aus der Fahrt genommen; die älteren verschrottet, andere an das Ausland verkauft, wieder andere zu anderen Zwecken umgebaut. Auf die Besatzung wird keine Rücksicht genommen. Wo keine Schiffe sind, werden keine Seemänner benötigt. Jeder muß für sich selber sorgen. Ich war 41 Jahre alt und hatte noch über 20 Berufsjahre vor mir, eine sehr lange Zeit. Wenn an den Küstenländern die „Grenzerweiterung" endgültig eingeführt wird und dort nicht mehr gefischt werden darf, ist das Ende der deutschen Hochseefischerei abzusehen. Darüber war ich mir im klaren. Meine Bewerbung beim „Ministerium für Ernährung, Landwirtschaft und Forsten" in Hamburg hielt ich noch aufrecht. Wenn mir in der nächsten Zeit ein Angebot gemacht würde, sagte ich der Hochseefischerei „ade".

Vorerst war ich mit „Hans Pickenpack" und Paul als Kapitän auf der Hamilton-Bank bei Labrador. In den Anfangswochen verschonte uns das Labrador-Eis. In der Nacht war die Wache nicht so anstrengend.

Die „Wachsteuermänner" hatten einen besonderen Namen. Derjenige Steuermann, der den Kapitän für die Nacht ablöste, war der „Nachtmarschall". So wußte ein jeder, wer auf welchem Schiff in der Nacht die Fischerei ausübte. In der Nacht entwickelte sich so manches interessante Gespräch. Die Gespräche wurden auf UKW-Funk geführt, ein jeder konnte mithören und sich am Gespräch beteiligen. Auf diese Art war die Nachtfischerei niemals langweilig. Auch mancher „kesse Spruch" ging von Schiff zu Schiff. Bei alledem wurde die Wichtigkeit der Nachtfischerei nicht außer Acht gelassen, die Tagesproduktion zu sichern war das „oberste Gebot". Wie sollte es anders sein, auch in diesem Jahr verließen wir Ende Februar die Labrador-Küste wegen starkem Eisgang. Wir mußten wieder nach West-Grönland. Bevor wir abdampften, kam ein Telegramm der Reederei, die Kapitän Paul Joswig nach Hamburg beorderte. Er sollte das bisher modernste Schiff der Reederei, die „Julius Fock", übernehmen und wurde mit dem Hospitalschiff „Poseidon" zum Heimflug nach Halifax gebracht. Ich übernahm die „Hans Pickenpack" auf See als Kapitän. Ich war mir sicher, daß die Reederei mir das Schiff als Kapitän übergeben würde. Es blieben noch wenige Tage zum Fischen, ich mußte nach Grönland. Nach acht Fischereitagen waren die Kühlräume voll, das F.M.S. „Hans Pickenpack" begab sich auf die Heimreise. Ich war sehr angespannt, welche Neuigkeiten mich in Hamburg erwarteten. Nach dem Festmachen des Schiffes an der Kühlhalle im Fischereihafen kamen die Herren der Chef-Etage an Bord. Nach der Begrüßung das gleiche Ritual: Zollabfertigung, Ladung darlegen, Reparaturen am Schiff und Maschine und die Ausrüstung-Neubestellung. Als alle Formalitäten erledigt waren, verkündete mein Reeder mit einem sehr ernsten Gesicht eine für mich „erfreuliche Botschaft", daß ich die „Hans Pickenpack" als Kapitän nicht bekomme.
Ich glaubte nicht richtig gehört zu haben. „Herr Pickenpack, habe ich Sie richtig verstanden, Sie wollen die Führung des Schiffes jemand anderem übertragen, obwohl ich das Schiff zwei Jahre als Wachsteuermann in allen Belangen gut vertreten habe?"
„Herr Neu, Sie müssen mich nicht mißverstehen, aber Herr Hans S., der das Schiff als Kapitän führen soll, ist länger bei der Reederei als Sie und hat daher ältere Rechte."
Nun wußte ich es genau und war maßlos enttäuscht. „Herr Pickenpack, dann suchen Sie auch einen neuen ‚Wachsteuermann' für das Schiff. Für Neuanfänger stehe ich nicht zur Verfügung, um ihm die ‚Kastanien aus dem Feuer' zu holen. Ich kenne das Schiff, seine ‚guten und schlechten Seiten'. Herr Hans S. hat noch keine Erfahrung als Kapitän. Er hat lediglich eine Vertretungsreise als Kapitän zur ‚Georges-Bank'

gemacht, das ist alles. Mit so einem unerfahrenen Mann werde ich nicht auf eine mehrmonatige Fangreise gehen. Auf der ‚Hans Pickenpack' bleibe ich nicht. Wenn Sie auf meine Arbeitskraft weiterhin Wert legen, dann gehe ich wieder als ‚Wachsteuermann' zu Paul Joswig auf das F.M.S. „Julius Fock'. Ab morgen betrachte ich mich als ‚vorläufig' beurlaubt, mehr habe ich dazu nicht zu sagen." So, das war gesagt! „Herr Neu, wir legen auf Ihre Mitarbeit großen Wert. Ich akzeptiere Ihren Wunsch, Sie können, wenn die ‚Julius Fock' von der Fangreise zurückkommt, weiterhin mit Kapitän Paul J. zusammenarbeiten." Diese Angelegenheit war für mich vorerst vom Tisch. Den Tiefschlag mußte ich erst einmal „verdauen". Ich hatte fest damit gerechnet, das F.M.S. „Hans Pickenpack" als Kapitän zu übernehmen. Aber wie heißt es doch so schön: „Zweifle nie ohne Hoffnung, und hoffe nie ohne Zweifel!" In diesem Jahr sollte sich in meinem Berufsleben einiges ändern. Ich packte meinen Koffer, schnürte meinen Seesack und ging von Bord. Zu Hause bei meiner lieben Frau habe ich von all diesen Dingen Abstand genommen.

Der vor einem Jahr bestellte Pkw war bei der Bestellfirma eingetroffen. Die Übergabe war ein Freudentag. Gewiß, mein Selbstbewußtsein war durch die Entscheidung des Reeders leicht „angekratzt", aber sollte ich mir deswegen „Asche aufs Haupt streuen" und trauern? Nein, niemals, auch meine Zeit wird kommen. Bis die „Julius Fock" zurückkam, dauerte es mindestens noch 40 Tage. Diese Zeit wollte ich meiner Familie widmen. Unser Leben war das Streben nach häuslicher Sicherheit, nach Geborgenheit, nach einem Ort, von dem uns niemand vertreiben konnte. Die schweren Nachkriegsjahre erinnerten uns stets daran. Jetzt war für uns die Zeit da, wo wir auch an uns denken konnten. Unsere erste Urlaubsfahrt in Deutschland mit eigenem Pkw sollte beginnen. Irgendwo in Süddeutschland, wo es uns besonders gefiel, wollten wir Quartier beziehen. Wir suchten keinen „Jubel-Trubel", wir wollten Ruhe und Entspannung. In einem kleinen Ort im Bayrischen Wald fanden wir in einem schönen Gasthaus unser Quartier. Es war kein „Luxushotel", aber ein Gasthof, wo wir Ruhe und Erholung fanden. Nach 18 Tagen der Ruhe und Entspannung erreichte uns ein Telegramm der Reederei, daß man mich „dringend" erwarte. So war es immer, wenn die Pflicht ruft, muß das Private zurückstehen. Wir packten und begaben uns auf die Heimfahrt. Meine liebe Frau und ich hatten 18 herrliche Tage im Bayrischen Wald verbracht. Was bedeutete das Telegramm? Soviel war mir bekannt, die „Julius Fock" wurde noch in der nächsten Nacht von ihrer Fangreise zurückerwartet. Die Fahrt nach Hamburg verlief gut. Gegen 1.00 Uhr in der Nacht erreichten wir den Fischereihafen von Hamburg-Altona. In einer Stunde, etwa gegen 2.00 Uhr, sollte die „Julius Fock" einlaufen. Von der Reederei-Inspektion erwartete mich Inspektor Joachim W.

Was der Inspektor mir zu berichten hatte, machte mich sprachlos. Er sagte: „Herr Neu, Sie werden nicht auf ,Julius Fock' als Wachsteuermann gehen, Herr Pickenpack hat mit Ihnen etwas anderes vor." Auf meine doch sehr erstaunte Frage, was es denn so Wichtiges wäre, daß man mich sogar aus dem Urlaub herbeordere, antwortete er: „Sie sollen nach Godthab/Grönland fliegen und dort die ,Hans Pickenpack' als Kapitän übernehmen." Im ersten Moment glaubte ich mich verhört zu haben.

Vor Wochen hatte man mir das Schiff verweigert, was war die Sinneswandlung? „Herr W., was ist auf dem F.M.S. ,Hans Pickenpack' los, welche Schwierigkeiten gibt es an Bord? Sie haben doch in Herrn Hans S. so großes Vertrauen gesetzt, weswegen ist er jetzt in Ungnade gefallen, daß ich ihn auf See ablösen soll? Sie müssen mich schon aufklären, was das zu bedeuten hat, so ohne weiteres sage ich nicht ja und amen." Mir schwante nichts Gutes, denn in der Hochseefischerei bedeutete eine „Kapitäns-Ablösung auf See" eine totale Disqualifizierung, ein Versagen. „Also, Herr Neu, die Sache ist die; ,Hans Pickenpack' ist bereits 50 Tage auf See und hat bisher etwa 200 to. produziert. Die anderen Fabrikschiffe, die im gleichen Fanggebiet operieren, haben das Doppelte und mehr geleistet. Das ist für unsere Reederei untragbar." Aha, daher wehte der Wind. Mir tat Kapitän Hans S. doch leid, obwohl man ihm den Vorzug gegeben hatte, empfand ich keine Schadenfreude. Ich konnte mir nicht vorstellen, welche Probleme er hatte, Unvorhergesehenes konnte jeden von uns ereilen. Die Fischerei kannte keine Gnade, die Kapitäne wurden an den Tagesproduktionen gemessen. Kurze Fangreisen mit „voller Ladung" waren die Visitenkarten der Fischerei-Kapitäne. Die täglichen Unkosten der Fabrikschiffe waren groß. Brennstoff, Netzmaterial, Proviant, Reparaturen und der Verschleiß, dann die Heuer für 46 Männer, das alles schlug „zu Buche". Wenn eine Fangreise zu lange dauerte, die Tagesproduktionen nicht stimmten, waren am Ende nur Unkosten entstanden. Es war 2.00 Uhr geworden, als die „Julius Fock" am Pier der Kühlhalle anlegte. Nachdem alle Formalitäten erledigt waren, ergriff Kapitän Paul Joswig das Wort. „Richi, es ist schön, daß du uns erwartet hast, wann kommst du zu mir an Bord?"

An meiner Stelle antwortete Inspektor Joachim W.: „Herr Joswig, Herr Neu wird nicht auf die ,Julius Fock' kommen, er übernimmt die ,Hans Pickenpack' als Kapitän."

Paul kam in Rage. „Das kann ja wohl nicht wahr sein, los Richi, sag, daß das nicht stimmt, ich habe fest damit gerechnet, daß du zu mir an Bord kommst. Was willst du auf diesem alten Schiff? Du wirst genau so scheitern wie Kapitän Hans S. Überlege es dir genau was du tust!" Ich antwortete, denn es ging ja um meine Person: „Paul, so gerne ich zu dir an Bord kommen möchte, wir haben uns immer ergänzt, aber ich muß anfangen auf eigenen Beinen zu stehen und ein Schiff als Kapitän führen. Wenn die ‚Hans Pickenpack' auch das älteste Schiff der Reederei ist, ich war lange genug an Bord und kenne die Schwächen des Schiffes. Ich will versuchen, das Beste daraus zu machen." Dann sprach ich zum Inspektor: „Beordern Sie die ‚Hans Pickenpack' zurück nach Hamburg. Ich fliege nicht nach Grönland, ein zweites Mal werde ich ein Schiff auf See nicht übernehmen. Wenn es an Bord irgendwelche technischen Schwierigkeiten gibt, müssen diese hier beseitigt werden. Bitte richten Sie es Herrn Pickenpack so aus. Wird das nicht akzeptiert, übernehme ich das Schiff nicht. Das ist meine Bedingung." Nach diesem Gespräch unterhielten wir uns noch eine Weile über private Dinge. Paul war über meinen Entschluß nicht begeistert, aber er mußte ihn so hinnehmen. Der Morgen dämmerte bereits, als wir uns auf den Heimweg machten. Von meiner Seite war es schon unverantwortlich, denn ich hatte bereits vom Bayrischen Wald bis Hamburg hinter dem Lenkrad gesessen. Danach von 2.00 bis 5.00 Uhr im Salon der „Julius Fock" diskutiert und verhandelt, jetzt sollte es heimgehen? Ich war vollkommen „fertig". Mit äußerster Vorsicht bewegte ich mich aus Hamburg. Zu meinem Glück war um diese Zeit auf den Straßen wenig Verkehr. Ich war heilfroh, als wir die Elb-Brücken hinter uns ließen und die Wilhelmsburger Reichsstraße erreichten. Auch durch Harburg und Neugraben ging alles gut. Ich atmete erst auf, als wir Neu-Wulmstorf hinter uns ließen.

Meine liebe Frau auf der Beifahrerseite gab acht, daß mich der berüchtigte „Sekundenschlaf" nicht erwischte. Gegen 7.00 Uhr waren wir daheim. Ich fiel wie ein Luftballon zusammen, dem man die Luft raubte. Wir hatten nur einen Wunsch, die Augen schließen und schlafen. Nach zehn Stunden „durchgehenden Schlaf" sah die Welt viel besser aus. Ich konnte die Gespräche der vergangenen Nacht jetzt richtig begreifen und verarbeiten. Ich hatte ein Angebot als Kapitän, bekam mein „eigenes" Schiff und mußte mich jetzt „beweisen". Am nächsten Tag rief der Inspektor bei mir an, die „Hans Pickenpack" sei auf Heimreise, ich solle mich beim Einlaufen zur Übernahme bereithalten. Sechs Tage hatte ich Zeit, mich auf meine neue Aufgabe vorzubereiten. Jetzt begann ein anderes Kapitel meines Berufslebens.

Am 25. Juli 1972 mußte ich bei der Inspektion erscheinen. Die „Hans Pickenpack", die ich übernehmen sollte, war bereits am 23. Juli eingelaufen, die Ladung gelöscht. Ich mußte persönlich beim Reeder erscheinen. Es wurde nicht lange herumdiskutiert. Herr Pickenpack sagte nur: „Herr Neu, Kapitän Hans S. hat unsere Erwartungen nicht erfüllt, für ihn tut es uns leid. Sie, Herr Neu, haben bereits zwei Jahre mit diesem Schiff gearbeitet und kennen es genau. Wir setzen jetzt alle Hoffnungen in Sie. Ab heute übernehmen Sie die Führung des Schiffes. Setzen Sie sich mit dem Inspektor zusammen und klären alle anfallenden Fragen ab. Überprüfen Sie Ihre Ausrüstung, vorerst werden Sie in die westbritischen Gewässer zum Heringsfang auslaufen. Ich wünsche Ihnen und Ihrer Besatzung viel Erfolg." Ich bedankte mich für das in mich gesetzte Vertrauen und begab mich zur Inspektion. Was mich erstaunte, Kapitän Hans S. erschien nicht zur Übergabe des Schiffes. Er konnte oder wollte es mir nicht sagen, weswegen die Fangreise so schlecht verlaufen war. Es mußte etwas sein, wovon ich noch nichts wußte. Der Bauernjunge aus dem „verschlafenen, mittelalterlichen Dorf Kaupiai, Kreis Tauroggen in Litauen" war an seinem Berufsziel angekommen. Jetzt fehlte nur noch der Erfolg. Ich hoffte sehr stark, daß der sich einstellte. Gewiß, ein „steiniger Weg" lag noch vor mir, ich war bereit und entschlossen, jede „Hürde" zu nehmen.

Das war ich mir schuldig, das war ich meinen Eltern schuldig, die im März 1941 ihren kleinen Bauernhof im „verschlafenen Dorf Kaupiai" aufgaben, nach „Nirgendwo" aufbrachen, um ihren Kindern eine sichere Zukunft und eine neue Heimat zu geben.

Die Kinder waren alle „aus dem Haus". Ein jedes hatte einen Beruf erlernt und ging seinen Weg. Ich, der Richard, der anfangs in der „Kinderhierarchie" in der „Mitte" stand, war jetzt Kapitän eines guten, wenn auch älteren Schiffes, mit einer guten Besatzung, guten Offizieren. Mir war nicht bange. Nachdem das Schiff in allen Belangen neu ausgerüstet war, liefen wir aus. Nach drei Tagen waren die Fangplätze nördlich Irland erreicht. Ich mußte tatsächlich „jagen", aber nicht die Heringsschwärme, sondern von Fangplatz zu Fangplatz. Es war ein „schlechtes Heringsjahr", in zehn Tagen hatten wir nur 110 to. Heringsfilet produziert. Das war nicht viel, aber den anderen Schiffen erging es ebenso. Über Norddeich-Radio erhielt ich von der Reederei die Order, zur norwegischen Küste zu dampfen, dort wurden gute Seelachsfänge von anderen Schiffen gemeldet. So begab ich mich auf eine mehrtägige Reise Richtung Nordost. Wohl war mir nicht dabei. Die Fischereigründe an der Norwegenküste kannte ich noch nicht. Seekartenmaterial war zur Genüge an Bord, aber das besagte gar nichts. Ein Fischer muß wissen, wann, wo und wie auf den Fangplätzen gefischt werden muß. Dies zu beschreiben ist für einen „Fischerei-Laien" unverständlich. Ich steuerte den Fangplatz bei „Malangen" an. Das Schwesterschiff „meines" Schiffes, die „Julius Pickenpack", war hier auch auf dem Fangplatz. Kapitän Erich Korsch wünschte mir viel Erfolg und „guten Start". Der

Ich nahm den Hörer des UKW-Funkgeräts, schaltete auf Kanal 16 und fragte: „Welches Schiff ist hier längsseits, und was wünschen Sie?" Die Antwort kam: „Hier ist das norwegische Fischerei-Überwachungsschiff ‚Senja', Kapitän, Sie fischen verbotenerweise im norwegische Hoheitsgewässer, over." Ich erschrak, schaute sofort in mein Radargerät, nein, ich war genau 1,4 Seemeilen (2,6 km) außerhalb der norwegischen Hoheitsgewässer. Ich antwortete: „‚Senja', das muß ein Irrtum sein, wir befinden uns nach Radarpeilung genau 1,4 Seemeilen außerhalb der norwegischen Hoheitsgewässer, ich bin mir keiner Übertretung bewußt, over." Dann rief die „Senja": „‚Hans Pickenpack', holen Sie Ihr Fanggeschirr an Deck, nehmen Sie einen Fjordlotsen in Andanes, fahren Sie mit Ihrem Schiff nach Harstad und stellen Sie sich einer polizeilichen Ermittlung wegen ‚unerlaubtem Fischen' im norwegischen Hoheitsgewässer, over." Ich fiel aus „allen Wolken", was wollte die „Senja"? Es war doch eindeutig klar, daß der Kommandant im Unrecht war. Ich fischte weiter und ließ den Funker ein Gespräch zum Reeder Pickenpack nach Hamburg anmelden. Das Gespräch kam schnell zustande. Es war der Junior-Chef. Ich berichtete, was mir soeben widerfahren war und bat um Verhaltungsmaßregeln.

Der Junior-Chef riet mir, auf keinen Fall nach Harstad zu fahren, sondern weiterhin im „internationalen Gewässer" mit „Senja" zu verhandeln und sofort die Deutsche Botschaft in Oslo anzurufen, um „politischen Beistand" zu erbitten. Bei all dem war mir nicht wohl! Die Deutschen Botschaft in Oslo war wohl nicht besetzt, niemand nahm den Telefonhörer ab. Wenn man „politischen Beistand" benötigt, sind die „noblen Herren" nicht zu erreichen. Brauchst du Hilfe, hilf dir selbst! Um 22.00 Uhr wurde ich von der „Senja" aufgefordert, mein Fanggeschirr „sofort" an Deck zu nehmen. Ich fragte: „Aus welchem Grund soll ich sofort hieven?" Der Kommandant der „Senja" antwortete: „Ich habe an der Stelle, wo ich Sie antraf, eine ‚Boje' ausgelegt und möchte mit Ihnen einen ‚Radar-Abstands-Meßvergleich' durchführen." Ich antwortete: „Diesem stimme ich zu. Ich nehme das Fanggeschirr an Deck und komme zu Ihnen längsseits." Ich war mir meiner Sache vollkommen sicher, nichts Unrechtes begangen zu haben, ich konnte mir keinen Fehler vorwerfen. Während ich das Fanggeschirr einholte, ließ ich den Wachsteuermann Hinrich M. wecken, der die englische Sprache gut beherrschte und fortan die weitere Verhandlung nach meiner Anweisung auf UKW-Funk abwickelte. Um 22.25 Uhr war das Fanggeschirr an Deck, um 22.50 Uhr stoppte ich neben der ausgelegten „Boje" der „Senja". Der Vergleich der Radarmessung begann. Die Messungen ergaben keine Abweichungen, alle stimmten mit der der „Senja" überein. Die „Bojenposition" ergab, daß ich genau 1,5 Seemeilen (2,77 km) außerhalb der norwegischen Hoheitsgewässer war, als mich die „Senja" „aufbrachte". Ich protestierte erneut gegen die Beschuldigung und bat den Kommandanten, er möge Marineoffiziere auf das F.M.S. „Hans Pickenpack" übersetzen, damit wir anhand der Seekarten, Radarpeilung, Decca- und der „Bojenposition" die strittigen Punkte abklärten. Mein Angebot lehnte der Kommandant der „Senja" strikt ab und forderte mich erneut auf, Harstad anzulaufen. Ich lehnte diese Aufforderung aber strikt ab und sagte dem Kommandanten, daß wir uns auf „Hoher See", also im internationalen Gewässer befänden und wies darauf hin, daß die „Senja" eine Verletzung des Artikels 23 des „Genfer Abkommens über die Hohe See" begehe, wenn er mich zu etwas zwingen würde, was ich als Kapitän „nicht gut heiße". Der Artikel 23 des „Genfer Abkommens von 1958 über die Hohe See" besagt: „Ein Schiff kann in internationalen Gewässern aufgebracht und durchsucht werden, wenn es folgende Delikte begeht: ‚Waffenschmuggel, Sklavenhandel, Konterbande und Flaggenmißbrauch'." Ich fuhr weiter fort: „Von diesen vier Delikten habe ich keines begangen, also können Sie mich auch nicht gegen meinen Willen zwingen, Harstadt anzulaufen, um mich einer polizeilichen Ermittlung zu stellen. Ich lehne es strikt ab, Harstad anzulaufen!"

Jetzt schien es dem Kommandanten der „Senja" genug der Diskussion. Er antwortete: „Kapitän, ab sofort stehen Sie und Ihr Schiff ‚Hans Pickenpack' unter Arrest. Ich habe eine Kanone an Bord, wenn Sie, Herr Kapitän, meinen Anordnungen nicht Folge leisten, werde ich davon Gebrauch machen!" So, jetzt wurde es todernst!

Erneut rief ich den Junior-Chef über Funk an. „Herr Pickenpack, Ihr Schiff und ich stehen seit einigen Minuten unter ‚norwegischem Arrest'. Wenn ich mich weigere, Harstad anzulaufen, wird auf uns ‚scharf geschossen', wie soll ich mich verhalten?"

„Herr Neu, welche Kanone hat er denn?" „Herr Pickenpack, das weiß ich nicht genau, vielleicht eine 2,5-cm-Kanone!" „Herr Neu, halten Sie man nicht den Kopf da hin, wo geschossen wird, die Einschußlöcher schweißen wir im Hafen wieder zu." „Herr Pickenpack, mir ist nicht nach Scherzen zu Mute, ich möchte eine genaue Anweisung, wie ich mich verhalten soll!" „Herr Neu, Sie haben dort eine bessere Übersicht, handeln Sie so, wie es Ihnen Ihre Vernunft eingibt!"

„Herr Pickenpack, auf dieses Wort habe ich seit zwei Stunden gewartet, ich werde mich dem Arrest entziehen, drücken Sie für mein Gelingen beide Daumen, auf Wiederhören!" Ich beorderte die nautischen und technischen Offiziere auf die Brücke und kündigte mein Vorhaben an. Zum Chief-Ingenieur: „Alles abschalten, alle Kraft auf die Schraubenwelle!" Zum II. Steuermann Sylvester J.: „Alle Besatzungsmitglieder unter Deck schicken, wenn Granaten einschlagen, soll keiner verletzt werden!" Zum I. Steuermann Hermann K.: „Alle Lichter an Deck löschen. Welche du nicht ausschalten kannst, schlage sie mit einem ‚Kusenbrecher‘ kaputt". Zu meinem Wachsteuermann Hinrich M.: „Hinrich, du begibst dich auch unter Deck. Wenn die ‚Senja‘ wirklich ‚scharf schießt‘, zielt sie zuallererst auf die Kommandobrücke. Ich habe mich zur Flucht entschlossen und führe mein Vorhaben auch durch. Wenn es mich dann nicht mehr gibt, mußt du das Schiff führen und das tun, was du für richtig hältst!" Mein Wachsteuermann Hinrich M. weigerte sich, die Brücke zu verlassen. Im scherzhaften Ton sagte ich zu ihm: „Gut, dann sterben wir beide den Heldentod." Die Beleuchtung an Deck verlöschte, der Chief-Ingenieur meldete „Maschine klar!" Gegen 23.45 Uhr legte ich langsam den Steigungshebel der Schiffsschraube auf 10, „volle Kraft voraus". Hinrich und ich hatten den Kurs auf 260° bis 310° festgelegt, weil ich befürchten mußte, daß mich noch zwei andere Küstenschutzboote, die „Stavanger" und die „Nordkap", zusammen mit der „Senja" in die „Zange" nehmen könnten. Das mußte ich auf jeden Fall verhindern. Ich ließ zuerst in Richtung der Insel Jan-Mayen steuern, um dann später in Richtung der Färöer-Inseln (dänisches Hoheitsgebiet) abzudrehen. Ich hatte mich bereits vier Seemeilen von der „Senja" entfernt, da rief mich die „Senja" an: „‚Hans Pickenpack‘, Kapitän, was haben Sie vor?" Ich antwortete: „‚Senja‘, ich dampfe von hier weg, aber nicht nach Harstad." Nun waren die Würfel gefallen. Das Handeln lag jetzt bei der „Senja", ich konnte nur reagieren. Ich schaute auf das Schiffslog (Geschwindigkeits-Anzeiger auf Schiffen), es zeigte 13 Knoten (24 km/h) an. Die „Senja" lief bei „voller Fahrt " bestimmt ihre 18 bis 20 Knoten. Mein Blick ruhte auf dem Radarbild. Die „Senja" nahm Fahrt auf, die Verfolgung begann! Im Radar sah ich, wie sich die Distanz zwischen beiden Schiffen verringerte. Es war Mitternacht, gegen 0.02 Uhr war die „Senja" bis auf eine Seemeile (1852 m) herangekommen und eröffnete die „Kanonade". Als der erste Kanonenschuß abgefeuert wurde, warfen Hinrich und ich uns flach auf den Brückenboden, warteten auf den ersten Einschlag der Granate. Nichts! „Senja" lief weiter auf. Aus 0,8 Seemeilen Entfernung folgte der zweite Kanonenschuß. Wieder kein Einschlag! Nun waren wir mutig und begaben uns in die Brücken-Nock, um das weitere Geschehen von da aus zu beobachten und was die „Senja" weiter im „Schilde führte". Sie kam bis auf 0,4 Seemeilen (728 m) heran und gab den dritten Kanonenschuß ab. Wir in der Brücken-Nock nahmen nur einen „Gasgeruch" wahr, sonst geschah nichts. Ich rief die „Senja" noch mal an und sagte, daß ich auf keinen Fall stoppen und auch nicht nach Harstad dampfen werde. Darauf erhielt ich keine Antwort. Um 0.45 Uhr drehte die „Senja" bei und stellte die Verfolgung ein! Ich war dem Arrest entkommen. Durch meine Entscheidung hatte ich die Reederei und auch die Besatzung vor einem größeren finanziellen Schaden bewahrt, mir aber für die nächste Zeit Unannehmlichkeiten eingehandelt. Denn die norwegischen Häfen waren in der Zukunft für mich gesperrt. Die Verhandlungsstunden mit der „Senja", Gespräche mit dem Reeder, der vergebliche Versuch, die Deutsche Botschaft in Oslo zu erreichen, schließlich der „Arrest", letztendlich die Flucht, das alles hatte in dieser Nacht meine Nerven bis zum Äußersten strapaziert. Wäre ich „Senjas" Befehl nachgekommen und mit „Hans Pickenpack" nach Harstadt gedampft, mich einer polizeilichen Ermittlung zu stellen, die Norweger hätten sich das „Recht genommen", die gesamte Ladung von 520 to. Filet-Ware zu beschlagnahmen und außerdem das Schiff und den Kapitän (mich) mit einer erheblichen Strafe zu belegen. Einige deutsche Fabrikschiffe, die auf ähnliche Weise von Küstenwachschiffen oder Marine „aufgebracht" wurden, haben diese bittere Erfahrung machen müssen. Wie mir bekannt ist, gelang es bisher keinem Fabrikschiff, seiner „Aufbringung" zu entkommen, sie wurden „bestraft", ob zu Recht oder Unrecht. Die Behörden der Küstenstaaten haben immer den „längeren Arm", die Fischdampfer-Kapitäne meistens das Nachsehen. Das alles war mir vorher bewußt, aus diesem Grunde habe ich so gehandelt. Ich war sehr froh, daß meiner Besatzung kein Schaden an Leib und Leben zugefügt wurde und daß ich Schiff und Ladung vor den Norwegern in Sicherheit bringen konnte. Im ganzen gesehen hatte ich in dieser Nacht einen großen Erfolg errungen.

Wir setzten unsere Flucht mit dem F.M.S. „Hans Pickenpack" weiter fort. Ich übergab meinem Wachsteuermann Hinrich M. die Wache und begab mich in die „Mannschafts-Messe" (Aufenthalt- und Eßraum). Um mich „abzureagieren", setzte ich mit den Matrosen eine „Skatrunde" an. Dabei wurde über den Vorfall diskutiert, alle waren froh, daß es für uns zum Guten verlaufen war. Um 3.00 Uhr hatte ich mich beruhigt und ging in die Koje. Nach mehrstündigem Schlaf erwachte ich gegen 7.00 Uhr. Nach der Morgentoilette begab ich mich auf die Kommandobrücke. „Guten Morgen die Herren", „guten Morgen Richard", Hinrich M. schaute mich verwundert an und fragte: „Hast du schon ausgeschlafen?" „Ja Hinrich, ich bin putzmunter." Es war ein herrlicher Morgen, spiegelglatte See, kein Wölkchen am Himmel, und die Sonne schaute strahlend soeben über den Horizont. Ich fragte: „Wie sieht es aus, wo ist unsere jetzige Position?"

Hinrich M. zeigte mir auf der Seekarte die 7.00-Uhr-Position. „In Ordnung, du kannst die Brücke verlassen, ich übernehme die Wache." Dem Matrosen, der „Ausguck" hatte, gab ich die Order: „Geh ans Ruder, Ru-

der hart Steuerbord, neuer Kurs 75°." Hinrich M. schaute mich verwundert an, mit diesem Kurs fuhren wir wieder da hin, wo wir in der letzten Nacht geflüchtet waren. Hinrich M. fragte: „Willst du wirklich zurück?" „Ja, natürlich, wir wollen doch alle mit einer ‚vollen Ladung' nach Hause fahren. Ich gehe nicht nach ‚Sveinsgrund-Bank', wir steuern den Fangplatz ‚Malangen' an." Hinrich M. schaute mich skeptisch an und meinte: „Wenn das man gutgeht. Was willst du machen, wenn die ‚Senja' uns wieder unter Arrest stellen will?" Ich antwortete: „Das darf ‚Senja' eigentlich nicht, sie hat heute Nacht die ‚Nacheile' (Verfolgung) abgebrochen. Nach internationalem Recht ist das ein Beweis, daß ‚Senja' sich ihrer Sache nicht sicher war." Gegen 15.00 Uhr trafen wir auf dem Fangplatz „Malangen" ein. Von den anderen deutschen Fischerkollegen wurde „Hans Pickenpack" willkommen geheißen. Man beglückwünschte mich zu meinem „seemännischen Streich". Vor allen Dingen freute sich Kapitän Erich Korsch, der die „Julius Pickenpack" führte, dabei klärte er mich über die Bewaffnung der „Senja" auf. „Richard, wenn du glaubst, daß die ‚Senja' nur über eine 2,5-cm-‚Feuerspritze' verfügt, dann bist du im Irrtum. Sie ist mit einer 8,0-cm-Kanone ausgerüstet. Wenn sie ‚scharf' geschossen und dir unterhalb der Wasserlinie ein Loch gerissen hätte, wärest du mit deinem Schiff wie ein Stein gesunken." Nein, das wußte ich nicht. Ich begriff, daß der Kommandant der „Senja" ein Mann war, der besonnener handelte, als die militärischen Vorschriften es von ihm verlangten. Im nachhinein bin ich dem Kommandanten dankbar, daß er die „scharfen Granaten" im Munitionsdepot ließ. So ohne weiteres nahm die „Senja" das nicht hin. Sie wollte jetzt „Macht demonstrieren". Sie erschien auf dem Fangplatz „Malangen" und begann, auf allen hier fischenden deutschen Fabrikschiffen die Netzmaschen zu kontrollieren.
Das Recht hatte sie, und kein Kapitän durfte sich solcher Kontrolle widersetzen. Nach internationalen Bestimmungen muß das letzte Ende des Netzes, der „Stert", zum Schutze des „Fischnachwuchses" eine bestimmte „Maschenweite" aufweisen. Wenn ein Fischereifahrzeug bei einer Kontrolle mit zu kleinen Maschen angetroffen wurde, konnte das Schiff mit einer erheblichen Geldbuße belegt werden. Alle Schiffe waren bereits von „Senja" kontrolliert, nur mein Schiff, die „Hans Pickenpack", nicht. Die „Senja" rief auf UKW-Funk, daß man zu uns an Bord kommen wolle, um die „Stertmaschen" zu kontrollieren. Ich antwortete: „‚Senja', wenn bei mir an Bord eine Kontrolle durchgeführt werden soll, bin ich einverstanden. Ich bin aber nicht einverstanden, daß sie von der Besatzung Ihres Schiffes durchgeführt wird, Sie könnten voreingenommen sein." Ich mußte noch einige Tage fischen, bis der Kühlraum voll war. Die „Senja" gab nicht auf, jeden Tag wiederholte sich das

Ritual. Die „Senja" rief, ich lehnte ab. Nach vier Tagen gab ich auf. Als ich erneut angerufen wurde, erklärte ich mich bereit, die Kontrolleure an Bord zu lassen. Bereits während des Netzeinholens kam das Boot der „Senja" längsseits, damit wir, wenn das Netz an Deck sei, am „Stert" nichts „manipulieren" konnten. Ein Leutnant der Marine, Herr Knut Andresen, wurde von meinem Steuermann Hermann K. auf die Kommandobrücke geleitet. Er wies sich anhand eines Spezialausweises aus, daß er zur Netzmaschen-Kontrolle befugt war.

Ich erteilte ihm die Erlaubnis und ordnete an, daß meine Deckbesatzung behilflich sein sollte. Leutnant Knut Andresen erschien danach auf der Brücke, unsere Netzmaschen entsprachen den Bestimmungen, ein Protokoll wurde angefertigt, es gab keine Beanstandung. Leutnant Knut Andresen fragte, ob er „frischgefangenen Fisch" für sein Schiff „Senja" bekommen könne? Selbstverständlich! Ich ordnete an, drei volle Körbe (drei Zentner) zum norwegischen Boot zu bringen. Leutnant Knut Andresen bedankte sich, verließ die Brücke und begab sich zu seinem Boot. Im nachhinein habe ich mich über meine Unhöflichkeit sehr geärgert. Ich hätte doch zumindest dem Kommandanten der „Senja" eine „gute Flasche Whiskey" mitgeben können. Es war doch alles zum Guten ausgegangen. Der Kommandant wäre über meine Geste bestimmt erfreut gewesen. Wie ich's bereits gesagt habe, meine Unhöflichkeit oder Gleichgültigkeit. Neun Tage nach dem Zwischenfall auf „Sveinsgrund-Bank" waren die Kühlräume mit 600 to. gefrostetem Fischfilet gefüllt, ich trat mit „Hans Pickenpack" die Heimreise an. Es war in vieler Hinsicht eine beschwerliche Fangreise. Zum Beginn der Fehler mit dem defekten Backbord-Topphanger, der uns vier Fischereitage gekostet hatte, danach der Zwischenfall mit der „Senja". Aus all diesen Dingen kann sich der Leser ein Bild davon machen, daß Hochseefischerei von vielen unsichtbaren Fehlern behaftet und auch vielen Gefahren ausgesetzt ist.

Wer hier noch meint: „Eine Seefahrt die ist lustig, eine Seefahrt die ist schön", der unterliegt einem großen Irrtum. Schön ist die Seefahrt für wohlhabende Yachtbesitzer, die zum „Spaß" die „ruhigen blauen Meere" befahren, oder für die Passagiere der „Kreuz-Liner", die auf See ihren „Spaß" suchen. Für uns Hochseefischer ist die Seefahrt nur eine berufliche Notwendigkeit. Als wir nach fünf Tagen mit dem F.M.S. „Hans Pickenpack" in Hamburg-Altona an der Kühlhalle festmachten, wurden wir „freudig" empfangen. Vom Reeder Herrn H. Pickenpack bekam ich für meinen Mut und mein Verhalten nach dem Arrest am 11. Oktober eine „Belobigung". Der Zwischenfall mit der „Senja" sollte für mich noch ein Nachspiel haben. Vorerst brauchte ich von alldem etwas Abstand. Auch meine liebe Frau hatte um mich gebangt. Dieser „Zwischenfall" wurde als „Schlagzeile" im „Hamburger Abendblatt" für den 12. Oktober 1972 mit dem „Slogan" benutzt: „Fischereikrieg mit Norwegen?" Nach einigen Tagen der Ruhe begab ich mich zur Reederei. Dort fand ich ein Schreiben der Hamburger Staatsanwaltschaft vor, die um mein Erscheinen bat.

Wohl war mir nicht dabei, ich wußte nicht was man von mir wollte. Deutsche Gesetze hatte ich nicht übertreten. Ich begab mich dorthin und meldete mich bei Polizei-Hauptkommissar G. Riedel.

„Guten Tag, ich bin Kapitän Richard Neu, ich habe von Ihnen eine Vorladung erhalten, hier zu erscheinen." „Guten Tag Herr Neu, sind Sie der Kapitän des F.M.S. ‚Hans Pickenpack', Unterscheidungssignal DNHP?" „Ja, das ist richtig. Ich bin es." „Herr Kapitän Neu, die norwegische Staatsanwaltschaft hat uns um Amtshilfe ersucht und einen Auslieferungsantrag wegen eines Zwischenfalls vom 11.10.1972 gestellt, deshalb muß ich Sie zu diesem Zwischenfall befragen. Was es auch gewesen sein mag, wir werden Sie, Herr Kapitän, auf keinen Fall an Norwegen ausliefern." Die Befragung begann. Ich schilderte den Vorgang genau, wie er sich am Abend des 11.10. abspielte. Außerdem übergab ich Hauptkommissar G. Riedel eine vierseitige Kopie des Kapitänsberichtes sowie einen Auszug aus dem Schiffstagebuch. So blieben keine Fragen offen. Nach zwei Stunden war die Befragung beendet. Hauptkommissar G. Riedel machte mich darauf aufmerksam, daß es ratsam wäre in der Zukunft, keinen norwegischen Hafen anzulaufen, weil ich dort „gesucht" würde. Wir plauderten noch eine Weile, dann war dieses Problem erledigt. Über eines war ich mir jetzt im klaren, wenn ich mit dem F.M.S. „Hans Pickenpack" wieder an der Norwegen-Küste fischen werde, waren die Häfen für Notfälle, auch zur Gasöl-Bebunkerung für mich gesperrt. Das war für mich die Kehrseite des Zwischenfalls vom 11. Oktober 1972. Ich war der „Senja" entkommen, hatte mir aber alle norwegischen Häfen versperrt. Deswegen durften an Bord keine „Notfälle" eintreten.

Die Hafenliegezeit war zu Ende. Länger als zehn bis zwölf Tage blieben wir nie in Hamburg. Im Spätherbst ging es natürlich an die Labradorküste zur Hamilton-Bank. Es war beinahe wie eine eingefahrene Straße. Zuerst Elbe abwärts, an Helgoland vorbei durch die Nordsee. Den Pentland-Firth passieren, vorbei an den Hebriden-Inseln, dann direkten Kurs zur Hamilton-Bank. Die Überfahrt über den Nordatlantik war im Spätherbst nicht angenehm. Der Wind blies ständig aus Südwest mit Stärke 7. Natürlich waren wir an die ewige Schaukelei gewöhnt, aber angenehmer ist es schon, wenn das Schiff ruhig seine Bahn durch das Wasser zieht. Nach sieben Tagen waren wir am Ziel angelangt. In diesem Jahr wurden wir anfangs vom Eis verschont. Das Weihnachtsfest rückte näher. Die letzten zwei Jahre durften wir das Weihnachtsfest mit unseren Familien daheim feiern. In diesem Jahr 1972 waren wir auf dem Fangplatz bei Labrador. Wie ich es bereits an anderer Stelle beschrieben habe, ist Weihnachten auf See für alle Besatzungsmitglieder ohne Ausnahme kein Fest der Freude und Besinnung, sondern ein Tag der Einsamkeit und Traurigkeit, weil der geliebte Partner und die Familie sehr weit entfernt waren. So kam der „Heilige Abend". Vor Jahren hatte ich es bereits auf dem F.M.S. „Blankenese" erlebt, daß man als Kapitän auf „seine Besatzung" zugehen muß. Um 18.00 Uhr stellte ich die Fischerei ein. Auch am Silvester-Abend stellte ich rechtzeitig die Fischerei ein, damit wir alle in fröhlicher Runde das neue Jahr begrüßen konnten. Auch diese Stunden gingen gottlob vorüber.

Das Jahr 1973 war angebrochen. Mit dem neuen Jahr kam auch die Kälte, mit der Kälte, wie sollte es anders sein, kam auch das Eis! Am Anfang ist es nicht so schlimm. Das Meerwasser wird zuerst „breiig", dann bilden sich ganz kleine Eisschollen, das „Pfannkuchen-Eis". Durch den anhaltenden strengen Frost wachsen diese kleinen „Eispfannkuchen" zu immer größeren Eisschollen heran, durch die Strömung schieben sich die Eisschollen übereinander, zuletzt ist es unüberwindliches Packeis. In diesem Jahr war es besonders schlimm. Es war Ende Januar, trotz der starken Eisbehinderung waren die Tagesfänge sehr gut. Die meisten Kapitäne wollten nach Norden ausweichen, sie hofften, dort bessere Eisverhältnisse anzutreffen. Bevor sich die Flotte nach Norden absetzte, sollte es für mich noch eine Bewährungsprobe und aufregende Stunden geben.

Ich hatte meinem Wachsteuermann Hinrich M. die „strikte Anweisung" erteilt, bei einem Wendemanöver die Ruderbedienung „manuell" durchzuführen. Das ist in dieser Nacht nicht geschehen. Hinrich M. wendete die „Hans Pickenpack" um 180° mit der „automatischen Steuerung", paßte nicht auf, es kam zur Kollision mit dem Rostocker Z-Trawler „Grete Walter". Das heißt, beide Schiffe „touchierten" sich nur mit den Bordwänden. Der „Grete Walter" war nichts passiert. Bei „Hans Pickenpack" war das Hauptabflußrohr der gesamten sanitären Anlagen, die nach außen führten, an der Bordwand nach innen abgerissen. Gegen 7.30 Uhr stand mein Wachsteuermann Hinrich M. an meiner Koje und weckte mich mit aufgeregter Stimme und ganz blaß im Gesicht: „Richard, komm hoch, ich habe soeben eine Kollision gehabt, wir haben ein ‚Leck', und Wasser dringt in das Schiff ein." Auf meine Frage: „Ist es schlimm?" antwortete Hinrich: „Ich glaube es ist schlimm!" So schnell habe ich mich noch nie angekleidet. Dann begab ich mich schnellstens in den Maschinenraum, was ich sah, ließ mir den Atem stocken! An der Backbord-Seite hatten wir ein „Loch" von ca. 20 x 20 cm etwa 60 cm

Mein „alter Seegefährte"
Kapitän Paul Joswig.
Foto: Richard Neu

unterhalb der Wasserlinie, und so ein Wasserstrahl schoß wie eine
dicke Fontäne in den Maschinenraum. Alle schauten auf mich, auf den
„Alten". Jetzt keinen Fehler machen, die Ruhe behalten ist in solcher
Situation das Wichtigste. Ich fragte den Chief-Ingenieur Werner H.:
„Schaffen es die Lenzpumpen?"
Er antwortete: „Im Moment schaffen sie es, aber wie es später sein
wird, weiß ich nicht." Ich überlegte schnell und erteilte die Order: Alles
Trinkwasser in die Steuerbord-Tanks pumpen, auch alle Gasölreserven
in die Steuerbord-Öltanks rüberpumpen. Als das beendet war, hatten
wir zwar Schlagseite nach Steuerbord, aber das Leck war noch immer
unterhalb der Wasserlinie. Ich ließ auch das Fabrikdeck fluten, es
brachte nichts. Das Leck kam nicht aus dem Wasser! Was konnte ich
noch tun? Da hatte ich die „rettende Idee". Mein Schiff besaß zwei
Schornsteine. Zwischen beiden Schornsteinen verlief eine „Traverse",
woran unsere „Gien-Taljen" angebracht waren, womit wir Fänge bis zu
70 to. hochhievten. An diese „Traverse" ließ ich ein 100 m langes Stahlseil von 24 mm Durchmesser anschäkeln. Auf UKW-Funk rief ich das
Reedereischiff „Julius Fock", welches von Kapitän Paul Joswig geführt
wurde, zur Hilfe, erklärte ihm mein Vorhaben. Die „Julius Fock" kam
ganz langsam „rückwärts" an unsere Steuerbordseite. Wir gaben das
Stahlseil rüber, drüben wurde es festgemacht.
Die „Julius Fock" nahm ganz langsam Fahrt auf, das Stahlseil straffte
sich. Paul Joswig auf der „Julius Fock" zog mit „langsamster Fahrt" an
dem Stahlseil. Da der Hebelarm an der „Schornstein-Traverse" ziem-

lich hoch lag, mußte es gelingen! Wir bekamen „starke Schlagseite" nach Steuerbord, und siehe da, das Leck kam aus dem Wasser! Jetzt hieß es schnell handeln. Das abgerissene Rohr mußte an seine alte Stelle gebracht und angeschweißt werden. Das Maschinenpersonal mit Unterstützung der Deckbesatzung arbeitete fieberhaft. Es waren gute Männer. Jeder legte Hand an, jeder wollte helfen, wollte dabei sein. Nachdem das abgerissene Rohr „justiert" war, kam die Schweißarbeit. Der Maschinen-Ing. legte drei Schweißnähte übereinander und stützte den Flansch noch zusätzlich mit zwei Quereisen zwischen den Spanten ab!

Jetzt konnte nach „menschlichem Ermessen" nichts mehr passieren. Nach zweieinhalb Stunden „Querziehen" durch „Julius Fock" waren der Kollisionsschaden behoben und ich um einige „graue Haare" reicher. Bei meinem ehemaligen Kapitän Paul Joswig bedankte ich mich ganz besonders. Dank seiner Hilfe und der fleißigen Hände meiner Männer hatten wir gemeinsam eine Katastrophe verhindert. Auch meiner Besatzung sprach ich meinen Dank aus. Ich ließ die „Hans Pickenpack" wieder „gerade trimmen". Nach fünf Stunden war der „Spuk" vorbei, ich nahm erneut die Fischerei auf. Als das Fanggeschirr wieder ausgesetzt war, beorderte ich meinen Wachsteuermann Hinrich M. auf die Brücke. Meinen Wachekollegen Steuermann Hermann K. schickte ich von der Brücke, so daß ich mit Hinrich M. unter „vier Augen" war. Ich machte Hinrich unmißverständlich klar, daß eine erteilte Order ohne „wenn und aber" auszuführen sei. Ich fuhr weiter fort: „Ich dulde es nicht, daß durch deinen Leichtsinn und deine Sorglosigkeit Gefahren für Menschen und Schiff herbeigeführt werden. Die Last der Verantwortung nimmt uns niemand von unseren Schultern. Diese Verantwortung für Menschen und Schiff tragen wir, die hier auf der Kommandobrücke das Kommando haben. Ich möchte solche Schlamperei nicht noch einmal erleben." Mein Hinrich war sehr niedergeschlagen, meine „Standpauke" tat das übrige. Er gab seinen Fehler zu, es tat ihm auch sehr leid, daß es so schlimm geworden war. Er versprach, in Zukunft in allen Dingen umsichtiger zu handeln. Bei dieser Aussprache bin ich nicht „laut" geworden, sondern habe Hinrich nur die Gefahren aufgezeigt, die ein unüberlegtes Handeln mit sich bringen kann. Wir waren noch einmal mit viel Glück davongekommen. Hinrich durfte sich zur Ruhe begeben und Steuermann Hermann K. wieder auf der Brücke erscheinen. Die Tage vergingen, die Eisverhältnisse verschlechterten sich zusehends. Es kostete uns viel Mühe und Geschicklichkeit, das Fanggeschirr in diesen Eismassen an Grund zu bringen. Unter den Kapitänen begann auf UKW-Funk eine Diskussion, wohin jetzt auszuweichen sei. Am Ende beschlossen wir, am späten Abend unser Fischerglück nördli-

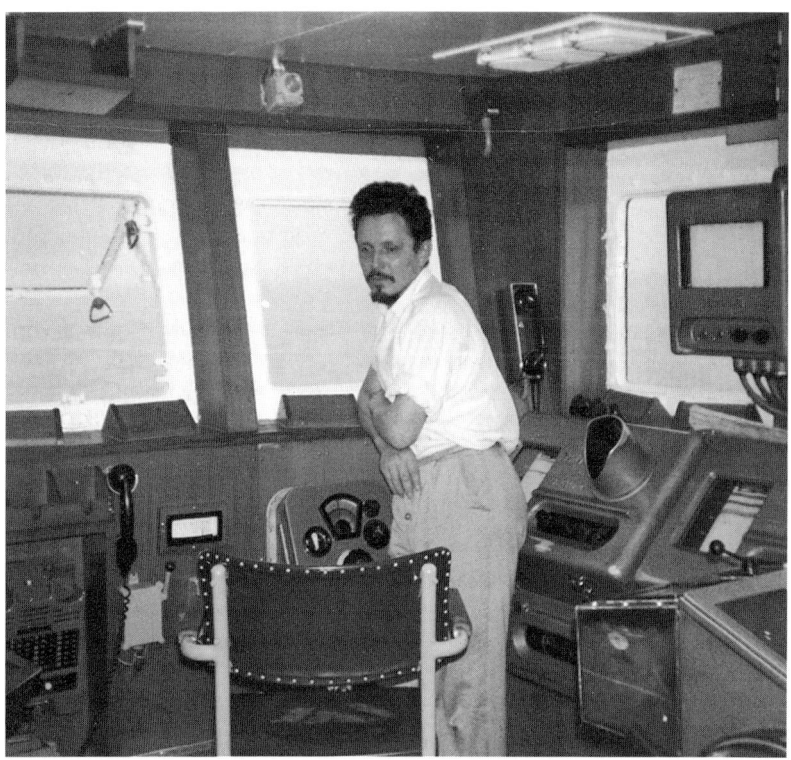

Kapitän Richard Neu auf der Kommandobrücke des F.M.S. „Hans Pickenpack". Foto: Richard Neu

cher zu versuchen. Vielleicht waren die Eisverhältnisse dort besser. Das F.M.S. „Hans Pickenpack" besaß am Steven keine ausreichende „Eisverstärkung", so mußte ich mit dem Schiff ganz besonders vorsichtig manövrieren, um keine Eisschäden davonzutragen. Gegen 22.00 Uhr, ich hatte noch mit viel Mühe das Fanggeschirr aussetzen können, bildete sich der „Flottenkonvoi", um nach Norden zu dampfen. Jetzt hatte ich es auch nicht eilig und wollte den Fischzug beenden. Ein großes starkes Fabrikschiff, die „Friedrich Busse" aus Bremerhaven, übernahm die Spitze, die anderen Schiffe folgten in Kiellinie. Es war im nächtlichen Eisfeld schon ein imposantes Bild.

Ein jedes Schiff war mit zwei starken „Halogen-Eisscheinwerfern" ausgerüstet, die wie große Fühler die Eisfläche in der dunklen Nacht abtasteten. Es war Mitternacht geworden, ich befahl das Fanggeschirr einzuholen. Mein Wachsteuermann war zur Ablösung auf der Brücke erschienen. Während des Hievvorgangs berichtete ich ihm, daß die gesamte Flotte, auch die Polen, nach Norden abgedampft wären, als ich gerade das Fanggeschirr ausgesetzt hatte. „Jetzt haben die letzten Schiffe des Konvois etwa zwei Stunden Vorsprung. Du kannst die ‚Eisscheinwerfer-Kegel' noch am Horizont sehen. Wenn das Fanggeschirr an Deck ist, wirst du mit ‚halber Fahrt' dich der Flotte anschließen." Ich fuhr weiter fort: „Wenn das Eis zu kompakt wird oder du hast dich im Eis festgefahren, bitte keine ‚Gewaltmanöver'. Du sagst mir sofort Bescheid, wir beide werden das anstehende Problem dann gemeinsam lösen." Das Fanggeschirr war an Deck, es war ein sehr „guter Hol". Ein Jammer, daß das Eis ein weiteres Fischen nicht mehr zuließ. „So, Hinrich, du weißt was zu tun ist. Beordere noch einen zusätzlichen Matrosen als Ausguck auf die Brücke, hast du noch Fragen?" „Nein, Richard, ich habe alles verstanden." „O.k., Hinrich, dann wünsche ich dir eine gute Wache und gutes Gelingen." „Danke, ich wünsche dir gute Ruhe." Ich begab mich in die Koje, große Sorgen hatte ich nicht. Außer der Kollision und dem Wassereinbruch, den wir souverän lösten, war die Fangreise bisher sehr gut verlaufen. In den Kühlräumen lagen 530 to. Kabeljaufilet, zur „vollen Ladung" fehlten lediglich 70 to. Mit diesem beruhigenden Gefühl begab ich mich zur Ruhe. Gegen 4.00 Uhr in der Frühe stand mein Wachsteuermann Hinrich M. an meiner Koje und weckte mich. „Richard, ich kann es nicht mehr verantworten, weiter nördlich zu dampfen. Die Eisverhältnisse sind katastrophal. Das Schiff taumelt nur noch durch das Eis, die Eisbarrieren werden immer höher und dicker." Von diesem Moment an war es mir klar, daß wir nicht weiter nördlicher können, um dort zu fischen.

Auch die anderen Schiffe, die etwa 30 Seemeilen nördlicher sein durften, würden nicht viel Erfolg haben. Das waren meine Gedanken. Ich ordnete an: „Hinrich, drehe mit ganz langsamer Fahrt auf Südkurs. Bei Tagesanbruch, wenn die Eislage optisch besser zu überblicken ist, werden wir gemeinsam eine Entscheidung treffen." Hinrich begab sich wieder auf die Brücke. Eigentlich wußte ich es jetzt schon, daß es für uns auf dem F.M.S. „Hans Pickenpack" keine Alternative gab, als aus der Eisumklammerung auszubrechen. Das Schiff, wofür ich die Verantwortung trug, besaß keine starke Eisverstärkung, deshalb durfte ich kein Risiko eingehen. Aber diese letzte Entscheidung behielt ich noch für mich. In diesem Januar 1973 übertrafen die Eisverhältnisse alles bisher dagewesene. Ich ging wieder in die Koje. Kapitäne sind auch nur Menschen, keine Maschinen, und benötigen ihren Schlaf. Gegen 8.00 Uhr erwachte ich und bemerkte, daß das Schiff „gute Fahrt" machte. Eile tat nicht not. Nach der morgendlichen Dusche bestellte ich mir mein Frühstück. Frisch gestärkt und guter Laune begab ich mich auf die Brücke. „Guten Morgen die Herren." „Guten Morgen Richard." Was ich

Fabrikschiffe brechen durch ein Eisfeld. Vor dem F.M.S. „Hans Pickenpack" ein polnisches Schiff. Ganz vorne F.M.S. „Harengus". Foto: Album Richard Neu

Fabrikschiffe brechen durch ein Eisfeld. Hinter „Hans Pickenpack" F.M.S. „Julius Fock" mit Kapitän Paul Joswig. Foto: Album Richard Neu

im Eisfeld zu sehen bekam, bestätigte meine Gedanken der letzten Nacht. Das F.M.S. „Hans Pickenpack" befand sich im Konvoi der deutschen Fabrikschiffe. Vor uns lief ein starkes neues Schiff, die „Harengus", ein Schiff unserer Reederei, welches erst vor kurzem in Dienst gestellt war, und brach das Eis auf. Wir folgten in seinem Kielwasser. Als nächstes Schiff hinter uns war die „Julius Fock", auch ein Schiff unserer Reederei, mit Kapitän Paul Joswig, der in unserem Kielwasser folgte. Dahinter alle anderen deutschen und polnischen Fabrikschiffe, die mir in der Nacht „entschwunden" waren. Wir alle steuerten „südlichen Kurs"! Was war geschehen? Der Konvoi von Fabrikschiffen hatte sich in der Nacht mühsam nordwärts bewegt und der Hoffnung hingegeben, „offenes Wasser" anzutreffen. Aber die Eisverhältnisse wurden immer schwieriger, am Ende so extrem, daß eine Gefahr für die Schiffe bestand. Die Schiffe mußten unverrichteter Dinge umkehren und „südliche Kurse" steuern, dabei wurde die „Hans Pickenpack" eingeholt. Unser Reedereischiff, die „Harengus" mit Kapitän Willy D., setzte sich vor uns an die Spitze und brach das Eis auf, so daß wir gut folgen konnten. Auf allen Schiffen waren die Kapitäne auf der Kommandobrücke. Auf UKW-Funk wurde diskutiert, wohin sich die Flotte wenden sollte.

Die Stunden verrannen, die Schiffe konnten ja nur mit „halber Fahrt" dampfen. Bei unserer „südlichen Fahrt" erreichten wir noch zwei polnische Fabrikschiffe, die im Eis festsaßen. Der Konvoi stoppte, die „Harengus" brach beide polnischen Schiffe frei, die sich jetzt vor meinem Schiff „Hans Pickenpack" bewegten. Aber auch südlich änderten sich die Eisverhältnisse nicht. Fischfang zu betreiben schien aussichtslos.

Ich überlegte; was hielt mich noch hier an der Labradorküste? In den nächsten Tagen würden wir zum Fischfang nicht kommen. Auf Besserung zu warten sei verlorene Zeit. Auch die schwache Eisverstärkung meines Schiffes machte mir Sorgen. Seit der letzten Nacht quälten wir uns durch die Eismassen. Das dumpfe Grollen und manchmal ein helles Kreischen an der Bordwand, wenn das Eis zu kompakt war, zerrte an den Nerven. Bis 16.00 Uhr hielt ich mich noch im Konvoi, dann faßte ich den Entschluß, die Eisfahrt zu beenden, aus dem Konvoi zu scheren und mich nach Grönland abzusetzen.

Der Entschluß war gefaßt. Auf UKW-Funk rief ich die hinter mir dampfende „Julius Fock" an: „Paul, verringere etwas deine Fahrt, ich drehe ganz langsam nach Backbord weg und breche aus dem Eis." Paul fragte: „Wo willst du hin?"

Ich antwortete: „Ich breche aus dem Eis und fahre nach West-Grönland. Diese Eisfahrt kann ich meinem Schiff ohne Schaden anzurichten nicht mehr zumuten." Paul gab nicht auf: „Richi, begehe keinen Fehler, bleibe bei der Flotte, wir finden bestimmt freies Wasser." „Nein Paul, mein Entschluß steht endgültig fest. Die letzten 70 Tonnen, die mir noch fehlen, beschaffe ich mir in West-Grönland. Wenn ich noch weiter in diesem ‚Eiswahnsinn' bleibe, richte ich am Ende mehr Schaden als Nutzen an." Paul Joswig auf der „Julius Fock" verringerte seine Fahrt. Ich drehte das F.M.S. „Hans Pickenpack" langsam auf „Ostkurs". Als ich vom Konvoi ganz frei war, änderte ich den Kurs auf Nord-Ost. Ich hatte die Flotte verlassen, von jetzt an war ich ganz auf mich allein gestellt. Niemand konnte mir helfen, wenn ich mich im Eis festfahren sollte. Ich war auf die Maschinenkraft meines Schiffes und auf mein eigenes Können angewiesen. Natürlich machte ich mir insgeheim Gedanken, was alles geschehen könnte, ich konnte aber nicht anders handeln, wollte ich größeren Schaden vermeiden. Der Konvoi entschwand langsam meinen Blicken. Über UKW-Funk konnte ich noch eine Zeitlang die Gespräche der Kapitäne, die sie untereinander führten, verfolgen. Langsam brach auch diese Verbindung ab. So, jetzt hieß es „Nerven behalten", die begonnene Sache ohne Schaden zu überstehen. Auf dieser schwierigen Fahrt konnte man auch etwas Erfreuliches beobachten. Eine Eisbärenmutter mit zwei halbwüchsigen Jungen lief eine Zeitlang vor uns her, um sich dann seitwärts abzusetzen. In einer respektablen Entfernung blieben sie stehen, um das „Ungetüm" vorbeizulassen. Seit Stunden ließ ich Nord-Ost-Kurs steuern, das war nach meiner Meinung der kürzeste Weg, aus dem Eis zu kommen. Mitternacht war es mittlerweile geworden, aber das kompakte Eisfeld wollte nicht enden. Diese Eisfahrt wollte ich persönlich zu Ende führen. Erst wenn ich das freie Fahrwasser erreichte, sollte mein Wachsteuermann Hinrich M. die Wache übernehmen. Um 1.30 Uhr konnte ich im Radarbild in 8 Seemeilen Entfernung die Eisgrenze erkennen. Mir fiel eine Last von den Schultern. Wir hatten alles ohne Schaden überstanden. Die weitere Wache übergab ich Hinrich M. und bestimmte den Kurs Kap Thorwaldsen (Südwest-Grönland) anzusteuern und in der Frühe unsere Fangplatzänderung der Reederei in Hamburg mitzuteilen.

Ich begab mich zur Ruhe und habe bis zum Mittagessen neun Stunden durchgeschlafen. Die Reederei war in der Frühe benachrichtigt worden, daß wir „wegen großer Eisbehinderung" den Fangplatz bei Labrador verlassen hatten und nach West-Grönland dampften. Gegen 17.00 Uhr kam ein Seefunkgespräch des Reeders über Norddeich-Radio. „Herr Neu, haben Sie irgendwelche Informationen über Fangvorkommen an der West-Grönland-Küste?" „Nein, Herr Pickenpack, ich besitze über Fangvorkommen keinerlei Informationen. Ich mußte die Küste von Labrador verlassen, weil ich Mannschaft und Schiff nicht weiter der Eisgefahr aussetzen wollte." „Herr Neu, wenn das so ist, daß Sie keinerlei Informationen über Fangvorkommen an der Grönland-Küste haben, dann ändern Sie Ihr Vorhaben und treten die Heimreise an. Ich wünsche Ihnen und Ihrer Besatzung eine gute Heimreise." Ich bedankte mich, damit war das Seefunkgespräch beendet. Meine Besatzung war sehr froh, als sie von mir die neue Order des Reeders erfuhr. Ich setzte den Kurs auf den „Pentland-Firth" ab, die Fangreise war beendet. Es fehlten noch 70 to. zur „vollen Ladung", aber im ganzen gesehen war die Fangreise nicht schlecht. Die Tagesproduktion hatte durchschnittlich bei 11 to. Kabeljaufilet gelegen. Was ich noch nicht wußte war, daß das F.M.S. „Hans Pickenpack" zum Fischfang an der Labradorküste nie wieder eingesetzt wurde. Wegen der schwachen Eisverstärkung sollten die Norwegen-Küste und die Barentssee mein neues Fischfanggebiet werden. Aber das kommt später. In der Hochseefischerei ist es seit jeher üblich, daß jedes Schiff seine Position und den Tagesfang seiner Reederei täglich meldet. Diese „Tagesmeldungen" wurden zu einer bestimmten Zeit von einem Schiff der Reederei eingesammelt und „verschlüsselt" über Funk an die Reederei gesendet. So wurde der Reeder über alle Tagesfänge und Vorkommnisse unterrichtet. Wie gesagt, ich befand mich auf Heimreise und war bereits in der Nordsee, als mein Funker mir eine Meldung brachte, die lautete: „F.M.S. ‚Julius Fock' geht in Begleitung des F.M.S. ‚Harengus' aus dem Eis!" Diese Meldung besagte, daß das Reedereischiff „Julius Fock" einen sehr schweren Eisschaden haben mußte, sonst hätte es keine „Begleitung" aus dem Eis benötigt. Ich hatte jetzt die Bestätigung, daß meine Entscheidung, aus dem Eisfeld zu gehen, richtig war. Wenn ein Schiff wie die „Julius Fock", die gut eisverstärkt war, beschädigt wurde, mußten die Eisverhältnisse schon mehr als katastrophal sein. Als wir mit „Hans Pickenpack" in Hamburg einliefen, war der Empfang wie immer. Nach der behördlichen Abfertigung kam die bordinterne Besprechung über alle Angelegenheiten an Bord. Der Reeder war mit der Fangreise sehr zufrieden, wichtig war auch, daß wir keine Eisschäden hatten. Bisher war der Chef ganz ruhig geblieben. Plötzlich wechselte er das Gesprächsthema und fragte in einem empörten Ton: „Sagen Sie, Herr Neu, was ist Kapitän Joswig, der die ‚Julius Fock' führt, für ein Mensch? Sie arbeiteten mit ihm einige Jahre zusammen, ist er ein Draufgänger, der für andere Schiffe den Weg im Eis freibricht? Kapitän Joswig hat mir einen größeren Eisschaden gemeldet und ist auf Heimreise." Ich antwortete: „Herr Pickenpack, Kapitän Joswig ist nicht draufgängerischer als ich und andere Kapitäne. Er hat das Ziel verfolgt, eine gute Fangreise abzuliefern. Die Eisverhältnisse in diesem Jahr sind sehr extrem. Wer das nicht selbst miterlebt hat, kann sich keine Vorstellung machen, wie schwierig die Lage dort ist. Auf der einen Seite sollen die Kapitäne gute Fänge tätigen, auf der anderen Seite das verdammte Eis meiden.

234

Leider befinden sich die Kabeljauschwärme unter dem Eis. Vielleicht ist hier ein Vergleich angebracht: Kapitän Joswig sollte ein Bad nehmen, ohne dabei naß zu werden. Kapitän Joswig hat das getan, wofür er an Bord ist, nämlich Kabeljau zu fangen. Wenn er mit der ‚Julius Fock‘ beim Fanggeschirr-Aussetzen, wofür 9 bis 10 Knoten Fahrt nötig sind, mit einem ‚Growler‘ kollidiert ist, lag das wohl nicht in seiner Absicht. Außerdem maße ich es mir nicht an, ein Urteil über einen Kapitänskollegen abzugeben. Mehr kann ich Ihnen nicht sagen." Der Reeder hatte still zugehört, dann meinte er in ruhigem Ton: „Wir wollen hoffen, daß er heil nach Hamburg kommt und der Eisschaden sich in Grenzen hält." Die Herren verließen den Salon, ich konnte endlich meine liebe Frau umarmen und begrüßen. Ich freute mich riesig auf zehn Hafentage ohne Fischerei.

Norwegenküste und Barentssee

Jedesmal, wenn ich von einer Fangreise heimkehrte, erwarteten mich neben meiner lieben Frau auch zwei meiner Schwestern, Wally und Marta, die in Hamburg wohnten, zum einen, über die Vorkommnisse der gesamten „Sippschaft" zu berichten, zum anderen, sich ein großes Fischpaket mit ausgesuchten Fisch-Leckereien abzuholen.
Dieses Zusammentreffen bereitete mir immer sehr viel Freude. Meine ältere Schwester Marta war besonders stolz auf ihren „kleinen Bruder Richard". Sie war es doch gewesen, die mir als erste lesen, schreiben und rechnen (litauisch) beibrachte und auch später meine Schulaufgaben kontrollierte und korrigierte. Jetzt war ihr „kleiner Bruder" Kapitän eines großen Fischerei-Fabrikschiffes. Ich selbst scheute auch keine Mühe, ihrer Familie immer etwas Gutes zu tun, meiner „Lehrerin" ihre einstige Mühe zu entgelten.
Nach vielen Seetagen war ich glücklich, wieder für zehn Tage „Mensch" zu sein, ohne große Sorgen, ohne Verantwortung tragen zu müssen. Hier zu Hause war meine liebe Frau der Kapitän. Alles lag in ihren Händen, was es auch immer war, sie mußte entscheiden und handeln. Sie kümmerte sich auch liebevoll um unseren körperbehinderten Sohn, an dem wir viel Freude haben, der trotz seiner Behinderung ins Arbeitsleben eintrat. Nach mehreren Versuchen erhielt er von einem weltbekannten Konzern in Bremen ein Angebot, wo er seit 25 Jahren beschäftigt ist. Das ist das Los aller Seemannsfrauen. Wenn der „Gast" Ehemann von See heimkommt, will er nicht noch mit „häuslichen Problemen" konfrontiert werden. Seemannsfrauen sind eine „Kategorie Frauen" für sich. Treu, tapfer und sehr mutig. Oft unnachgiebig, aber auch einsam, allein und ewiges Hoffen. Meiner lieben Frau werde ich immer dankbar sein, weil sie mir stets treu zur Seite stand, wo ich immer wußte: Da bin ich zu Hause. Mit ihrer Hilfe haben wir das geschafft, was wir unser eigen nennen.
Nach einigen Tagen der häuslichen Ruhe begab ich mich zur Reederei, um mit der Inspektion alle anfallenden Reparaturen „durchzugehen" und die „genehmigte" Ausrüstung zu überprüfen. An der Ausrüstungspier lag die „Julius Fock". Sie hatte es geschafft, den Nordatlantik zu überqueren. Am Tage vorher war die Ladung gelöscht, jetzt ragte das Vorschiff hoch aus dem Hafenbecken. Was ich sah, das konnte ich nicht glauben. In Höhe der Wasserlinie war der Vorsteven eingedrückt und bis herunter zum Kiel fehlten ein Stück Schiff. Nicht nur ein kleines Stück, vorne fehlten der „Julius Fock" ca. 1,5 m vom Schiff! Es war vom Eis regelrecht „weggesprengt", wie bei mir 1970 auf der „Wilhelm La-

diges", die ich ein halbes Jahr als Kapitän führte. Der Schaden auf der „Julius Fock" war bedeutend größer. Wenn sich der Laie das Schiff „trocken auf der Straße stehend" vorstellte, dann konnte ein Autobus durch das Loch bequem unterdurchfahren. Bei der Überquerung des Nordatlantiks muß das F.M.S. „Julius Fock" mit seinem Kapitän Paul Joswig auch mehrere Schutzengel gehabt haben. In der Inspektion erhielt ich eine neue Order des Reeders. Das F.M.S. „Hans Pickenpack" sollte wegen der geringeren Eisverstärkung an der Labradorküste nicht mehr eingesetzt werden. Die neuen Fanggründe sollten die „Norwegenküste und Barentssee" sein. Das war eine Perspektive, die mir gar nicht zusagte. Dort waren nicht immer gute Fänge zu erwarten. Die Inspektion teilte mir „wohlwollend" mit, daß der Kollisionsschaden mit dem Rostocker Z.-Trawler „Grete Walter" nicht „nachgebessert" werden mußte. Das Maschinenpersonal wurde über die ausgeführten Schweißarbeiten „über Gebühr" gelobt. Na schön, Lob ist immer besser als Tadel. Im allgemeinen halten sich Reeder und Inspektoren mit „Belobigungen" zurück, in diesem Fall war es wirklich angebracht.

Nach mehreren Fangreisen an der Norwegenküste und Barentssee, die ich nicht ganz so erfolgreich abschloß, ging das Jahr 1973 zu Ende. Das einzig Gute an den „neuen Fangplätzen" war, wir wurden von der bitteren Kälte und vom Eis verschont. Auch in diesem Jahr erlebten wir das Weihnachtsfest und die Jahreswende auf See. Die Reederei „Fock & Pickenpack" expandierte.

Sie hatte das fünfte Fabrikschiff in Bauauftrag gegeben. Das Schiff sollte im Jahre 1975 in Dienst gestellt werden. Als ich nach der „Weihnachtsreise" Anfang 1974 in Hamburg-Altona einlief, teilte mir der Reeder, Herr Pickenpack, mit, daß „mein Schiff", die „Hans Pickenpack", zum Verkauf ausgeschrieben wäre. Nicht, daß ich mit dem Schiff „rote Zahlen" gefahren hatte, nein, es waren die vielen „technischen Reparaturen", die nach jeder Fangreise bei dem zehn Jahre alten Schiff anfielen. Der Verschleiß und einiges mehr, was sich „kaufmännisch" nicht rechnete. „Hans Pickenpack" war das älteste Schiff der Reederei und sollte dem Neubau weichen. Vorerst war noch nichts zu befürchten, aber bis Ende des Jahres sollte der Verkauf abgeschlossen sein. Wie es für mich danach weitergehen sollte, darüber machte ich mir noch keine Gedanken. Nach vielen Wochen Fischerei an der Norwegen-Küste war es im März 1974 wieder soweit, daß ich zur Gasöl-Bebunkerung einen Hafen anlaufen mußte. Im Normalfall wäre es der norwegische Hafen Hammerfest gewesen, aber die norwegischen Häfen waren wegen des Zwischenfalls im Oktober 1972 mit der „Senja" für mich gesperrt. Ich mußte jetzt den zwei Tage längeren Weg nach Thorshaven auf den Färöer-Inseln nehmen. Zwei Tage hin, ein Tag Bebunkerung, zwei Tage zurück, das war für ein Fischerei-Fabrikschiff ein enormer Zeitverlust. Ich hatte keine andere Wahl. In den frühen Morgenstunden eines Märztages liefen wir in Thorshaven ein. Nach den üblichen Hafenformalitäten erschien auch der deutsche General-Konsul, Herr Adull, an Bord, dessen Büro auch alle geschäftlichen Abwicklungen übernahm. An der Bunkerpier durften wir nicht anlegen, um die Mittagszeit erwartete man einen „Kreuzliner". Warum diesem Schiff eine „Sonderbehandlung" zuteil wurde, sagte man mir nicht. Für die „Hans Pickenpack" brachte man das Gasöl mit Tanklastwagen herbei. Mir war klar, daß die Gasölübernahme an einem Tag nicht zu schaffen war. So mußten wir „wohl oder übel" bis zum nächsten Tag im Hafen bleiben. Im Hafen lag auch das norwegische Fischerei-Fabrikschiff „Ole-Setrimyr". Bis Mitternacht saß ich mit meinen Offizieren in meinem Salon. Auf der Kommandobrücke hatte mein „Fischereiassistent" Hermann K. Wache. Um diese Zeit setzten die unangenehmen „Fallböen" ein, die für Thorshaven bekannt waren. Gleichzeitig wollte der Norweger „Ole-Setrimyr" auslaufen und führte im Hafenbecken ein Wendemanöver durch. In diesem Augenblick schaute ich zufällig durch das Salonfenster und erkannte, daß dieses Manöver niemals „klar" gehen konnte. Mit einigen Sätzen war ich auf der Brücke, ergriff den UKW-Funkhörer und rief: „‚Ole-Setrimyr', gehen Sie auf ‚voll rückwärts', Sie kommen nicht herum, Sie werden uns rammen!" Der norwegische Kapitän antwortete nicht, er versuchte bestimmt eine Kollision zu vermeiden. Es half nichts! Die Fallböen waren so stark, daß er von der „Hans Pickenpack" nicht frei kam. Eine Kollision war nicht mehr zu vermeiden. Ein dumpfer „Hieb", der vorragende Steven des Norwegers legte die ganze Reling von den Brückenaufbauten bis zur Back platt an Deck! Jetzt kam aber das tollste! Das F.M.S. „Ole-Setrimyr" gab „voll rückwärts", manövrierte sich frei und nahm Kurs auf die Hafenausfahrt! Ich fiel fast vom Glauben! Das gibt es doch nicht! Da rammt mich der Kerl und sucht anschließend das Weite! Das Gebäude der Hafenbehörde lag etwa 40 m hinter unserem Heck. In Eilschritten erreichte ich das Hafenamt und berichtete, was soeben vorgefallen war, und bat die „Ole-Setrimyr" über UKW-Funk anzurufen und den Kapitän zu fragen, was er sich bei dieser „Unfallflucht" gedacht habe. Der Hafenbeamte sagte mir, daß er die Kollision beobachtet hatte und erstaunt war, daß der Norweger so einfach aus dem Hafen lief. Der Hafenbeamte rief den Norweger an, er entschuldigte sich, daß er auch am Geschehen nichts hätte ändern können, die Fallböen vereitelten alle seine eingeleiteten Manöver.

Er fuhr fort: „Ich konnte auch nicht mehr an die Pier zurück, die Fallböen waren so stark, ich mußte schnellstens aus dem Hafen, sonst hätte ich womöglich noch mehr Unheil angerichtet. Ich nehme alle Schuld auf mich. Machen Sie ein Protokoll, wo alle Schäden aufgeführt sind, und senden Sie es an meine Reederei nach Norwegen. Den entstandenen Schaden wird unsere Seeversicherung regeln." Danach wurden die Daten der Schiffe ausgetauscht: Name der Schiffe, Unterscheidungssignal, Heimathafen, Nationalität, Reederei, Name der Kapitäne, Ort und Uhrzeit der Kollision und die Kollisionsschäden. Noch in der Nacht suchte ich den deutschen Generalkonsul Herrn Adull auf. Gemeinsam begaben wir uns zum „Begutachter des Germanischen Lloyd" (der Germanische Lloyd ist eine Vereinigung der Einzelversicherer). Ich gab einen Kurzbericht über das Geschehen um Mitternacht. Der „Begutachter" versprach, bei Tagesanbruch den Schaden zu besichtigen. Es war mittlerweile 3.00 Uhr nachts geworden. Ich war froh, daß alles erledigt war und begab mich zur Ruhe. Um 8.00 Uhr in der Frühe erschien der „Begutachter" gemeinsam mit dem deutschen Generalkonsul Herrn Adull. Nach einem gemeinsamen Frühstück, welches die Herren mit einem guten Tropfen Whiskey herunterspülten, begaben wir uns zum „nächtlichen Tatort". In der Zwischenzeit kamen die Tanklastwagen mit dem Rest des Gasöls. Bei der „Schadensbesichtigung" stellten wir fest, daß das F.M.S. „Ole-Setrimyr" nicht nur die gesamte Steuerbord-Reling an „Deck gelegt" hatte, sondern uns noch drei größere Beulen zugefügt hatte. Der „Begutachter" fertigte ein protokollarisches Gutachten an, welches ich später mit meinem Kapitänsbericht bei der Reederei-Inspektion abgab. Die Maschinenbesatzung reparierte provisorisch bis zum Auslaufen die eingedrückte Reling. Nach der Brennstoffübernahme liefen wir wieder zur Norwegenküste aus. Im ganzen hatte das Schiff fünf Fischerei-Tage eingebüßt. Das waren zwei Tage mehr, als wenn wir in Hammerfest gebunkert hätten. Nach einigen Fischereitagen trat ein, was ich immer insgeheim befürchtete. Beim Einsteigen in den Fisch-Kühlraum ist ein portugiesischer Matrose abgestürzt. Die Symptome sahen nach „Schädelbasis-Bruch" aus. Den Matrosen legte man in die Koje, er wurde von allen Seiten „abgestützt", damit er bei der „Schaukelei" ruhig liegen konnte. Ich nahm erneut Kurs auf die Färöer-Inseln, um den Verletzten im Thorshavener Krankenhaus abzuliefern. Ich hatte Glück, auf halbem Weg dorthin traf ich das deutsche Hospitalschiff „Poseidon", das mir den Verletzten abnahm. Ich konnte zum Fangplatz zurückkehren. Die Fangergebnisse an der Norwegenküste und in der Barentssee waren nicht so gut wie bei Labrador oder Grönland, hier mußten wir mit geringerer Tagesausbeute zufrieden sein. Diese Fangreise war auch eines Tages beendet, ich konnte den Kurs Richtung Hamburg abstecken. Nach dieser Fangreise wollte ich meinen Jahresurlaub antreten, mein Wachsteuermann Hinrich M. sollte das F.M.S. „Hans Pickenpack" vertretungsweise als Kapitän übernehmen. Es war Spätfrühling, gerade die richtige Zeit für meinen Jahresurlaub. Als ich meine persönlichen Sachen von Bord holte, ahnte ich nicht, daß ich die „Planken" des F.M.S. „Hans Pickenpack" nicht mehr betreten sollte. Das Schicksal, vielleicht die Vorsehung, hielt für mich etwas anderes bereit. Von alledem, was noch auf mich zukommen sollte, ahnte ich in den ersten Urlaubstagen nichts. In meiner „himmlischen Urlaubszeit" kam ein Anruf der Reederei, der mich aus meinen Urlaubsträumen holte. Mein guter Wachsteuermann Hinrich M., der mit dem F.M.S. „Hans Pickenpack" in der Barentssee fischte, hatte irgendwelche Schwierigkeiten. Welcher Art sie waren, sagte man mir nicht. Ich sollte mich auf „jeden Fall" auf Abruf bereithalten. Wenn es eine Gelegenheit gebe, sollte ich wieder auf „Hans Pickenpack" zurück. Nach drei Tagen kam der „befürchtete" Abruf. Das F.M.S. „Harengus" sollte zur Norwegenküste auslaufen und mich mitnehmen. Erneut „schnürte ich den Seesack" und begab mich an Bord.

Hier war ich „Gast" und genoß die Zeit des Nichstuns. Ich konnte es mir nicht erklären, welche Probleme Hinrich M. auf „Hans Pickenpack" hatte.

Wir befanden uns gerade in der Nordsee, da erhielt der Kapitän des F.M.S. „Harengus", Heinrich M., von der Reederei die Order, nicht zur Norwegenküste, sondern zu den westbritischen Gewässern auf Heringfang zu fahren. Ich glaubte mich verhört zu haben! Da beordern mich die Herren nach Hamburg; verfrachten mich auf ein Schiff, welches mich zur Norwegen-Küste bringen soll, kaum sind wir in der Nordsee angelangt, heißt es für mich „April, April", es war nur ein Scherz. Es war nicht zu fassen! Ich war außer mir! Nach zwei Tagen „Heringsfischerei" fragte ich über UKW-Funk bei den deutschen Schiffen an, welches Schiff als nächstes die Heimreise antreten wollte. Es meldete sich der Kapitän des Bremerhavener Fabrikschiffes „Weser". Er war bereit, mich mitzunehmen. Am anderen Tag ruderte mich ein Boot zur „Weser" hinüber. Ich befand mich wieder auf Heimreise. Zwei Tage später war ich daheim. Meine liebe Frau war sprachlos, wo in aller Welt ich jetzt herkam! Am anderen Tag setzte ich mich mit der Inspektion in Verbindung und verlangte eine Erklärung, was sich die Herren dabei gedacht hatten, mich nach „nirgendwo" zu beordern. Es kamen „nichtssagende Worte" der Entschuldigung. Das nützte mir wenig, mein Urlaub war unterbrochen, ich mußte mich noch immer auf „Abruf" bereithalten. Nach drei Tagen kam der „erlösende Anruf". Das F.M.S. „Hans Pickenpack" befand sich wegen „Windenschaden" auf Heimreise nach Hamburg. So ist es nun mal, ohne „Fischnetz-Winde" kann man keine Fischerei betreiben. Nach der „Windenreparatur" war das F.M.S.

„Hans-Pickenpack" mit Hinrich M. als Kapitän wieder zum Fischfang an der Norwegen-Küste. So konnte ich mit meiner lieben Frau weiterhin unseren Urlaub genießen. Wir begaben uns „ohne festes Ziel" auf eine Dänemark-Reise. Während dieses Dänemark-Urlaubs hatte ich mir etwas Bestimmtes vorgenommen. Ich wollte, wenn sich eine Gelegenheit bot, auf einen dänischen „Ringwadenfischer" gehen und schauen, wie die „Ringwadenfischerei" funktioniert. Als Ausländer an Bord eines solchen Schiffes zu kommen würde nicht einfach sein. Ich besprach diese Angelegenheit mit meiner lieben Frau. Sie mußte, wenn ich mich an Bord eines solchen Schiffes begab, in Dänemark allein zurückbleiben. Sie sagte: „Erledige, was du dir vorgenommen hast, beruflich werde ich dir nicht im Wege stehen. Es wird ja keine Ewigkeit dauern, Hauptsache du kommst heil und gesund zurück. An das Warten habe ich mich schon gewöhnt."

Wir nahmen die Elbfähre Wischhafen–Glückstadt und bewegten uns gemächlich in Richtung dänische Grenze. Bei Tondern reisten wir in Dänemark ein. Am späten Nachmittag erreichten wir Esbjerg und stiegen in „Bangs Hotel" ab. Nach einem guten Abendessen schlenderten wir durch das nächtliche Esbjerg, es war herrlich. Nach drei Tagen verließen wir die Stadt und fuhren durch das schöne Dänemark nordwärts. Unser Ziel war die Stadt Hirtshals. Ich wollte einen „Ringwadenfischer" ausfindig machen und versuchen, irgendwie an Bord zu kommen, um eine „Fischreise" mitzumachen. Bevor wir Hirtshals erreichten, kamen wir durch einen kleinen Ort Thornby. Nicht weit von der Straße stand ein schönes Dänenhaus, wo ein Schild aufmerksam machte: „Zimmer frei". Für alle Fälle schauten wir uns das Zimmer an. Die Eigentümer waren nette Leute, wir sagten ihnen, daß wir uns das noch überlegen wollten und setzten unsere Fahrt nach Hirtshals fort. Nach dem Mittagessen begaben wir uns zum Hafen, dieser war fast leer. Am Ende der langen Pier lag ein Schiff. Als ich näher heranfuhr sah ich, das war das Schiff, welches ich in Dänemark suchte, ein „Ringwadenfischer". Jetzt hieß es für mich „an Bord zu kommen". Ich sprach einen Mann der Besatzung auf englisch an, er zuckte nur mit den Schultern und verschwand.

Nach einer Minute kam er mit einem anderen Mann zurück, es war der Steuermann des Schiffes. Ich fragte ihn, ob es möglich wäre, eine Fangreise mitzumachen. Er erklärte mir, daß das nur der Kapitän bestimmen könne, er wäre nur der Steuermann. Meiner Frau und mir blieb nichts anderes übrig, als auf den Kapitän zu warten. Nach einer Stunde erschien er, ich trug ihm mein Anliegen vor. Er fragte: „Warum willst du auf meinem Schiff mitfahren?" Ich antwortete: „Ich interessiere mich für die Fischerei und habe in Deutschland bereits einige Fangreisen auf Hochseekuttern und Krabbenkuttern mitgemacht, jetzt möchte ich auch mit einem Ringwadenfischer mitfahren. Sie fischen doch mit einer Ringwade?" Der Kapitän antwortete: „Ja, wir fischen mit einer Ringwade. Du hast Glück, kannst mitfahren; gestern ist ein Matrose mit seinem Gesäß in eine Glasscherbe gefallen und hat sich erheblich verletzt und liegt im Krankenhaus. Ich nehme dich mit, aber ohne Bezahlung." Ich war froh, daß er mich mitnahm. „Okay, ich bin damit einverstanden, ohne Bezahlung." Der Kapitän trieb mich an: „Dann beeile dich, in zwei Stunden wollen wir auslaufen." Ich konnte es dem Kapitän unmöglich sagen, daß ich Fischdampferkapitän bin und die Hochseefischerei mein Beruf ist. Er hätte mich bestimmt nicht mitgenommen.

Meine liebe Frau und ich fuhren nach dem Ort Thornby zu den Leuten, wo wir das Zimmer bereits besichtigt hatten. Wenn ich es nicht so eilig gehabt hätte, wäre es besser gewesen ein Hotel aufzusuchen. Ich stellte unseren Pkw bei den Dänen ab, meine Frau bezog vorläufig hier Quartier. Ich bestellte mir ein Taxi, verabschiedete mich von meiner lieben Frau und begab mich an Bord „dieses Schiffes". Bereits zu Hause hatte ich für „diesen Fall" eine Reisetasche mit dem nötigen „Seezeug" gepackt. Das Kuriose an dieser „Anmusterung" war, daß weder ich noch meine liebe Frau wußten, wie das Schiff hieß, welche Nationalität es besaß, wie der Heimathafen hieß, wo es registriert war.

Es war natürlich mein Verschulden, daß ich durch diese Eile meine liebe Frau in so eine „ungewisse Lage" brachte. An Bord angekommen, erhielt ich die nötigen Informationen. Das Schiff hieß „Svein-Sveinsbjörnsson", Heimathafen Neskaupstadur auf Island. Ich befand mich also auf einem isländischen Schiff und nicht auf einem Dänen! Nach dem Ablegen durfte ich auf die Brücke. Der Kapitän erzählte mir, daß Dänemark 40 isländische Ringwadenfischer „gechartert" hätte, die für den dänischen Markt den Hering an der dänischen Küste fangen sollten. Dieser Hering konnte nur mit der Ringwade gefangen werden. Die Dänen beherrschten damals die „Ringwadenfischerei" noch nicht richtig. Der Redefluß des isländischen Kapitäns schien kein Ende zu nehmen. Er teilte mir alles mit, ohne daß ich fragen mußte. So erhielt ich mehr Wissenswertes, als ich gehofft hatte. Dann aber begann er mich auszufragen: „Was bist du von Beruf, ich sah dich mit einem Mercedes-Pkw hier vorfahren?" Was sollte ich jetzt schnell antworten? „Ich bin kaufmännischer Angestellter, der Pkw gehört meinem Vater, er hat ihn mir für diese Urlaubsreise geliehen." Er fragte weiter: „Gehört das Geschäft, wo du arbeitest, deinem Vater?" „Ja, es gehört meinem Vater." „Was ist das für ein Geschäft, was verkauft ihr?" Vor meinem geistigen Auge sah ich das „Edeka"-Geschäft in unserem Ort. „Wir verkaufen Lebensmittel aller Art und viele andere Kleinigkeiten." „Wie viele seid ihr in diesem Geschäft?" „Im ganzen sind wir sechs Personen. Meine Eltern, meine Frau und ich, dann beschäftigt mein Vater noch zwei Frauen im Geschäft." „Wo ist das Geschäft, wie heißt der Ort?" „Der Ort heißt Otterndorf und liegt in der Nähe der größeren Stadt Cuxhaven." Damit war Gott sei Dank das Fragespiel beendet, denn darauf war ich überhaupt nicht vorbereitet. Um eine Frage überlegt zu beantworten, suchte ich Zeit zu gewinnen, indem ich „diese" oder die „andere" Frage nicht verstanden hätte. Ich glaube, ich habe mich aus der „Fragestellung" ganz gut herausgeschwindelt. Am anderen Morgen wurde die Ringwade zum erstenmal ausgefahren. Das geht ganz einfach.

Die Heringsschwärme sucht der Kapitän ganz allein. Hat er einen „Schwarm" geortet, wirft er eine größere Boje aus, die mit der Ringwade verbunden ist. Die ausgeworfene Boje reißt die Ringwade aus der „Netzkoje", dabei fährt das Schiff einen Kreis und schließt die Ringwade. Der Heringsschwarm ist eingekreist. Bei dem ersten Versuch war in der Ringwade nicht viel drin. Der Schwarm mußte wohl, bevor der Kreis geschlossen wurde, entwischt sein. Die Ringwade muß über einen großen „Power-Block" zum „Wiederauslaufen" fachgerecht eingeholt und verstaut werden. Ich mußte mithelfen. Natürlich teilte man mir die unbequemste Arbeit zu, das war die „Oberkantenleine" der Ringwade, die mit unhandlichen Korkschwimmern versehen war, die ich „verstauen" mußte. Nun, als „alter Fischermann" dachte ich mir, ich muß die „Korkschwimmer" zuerst in „Längsrichtung", danach in „Querrichtung", dann wieder umgekehrt stauen, damit, wenn die Ringwade „ausläuft", sie sich nicht „verheddern". Der Steuermann beobachtete mich immer irgendwie mißtrauisch, dann fragte er: „Warum verstaust du die Korkschwimmer gerade so?" Ich schaute ihn ganz verdutzt an und antwortete: „Ich denke, wenn die Ringwade ausläuft, dürfen sich die Korkschwimmer nicht verheddern." Er schaute mich nur an und sagte: „Ja, das stimmt." Ich mußte vorsichtiger sein und mich noch etwas „tolpatschiger" anstellen. Es könnte sein, daß man mich durchschaute. In meiner Koje überprüfte ich meine Brieftasche, ob etwas darauf hinwies, daß ich Fischdampfer-Kapitän sei. Am vierten Tag, gegen 6.30 Uhr, erklang durch den Lautsprecher der Ruf „Hering", danach ein lang anhaltendes Klingelzeichen, welches uns aus den Kojen warf. Das bedeutete: Der Kapitän kreiste mit der Ringwade einen Heringsschwarm ein. Wenn sich der Kreis geschlossen hatte, mußten wir an Deck sein. In fünf Minuten standen wir an Deck, der Ringwadenkreis schloß sich. An der Boje nahmen wir die „Zugleine" auf und begannen langsam die Ringwade zu schließen. Dieser Vorgang muß langsam vonstatten gehen, damit der gewaltige Schwarm die Ringwade nicht zerstört. Nach einer Stunde war der Riesenschwarm längsseits fest vertäut. Es war herrlich, eine gesamte Schiffsladung Hering hing in dieser geschlossenen Ring-wade. Die silbrig-glänzenden Heringsleiber sprudelten und zappelten in der Ringwade wie in einem Riesenkochtopf. Am Vormast war ein „Aus-legebaum" angebracht, an dem eine riesige Pumpe hing. Den Auslege-baum schwangen wir nach Steuerbord aus. Die Pumpe wurde in die Ringwade eingetaucht und begann „ihre Arbeit". Ein dicker Strahl „He-ringe", vermischt mit Seewasser, schoß an Deck, bis das ganze Vordeck mit Heringen gefüllt war. Mittlerweile war es 10.30 Uhr geworden, wir hatten noch nicht gefrühstückt, jetzt war es soweit. Das Frühstück war gut und reichhaltig, jeder langte kräftig zu, denn es winkten viele har-te Arbeitsstunden. Nach einer halben Stunde begann die Verarbeitung. Vier Männer begaben sich in den Fischraum, darunter auch ich (der Fischdampfer-Kapitän aus Hamburg). Der Steuermann war unser Vor-arbeiter. Die Heringe wurden in Kisten verpackt. Das heißt, es wurden immer vier Kisten hingestellt, dann streuten wir eine Eisschicht auf die Kistenböden, die Kisten wurden mit Hilfe eines „Trichters" mit Herin-gen gefüllt, danach wieder mit Eis „abgedeckt" und „sauber aufgesta-pelt". Alles wurde schnell und ohne Pausen verrichtet. Ich merkte, daß meine Muskeln solche schwere Arbeit seit Jahren nicht mehr gewohnt waren.

Auf der Kommandobrücke sitzen und Fische fangen ist eine Sache, die Verarbeitung eine andere. Ich ließ mir das nicht anmerken und hielt durch. Gegen 16.00 Uhr rief man uns aus dem Fischraum zum Mittag-essen. Die Mittagspause dauerte auch nur eine halbe Stunde, dann ging es wieder bis zum Abendessen um 22.00 Uhr ans Werk. Um 2.00 Uhr in der Nacht, nach 15 Stunden Schufterei, waren alle 1700 Kisten im Fischraum mit Heringen gefüllt. In der Ringwade aber „zappelte" noch eine große Menge des „Meeressegens".

Das Vordeck wurde mit Längs- und Querschotten versehen, die Zwi-schenräume wurden mit Hering vollgeschüttet, dann ging nichts mehr. Die Ringwade wurde geöffnet, und die nicht mehr benötigten Heringe ließ man frei. Aus meiner Sicht ist das eine wirklich „gute Fischerei". Man entnimmt der Ringwade nur soviel Heringe, wie benötigt werden, den Rest läßt man frei. Wir holten die Ringwade ein, die „Svein-Sveinsbjörnsson" begab sich auf Heimreise zum Fischmarkt nach Ska-gen/Dänemark. Nachdem alles vorbei war, die gesamte Besatzung sich geduscht und frisch gemacht hatte, gab es ein gutes Nachtmahl. Es war eine harte Knochenarbeit. Während des Essens fragte ich den Kapitän, wie viele Tonnen Heringe nach seiner Schätzung in der Ringwade ge-wesen sein könnten, er besäße doch eine bestimmte Erfahrung dies ab-zuschätzen. Er sagte: „Nach meiner Schätzung müssen es 100 bis 120 Tonnen gewesen sein. Wir haben etwa 90 Tonnen der Ringwade ent-

Fabrikschiffe ein, so daß die kleine „Flotte" aus fünf Schiffen bestand. Der Kabeljaufang entwickelte sich sehr gut, die Tagesproduktion an Fischfilet war ausgezeichnet. Vier französische Schiffe fischten nordwestlich von Spitzbergen, eine spanische Flotte bei der Bäreninsel. Während wir Kapitäne der Fischerei-Fabrikschiffe bemüht waren, die Kühlräume mit Fischfilet zu füllen, ereilte uns eine „politische Entscheidung", die uns wie ein Hammer traf.

Alle europäischen Staaten, die die Nordatlantische Konvention über die Fischerei unterzeichnet hatten, beschlossen (auch die Bundesrepublik), daß ab dem 15.8.1974 in der Barentssee Kabeljaufänge untersagt seien und alle Schiffe der Unterzeichnerstaaten das europäische Nordmeer und die Barentssee verlassen müßten! Wo sollten wir hin? Auf der einen Seite geben wir alle unsere Kraft, unser ganzes Können, um eine Fangreise erfolgreich abzuschließen, auf der anderen Seite entscheiden Politiker am „grünen Tisch" über unsere Existenz. Als ich das Funktelegramm der Reederei las, konnte ich es nicht fassen, daß ich den Fangplatz verlassen und nach „nirgendwo" dampfen sollte. Auch die anderen vier Schiffe erhielten diese Weisung. Wir Kapitäne beratschlagten, was zu tun sei. Wir kamen überein, diesen ergiebigen Fangplatz nicht aufzugeben. Wir beschlossen auch, die Tagesmeldungen zu den Reedereien anders zu formulieren. Sie lauteten fortan so: „Wechselnde Position, dampfen und suchen." So ging das über viele Tage. Die Kabeljaufänge bei Spitzbergen waren ausgezeichnet, wir dachten nicht im Traum daran, den Fangplatz zu verlassen. Wir waren keine „Bauern" im Schachspiel, die man nach Belieben opfern konnte. Warum müssen wir Deutschen uns immer genau an den Text einer Verordnung halten? Die Franzosen und Spanier dachten nicht „im Traum" daran, das Nordmeer zu verlassen. Bonn und Brüssel waren sehr weit. Sollen die Herren ruhig planen, wir stören sie nicht. Die kleine Flotte von fünf Schiffen wird die Fangreise hier beenden und sonst nirgendwo! So gingen unsere täglichen Meldungen bei den Reedereien ein: „Wechselnde Position, dampfen suchen!" Das war meinem Reeder, Herrn Pickenpack, nicht ganz geheuer. Ich erhielt über „Longyearbyen-Radio" einen Anruf, den ich entgegennehmen mußte. Longyearbyen ist der Hauptort auf Spitzbergen.

Der Reeder, Herr Pickenpack, machte mir unmißverständlich klar, daß ich mit der „Julius Pickenpack" die Barentssee „sofort" zu verlassen hätte. Mir blieb nur noch eine „List", die Weisung des Reeders zu umgehen. „Herr Pickenpack, ich kann Sie überhaupt nicht verstehen, nur im Hintergrund ahnen, daß gesprochen wird. Wir haben wohl eine ‚atmosphärische Störung', eine Verständigung ist unmöglich. Wenn bessere Bedingungen herrschen, rufe ich zurück!" Nur so konnte ich die

Weisung des Reeders umgehen. Auch in diesem Fall, daß ab dem 15.8.1974 alle Schiffe das Nordmeer zu verlassen hätten, kümmerten sich die Franzosen, Spanier und Russen einen Teufel darum und fischten weiter. Nur wir Deutschen sollten das Nordmeer „sofort" verlassen. Das war beinahe ein „politischer Witz". Also fischten wir weiter, denn die Konvention galt für alle, nicht nur für die fünf deutschen Fabrikschiffe.

Ich hatte noch einige Tage zu fischen, bis die Kühlräume voll waren. Eines Nachmittags gegen 17.00 Uhr schaute ich zufällig achteraus, was ich sah, nahm mir fast den Atem! Dicker schwarzer Rauch quoll aus dem Achterschiff. Da kam auch schon die Schreckensmeldung aus dem Maschinenraum: „Feuer in der Fischmehlanlage."

Ich löste sofort „General-Alarm" aus. Alle Mann an Deck, auch die Freiwache! In der Zwischenzeit wurde in aller Eile das Fanggeschirr eingeholt. Ich begab mich in den Maschinenraum, um vor Ort zu sehen, was getan werden mußte. Ich ordnete an: „Alle Schotten, Türen und Belüftungsklappen schließen, das Feuer muß erstickt werden." Auf diese Art wurde dem Brandherd der Sauerstoff entzogen, das Feuer erstickte langsam. Ich ließ noch eine Stunde verstreichen, damit sich der Brandherd abkühlte. Danach ließ ich die Schotten zur Fischmehlanlage öffnen, das Feuer war aus. Im Mühlenraum herrschte eine starke Hitze. Jetzt konnten wir alle Belüftungsklappen öffnen, um den Mühlenraum auszukühlen. Wir waren einer Katastrophe entgangen! In meiner ganzen Seefahrt habe ich mich vor nichts gefürchtet, weder Eisberge, Sturm, Vereisung oder Kollision. Aber Feuer im Schiff, das war der „Horror"! An Bord gibt es keine ausgebildeten „Feuerwehrmänner", die der Situation gewachsen sind. Es wird bei jeder Ausreise eine „Feuerlöschübung" abgehalten, aber der Ernstfall sieht ganz anders aus. Wir waren mit einem „blauen Auge" davongekommen. Wie konnte das Feuer entstehen? Was war in der Fischmehl-Anlage passiert? Der Maschinenassistent, der für die Fischmehlproduktion verantwortlich war, berichtete mir, daß er mehrere Säcke „feuchtes" Fischmehl noch einmal durch den „Trockner" laufen ließ, dabei gab es eine „Staubexplosion". Zu unserem Glück befand sich der Maschinenassistent nicht im „Mühlenraum". Er wäre bei der Explosion unweigerlich getötet worden! Wir alle auf dem F.M.S. „Julius Pickenpack" waren an einem großen Unglück „vorbeigeschrammt", es hätte verheerend ausgehen können. Danach ging die Fischerei weiter. Die Tagesfänge waren immer noch sehr gut, morgen sollte es der letzte Tag sein, dann ging es heimwärts. Gegen Abend erreichte uns ein „Rundruf" des französischen Fabrikschiffes „Zeelande", das anfragte, welches deutsche Schiff als nächstes die Heimreise antreten würde. Ich ließ über Funk mitteilen, daß die

„Julius Pickenpack" morgen auf Heimreise gehen werde, warum der „Rundruf" mit der Anfrage? Mein Funker erhielt folgende Antwort: Das Fabrikschiff „Zeelande" war ein Neubau und machte seine „Jungfernreise". An Bord befand sich der Sohn des Reeders Distreaux aus Bordeaux, der gerne bis Hamburg mitfahren würde, wenn wir ihn freundlicherweise mitnehmen würden. Ich erklärte mich bereit, ihn bis nach Hamburg mitzunehmen. Warum auch nicht? So konnte die Heimreise doch interessant werden. Am anderen Morgen erschien die „Zeelande" auf unserer Position. Um die Mittagszeit holten wir zum letztenmal das Fanggeschirr ein, mit diesem „Hol" waren die Kühlräume mit Kabeljaufilet gefüllt.

Ich rief die „Zeelande" über UKW-Funk an, Herr Distreaux solle jetzt zu uns an Bord kommen. Drüben setzte man ein Boot aus, mein Gast wurde herübergerudert.

Es war ein „drahtiger" mittdreißiger Herr, wir waren uns sofort „sympathisch". Mit „voller Ladung", 600 to. Kabeljaufilet und 250 to. Fischmehl, traten wir die Heimreise an. Ich schickte ein Funktelegramm zur Reederei, wann wir in Hamburg einlaufen wollten. Der Reederei hatte ich über einen langen Zeitraum die wahren Tagesfänge wegen der „Brüsseler Verfügung" verschwiegen. Man glaubte, daß die Kühlräume des F.M.S. „Julius Pickenpack" noch „halb leer" waren. Prompt kam ein Funkgespräch der Inspektion. Inspektor Joachim W. fragte: „Herr Neu, was ist bei Ihnen an Bord los, warum in aller Welt treten Sie die Heimreise an? Sie sollen doch an der Norwegen-Küste weiter fischen!" Die Herren waren der Meinung, daß ich endlich die Weisung des Reeders befolgte und die Barentssee verließ. Bei diesem Gespräch mußte ich lachen und antwortete: „Herr W., ich kann beim besten Willen nicht weiterfischen, das Schiff leidet an Platzmangel." Jetzt ging bei Herrn W. ein „Licht" auf. „Herr Neu, ich bin sprachlos. Ich wünsche Ihnen und Ihrer Besatzung eine gute Heimreise." Bei dieser Gelegenheit gab ich ihm unsere Gesamtladung an. Außerdem berichtete ich, daß wir einen französischen Gast, Herrn Distreaux, den der Junior-Chef kannte, zwecks Heimfahrt an Bord hätten, der von Hamburg nach Bordeaux fliegen wolle. Das war's dann. Wenn der Reeder mich wegen der „zurückgehaltenen Tagesproduktionen" und der Weigerung, die Barentssee zu verlassen, zurechtweisen sollte, was kümmerte es mich? Wichtig war eine „volle Ladung" Kabeljaufilet, alles andere war Nebensache! Die fünf Tage der Heimreise waren herrlich. Ruhige See, blauer Himmel, an der Backbordseite die Küste Norwegens. Das schwer beladene Schiff pflügte mit 12 Knoten durch das Meer. Bis spät in der Nacht saß ich mit Herrn Distreaux beisammen, wir tauschten in Gesprächen (bei einem guten Glas Whiskey) Meinungen und Erfahrungen aus. Da-

bei stellte es sich heraus, daß die Kapitäne der französischen Fabrikschiffe das Doppelte und mehr verdienten als wir Kapitäne auf den
deutschen Fabrikschiffen. Bei so einem Gespräch versicherte mir Herr
Distreaux, daß jedem französischen Besatzungsmitglied täglich 1 l Rotwein zustünde, das war „tariflich festgelegt“. Ich konnte es einfach
nicht glauben. Er sagte weiter, es wäre ein Grund die Arbeit zu verwei-
gern, wenn die Besatzung nicht täglich „ihren Wein“ bekäme. Ich konnte es mir beim besten Willen nicht vorstellen, wenn es bei uns auch so
wäre. Bei einer Besatzung von 50 Mann sind das 50 l täglich. Bei einer
Reisedauer von 60 bis 70 Tagen muß das Schiff jede Fangreise 3500 l
Wein mitnehmen! Herr Distreaux versicherte mir, daß der Rotwein zur
„täglichen Nahrung“ gehöre und nicht als Getränk gelte. Ich glaubte es
trotzdem nicht. Als wir am letzten Abend beisammen saßen, bedankte
sich Herr Distreaux für die gute Bewirtung und Heimfahrt. Er versprach mir, wenn er heimkomme, wolle er mir zwölf Flaschen „guten
Bordeaux-Wein“ als Dank zuschicken. Er hielt sein Versprechen. Nach
mehreren Wochen traf eine Kiste mit zwölf Flaschen gutem „Bordeaux-
Wein“ bei mir zu Hause ein. Aber zurück zu dieser Fangreise. Ich hatte unsere Ankunft in Hamburg-Altona für 23.00 Uhr angekündigt. Mein
Gast, Herr Distreaux, wollte unbedingt noch den Flug um 23.00 Uhr
Hamburg–Paris erreichen. So kam ich auf die Idee, mein Gast sollte bei
der Lotsenübernahme in Brunsbüttel auf das Lotsenboot übersteigen,
dann von Brunsbüttel mit einem Taxi zum Flughafen Hamburg-Fuhlsbüttel fahren. Er sei dann schneller als wir mit der „Julius Pickenpack“
in Hamburg und erreiche noch den Flug nach Paris. Dieses „von Bord
lassen“ meines Gastes brachte mir eine Rüge der Zollbehörde und der
Wasserschutzpolizei ein. Ich hätte meinen Gast bis Hamburg-Altona an
Bord behalten müssen. Na ja, man macht im Leben nicht immer alles
richtig. Um 23.00 Uhr legten wir mit der „Julius Pickenpack“ an der
Kühlhalle in Hamburg-Altona an.
Die Zoll und andere Formalitäten wurden erledigt (wo ich meine Rüge
erhielt), danach kam das Zusammentreffen mit dem Reeder und Inspektor.
Der Reeder, Herr Pickenpack, begrüßte mich: „Herr Neu, Sie haben eine gute Fangreise abgeliefert, obwohl Sie mich in Schwierigkeiten
brachten, indem Sie sich weigerten, das Nordmeer zu verlassen.“ Was
sollte ich darauf antworten? Ich wußte, daß ich gegen den Willen des
Reeders gehandelt hatte. „Herr Pickenpack, warum müssen wir Deutschen immer die ‚Vorreiter‘ spielen und die geschriebenen Texte einer
Verordnung genauestens befolgen, während die Spanier, Franzosen,
Russen und noch andere sich einen Teufel darum scheren. Diese Nationen ziehen ihre Schiffe erst dann ab, wenn die Fangreise beendet ist.“

Wir beendeten das Gespräch, denn das „Für und Wider" führte zu nichts.

Dann sprach Herr Pickenpack ein ganz anderes Thema an. „Herr Neu, ich habe für Sie auch eine unangenehme Nachricht. Ihnen ist bekannt, daß wir das älteste Schiff der Reederei, die jetzt zehnjährige ‚Hans Pickenpack', zum Verkauf ausgeschrieben hatten. Jetzt ist es soweit. Wenn das Schiff von seiner Fangreise zurückkommt, wird es an den Käufer übergeben." Herr Pickenpack sprach weiter: „Ich habe es mir so gedacht, daß Sie wieder zu Kapitän Paul Joswig auf die ‚Julius Fock' als I. Steuermann gehen, solange, bis der Neubau in Dienst gestellt wird. Die Schiffe werden dann wieder neu besetzt, und Sie bekommen wieder ein Schiff als Kapitän." Was sollte oder konnte ich antworten? Die Führung des F.M.S. „Julius Pickenpack" übernahm wieder Kapitän Erich Korsch. Ein Schiff war für mich nicht vorhanden, mir blieb keine andere Wahl, als wieder mit Paul Joswig zusammenzuarbeiten. Gewiß, für mich war es ein Rückschlag, aber ich wußte es seit langem, daß „mein Schiff" zum Verkauf anstand. Zu Hause bei meiner lieben Frau nahm ich vorerst von allen beruflichen Dingen Abstand. Bis die „Julius Fock" von der Fangreise zurückkehrte, dauerte es noch einen Monat. In dieser Zeit konnte ich meine weitere „berufliche Zukunft" planen. Nach einigen Ruhetagen begab ich mich zur Reederei, um die „Julius Pickenpack" an Kapitän Erich Korsch zu übergeben. Nachdem auf der Inspektion alle Übergabe-Formalitäten erledigt waren, suchte ich die Nebenstelle des „Bundesministeriums für Ernährung, Landwirtschaft und Forsten, Bundesforschungsanstalt für Fischerei" auf. Bereits im Jahre 1969, als die „Blankenese" nach England verkauft wurde, hatte ich mich als „nautischer Offizier" auf einem der Fischerei-Forschungsschiffe beworben. Ich hatte beschlossen, die kommerzielle Hochseefischerei endgültig aufzugeben, um ein anderes Betätigungsfeld zu beschreiten. Der Personalchef Kapitän D. der „Bundesforschungsanstalt für Fischerei" empfing mich. Ich kannte ihn aus früheren Begegnungen, jetzt trug ich ihm mein Anliegen vor und stellte ihm die Frage: „Herr Kapitän D., wann kann ich nach Ihrer Einschätzung an Bord eines Ihrer Fischerei-Forschungsschiffe meinen Dienst antreten?" Die Antwort Kapitän D.s überraschte mich. „Herr Neu, gut, daß Sie diese Frage stellen. Meine Antwort lautet: ‚Jetzt oder niemals.'" Er fuhr fort: „Ich habe noch andere Bewerbungen vorliegen, die mir aber nicht so gut zusagen. Wenn ich diese berücksichtige, stehen Sie wieder am Ende der Bewerber und kommen in den nächsten Jahren nicht mehr in Betracht." So war das. Ich mußte jetzt und hier eine Entscheidung treffen. Kapitän D. machte mir einen entgegenkommenden Vorschlag. „Herr Neu, fahren Sie ruhig noch eine Fangreise auf der ‚Julius Fock'. Aber vorher schreiben Sie zu Hause ein Kündigungsschreiben an Ihre Reederei, ohne das Datum einzusetzen. Wenn Sie am 2.1.1975 definitiv auf einem unserer Fischerei-Forschungsschiffe benötigt werden, rufe ich Ihre Gattin an, sie setzt in Ihrem Kündigungsschreiben das Datum ein, und Sie halten die Kündigungsfrist ein." Das war ein guter Vorschlag, den ich akzeptierte.

Ich bedankte mich und wußte, daß ich einen neuen Weg in meinem Berufsleben beschreiten werde. Zu Hause erörterte ich nochmals alle Details mit meiner lieben Frau.

Über mein Vorhaben war sie überhaupt nicht begeistert. Die Stellung als Kapitän aufgeben und auf einem Forschungsschiff als „nautischer Offizier" neu beginnen, ist ein „Abstieg" vom Gipfel zum Tal. Ich aber sah die „dunklen Wolken", die für uns Hochseefischer am Horizont aufstiegen. Alle Staaten, die größere Fischereigebiete ihr „Eigen" nannten, errichteten die „200-Seemeilen-Wirtschaftszonen" und vergaben „Fischfangquoten", die strikt eingehalten werden mußten. Unsere „großen Freunde", die USA und Kanada, sperrten ganz und gar ihre „Wirtschaftszonen" für deutsche Fischereifahrzeuge. So war der Abbau, nein, das Ende der deutschen Hochsee- und Fernfischerei abzusehen. Wenn ich persönlich nicht auf der Strecke bleiben wollte, mußte ich zwangsläufig einen anderen Berufsweg wählen.

Zu Hause schrieb ich mein Kündigungsschreiben an die Reederei „Fock & Pickenpack". Das Datum ließ ich offen, wie mit Kapitän D. vereinbart. Diese von mir getroffene Entscheidung war mir nicht leicht gefallen. Der Reeder hatte mir für das nächste Jahr, sobald der Neubau in Dienst gestellt würde, ein Schiff als Kapitän versprochen. Aber wie lange konnte sich die deutsche Fernfischerei-Flotte noch halten? Island hat es als erste Nation erkannt, daß die Fischerei-Fabrikschiffe, auch „Staubsauger der Meere" genannt, die Fischereigründe „leerfischen" und sperrte seine Fischereigebiete.

Die USA und Kanada zogen nach, wo sollten die Fabrik-Schiffe noch effektive Fänge tätigen? Es war verlockend, ein halbes Jahr als I. Steuermann zu fahren, dann ein Schiff als Kapitän zu übernehmen. Auch andere Reedereien trennten sich von ihren älteren Schiffen, sie wurden verkauft oder anderen Zwecken zugeführt. Bei einer anderen Reederei ein Schiff als Kapitän zu bekommen, war vollkommen aussichtslos. Wenn meine Reederei mir ein Schiff als Kapitän anbietet, wie lange bleibt dieses Schiff in Fahrt? Wenn ein Reeder sich von seinem Schiff wegen „Quotenmangel" trennen muß, steht die gesamte Besatzung, vom Leichtmatrosen bis zum Kapitän, auf die Straße! Es ist nicht die Schuld des Reeders, daß die gesamte Besatzung ohne Arbeit dasteht, es ist die „globale Fischereipolitik". Ich habe lange überlegt, ehe ich mei-

*F.M.S. „Julius Fock", H.H. 333 / U.S.: DIEG. Reederei: Fock & Picken-
pack, Hamburg. Foto: Dr. S. Ehrich, Hamburg*

ne Kündigung schrieb. Für mich war es auch ein „Abstieg". Aber es war
sicherer, als „nautischer Offizier" und Staatsangestellter auf einem Fischerei-Forschungsschiff zur See zu fahren, als für eine begrenzte Zeit
ein Schiff als Kapitän zu führen, danach aber ohne Anstellung zu sein.
Ich entschied mich für die sichere Seite.
Am 29.10.1974 lief das F.M.S. „Julius Fock" aus. Kapitän des Schiffes
war Paul Joswig, mit dem ich einige Jahre gut zusammengearbeitet
hatte. Als Wachsteuermann war Heinz Polley, ein guter und erfahrener
Mann, an Bord. Was ich da an Bord sollte, wußte nur der liebe Gott. Wir
steuerten die westbritischen Gewässer an, um Heringe, Sprotten oder
Makrelen zu fangen. Ich wußte, daß diese Fangreise nicht sehr lange
dauern würde und verabschiedete mich heimlich in Gedanken von der
„kommerziellen Fischerei".
Bevor ich zur „letzten Fangreise" auslief, hatte ich es mit meiner lieben
Frau abgesprochen, wenn die „Bundesforschungsanstalt für Fischerei",
also Herr Kapitän D., mir die Festeinstellung zusicherte und mein Kündigungsschreiben bereits zur Reederei unterwegs war, sollte meine liebe Frau mich über Norddeich-Radio anrufen. In unser zwangloses Gespräch sollte sie ein „Codewort" einflechten, welches wir vorher abgesprochen hatten. Wir waren etwa 14 Tage auf See, als der Anruf kam,
auf den ich ungeduldig wartete. Wir unterhielten uns über verschiedene Dinge, da fiel das vereinbarte „Codewort". Das hieß im Klartext, daß

ich ab dem 2.1.1975 als „nautischer Offizier" bei der „Bundesfor-schungsanstalt für Fischerei" eingestellt werde. An Bord habe ich mit keinem über mein Vorhaben gesprochen. Es war allein meine Angele-genheit, warum sollte ich damit „hausieren" gehen?

Diese Fangreise dauerte nur vier Wochen. Nach einer guten Anfangs-zeit waren die Tagesfänge auf „Null" zurückgegangen. Die Reederei beorderte die „Julius Fock" zurück, sie sollte umgerüstet werden. Mir war es sogar recht, denn mit dem Einlaufen in Hamburg war für mich die „kommerzielle Fischerei" endgültig beendet. Vorbei war die „Jagd nach dem Meeressegen", vorbei der tägliche Streß über Tagesproduk-tionen und Fangmengen.

Die „Faust des Reeders", die stets im Nacken hing, konnte ich sanft bei-seite schieben. Wir waren jetzt auf Heimreise; während meiner Brückenwache ging mir noch alles durch den Sinn. Vor 30 Tagen war ich 44 Jahre alt geworden. Es lagen noch zwanzig Arbeitsjahre vor mir, die konnte ich jetzt etwas ruhiger angehen Ich glaube, daß ich mich richtig entschieden habe.

Die „Julius Fock" zog ihre Bahn durch den „Englischen Kanal" in Rich-tung Hamburg. Meine Wache war von 8.00 bis 12.00 Uhr und von 20.00 bis 24.00 Uhr.

Kapitän Paul Joswig hatte auf der Heimreise den Funkoffizier und den Fischmeister zu einem kleinen „Umtrunk" in seinen Salon geladen. Um 24.00 Uhr wurde ich abgelöst, verließ die Kommandobrücke und muß-te, um in meine Kabine zu kommen, am Salon des Kapitäns vorbei. Die Salontür stand offen, ich wollte mich vorbeischleichen, wurde aber von Paul erspäht, der mir zurief: „Richi, vorbeischleichen gibt es nicht, komm herein, ,altes Haus', und trink ein Glas mit uns, so jung kommen wir niemals wieder zusammen." Na ja, warum nicht? Es war doch das letzte gemütliche Beisammensein.

Ich mußte mich neben den „langen Paul" setzen. Es wurde eine lustige Nacht. Wir frischten viele Erinnerungen aus den vergangenen Jahren auf. Auf einmal legte mir Paul seinen Arm um meine Schulter und sag-te: „Richi, ich habe für dich eine gute Nachricht. Ich habe mit dem Chef abgemacht, wenn der Neubau in Dienst gestellt wird, übernehme ich das Schiff als Kapitän. Du aber sollst mein ,Wachsteuermann' auf dem Neubau sein. Wir haben viele Jahre bestens zusammengearbeitet, und auf dem Neubau werden wir ein gutes ,Team' abgeben, was sagst du nun?" Auch ich war über diese Neuigkeit erstaunt. Hatte der Reeder mir nicht ein Schiff als Kapitän angeboten, wenn der Neubau käme? Nun egal, für mich gab es kein Zurück. Ich schaute meinen „alten See-gefährten" an und antwortete: „Paul, deine Vorausplanung in Ehren, aber auch ich habe für dich eine Neuigkeit. Ich wollte damit bis Hamburg warten, aber da du mich bereits ‚verplant' hast, muß ich es dir sagen. Wenn das F.M.S. ‚Julius Fock' in Hamburg an der Pier festgemacht hat, ist die kommerzielle Fischerei für mich endgültig beendet. Ich habe zum 31.12.1974 bei der Reederei ‚Fock & Pickenpack' bereits gekündigt." Kapitän Paul begriff anfangs nicht, was ich meinte, bis ich ihm klarmachte, daß in der Zwischenzeit mein Kündigungsschreiben bei der Inspektion vorliegen würde. Paul schaute mich ungläubig an. Das konnte doch nicht angehen! Wo immer wir zusammen waren, wir konnten „blind" aufeinander vertrauen! Dieses Vertrauen brachte Paul nicht jedem entgegen, und gerade dem er „blind" vertraute, der verließ jetzt die Reederei.

Das grenzte beinahe an „Verrat"! Kapitän Paul Joswig wollte es einfach nicht wahrhaben, was er zu hören bekam.„Richi, du kannst doch nicht der Fischerei jetzt den Rücken kehren, wo es bei unserer Reederei nur aufwärts geht. In einem Jahr bist du vielleicht Kapitän auf diesem Schiff." Ich konnte Paul verstehen, aber mein Entschluß war unabänderlich. „Paul, ich möchte bis zu meinem Rentenalter der Seefahrt treu bleiben. Aber nach meinem Dafürhalten geht es in der Hochseefischerei langsam bergab. Einige Reedereien trennen sich von ihren älteren Schiffen, Neubauten werden nicht auf ‚Kiel' gelegt. Die letzten neun Schiffe sind 1973 in Dienst gestellt worden. Mit der Indienststellung des Neubaus unserer Reederei ist das Neubauprogramm von zehn Schiffen beendet. Danach wird nach meiner Meinung kein Fischerei-Fabrikschiff mehr gebaut werden. Viele Schiffe werden aus der ‚Fahrt' genommen, weil die zugeteilten ‚Fangquoten' gerade noch für die großen Neubauten ausreichen."

Das war eine lange Ausführung. Paul hatte ohne mich zu unterbrechen zugehört. Er erhob keine Einwände und gab mir in vielen Punkten recht. Ich erklärte Paul mein „neues Betätigungsfeld": daß ich der „Fischerei" nicht ganz entsage, sondern auf einem Fischerei-Forschungsschiff der Fischerei treu bleibe.

Ich fuhr fort: „Paul, ich sehe für mich in der Hochseefischerei keine Perspektive. Im Gegenteil, die Zukunft der deutschen Hochseefischerei ist von den Staaten abhängig, die große Küstengebiete ihr eigen nennen. Diese Staaten sehen die großen Fabrikschiffe nicht gern in ihren Küstengewässern." Das waren Fakten, das war meine Überlegung. (Einige Jahre später ist genau das eingetreten, was ich bereits im Jahre 1974 vorausgesehen habe und daß mein Entschluß genau richtig war.) Bis tief in die Nacht saßen Paul und ich noch beisammen. Es war nichts mehr zu ändern. Ende November liefen wir am späten Nachmittag in Hamburg ein. Nachdem alle Formalitäten erledigt waren, rief man mich in den Kapitänssalon. Der Reeder, Herr Pickenpack, ergriff das

Wort: „Herr Neu, wir nehmen gerne Briefe in Empfang, aber nicht solche, die ein Kündigungsschreiben beinhalten. Aus welchem Grund wollen Sie unsere Reederei verlassen? Von guten Mitarbeitern trennen wir uns nicht gerne." „Herr Pickenpack, ich trenne mich auch nicht gerne von Ihrer Reederei. Sie haben für mich kein Schiff, wo ich als Kapitän eingesetzt werden kann. Mein Entschluß steht fest, als Steuermann muß ich nicht unbedingt der Hochseefischerei die Treue halten. Außerdem ist jeder Mensch zu ersetzen, somit auch ich. Zu gegebener Zeit werden Sie bestimmt einen Ersatz für mich finden." Das Gespräch mit meinem Reeder, Herrn Pickenpack, war damit beendet. Ich verließ den Salon und begab mich in meine Kabine. Dieses Gespräch war mir sehr schwer gefallen. Ich hatte der Reederei fünf Jahre die Treue gehalten, „Höhen und Tiefen" durchlebt, jetzt kam die endgültige Trennung! Das ging mir nahe und auch an die Nerven!

Meine „Seesachen" hatte ich bereits gepackt, ein Taxi brachte mich nach Hause. Fünf Tage später begab ich mich zur Reederei nach Hamburg. Auf der Inspektion traf ich mit meinem „alten Seegefährten" Kapitän Paul Joswig zusammen. Er „grollte" noch mit mir, da mein Entschluß endgültig war, wünschte er mir für meine neue Aufgabe viel Glück. Drei Jahre später sollten wir auf See noch einmal zusammentreffen.

Ich verabschiedete mich endgültig von der kommerziellen Hochseefischerei. Einfach war das nicht, ich hatte 18 Jahre alle Höhen und Tiefen der Hochseefischerei miterlebt. So eine Zeit geht nicht spurlos vorüber, ich war damit verwachsen. Mir fiel der Abschied schwer. Mit einem „weinenden und lachenden" Auge verließ ich die Reederei. Zwischen Weihnachten und Neujahr holte ich meine Entlassungspapiere bei der Reederei „Fock & Pickenpack" ab und begab mich zu meiner neuen Dienststelle, der „Bundesforschungsanstalt für Fischerei" in Hamburg-Altona.

Bundesforschungsanstalt für Fischerei –
F.F.S. „Anton Dohrn"
und F.F.S. „Walther Herwig"

In meinem Berufsleben begann ein neues Kapitel. Ich blieb der Seefahrt
treu aber in einer anderen Sparte. Die „Bundesforschungsanstalt für Fischerei" sollte in den folgenden 18 Jahren meine „vorgesetzte Dienststelle" sein. Beim Personalchef der Dienststelle unterschrieb ich am
28.12.1974 den Einstellungsvertrag und war ab dem 2.1.1975 Angestellter des „Ministeriums für Ernährung, Landwirtschaft und Forsten",
dem die „Bundesforschungsanstalt für Fischerei" untersteht. Ich war
als „nautischer Offizier" für das Fischerei-Forschungsschiff F.F.S. „Anton Dohrn" vorgesehen.
Weihnachten und Neujahr konnte ich in diesem Jahr zu Hause feiern.
Mit viel Selbstvertrauen ging ich am 2.1.1975 an Bord des Fischerei-
Forschungsschiffes F.F.S „Anton Dohrn", das in Bremerhaven lag. Ich
begab mich zum Kapitän des Schiffes, Johannes S., stellte mich vor und
berichtete, bei welcher Reederei ich bisher ein Schiff geführt hatte und
aus welchem Grund ich den Arbeitgeber wechselte. Kapitän Johannes
S. beorderte mich zum I. Offizier des Schiffes, Peter G., der die Verwaltung des Schiffes innehatte. Ich übergab mein Einstellungsschreiben
der Hamburger Dienststelle sowie mein Seefahrtsbuch und wurde als
„II. nautischer Offizier" eingestellt. So gesehen für mich ein „tiefer Fall"
vom Kapitän zum II. nautischen Offizier. Beinahe eine „Degradierung",
es war aber nicht meine Schuld, es war die Zeit der Veränderung in der
Hochseefischerei. Der I. Offizier führte mich durch das Schiff, erklärte
mir die Arbeitsabläufe im Hafen und auf See. Das F.F.S. „Anton Dohrn"
war eine „selbständige Dienststelle" mit dem Kapitän als Dienststellen-
leiter. Wir waren an Bord insgesamt fünf Nautiker: Kapitän, I. Offizier
und drei II. nautische Offiziere. Für den Maschinenbereich waren drei
Maschineningenieure und ein Elektriker verantwortlich. Neben den
Nautikern und Maschineningenieuren ein Funker, ein Funkwetter-
Techniker. An Bord war auch ein Arzt, dem ein kleines Hospital unterstand.
Wie ich es bereits erwähnte, dem I. Offizier unterstand die Verwaltung
des Schiffes. Für uns drei II. Offiziere waren Bereiche zugewiesen, für
die wir Verantwortung trugen. Ich war „Neuling" auf dem Schiff und erhielt das „Ressort", dem meine Kollegen gerne aus dem Wege gingen.
Man übertrug mir die „Schiffssicherheits-Elemente", dazu gehörten alle Rettungsmittel sowie die gesamte Feuerlöscheinrichtung, außerdem

auch die „nautische Ausrüstung", für die ich in Zukunft verantwortlich war. Zu meinem Bereich gehörte auch die Aufstellung der „Sicherheitsrolle", die jedem Besatzungsmitglied und auch den „wissenschaftlichen Fahrtteilnehmern" bei Gefahr „seine Rolle" zuteilte, was jede Person bei „Feuer im Schiff" oder bei einem „Schiffsuntergang" zu tun hatte. Außer den erwähnten Dingen hatte ich für die Ordnungmäßigkeit der Seekarten Sorge zu tragen. Diese mußten laufend berichtigt werden, denn jedes Fahrtgebiet hat seine „speziellen Seekarten". Neben den Seekarten waren noch Seehandbücher, Leuchtfeuerverzeichnisse und „nautischer Funkdienst" zu berichtigen. Diese Arbeit war mir nicht fremd. Auf den Schiffen in der Hochseefischerei wurden diese „nautischen Einrichtungen" von allen Offizieren bearbeitet. Hier an Bord lagen sie in meinen Händen. Die Deckbesatzung unterstand dem Bootsmann, der bei den Matrosen absolute Autorität besaß. Wir nautischen Offiziere durften in die vom Bootsmann getroffene Arbeitseinteilung nicht eingreifen. Er war nur dem I. Offizier oder dem Kapitän gegenüber verantwortlich. Wenn Einrichtungen, die die Sicherheit betrafen, überprüft werden mußten, sprach ich den Bootsmann an, unter seiner Aufsicht wurden die gewünschten Überprüfungen durchgeführt. So gab es niemals „Kompetenzrangeleien". Alles lief wie ein Uhrwerk, und jeder war zufrieden. Während der Hafenliegezeit konnte ich den Schiffsbetrieb und die Arbeitsabläufe studieren.

Die nächste Forschungsreise sollte in die westbritischen Gewässer gehen. Einen Tag, bevor das F.F.S. „Anton Dohrn" auslief, kamen zwölf wissenschaftliche Fahrtteilnehmer an Bord. Der „Fahrtleiter" war ein promovierter Fischereibiologe, seine Begleiter waren Diplom-Biologen und Biologie-Studenten. Anfang Januar 1975 lief das F.F.S. „Anton Dohrn" aus, für mich war es die erste Forschungsreise. Einiges war neu. An Bord herrschte auch ein anderer Umgangston, wie ich ihn auf den Fischerei-Fabrikschiffen nicht gewohnt war. Ein jedes Besatzungsmitglied wurde mit „Herr" und Familienname angesprochen. Nur zwischen uns nautischen Offizieren wurde die persönliche „Du"-Anrede beibehalten, wir kannten uns alle aus der kommerziellen Fischerei. Einen Tag nach dem Auslaufen rief ich alle wissenschaftlichen Fahrtteilnehmer zwecks einer „Sicherheitsbelehrung" in der Kabine des Fahrtleiters zusammen. Ich hielt einen kleinen Vortrag über die Schiffs-Sicherheitseinrichtungen, was die Sicherheitsrolle und was die Signale bei „Generalalarm" und noch einiges mehr bedeuten. Diese „Belehrung" mußte bei jeder neuen Forschungsreise stattfinden, weil es immer andere wissenschaftliche Fahrtteilnehmer waren. Die täglichen Mahlzeiten wurden in der Offiziersmesse gemeinsam mit den wissenschaftlichen Fahrtteilnehmern eingenommen, die von zwei Bordste-

F.F.S. „Anton Dohrn" / U.S.: DBFR. Reederei: Bundesministerium für Ernährung, Landwirtschaft und Forsten. Foto: Porst, Schwabach

wards serviert wurden. Die Mannschaftsmesse war separat. Aber auch dort wurden die Mahlzeiten von einem Steward serviert. Solchen „Service" war ich in der Fischerei nicht gewohnt. Außerdem war die Aufgabe der Stewards, täglich die Kabinen der Offiziere und der wissenschaftlichen Fahrtteilnehmern zu säubern, „Betten machen", während der Reise die persönliche Wäsche der Obengenanten in der Bordwäscherei zu waschen.

Ganz langsam begriff ich, daß Seefahrt auch seine guten Seiten haben kann, man muß nur auf dem richtigen Schiff anheuern. Neben der angenehmen Arbeitszeit, die aus acht Stunden täglicher Brückenwache bestand, mußten noch vier Stunden täglich für das „eigene Ressort" und bei der „Forschungsfischerei" für die Aufsicht an Deck angehängt werden. So kamen wir an einem Tag auf zwölf Arbeitsstunden. Jeder Sonnabend, Sonntag und Feiertage auf See wurden voll als Überstunden vergütet. Natürlich erreichte das monatliche Einkommen nicht die Höhe eines Kapitäns in der Hochseefischerei, aber es übertraf bei weitem meine Erwartungen. In den zwölf Stunden Freizeit, die uns täglich zur Verfügung standen, konnte man vieles arrangieren. Auch während der Forschungsarbeiten änderte sich die Freizeit nicht. Um 6.00 Uhr begannen die Forschungsarbeiten und endeten am Abend gegen 20.00 Uhr. So ergaben sich interessante und anregende Gespräche mit den

wissenschaftlichen Fahrtteilnehmern. Außerdem war es für mich erfreulich, weil ich so gerne Schach spiele, darunter auch Schachspieler anzutreffen. Auf verschiedene Art wurde die Freizeit genützt. Für „Leseratten" stand eine kleine „Bordbibliothek" mit verschiedenen Werken zur Verfügung, so kam auch diese Gruppe zu ihrem Recht. Alles in allem waren diese Seefahrt und Arbeitsbedingungen um vieles leichter als auf den kommerziellen Fischerei-Fabrikschiffen. Auf dem Forschungsschiff wurde nach der gleichen Methode und mit dem gleichen Fanggeschirr Fischfang betrieben, wie ich sie in der kommerziellen Fischerei gewöhnt war, deswegen war mir nichts fremd. In der Fischereiforschung legte man auf „große Fangmengen" keinen Wert. Das Fanggeschirr wurde nach dem Aussetzen nur eine halbe Stunde am Grund geschleppt, die gefangene Menge von den Wissenschaftlern „hochgerechnet", danach „vermessen und auf verschiedene Dinge" untersucht. Wenn das beendet war, wurden der Fang von der Deckbesatzung filetiert und in dem kleinen Kühlraum gelagert, auf der Heimfahrt das Fischfilet an die Besatzung verteilt. Die Deckbesatzung, die das Netzaussetzen und Netzeinholen an Deck verrichtete, war ebenfalls aus der kommerziellen Hochseefischerei auf das Forschungsschiff übergewechselt und beherrschte ihr Handwerk perfekt. Die anderen II. nautischen Offiziere hatten genau so wie ich Schiffe als Kapitäne geführt. So war ich in „guter Gesellschaft". Wir alle trugen unsere Kenntnisse zum Gelingen einer Forschungsreise bei, die meistens fünf bis sechs Wochen dauerte. Der Kapitän Johannes S. war ein sehr umgänglicher Mann, der uns „ausgemusterten Kapitänen" Respekt entgegenbrachte. Das Arbeitsklima war ausgesprochen gut, es gab keine unangenehmen Berührungspunkte. Kapitän Johannes S. konnte sich auf uns „alten Haudegen" verlassen. Am Anfang dieser Forschungsreise hatte ich innere Zweifel, ob ich das Richtige getan hatte. Ich glaube, ein jeder denkt über das Vergangene nach. Das Streben nach einer „Kapitänswürde" konnte ich getrost aufgeben, ich mußte mich „anpassen". Als diese meine erste Forschungsreise nach sechs Wochen beendet war und wir wieder in Bremerhaven einliefen, habe ich alle meine Zweifel über Bord geworfen. Ich hatte den Mut, etwas Neues, etwas anderes zu beginnen. Ich war jetzt Staatsangestellter, hatte einen sicheren Arbeitsplatz, konstantes Einkommen und konnte zufrieden sein.
Bremerhaven war unser Heimathafen, im Fischereihafen war der Liegeplatz des Schiffes. Von Bremerhaven sollte ich die nächsten elf Jahre meine Seereisen mit den Fischerei-Forschungsschiffen in alle Welt antreten, neue Seegebiete, andere Länder und andere Kontinente kennenlernen, was mir in der kommerziellen Hochseefischerei nicht möglich war. Nach einer Sechs-Wochen-Forschungsreise lagen wir an-

schließend zwölf Tage in Bremerhaven. Für die gesamte Besatzung war auch in der Hafenliegezeit der Acht-Stunden-Arbeitstag. So mußten die meisten täglich größere Wegstrecken zurücklegen, um den „Dienst an Bord" anzutreten. Das war die unangenehme Seite. In der kommerziellen Hochseefischerei waren die „Hafenliegetage" für die Besatzung Freizeit, weil sich die Inspektion um alle Belange des Schiffes kümmerte. Auf den Forschungsschiffen erledigten die nautischen Offiziere und die Maschinenleitung alle Anforderungen „in eigener Regie". Ich möchte nicht über alle Forschungsreisen mit dem F.F.S. „Anton Dohrn" ausführlich berichten, sondern nur die, welche interessant waren.

Im Spätsommer 1975 stand eine Forschungsreise an der Norwegen-Küste, Barentssee und Spitzbergen an. In diesen Fanggebieten fühlte ich mich wie „zu Hause". Diese Fanggründe hatte ich in den letzten drei Jahren mit F.M.S. „Hans Pickenpack" befischt.

Etwas hatte ich noch nicht am eigenen Leibe erfahren, und das war die Nordpolartaufe. Obwohl ich den „Nordpolarkreis 66° 30' Nord" oft überquerte, eine Taufe habe ich nie erfahren. Das war in der Hochseefischerei unüblich. Hier auf dem F.F.S. „Anton Dohrn" sollte sich das ändern. Die „Wissenschaftler", wie ich sie in Zukunft nennen werde, waren sowieso jedesmal „dran", weil es ja immer andere waren. Aber auch jedes Besatzungsmitglied mußte „seinen Taufschein" vorweisen, sonst war es kein „echter Nordlandfahrer". Ich besaß keinen Taufschein, somit war zu aller Freude auch ich „fällig". So eine „Polartaufe" ist eine Belustigung an Bord und wird nach dem Passieren des Polarkreises auf einem Tag festgelegt, an dem keine Forschungsarbeiten anstehen, etwa dann, wenn eine längere Zeit ein Fangplatzwechsel vorgenommen wird. Die Taufe ist natürlich freiwillig. Wer sich der Prozedur nicht unterwerfen will, wird nicht dazu gezwungen. Gilt dann natürlich bei allen als „Weich-Ei". So fiel unsere Taufe auf einen Sonnabend, als wir von der Bäreninsel zum Fangplatz Spitzbergen dampften. Es wurde sehr darauf geachtet, daß niemand gesundheitlichen Schaden davontrug. Die „Polarmedizin" waren ganz scharf gewürzte Fleischbällchen, im „Fernglas" zum „Polarsternsuchen" war leichtes Seifenwasser. Auf diese Art waren alle „Täuflinge" geläutert. Am Abend schloß sich das Tauffest an. Alle „Getauften" erhielten einen schönen „Taufschein" mit Unterschriften vom Meeresgott „Neptun", Kapitän und dem Fahrtleiter der Forschungsreise. Die zwei Köche, die sonst für unser tägliches Wohl sorgten, hatten ein kleines „kaltes Büfett" gezaubert. Bier und andere Getränke waren dank der Spendenfreudigkeit aller „Täuflinge" reichlich vorhanden. Es war eine gelungene Abwechslung, ein netter Abend. Bemerken möchte ich, obwohl Getränke reichlich vorhanden waren, gab es keinen Betrunkenen. Wer rechtzeitig seine Wache anzutreten hatte, mußte sich zurückhalten. Wenn jemand tatsächlich ein Gläschen zuviel zu sich genommen hatte, mußte ein Ersatzmann für ihn einspringen. Das hatten sie untereinander auszumachen. Die Brückenwache war stets mit einem nautischen Offizier und zwei Ausgucksleuten besetzt. Trunkenheit im Dienst war ein Kündigungsgrund. Am nächsten Tag um die Mittagszeit sollten wir das Forschungsgebiet erreichen. Ich sah die Seefahrt aus einem anderen Blickwinkel. Die Hektik und Anspannung, die mich auf dem Fabrikschiff immer begleiteten, waren gewichen, der tägliche Leistungsdruck war nicht mehr präsent. Das F.F.S. „Anton Dohrn" war kein schnelles Schiff. Bei „voller Fahrt" lief es 10 Knoten. Wir benötigten eine gewisse Zeit von einem Forschungsgebiet in ein anderes zu gelangen. In den vom Fahrtleiter bestimmten Forschungsgebieten befischten wir verschiedene Wassertiefen. Der Zweck war, den Fischnachwuchs zu analysieren über Vorkommen, Dichte, Alter, Nahrung und noch einiges mehr. Aus der Sicht der Fischerei-Biologen eine sehr wichtige Aufgabe. Nach jedem „Fischzug" wurden von einem Hydrographen aus verschiedenen Tiefen mit sogenannten „Wasserschöpfern" Wasserproben und Wassertemperaturen entnommen. Die Forschungsreisen ähnelten sich. Ein jeder Fahrtleiter war mit einer anderen Forschungsaufgabe betraut, somit wechselten auch die Forschungsgebiete: Barentssee, Island, Ost- und West-Grönland, Labradorküste und die Georges-Bank an der USA-Küste. Auf dem F.F.S. „Anton Dohrn" sollte ich nur 11 ½ Monate meinen Dienst versehen. Am 22.12.1975 waren wir in Bremerhaven eingelaufen. Der neue Auslauftermin war für Anfang Januar 1976 vorgesehen. Ich konnte das Weihnachtsfest mit meiner lieben Frau zu Hause feiern. Die Seereisen mit dem F.F.S. „Anton Dohrn" waren für mich beendet. Im Oktober 1975 war das F.F.S. „Walther Herwig" zu einer „Antarktis-Expedition" ausgelaufen, die neun Monate dauern sollte. Der „Basishafen" war Montevideo in Uruguay, wo Brennstoff, Proviant und Wasser ergänzt wurden. Der Austausch der Wissenschaftler und eines Teils der Besatzung fand dort auch statt. Am 27.12.1975 erhielt ich von der Hamburger Dienststelle die Order, das F.F.S. „Anton Dohrn" zu verlassen und mich auf eine Flugreise nach Montevideo in Uruguay vorzubereiten.

Ein Teil der Besatzung des F.F.S. „Walther Herwig" sollte nach dem „ I. Fahrtabschnitt" der Expedition ausgetauscht werden. Ich war mir im klaren, wenn ich auf das F.F.S. „Walther Herwig" an Bord gehe, bleibe ich sechs Monate an Bord, bis die Expedition beendet ist. Bei so einer Angelegenheit hat die Ehefrau auch ein „Mitspracherecht" und entscheidet mit, ob es zumutbar ist. Meine liebe Frau hat mir in beruflichen Dingen nie einen Weg versperrt, sie trat stets einen Schritt zurück, ließ mich das tun, was ich für richtig hielt. So konnte ich meinen Beruf, speziell auf die Seefahrt zugeschnitten, immer in Ruhe ausüben. Wir feierten die Ankunft des neuen Jahres 1976 noch gemeinsam, danach hieß es „für die Flugreise packen".

Am 6.1.1976 begab ich mich zum Flughafen Hamburg-Fuhlsbüttel, wo sich die „Ablösemannschaft" am späten Nachmittag einfand. Wir waren insgesamt 15 Personen, die zum F.F.S. „Walther Herwig" nach Montevideo sollten. Unter ihnen war keiner, den ich kannte, alles fremde Gesichter. Wir begrüßten uns, stellten uns vor und wußten, daß wir im nächsten halben Jahr zusammenarbeiten würden. Der erste Flug ging bis zum Rhein-Main-Flughafen Frankfurt. Von Frankfurt sollte ein Direktflug bis nach Montevideo gehen, mit Zwischenlandungen in Zürich-Kloten, Casablanca in Marokko und Dakar im Senegal. Ich war etwas aufgeregt, einen so langen Flug hatte ich noch nicht miterlebt. Am frühen Abend startete eine Lufthansa-Maschine, die uns zum Ziel bringen sollte. Nach der ersten Zwischenlandung in Zürich-Kloten ging der Flug weiter. Die nächste Zwischenlandung sollte in Casablanca/Marokko sein. Die Maschine überflog Marseille in Südfrankreich, die Stadt sah von oben wie ein geschmückter Tannenbaum aus. Die Straßen wie aufgereihte Perlenketten, wo jede Perle ein Licht ausstrahlte. Es war ein schöner Anblick von oben. Als wir das europäische Festland verließen, konnten wir uns einen Film ansehen oder den Sitz zurücklegen und schlafen. Irgendwann in der Nacht hatte die Maschine Casablanca erreicht, aber wegen zu dichtem Bodennebel war eine Landung nicht möglich. Die Maschine drehte um und steuerte den Flughafen von Rabat an.

In Rabat mußten alle Fluggäste die Maschine verlassen und wurden auf Kosten der Lufthansa im „Hilton-Hotel" für diese Nacht untergebracht. Das war ja ganz gut, aber die Abfertigung im Flughafen! Ein Dilemma. Bei der „Einklarierung" mußte ich meinen Beruf nennen, den ich mit „Schiffsoffizier" angab. Das war nicht so gut, denn ich mußte noch in einen Nebenraum, wo ich klarstellen mußte, daß ich kein Militär-Offizier war.

Etwa gegen 3.00 Uhr brachten uns viele Taxis in das „Hilton-Hotel". Dort angekommen, nahm ich erst ein heißes Bad und begab mich in ein Riesenbett, wo ich wie ein Murmeltier bis zum frühen Morgen schlief. Gegen 8.00 Uhr wurde ich vom Hotelpersonal geweckt. Nach der Morgentoilette begab ich mich in den Speisesaal, wo nach und nach sich alle Passagiere zum Frühstück einfanden. Wir konnten uns Zeit lassen, die Busse, die uns zum Flughafen bringen sollten, waren für 9.30 Uhr angekündigt. Nach einem ausgiebigen Frühstück suchte ich den wunderschönen Garten des Hotels auf. Hier sah ich zum erstenmal in meinem Leben Orangenbäume, ich besaß die Frechheit und pflückte mir eine Frucht ab. In diesem Riesengarten war auch ein großer „Schwimming-Pool" mit glasklarem Wasser. Ich konnte es mir gut vorstellen, daß Hotelgäste sich hier wohlfühlen mußten. Gegen 10.00 Uhr erschienen die Busse, die uns Fluggäste zum Weiterflug abholten. Als alle Passagiere in der Maschine waren, zog sich der Start aus unerklärlichen Gründen in die Länge. Etwa gegen 11.30 Uhr hob die Maschine endlich ab. Als nächste Zwischenlandung war Dakar im Senegal vorgesehen. Die Maschine überflog einen Teil des „Atlas"-Gebirges. Von oben gesehen sah das Gebirge menschenfeindlich aus. Wer dort niedergehen mußte, war unweigerlich verloren. Irgendwann am Nachmittag erreichten wir Dakar. Nach der Landung durften wir Fluggäste die Maschine verlassen, um uns die „Beine zu vertreten". Nach kurzem Aufenthalt starteten wir wieder. Jetzt ging der Flug über den Atlantik nach Rio de Janeiro in Brasilien, wo wir als nächstes landen sollten. Der Flug über den Atlantik war faszinierend. Eine unendliche Weite über den Wolken und die unendliche Weite des Atlantiks unter uns zeigten, wie winzig der Mensch in dieser Welt ist. Nach einiger Zeit, als wir Dakar verlassen hatten, gab der Flugkapitän über den Bordlautsprecher bekannt, daß wir soeben den „Äquator" überflogen hatten und uns in einer anderen „Hemisphäre" befanden. Für mich, der sich sehr stark mit unserem Planeten „Erde", mit unserem Sonnensystem beschäftigte, eine Freude, auf der „Südhalbkugel" unseres Planeten zu sein. Gespannt war ich auch auf die „Sternbilder", die ich noch nie zu Gesicht bekam. Zum Beispiel das große Sternbild des „Skorpions" mit seinem roten Riesen-Stern „Antares" oder das „Kreuz des Südens" und der sehr helle Fixstern „Conopus". Ebenfalls den hellen Fixstern, der unserer Sonne ähnelt und „nur" vier Lichtjahre (38 Billionen km) von unserer „Mutter Erde" entfernt ist, „Alpha Centauri". Dies alles hielt mich im Bann. Ich interessiere mich sehr für Astronomie, vor allen Dingen für unser Sonnensystem. Unsere Sonne ist der Spender allen Lebens. Ohne die Sonne gäbe es kein Leben auf unserer „Mutter Erde".

Daß ich das alles sehen werde, darauf freute ich mich sehr. Am frühen Abend, es dunkelte bereits, landete die Lufthansa-Maschine in Rio de Janeiro. Alle Fluggäste durften die Maschine verlassen und sich in den „Transit"-Raum begeben.

Als ich die Maschine verließ, war mir so, als ob ich gegen eine „Wärmewand" laufe. Beim Abflug in Hamburg herrschte eine Lufttemperatur von -9°. Hier in Rio de Janeiro am Abend eine „feuchtwarme Wand" von + 34°. Der Temperaturunterschied von 43° war gewaltig. Im Transit-Raum habe ich brasilianischen Kaffee gekostet. Der war so stark, daß er ohne „Heißwasserverdünnung" für mich nicht zu genießen war.

Seeleute sind Kaffee-Trinker, aber diese brasilianische Mischung haute einen glatt aus den Schuhen. Irgendwann mußten wir zurück in die startklare Maschine, wo durch die Klimaanlage eine angenehme Temperatur herrschte. Bevor wir Montevideo erreichten, war noch eine Zwischenlandung in Porto Alegre vorgesehen. Danach dauerte es eine knappe Stunde, und die Lufthansa-Maschine hatte uns wohlbehalten nach Montevideo gebracht, wo wir spät am Abend eintrafen. Die Einreiseformalitäten dauerten nicht lange, die Beamten arbeiteten zügig. Der Flughafen von Montevideo liegt sehr weit draußen vor der Stadt. Ein Kleinbus holte uns 15 Männer vom Flugplatz ab brachte uns zum Hafen, wo wir um Mitternacht das F.F.S. „Walther Herwig" erreichten. An Bord hieß man uns „willkommen" und teilte jedem Neuankömmling seine Kammer zu. Ich war „hundemüde" und wollte nur eines: schlafen. Von Hamburg bis hier zum Schiff war ich kaum zum Schlafen gekommen. In Rabat, im „Hilton-Hotel", waren es nur fünf Stunden. Ich war froh, in meiner Kammer ein frisch bezogenes Bett vorzufinden, um endlich auszuruhen. Am nächsten Morgen war die allgemeine Begrüßung durch den Kapitän Theodor F. Danach begann für uns „Neuankömmlinge" der Bordalltag. Mein Arbeitsbereich wurde mir zugewiesen. Wie sollte es anders sein? Ich erhielt den gleichen Aufgabenbereich, den ich auch auf dem F.F.S. „Anton Dohrn" innehatte. Das heißt „Schiffsicherheitsoffizier", verantwortlich für die gesamte Schiffssicherheit und die nautische Ausrüstung. Das war also geklärt, ich mußte nur die mir gestellten Aufgaben gut ausführen, alles andere lief von selbst. Das F.F.S. „Walther Herwig" war das größte und modernste Forschungsschiff der „Bundesforschungsanstalt für Fischerei". Es hatte eine Länge von 77,5 m, eine Breite von 14,9 m, die Vermessung 2251 BRT, Maschinenleistung 2 x 2300 PS, brachte eine Geschwindigkeit von 14,5 kn, Besatzungsstärke: 40 Mann, dazu 12 bis 14 Wissenschaftler.

Es war schon ein beeindruckendes Schiff. Die Aufteilung der Kompetenzen war genau so wie auf dem F.F.S. „Anton Dohrn".

Jeder hatte seinen Bereich und mischte sich in keine andere Angelegenheit. Neu war hier, daß es zwei Funkoffiziere gab, damit der Funkraum immer besetzt war. Außerdem einen Meteorologen und Funkwetter-Techniker. Ein Arzt, dem ein winziges Hospital mit sechs Betten unterstand, war auch an Bord. So gesehen war das Schiff gut „bemannt". Um 16.30 Uhr war der erste Arbeitstag an Bord beendet. Wer keine „Anwesenheitswache" hatte, konnte sich die Metropole Montevideo ansehen. Vom Hafen bis zur Stadt war es nur eine kurze Wegstrecke. Im Jahre 1976 herrschte in Uruguay und auch in Argentinien die „Militärjunta". Die Häfen waren für ziviles Publikum absolutes „militärisches Sperrgebiet". Die gesamte Besatzung erhielt einen „Spezial-Ausweis" (Pasport de Puerto) und konnte zu jeder Tages- oder Nachtzeit den Hafenposten passieren. Montevideo ist eine schöne Stadt mit etwa 2,5 Millionen Einwohnern. Die meisten Bauten stammen noch aus der spanischen Kolonialzeit. Die Straßen „schnurgerade", die Kreuzungen meistens im „rechten Winkel". Die Stadt besitzt nicht diese scheußlichen Hochhäuser, die das Stadtbild verschandeln, sie strahlt ein eigenes Flair aus, es ist eine Augenweide, dies alles zu schauen. Es gibt die normalen Straßen, Calles, und die Prachtstraßen, die Avenidas. Eine „Avenida" ist eine sehr breite Straße, die durch einen begrünten Mittelstreifen, mit Bäumen bepflanzt, die drei- und vierspurigen Fahrbahnen von einander trennt. Vom Hafen verläuft die „Rambla", es ist die Küstenstraße, die von der Stadt, entlang des Stromes „Rio de la Plata", vorbei an der „Playa" (Strand) bis zum Badeort für Millionäre „Punta del Este" verläuft. Eine herrliche Küstenstraße, die sich durch Kiefernwälder mit sehr hohen Bäumen entlang des Stromes durch die Naturlandschaft schlängelt. Zum Badeort „Punta del Este" bleibt mir nur soviel zu sagen, daß dieser Badeort das „Monte Carlo" Südamerikas ist. Für „normalbetuchte" Bürger nicht zu empfehlen; dort verkehrt der „Geldadel" aus aller Welt. Sogar einige Ölscheichs sollen dort ihre Villen haben, die immer von „Pistoleros" bewacht werden. Zurück nach Montevideo. Es ist eine pulsierende Metropole, die Menschen sind sehr freundlich, die Frauen aufreizend gekleidet. Die Geschäftsstraßen voller Leben und Geschäftstüchtigkeit. Was mir im besonderen auffiel, es gab in Montevideo keine riesigen unpersönlichen Einkaufspaläste, wie ich sie aus Deutschlands Städten kenne. Hier reiht sich ein Geschäft (tienda) neben das andere.

Die meisten Geschäfte bestehen aus einem oder zwei Verkaufsräumen mit sehr freundlicher Bedienung und Beratung. Auffallend ist, daß in Südamerika fast keine Hektik herrscht. In allen Dingen zeigt man sich gelassen, es heißt immer „morgen" (manana). Was du heute nicht erledigen kannst, morgen ist auch noch ein Tag. Diese Gelassenheit fehlt uns absolut. Bei uns muß alles sofort, pünktlich erledigt und bearbeitet werden. Am besten, wenn es „vorgestern" erledigt worden wäre. Diese Tugenden „Pünktlichkeit", „Genauigkeit" und „sofort" fehlen in Uruguay.

Aber nicht nur in Uruguay, sondern bei späteren Antarktis-Expeditionen, wo wir auch immer unsere „Basishäfen" hatten, wie Argentinien und Chile, stellte ich die gleiche Gelassenheit der Menschen fest. „Manana", so lebt es sich ohne Hektik und Streß leichter. Nicht, daß die Menschen faul sind, das wollte ich damit nicht ausdrücken, sondern daß die Menschen dort arbeiten, um zu überleben. Bei uns Deutschen sieht es beinahe so aus, als ob wir leben um zu arbeiten. Das ist schon ein großer Unterschied.

Erwähnen möchte ich auch die Küche von Uruguay. Über die Küchen in den großen Hotels vermag ich kein Urteil abzugeben. Ich habe in einigen Restaurants gespeist. Das Speiseangebot bestand aus drei Varianten: „bife de lomo, pan y ensalada" (Steak, Weißbrot und Salat). Die Uruguayer sind große Fleischesser. In jedem „Ristorante" steht hinter einer langen Theke ein Riesengrill. Dieser sieht ganz anders aus als der, den wir in Deutschland kennen. In Deutschland liegt der „Grillrost" waagerecht über der Glut, und das Grillfett tropft während des Grillens in die Glut. Ein Südamerikaner würde davon kaum etwas essen. Ein Restaurantgrill sieht folgendermaßen aus: Jede Strebe im Grillrost besteht aus einer um 90° gekanteten Niro-Stahl-Mulde, die in einem Rahmen aneinander geschweißt sind und den gesamten Grill bilden. In diesen Mulden fließt das Grillfett ab, ohne in die Grillglut zu tropfen. Der Grillrost steht nicht waagerecht, wie wir es kennen, sondern „gekippt" in einem Winkel von etwa 45°. Auch die Glutmulde hat diese Anordnung so, daß die Glut den gesamten Grill erreicht. Ein Gast, der das Restaurant betritt, sucht sich an der Grilltheke aus, was er gegrillt haben möchte, und es wird ihm zubereitet. Die „Cafes" sind meistens zu groß, sehr spartanisch eingerichtet. Es fehlt die „heimelige" Gemütlichkeit. Der Kaffee ist so stark, daß er immer zusammen mit einem Glas heißen Wasser serviert wird. Kaffeesahne oder Milch in den Kaffee kennen sie in Montevideo nicht, er wird sehr süß und schwarz getrunken.

Um die Mittagszeit ist es für uns Mitteleuropäer mit + 35° bis + 40° Wärme viel zu heiß, dazu die hohe Luftfeuchtigkeit. Die Menschen in Montevideo halten um diese Zeit ihre „Siesta", die etwa bis 15.00 Uhr dauert. Am späten Nachmittag setzten des öfteren plötzliche „Wolkenbrüche" ein, die nach kurzem heftigem Abregnen auch wieder schlagartig aufhörten. Das wirkliche Leben in der Stadt beginnt erst gegen 21.00 Uhr. Um diese Zeit öffnen die Restaurants, die von Familien, sogar mit Kleinkindern, besucht werden, die bis weit nach Mitternacht sich in den Restaurants tummeln. Bei uns würde man sagen: „Die Kinder gehören um diese Zeit ins Bett." Hier war alles anders. Wahrscheinlich schliefen die Kinder während der heißen Mittagszeit. Ich muß dies alles beschreiben. Wir Mitteleuropäer mußten uns erst an diese Lebensgewohnheit, die Nacht zum Tag machen, gewöhnen. Was im ganz besonderen auffiel, es gab keine „Straßenkriminalität". Man konnte sich in den „dunkelsten Straßen" ohne Angst frei bewegen. Ich bin niemals belästigt worden.

Auf einem freien Platz im Hafen von Montevideo steht ein Ehrenmal zum Gedenken des deutschen Panzerschiffes „Admiral Graf Spee", welches sich am 17.12.1939 außerhalb Uruguays Drei-Seemeilen-Hoheits-gewässer im Rio de la Plata in der Nähe von Montevideo selbst versenkte. Neben dem Ehrenmal liegt auch ein geborgener Riesenanker des Panzerschiffes „Admiral Graf Spee".

Deutsche Bürger genießen in Südamerika großes Ansehen. Aus welchem Grund auch immer, wenn ich mich als Deutscher (Aleman) zu erkennen gab, wurde ich immer herzlich begrüßt und zuvorkommend behandelt. Auch die Militärwachen am Haupteingang des Hafens wußten, daß ein deutsches Forschungsschiff im Hafen lag. Jedesmal, wenn ich den Haupteingang passierte, meinen „Paßport de Puerto" vorzeigte und der Soldat meinen Rang las, „Oficial de Nautico" (nautischer Offizier), dann nahm er „stramme Haltung" an und salutierte. In einem vom Militär regierten Staat mußte ein „Offizier" wohl etwas ganz Besonderes sein, anders konnte ich mir die „Ehrenbezeugung" nicht erklären. Nach einer Woche Liegezeit im Hafen von Montevideo trafen die Wissenschaftler ein. Während dieser Forschungsreise (von der noch drei weitere folgten) sollten die „Krillvorkommen" in einem Teil der Antarktis-Region erforscht werden. An dieser Expedition nahmen mehrere Nationen teil: die USA, Chile, die UdSSR und die Bundesrepublik Deutschland. Der Zweck dieser weltweiten Forschung war, die großen Mengen „Krillvorkommen" für den menschlichen Verzehr zu erforschen. Der Krill (euphausia superba) ist ein kleines Krebstier, das der Nordseekrabbe ähnlich ist. Vom Krill ernähren sich Wale und vor allem Millionen von Pinguinen, die die Antarktis in großen Kolonien bevölkern. Wenn ich auch selbst mit der Erforschung des Krills nichts zu tun hatte, war ich sehr froh, bei dieser Expedition dabei zu sein. Welcher Seemann bekommt schon die Antarktis zu sehen? Nachdem alle Wissenschaftler an Bord waren, erhielt ich vom I. Offizier die komplette Besatzungsliste, danach stellte ich die „Sicherheitsrolle" auf. Vom Kapitän bis zum letzten Fahrtteilnehmer erhielt ein jeder seine „Rolle" zugewiesen, die bei Übungen und im Ernstfall strikt zu befolgen war, genau so wie auf der „Anton Dohrn". Wichtig war die Feuerlöscheinrichtung. Wenn es an Bord zu einem Feuer käme, kann man nicht die Feuerwehr rufen, die Feuerbekämpfung lag bei der Schiffsbesatzung. Dazu wurden drei „Feuerstoßtrupps", immer zu sechs Mann, aufgestellt. Den Maschinen-„Stoßtrupp" leitete ein Maschineningenieur, zwei „Feuerstoßtrupps" der Deckbesatzung wurden jeweils von einem nautischen Offizier geleitet. Alles weitere zu beschreiben führte zu weit. Der Auslauftag war da. Das F.F.S. „Walther Herwig" legte ab, unter Lotsenbegleitung verließen wir Montevideo. Nachdem der Lotse von Bord war, steuerten wir den Rio de la Plata abwärts zum offenen Meer. Meine Fahrt zur Antarktis begann. Vorerst konnten wir noch die sommerliche Wärme genießen. Als wir in die Antarktis-Region kamen, wurde es ungemütlicher. Zuerst passierten wir die Falkland-Inseln, wo ich die ersten Pinguine nach Krill jagend zu sehen bekam. Nach den Falkland-Inseln war höchste Aufmerksamkeit angesagt, die ersten Eisberge lagen auf unserer Kurslinie. Auf den Abstufungen der Eisberge war immer eine größere Anzahl von Pinguinen versammelt.

Wenn wir mit dem Schiff dicht vorbeifuhren, war es „putzig" anzusehen, wenn sie wie eine Perlenschnur nacheinander ins Wasser sprangen. Auf größeren Eisschollen räkelten sich Seeleoparden (der größte Feind der Pinguine) oder Weddel-Robben, die interessiert zum Schiff herüberlugten. Zum erstenmal sah ich auch „Orcas", die sogenannten „Killerwale", eine Gruppe von vier Tieren zog majestätisch ihre Bahn.

Das Forschungsgebiet, in welches wir mit der „Walther Herwig" arbeiten sollten, wurde vorher auf Spezialseekarten eingetragen. Diese Eintragungen in der Seekarte sahen wie ein Gitterwerk aus und überdeckten das gesamte Forschungsgebiet. Jedes kleine Quadrat in der Seekarte war eine Position, in der wir Krill fischen sollten.

Wir bezeichneten es als „Forschungsstation". Die Krillschwärme waren mit dem „Fischfinder-Echolot" gut zu orten. Manchmal waren die Krillschwärme so dicht an der Wasseroberfläche, daß wir sie aus einigen Hundert Metern Entfernung als „große rote Flächen" erkennen konnten. Gefangen wurde der Krill nur mit dem „pelagischen Netz", welches sich in jede gewünschte Wassertiefe steuern ließ. Über die ganzen Forschungsabläufe zu berichten führte zu weit. Meine Aufgabe bestand aus der Brückenwache zum Beispiel von 0.00, bis 4.00 Uhr und von 12.00 bis 16.00 Uhr. Der nächste Kollege von 4.00 bis 8.00 Uhr und von 16.00 bis 20.00 Uhr. Der letzte Kollege von 8.00 bis 12.00 Uhr und von 20.00 bis 24.00 Uhr. Die Brückenwachen waren so eingeteilt, daß jeder nautische Offizier acht Stunden Brückenwache gehen mußte. Der Kapitän gab den „Tagesbefehl" heraus, was getan werden mußte, und überließ die Ausführung seinen nautischen Offizieren, die Wache hatten. Diese Antarktis-Region, in der wir Forschung betrieben, war mit „Tafeleisbergen" gespickt, die am „Filchner-Eisschelf" sowie am „Larsen-Eisschelf" abbrachen. Außerdem begegneten wir größeren Packeisfeldern, die mit größerem Zeitaufwand „umfahren" wurden. Diese natürlichen Eishindernisse flößten uns noch immer großen Respekt ein, aber wir waren es aus der kommerziellen Fischerei an den Küsten von Labrador und Grönland gewohnt und konnten damit gut umgehen.

Die Forschungspositionen verlagerten sich im Monat Februar 1976 in das „Bellingshausen-Meer". Es ist der Südzipfel des ostpazifischen Südpolarbeckens, welches nach dem russischen Meeresforscher Bellingshausen (1778–1852) benannt ist. Um dort hinzugelangen, überfuh-

ren wir den „Südpolarkreis". Es kam, wie es kommen mußte: „Südpolartaufe"! Aber diesmal waren alle fällig. Bevor die eigentliche
„Taufe" begann, mußte „Neptuns Gefolge" notgetauft werden. Eine
„Taufe" dürfen nur „Getaufte" vornehmen. Die Südpolartaufe wurde
auf einen Zeitpunkt verlegt, wo keine Forschungsarbeiten anstanden.
Eines Tages war es soweit. Wir mußten ein anderes Gebiet aufsuchen,
wofür wir zwei Tage benötigten. Die ganze „Taufzeremonie" ist der
gleiche Akt wie auch die „Nordpolartaufe", nur daß hier der „Süden"
hervorgehoben wird. Uns „Täuflinge" erwartete die gleiche unangenehme Prozedur wie bei der Nordpolartaufe. Viel „Südpolarmedizin",
viel Eis, noch mehr kaltes Wasser und noch einige Tollheiten, die sich
„Neptuns Gefolge" so einfallen ließ. Ich erhielt den Namen „Rippen-
qualle" und einen schönen „Taufschein". Alle „Täuflinge" überstanden
die „Taufprozedur" ohne Schaden. Das „Tauffest" am Abend war
der Höhepunkt des Tages. Köche und Stewards hatten sich große Mühe
gegeben. Ein „Kaltes Büfett" krönte den Abend. Getränke waren dank
der Spendenfreudigkeit der Täuflinge reichlich vorhanden, so daß noch
an mehreren Tagen zum Mittagessen „Freibier" gereicht wurde. Ich
hatte bereits zwei solcher „Polarprozeduren" überstanden, die „Nord-
und Südpolartaufe". Es fehlte nur noch die „Äquatortaufe". Aber auch
die sollte ich noch zu einem späteren Zeitpunkt erhalten.
Gegen Ende Februar 1976, nach 40 Seetagen, war der „II. Fahrtabschnitt" dieser Forschungsreise beendet. Das F.F.S. „Walther Herwig"
nahm Kurs auf den Basishafen.
Nach fünf Tagen erreichten wir Montevideo, wo eine Hafenliegezeit von
fünf Tagen vorgesehen war. In dieser Zeit wurde ein Teil der Besatzung
ausgetauscht. Alle Wissenschaftler begaben sich auf dem Luftweg
heimwärts, eine neue Gruppe wurde eingeflogen. In Montevideo erhielt
ich auch die „Heimatpost" meiner lieben Frau. Ich selbst schrieb immer
vielseitige Briefe, die ich aber nie an einem Abend oder Tag schrieb,
sondern über einen längeren Zeitraum. Wenn man in Etappen schreibt,
kann man sich viel mehr sagen, man kann einen richtigen Dialog
führen. Meine liebe Frau tat das gleiche, auf diese Art waren Briefe von
acht bis zehn Seiten keine Seltenheit.
Die fünf Tage Liegezeit im Hafen über galt an Bord der Acht-Stunden-
Arbeitstag, danach hatte jeder Freizeit, außer einem nautischen
Offizier und einem Matrosen, die täglich nach einem Plan als „Sicherheitswache" eingeteilt waren. Der Matrose stand an der Gangway Wache, der Schiffsoffizier durfte sich in seiner Kammer aufhalten und
mußte auf „Abruf" bereit sein. Die Wache durfte das Schiff nicht verlassen.
In den fünf Tagen Hafenliegezeit wurde das F.F.S. „Walther Herwig" für

Fischereiforschungsschiff „Walther Herwig" vor der Küste Grönlands (zwei große Eisberge). Foto: Regine Schumacher

Großer Eisberg vor der Grönlandküste. Foto: Regine Schumacher

den letzten „Fahrtabschnitt" der Forschungsreise mit Brennstoff, Proviant und Wasser versorgt.

Die ausgetauschte Besatzung traf ein, um ihre Bereiche zu übernehmen. Einen Tag vor dem Auslaufen wurden die Wissenschaftler mit dem neuen Fahrtleiter eingeflogen. Alles war zum Auslaufen bereit. Um 14.00 Uhr kam der Lotse an Bord, das F.F.S. „Walther Herwig" verließ zum letzten Fahrtabschnitt die schöne Stadt Montevideo. Der Lotse ging von Bord, der Kapitän und der wachhabende nautische Offizier übernahmen das weitere. Bei strahlendem Sonnenschein glitt das Schiff den Rio de la Plata abwärts. Nach einigen Stunden war das offene Meer erreicht. Am Nachmittag des nächsten Tages erfolgte für die neuen Wissenschaftler die altbekannte „Sicherheitsbelehrung" über das Verhalten bei Übungen und dem Ernstfall.

Dieser III. Fahrtabschnitt der Forschungsreise sollte in die Gewässer um die Insel South-Georgia gehen. Diese Insel liegt südöstlich der Falkland-Inseln und ist britisches Territorium. Die Forschungsabläufe schlossen sich den letzteren an. Es ging um den eiweißhaltigen Krill, ihn für den menschlichen Verzehr vorzubereiten. Wie ich es aus Gesprächen der Wissenschaftler entnahm, dachte die Wissenschaft in erster Linie an die Eiweißversorgung der sogenannten Armutsländer, wo es an „eiweißhaltigen Produkten" mangelte. Nach einer dreiwöchigen Tätigkeit in diesem Gewässer war ein Aufenthalt auf South-Georgia vorgesehen, um der britischen Station einen Besuch abzustatten. Aus der Ferne sah die Insel mit ihrem 3000 Meter hohen Mont-Paget sehr schön aus. Die Berggipfel allesamt schneebedeckt, tiefe, in die Insel hineinragende Fjorde mit darin enthaltenen Gletschern, die laufend „kalbten" und kleinere Eisberge produzierten. Als die drei Wochen verstrichen waren, nahm das F.F.S. „Walther Herwig" Kurs auf die britische Station „King-Georg". Wir liefen in einen größeren Fjord ein und gingen gegenüber der Station „King-Georg" vor Anker. Ein Boot legte von der Station ab, der Stationsleiter gab sich die Ehre, uns zu besuchen.

Der Leiter der Station besaß alle Kompetenzen. Die Station war Inselverwaltung und „Post-Office" zugleich. Als die Begrüßungszeremonie beendet war, richteten wir einen stündlichen Bootsverkehr Schiff–Land ein. Die Freiwache und Wissenschaftler konnten, jeder auf seine Art, die Insel erkunden. Von der „King-Georg"-Station, die mit 30 Männern besetzt war, in einer Entfernung von etwa 2 km lag die große verlassene norwegische Walfangstation „Grytvyken". Ein Städtchen mit Kirche und kleinen Gassen. Die Häuser waren noch sehr gut erhalten, zur Not könnte man darin noch wohnen.

In der Walverarbeitung große „Aufslippen", wo die angelandeten Wale für die Walkocherei hochgezogen wurden. Im Hafenbecken lagen eini-

Verlassene Walfangstation Grytvyken auf der Antarktisinsel South-Georgia. Foto: Dr. S. Ehrich

ge halbgesunkene Waljäger. Die Ausflügler mußten sich vorsichtig bewegen, denn am ganzen Ufer des Fjordes lagen im hohen Schilfgras See-Elefanten, einzelne Jungtiere oder riesige See-Elefantenbullen mit ihrem „Harem". Um die letzteren mußte man einen großen Bogen machen, die Bullen waren stets gereizt und griffen sofort an. Die Jungtiere machten nur Drohgebärden, indem sie das Maul aufsperrten und einen Knurrlaut von sich gaben. Vor Menschen scheuten sie nicht. Andere Ausflügler besuchten die Königspinguin-Kolonie. Auch die Königspinguine scheuten nicht, man konnte sich daneben stellen und fotografieren lassen. Alles war sehr eindrucksvoll, beinahe eine fremde Welt. In der verlassenen Walfangstation war noch alles vorhanden, z.B. riesige Dampfwinden, die die Wale zum Abspecken auf die Aufslippe hochzogen.

In einer Halle standen große Trantanks, worin das Walöl gelagert wurde, alles stark verrostet und fast unbrauchbar. Große Mengen an Harpunengeschossen, verrosteten Harpunen und eine große Anzahl von „Flensmessern", womit vom Walkörper die Speckschicht „abgeflenst" und für die Trankocher in kleine Stücke zerlegt wurde.

Im „Magazin" befanden sich viele andere Dinge, die für die Walfangstation wichtig waren. Ein Schild verbot jedem Besucher, irgend etwas mitzunehmen. Aber wie es so ist, einige hielten sich nicht daran. Nach dem Auslaufen befanden sich mehrere Flensmesser und Harpunenspitzen an Bord als Souvenir aus Grytvyken. Mir genügte es, diese Gegenstände nur zu betrachten. Ich war der Meinung, diese Dinge sollte man am Ort belassen. Daheim ist es ein Mitbringsel und landet irgendwann auf dem Müll.

Zur Belustigung der britischen Station und der Mannschaft des F.F.S. „Walther Herwig" wurde ein Meisterschafts-Fußballspiel „King-Georg" gegen „Walther Herwig" anberaumt. Am Nachmittag war es soweit. Besatzung und Wissenschaftler begaben sich zum Fußballplatz. Die „Mannschaften" traten an. Die Briten, alles junge und durchtrainierte Kerle, in richtigem „Dreß" und mit Fußballschuhen an den Füßen, die Mannschaft der „Walther Herwig" verschiedenen Alters, in normaler Bekleidung und kurzen Gummistiefeln. Ein Bild für die Götter. Das Spiel sollte zweimal 30 Minuten dauern.

Mir fiel die Rolle als Schiedsrichter zu. Von den Spielregeln habe ich wenig Ahnung, aber die Trillerpfeife bedienen, das konnte ich. Das Spiel war ein „Gaudi" erster Güte. Der Spielplatz war sehr morastig, und die Spieler der „Walther Herwig" lagen mehr auf dem morastigen Boden, als daß sie spielten. Das Lustigste war, wenn einer unserer Spieler den Versuch machte, mit dem Gummistiefelfuß den Ball zu treffen, den Ball verfehlte, dann schlüpfte der Gummistiefel vom Fuß. Anstatt des Balles flog nun der Gummistiefel in Richtung des gegnerischen Tores! Nach 30 Minuten Spielzeit stand es 10:0 für „King-Georg". In der zweiten Halbzeit stand es bereits 18:0 für „King-Georg", da mußte ich „notgedrungen" dreimal hintereinander gegen die Briten einen „Elfmeter-Strafstoß" verhängen. Diese „drei Elfmeter" mußte aber ein britischer Spieler gegen sein eigenes Tor „schießen", denn unsere „Mannen" konnten mit den Gummistiefeln schlecht treffen. Am Ende des Spieles stand es 21:3 für die Mannschaft „King-Georg". Es war für beide Seiten eine nette Belustigung. Unsere „Mannen" waren nach einer Stunde Spieldauer vollkommen entkräftet. Die ungewohnte Lauferei während des Spieles hatte viel Kraft gekostet.

Am späten Abend des dritten Tages lichteten wir den Anker und verließen die britische Station und die Insel South-Georgia. Als nächstes Forschungsgebiet war der Meeresbereich um die South-Sandwich-Inseln vorgesehen, die südöstlich von South-Georgia liegen. Nach mehreren Forschungstagen in diesem Seegebiet waren wir mit dem F.F.S. „Walther Herwig" an der Position der Bristol-Insel, der südöstlichsten der Sandwich-Inseln, angekommen. Sieben Seemeilen vor dieser Insel bekamen wir einen „totalen Maschinenausfall"! In der Seefahrt heißt es „Blackout", und das nur sieben Seemeilen vor der Insel. Zu unserem Unglück frischte der Wind bis zu sieben Windstärken auf, und das noch aus Süd-Ost. Das F.F.S. „Walther Herwig" trieb manövrierunfähig im Meer und langsam vom Wind getrieben auf die Insel Bristol zu. Unsere einzige Chance, nicht bis an die Klippen zu treiben, war Anker werfen!

Aber nach Seekarteneintragung war die Küste der Insel eine Steilküste. Wo sollte der Anker Grund fassen? Das „Tiefenecholot" mit dem „graphischen Schreiber" lief und wurde von Kapitän Theodor F. persönlich beobachtet. Die Reparaturarbeiten an der Maschine waren auf mehrere Stunden festgelegt. Die Entfernung zur Insel wurde von Minute zu Minute geringer. Seit dem totalen Ausfall der Maschine war bereits eine Zeit verstrichen, ich konnte die Brandung an den Küstenfelsen schon ohne Fernglas sehen, da kam der Befehl: „Beide Anker zu Wasser, acht Längen stecken!"

Jede Ankerkettenlänge ist 15 Faden (27,45 m) lang. Beide Anker rauschten zu Wasser, nach acht Längen stop! Jetzt schauten wir gebannt auf die Ankerketten, faßten die Anker in den Grund? Hielten sie? Ganz allmählich kamen beide Ankerketten steif! Gott sei Dank, beide Anker hatten „gefaßt".

Jetzt mußten wir aufpassen, schleiften die Anker oder hielten sie? Der Wind hatte an Stärke noch eher zugenommen, jetzt mußte ein nautischer Offizier Ankerwache gehen, was sonst die Aufgabe eines Matrosen war. Jede kleinste Veränderung der Ankerkette mußte zur Kommandobrücke gemeldet werden. Bevor ich zur Ankerwache an die Reihe kam, hatte ich mich in weiser Voraussicht sehr warm angezogen. Dickes Unterzeug, zwei Paar Wollsocken, dicke Hosen, einen Island-Troyer, eine Parka-Jacke, fellgefütterte Stiefel und über all dem eine wasserdichte Hose und Jacke. Wenn die Ankerketten bei diesem Sturm brechen sollten und wir in die Boote gehen müßten, wollte ich nicht frieren. Zur Sicherheit ließ ich das Verdeck der beiden Doppelschlauchboote entfernen, damit sie schnell zu Wasser konnten. Daß diese Sache nicht ungefährlich war, konnte ich daran erkennen, daß der Funker auf Anordnung des Kapitäns den „Not-Peilsender", der auf dem Peildeck „gehaltert" war, klarmachen ließ. Nach mehreren Stunden, die mir wie eine Ewigkeit vorkamen, war der Maschinenschaden behoben, das F.F.S. „Walther Herwig" einer Strandung entgangen. Die Schiffsmotoren liefen wieder, wir begannen, beide Anker einzuhieven. Nach diesem Schock wurden die Forschungsarbeiten wieder aufgenommen. Nach einer Woche kam der nächste Schreck. Der Schiffszimmermann klagte über starke Leibschmerzen. Der Schiffsarzt diagnostizierte Blinddarm-Entzündung. Es mußte schnell ein Hafen aufgesucht werden, aber welchen? Aus meiner Sicht wäre Port Stanley auf den Falkland-Inseln der nächste Hafen gewesen, einen Blinddarm konnten die Ärzte dort bestimmt entfernen. Die nächsten Häfen lagen an der argentinischen Küste, zuletzt Montevideo. Von den South-Sandwich-Inseln waren die Häfen von Montevideo und Kapstadt in Südafrika gleich weit entfernt. Warum sich Kapitän und Fahrtleiter für diese weiten Strecken entschieden, entzieht sich meiner Kenntnis. Wir nahmen Kurs auf Kapstadt in Südafrika. Auf halbem Weg dorthin erreichte uns noch ein starker Sturm mit Windstärken 8 bis 9, der einen ganzen Tag andauerte. Nach vier Tagen erreichten wir Kapstadt. Weil das F.F.S. „Walther Herwig" ein Schiff der Bundesregierung war, wurden wir von der Hafenbehörde zuvorkommend behandelt. Der kranke Schiffszimmermann wurde nach Deutschland ausgeflogen. Diese Handlungsweise begriff ich überhaupt nicht. Bis nach Kapstadt hatten wir bereits vier Tage benötigt, und jetzt noch der weite Heimflug? Wenn „akute Gefahr" für den Erkrankten bestand, so mußte er doch spätestens hier in Kapstadt operiert werden, oder etwa nicht?

Für Kapstadt waren vier Liegetage vorgesehen. Mir war das recht, konnte ich mir doch die schöne Stadt an der Südspitze Afrikas näher ansehen. Vom Hafen bis zur Stadt war die Wegstrecke zu Fuß leicht zu bewältigen. In meiner Freiwache begab ich mich in die Stadt. Was mir im besonderen auffiel war, daß weiße und dunkelhäutige Menschen in Bussen getrennt saßen. Damals herrschte noch die „Apartheid", die politische Rassenauffassung (Segregation = Rassentrennung) zwischen Farbigen und Weißen. Erst am 15.10.1990 wurde die Rassentrennung in Südafrika abgeschafft.

Kapstadt ist eine wunderschöne Stadt mit herrlichen Bauten, schönen Straßen und herrlichen Parks. Am zweiten Tag besuchte ich einen großen „Souvenir-Laden" mit typisch afrikanischen Schnitzereien. Ich spiele gerne Schach, was lag näher, als ein afrikanisches Schachspiel zu kaufen? Lange Zeit stand ich vor einem Schachspiel aus Elfenbein geschnitzt und habe es bewundert. Es sollte 300 Rand, damals 660 DM, kosten. Der Preis war mir zu hoch, außerdem, hätte der deutsche Zoll mir die Elfenbeinfiguren nicht beschlagnahmt und ich noch obendrein Strafe zahlen müssen?

Am Ende entschloß ich mich für ein Schachspiel aus Eisenholz, typisch afrikanische Schnitzkunst, ein schönes Souvenir.

Nach vier Liegetagen verließ unser Forschungsschiff Kapstadt und nahm Kurs auf die South-Sandwich-Inseln. Aber bereits nach zwei Tagen liefen wir in ein „Schlecht-Wettergebiet". Je weiter wir südwärts kamen, um so schlechter wurde das Wetter. Zuletzt herrschte eine konstante Windstärke von 8 bis 9. Das F.F.S. „Walther Herwig" bahnte sich seinen Weg durch den Sturm. Nach fünfeinhalb Tagen hatten wir die Position des Forschungsgebietes erreicht. Aber für Netzaussetzen oder andere Forschungsarbeiten durchzuführen war das Wetter zu schlecht. Das Sturmtief lag fest, es gab keine Besserung. Nach vier Tagen flaute der Sturm etwas ab, so daß man einige Arbeiten durchführen konnte. Dann kam es für uns ganz „dick". Aus dem abgeflauten Sturm entwickelte sich ein kräftiger Orkan. Wir konnten nur das Schiff gegen „Wind und See" legen, um die riesigen Wellenberge „abzureiten". Forschungsarbeiten durchzuführen war bei diesem Wetter unmöglich. Der Meteorologe in unserer Bordwetterwarte stellte fest, daß dieser Orkan „stationär" sei und in den nächsten Tagen, vielleicht Wochen sich am Wettergeschehen nichts ändern werde.

Der Fahrtleiter entschloß sich, nach Rücksprache mit Kapitän Theodor F. den III. Fahrtabschnitt dieser Antarktis-Expedition zu beenden. Durch das Absetzen des kranken Schiffszimmermanns hatten wir 13 Forschungstage verloren, die jetzt nicht mehr aufzuholen waren. Erneut wurde der Kurs auf Kapstadt bestimmt, von dort sollten wir auch auf Heimreise gehen. Bei dieser Schlechtwetterlage waren für die Fahrt bis Kapstadt fünf bis sechs Tage vorgesehen. Die sich vor uns auftürmenden Wellenberge wollten nicht enden; es war ein Höllenritt. Das Meer hatte sich gegen uns verschworen. Innerhalb des Schiffes waren vor allen Bullaugen die Sicherheitsblenden geschlossen, in den Aufbauten alle Eisenschotten verriegelt, so daß nirgendwo Wasser eindringen konnte, wenn sich ein „Brecher" einen Weg über das Schiff suchte. Wenn sich eine Riesenwelle vor dem Schiff aufbaute, mußte der wachhabende Nautiker höllisch aufpassen und die Fahrt aus dem Schiff nehmen, damit Seewelle und Schiff nicht zusammenprallten, sondern das Schiff nur „steuerfähig" blieb, von der Welle angehoben, um dann wieder „sanft" in das Wellental einzutauchen. So ging es vier Tage lang, dann waren wir aus dem Höllensturm raus.

Eine ruhige See und blauer Himmel begleiteten uns den Rest der Wegstrecke bis nach Kapstadt. Alle freuten sich auf die vier Liegetage im Hafen. Als wir bei strahlendem Sonnenschein in Kapstadt einliefen, konnten wir es fast nicht glauben, daß wir noch vor zwei Tagen ein Höllenwetter abreißen mußten. Aus der Ferne grüßte uns der Tafelberg, der sich an diesem Sonnentag von der besten Seite zeigte.

Die Wissenschaftler packten ihre Sachen, sie mußten von Kapstadt ihren Heimflug antreten. Alle wollten noch drei Tage an Bord bleiben, diese Zeit nutzen, um die Umgebung von Kapstadt zu erkunden. Die Seemannsmission organisierte Tagesausflüge zum Krüger-Nationalpark, jeder der interessiert war, konnte daran teilnehmen. Andere besuchten den Tafelberg, wieder andere organisierten private Ausflüge. Ich beteiligte mich nicht an diesen Exkursionen und übernahm freiwillig die Sicherheitswache an Bord. Dafür gab es daheim einen freien

Tag. In der Stadt und im Hafen war es sehr warm. Ich stellte mir die Fahrten in das Hinterland in den kleinen Bussen ohne Klimaanlagen als eine „Tortur" vor. Da war es im Schiff mit Klimaanlage sehr angenehm.

Die Tage schleppten sich so hin. Für die 18tägige Heimreise wurde alles Notwendige an Bord genommen: Brennstoff, Wasser, Proviant, vor allen Dingen Obst und Frischgemüse. Der vorletzte Tag brach an. Die Wissenschaftler verließen das Schiff und wurden mit Kleinbussen zum Flughafen gebracht. Einem Wissenschaftler gab ich einen langen Brief an meine liebe Frau mit, denn meine Ankunft in Bremerhaven dauerte bestimmt noch 18 Tage. Am letzten Tag wurde an Bord noch alles für die Heimreise überprüft. Dann war es soweit, es hieß: „Leinen vorne und achtern los!"

Das F.F.S. „Walther Herwig" verließ den Hafen von Kapstadt und begab sich auf die Heimreise. Die erste deutsche Antarktis-Forschungsreise 1975/76 nach dem Zweiten Weltkrieg war beendet. Wir steuerten Nord-West-Kurs, Richtung Heimat. In etwa sechs Tagen sollten wir den Äquator passieren. Das Wetter an der westafrikanischen Küste war nicht so angenehm. Es herrschte meistens eine starke Brise von 5–6 Windstärken. Der kalte „Benguela-Strom", der sich bis zum Golf von Guinea hinzieht, trug dazu bei. Nachdem wir Angola hinter uns gelassen hatten, wurde es angenehmer. Die Luft wurde sehr warm, am Tage begleiteten uns oft große Rudel von Delphinen, und zum erstenmal in meinem Leben sah ich fliegende Fische. Ich war erstaunt, wie weit sie durch die Luft segeln konnten, wenn sie vom Schiff aufgescheucht wurden. Nach meiner Schätzung waren das immerhin 50–100 Meter. In der Nacht waren auch des öfteren Fische an Deck gelandet, so konnte man sie genau betrachten. Sie haben Seitenflossen, die sie wie Flügel spreizen und auf diese Art durch die Luft segeln können. Nach sechs Tagen erreichten wir den Äquator. Beim Überqueren des Äquators wurde ein „langer Ton" mit dem „Thyphon" gegeben. Nach 15 Minuten ließ Kapitän Theodor F. das Schiff auf Gegenkurs gehen, das F.F.S. „Walther Herwig" überquerte jetzt den Äquator von „Norden herkommend". Das geschah symbolisch für die aus der Nordhalbkugel kommenden „Seebären", damit sie für die Südhalbkugel „geläutert" wurden. Als das Schiff jetzt von Norden herkommend erneut den Äquator überquerte, erklang abermals das Signal des „Thyphons", und das hieß: „Ihr Ungetauften seid jetzt dran." Zu den Ungetauften gehörten ich sowie 14 weitere Kandidaten. Die Äquatortaufe war für den frühen Nachmittag des nächsten Tages vorgesehen. Die Vorbereitungen waren in vollem Gange. Der Schiffskoch bereitete die abscheulich scharfen Äquatorpillen und die Äquatormedizin vor. Andere kümmerten sich um sehr viel

TAUFSCHEIN

Wir Neptun, Beherrscher aller Meere, Seen und Flüsse, Teiche und Tümpel beurkunden hiermit, daß der Staubgeborene

Richard Neu

an Bord des Uns wohlbekannten

FF =Schiffes

"Walther Herwig"

am heutigen Tage vom Schmuts der Nördlichen Halbkugel gereinigt und nach Unserem äquatorialen Ritus auf den Namen Holzmakrele getauft worden ist, also daß derselbige gehörig gesalbet und wohl vorbereitet sei, Unsere Gewässer südlich des Äquators zu befahren.

Neptun

Zeugen: *Ch. Emich*

Äquator, anno 01. 06. 1976

Eis, wieder andere errichteten an Deck mit reichlich Segeltuch ein riesiges Taufbecken, in welches wir später von den kräftigen „Polizisten" untergetaucht wurden. „Neptuns Gefolge" schneiderte an seinen Kostümen. Uns Täuflinge focht die Geschäftigkeit der anderen nicht an, wir waren ja nur die späteren Opfer.

Am anderen Tag stand die Sonne hoch am klaren Himmel, die Temperatur betrug 24°, ein Superwetter. Um 14.00 Uhr erschien „Neptun mit seinem Gefolge" beim Kapitän und stellte fest, daß an Bord des Schiffes 15 „ungetaufte Nordländer" seien und bat den Kapitän, für die Zeit der Taufzeremonie das Schiff übernehmen zu dürfen. Der Kapitän willigte ein, und „Neptun" übernahm nun die Befehlsgewalt über das Schiff.

Da die Äquatortaufe auf einen Sonnabend fiel, fand das Tauffest noch am gleichen Abend statt. Es war ein gelungenes Fest, ein Grillabend mit den gespendeten Getränken der Täuflinge. Während des Festes wurde jedem „Getauften" vom Kapitän die Taufurkunde überreicht. Ich besaß jetzt drei Taufscheine. Nicht viele Seemänner können das vorweisen.

Weiter ging die Heimfahrt, das Wetter war ausgezeichnet. Die Deckbesatzung gab sich reichlich Mühe, das Schiff nach neun Monaten Einsatz in der Antarktis-Region wieder in alter Farbe erstrahlen zu lassen. Es wurden entrostet und gestrichen, wir wollten uns beim Einlaufen in Bremerhaven von der „besten Seite" zeigen. Beim Einlaufen sollte es einen großen Empfang mit Funk, Presse und Fernsehen geben. Ein Staatssekretär und andere hohe Herren hatten sich angekündigt.

In meiner Freiwache zurrte ich ganz oben auf dem Peildeck meine selbstgefertigte Hängematte und gab mich der Bräunung hin. Die warme Luft, das sanfte Wiegen des Schiffes ließen mich meistens einschlafen. Andere taten das gleiche. Die Tage verstrichen, wir passierten die Inselgruppe Cabo-Verde und nahmen Kurs auf die Kanarischen Inseln. Als wir auf UKW-Reichweite heran waren, rief einer nach dem anderen seine Lieben daheim an. Nach einem halben Jahr hörte ich wieder die Stimme meiner lieben Frau. Es war einfach schön. Zu Hause war alles in Ordnung, in unserem Garten stand alles in voller Blüte. Auf mein Zuhause freute ich mich sehr.

Das F.F.S. „Walther Herwig" durchpflügte das Meer, wir durchfuhren die Biskaya und liefen in den Englischen Kanal. Jetzt dauerte es nur noch einen Tag, bis wir in Bremerhaven einliefen. Um Mitternacht passierten wir „Texel Feuerschiff", von hier waren es nur noch 14 Stunden bis Bremerhaven. Vorbei ging es an den Westfriesischen Inseln, dann liefen wir in die Wesermündung ein. An Bord herrschte große Anspannung, es sollte auch alles klappen. Das F.F.S. „Walther Herwig" war über die Toppen geflaggt, alle Offiziere in blauer Uniform, es war soweit. Zwei Schlepper erwarteten uns vor der Hafenschleuse und zogen das Schiff in die Schleusenkammer zum Fischereihafen. Bereits in der Schleuse wurden wir von vielen Menschen begrüßt.

Nach der Schleusung zogen uns die Schlepper zur „Hanseatenpier". An der Pier wurde das F.F.S. „Walther Herwig" von einer Musikkapelle und einer großen Menschenmenge empfangen. Es war der 15. Juni 1976 und das Ende der I. Antarktis-Expedition. Nachdem das Schiff fest vertäut war, brachten die Matrosen die Gangway aus. Alle Offiziere hatten auf dem Achterdeck Aufstellung genommen, nur Kapitän Theodor F. und ich begaben uns zur Gangway. Der Staatssekretär betrat die Gangway, ab diesem Moment mußte ich zu Ehren und zur Begrüßung des hohen Gastes „Seite pfeifen"; das heißt, solange der hohe Gast auf der Gangway war, mußte ein gleichmäßiger „Pfiff" ertönen.

Als der Staatssekretär das Schiff betrat, begrüßte ihn Kapitän Theodor F., ich reihte mich in die Aufstellung der Offiziere ein. Danach schritten der Staatssekretär und Kapitän Theodor F. die „Front" der Offiziere ab, und der Kapitän stellte jeden Offizier namentlich vor. Es folgten Ansprachen von Kapitän, Staatssekretär und noch einigen Herren. Als die Ansprachen beendet waren, begaben wir uns zur „Sekt-Bar", die eigens dafür auf dem Achterdeck aufgebaut war. Das war der Abschluß der I. Antarktis-Expedition des F.F.S. „Walther Herwig" 1975/76, an der auch ich teilnahm. Es sollten noch drei weitere Expeditionen folgen.

Das Schiff bekam vorerst eine längere Werftliegezeit, wo alle Bereiche gründlich überholt werden sollten. Auch während das Schiff in der Werft lag, war das tägliche Erscheinen an Bord Pflicht und Acht-Stunden-Arbeitstag. Wir, die nautischen Offiziere, waren nur mit unseren Ressortarbeiten, die Deckbesatzung mit Konservierungsarbeiten beschäftigt. Während unseres zweimaligen Aufenthalts in Montevideo stellte ich fest, daß man in Südamerika eine „Sprachlücke" hat, wenn man nicht spanisch spricht. An Bord des F.F.S. „Walther Herwig" gab es keinen, der etwas spanisch sprach. Ich dachte mir, das wäre für mich eine reizvolle Aufgabe, dieses abzuändern. Ich beschaffte mir alle „spanischen Lehrbücher", denen ich nur habhaft werden konnte, und wollte für die nächsten Antarktis-Expeditionen sprachlich besser gerüstet sein. Mir war es absolut klar, daß ich in „Eigenstudium" die spanische Sprache „grammatikalisch" nicht erlernen werde, aber auf jeden Fall so gut, daß ich mich dort mit den Menschen unterhalten kann.

Nach drei Wochen Werftliegezeit war das Schiff in allen Bereichen gründlich überholt und für eine neue Forschungsreise bereit. Es war eine Fünf-Wochen-Forschungsreise in das europäische Nordmeer vorgesehen. In den Gebieten um die Insel Jan Mayen, Bäreninsel und Spitzbergen sollte Fischerei-Forschung betrieben werden. Es war Hochsommer, und in diesen Gebieten geht bekanntlich die Sonne im Sommer nicht unter. Während dieser Forschungsreise begann ich „mein Spanisch-Eigenstudium". Ich machte es mir zur „Pflicht", in meiner Freizeit täglich „zwei Spanisch-Stunden" einzulegen, davon wich ich nicht ab, ich fand großen Gefallen daran. Das deutsche Alphabet beinhaltet

26 Buchstaben, das litauische 32, das spanische 29 Buchstaben. Die spanische Sprache ist eine „romanische", sie ähnelt der italienischen und portugiesischen Sprache. Außer deutsch spreche ich sehr gut litauisch und etwas englisch. Auch in der russischen Sprache habe ich mich versucht. Die kyrillischen Buchstaben kann ich ganz gut entziffern und auch ein wenig sprechen, aber für einen Dialog reicht es nicht. So ging ich guten Mutes ans Werk. Das Schöne an der spanischen Sprache ist, es wird meistens so ausgesprochen wie es geschrieben wird, mit einigen Abweichungen, wo die Buchstaben eine andere „Betonung" haben, das muß man eben erlernen. Das Eigenstudium war für mich eine Herausforderung. Mir war bekannt, daß im Jahre 1977/78 eine Forschungsreise von 14 Monaten in den Gewässern der Antarktis, anschließend an der argentinischen Küste geplant war. So hatte ich ein Jahr Zeit, um mich „sprachlich" zu wappnen. Jetzt waren wir in der Barentssee. Nach drei Wochen Forschungstätigkeit in den arktischen Gewässern stattete das F.F.S. „Walther Herwig" dem Ort Longyearbyen auf Spitzbergen einen Besuch ab. Der Hauptort von Spitzbergen, Longyearbyen, hat etwa 4300 Einwohner und ist norwegisches Territorium. Ich war erstaunt, in dieser Berg- und Schneeregion einen so großen bewohnten Ort anzutreffen. In Spitzbergen werden vom russischen Staat Steinkohlen abgebaut. Der von den Russen bewohnte Ort heißt Barentsburg. Longyearbyen hat einen erstaunlich guten Flughafen, wo sich im Sommer auch Touristen einfinden. Die Inselverwaltung und die Polizeigewalt obliegen dem norwegischen Staat. Dies gilt auch für den russischen Ort Barentsburg.

Auf Spitzbergen gibt es noch einen Ort, der Ny Alesund heißt, ob der Ort immer bewohnt ist, entzieht sich meiner Kenntnis. Spitzbergen ist eine wunderschöne Inselgruppe. Ewig schneebedeckte Berggipfel, mit einigen größeren Gletschern, wo in der Sommerzeit ganze Gletscherwände abbrechen und die großen Fjorde mit Eisberge durchsetzen. Die kalte klare Polarluft ist sehr gesund und erfrischend. Es ist beruhigend, daß es auf unserem Planeten noch solche von der „Zivilisation" verschonten und nicht „verschandelten" Fleckchen gibt, wo die „Touristenmeute" nicht wie die Heuschrecken einfällt und alles rücksichtslos niedertrampelt und obendrein ihren „Touristen-Müll" hinterläßt. Es sagte schon ein Philosoph: „Wo der Mensch wandelt, schwindet mir der Schöpfer."

Nach dem Spitzbergen-Besuch erledigten wir die restlichen Forschungsarbeiten und traten die Heimreise an. Bevor es endgültig heimwärts ging, sollte noch der norwegische Hafen Tromsö angelaufen werden. Ganz wohl war mir nicht dabei.

Ich wußte es nicht, ob ich noch immer bei den Norwegern auf der

„Fahndungsliste" stand, die noch von der „Aufbringung" im Jahre 1972 durch das Küstenwachboot „Senja" herrührte. In jedem Hafen wird der Hafenbehörde eine „Besatzungsliste" mit allen persönlichen Daten ausgehändigt. Das ist auf der Welt in jedem Hafen so.

Meine Befürchtungen waren unbegründet, mir ist nichts widerfahren. Also konnte ich in Zukunft ohne „heimliche" Angst in norwegische Häfen einlaufen. Die Stadt Tromsö liegt auf einer Insel, sie ist eine schöne und moderne Stadt, die mit einer großen kunstvollen Brücke mit dem Festland und Neu-Tromsö verbunden ist. Rings um die Stadt ragen Berge bis zu 1200 Meter hoch. Der herrliche Fjord, das klare Wasser, das alles gleicht beinahe einer Märchenlandschaft. Für den, der noch nicht dort war, eine Augenweide. Nach zwei Tagen Aufenthalt mußten wir uns von der „Schönheit des Nordens" trennen, es ging heimwärts. Diese Forschungsreise im europäischen Nordmeer und der Barentssee war zu Ende. Es kamen andere Forschungsreisen in andere Meeresgebiete, die genau so endeten. Jede Forschungsreise war anders, aber diese Reisen genau zu beschreiben, ist nicht meine Absicht, es wäre zu monoton.

Auf den Forschungsreisen lernte ich viele interessante Menschen kennen. Bei jeder Forschungsreise kamen bis zu 14 Wissenschaftler an Bord. Die Fahrtleiter waren oft dieselben, aber im „Gefolge" gab es viele andere Personen. In der Folgezeit machte ich mit meinem „Spanisch-Eigenstudium" erstaunlich gute Fortschritte. Das Lernen fiel mir leichter als ich dachte. Ich begriff schnell und behielt das Erlernte auch sehr gut. Während einer „Doppel-Forschungsreise", die uns in die Gewässer um Island, Ost- und West-Grönland führte und acht Wochen dauerte, wechselte die Fahrtleitung auch das „Gefolge" in Reykjavik/Island. Mit den neuen „Wissenschaftlern" ging es dann zuerst nach Ost-Grönland, später nach West-Grönland. Während dieser acht Wochen zeigten der Schiffsarzt und der Dipl.-Meteorologe Interesse am „Spanisch-Kursus". Jetzt waren wir zu dritt und konnten den „Lehrplan" verfeinern. Das heißt, wir schrieben ein jeder für sich einen „Aufsatz" über irgend ein Thema, am anderen Tag mußte der „Schreiber" sein Geschriebenes vorlesen. Dabei wurden die gemachten Fehler korrigiert. Außerdem versuchten wir, während der zwei „Lehrstunden" nur spanisch zu sprechen, ob mit oder ohne Fehler. Diese zwei Stunden täglich waren unsere „Spanisch-Stunden"; sehr lehrreich aber auch sehr lustig, weil wir bei den Übersetzungen auch Fehler machten.

Diese acht Wochen waren für uns drei „Schüler" eine schöne lange „Lernzeit". Ich war ein ehrgeiziger Schüler und wollte das für mich persönlich abgesteckte Ziel erreichen, um mich in den südamerikanischen Ländern in der Landessprache zu unterhalten. Im Monat Dezember nahm ich meinen Jahresurlaub. Das Weihnachtsfest und das neue Jahr konnte ich daheim feiern.

Nach Ablauf der Urlaubszeit kam im Januar 1977 von der Dienststelle in Hamburg die Order, mich als II. nautischer Offizier auf das Fischerei-Hospitalschiff „Poseidon" für eine Versorgungsreise zu begeben. Während dieser Versorgungsreise habe ich wohl einen besonderen „Schutzengel" besessen, sonst wäre ich heute nicht mehr am Leben.

Das F.S.B. „Poseidon" lief Ende Januar 1977 aus, um in den Gewässern um Island, Grönland und der Labradorküste deutsche Fischereifahrzeuge zu versorgen und auch ärztlich zu betreuen. Vor dem Auslaufen aus Cuxhaven sind von einer Firma zwei sogenannte „Überlebensanzüge für Seeleute" angeboten und angeliefert worden, die auf „hoher See" getestet werden sollten. Diesen Test sollten wir auf See durchführen. Da ich auf den Bundesschiffen immer als Sicherheitsoffizier eingesetzt wurde, habe ich es mir nicht nehmen lassen, diese „Überlebensanzüge" selber zu testen, und daher stellte ich mich als „Testperson" zur Verfügung. Die Überfahrt bis nach Island verlief gut. Eines späten Abends hatte das Schiff die Position querab des isländischen Flughafens Keflavik erreicht, hier sollte der erste Test stattfinden. Wir zwei Testpersonen, der Matrose Armin L. und ich, der II. nautische Offizier, bereiteten uns vor, zogen über unsere normale Bekleidung diese Überlebensanzüge. Das waren schon seltsame „Dinger"; gut gemeint, schlecht durchdacht, aber wir wollten sie „testen". Der Überlebensanzug diente gleichzeitig als Schwimmweste, das war das Gute daran, aber die Hosenbeine und Ärmel wurden nur mit einem „Klettverschluß" geschlossen.

Auch unterm Kinn konnte das Wasser in den Anzug einströmen. Der Konstrukteur dieser Anzüge hatte es sich so gedacht: Das Wasser dringt in den Überlebensanzug, wird von der Körpertemperatur erwärmt und bleibt in dem gut isolierten Überlebensanzug warm, der im Wasser treibende Seemann wird nicht unterkühlt.

Das Wetter war gut, klarer Himmel eine leichte Brise von drei Windstärken. Das F.S.B. „Poseidon" stoppte, das „Arbeitsschlauchboot" wurde ausgesetzt, wir zwei „Testpersonen" begaben uns in das Boot. Der Bootsführer brachte uns etwa 50 Meter weit vom Schiff und stoppte. Ich gab das Kommando „hinein". Wir beide rollten uns vom Schlauchbootrand in das +8° kalte Meer. Anfangs „jappte" ich doch. Der Körper mußte sich erst an das kalte Wasser gewöhnen. Aber allmählich erwärmte sich das Wasser in dem Anzug, es war ganz erträglich. Nach 25 Minuten „fischte" mich das Schlauchboot aus dem Meer. Das Boot führte eine Wanne mit, ich stieg in dieser Wanne, das Wasser aus dem „Überlebensanzug" lief aus und wurde gemessen, es hatte sich in 25 Minuten durch meine Körpertemperatur auf +19° erwärmt. Meine Körpertemperatur war auf +36° gesunken. Die zweite Testperson, Matrose Armin L., verbrachte 32 Minuten im Meer, auch bei ihm war der Körper nicht unterkühlt, das Wasser in seinem „Anzug" hatte sich sogar auf +20° erwärmt. Wie ich es bereits erwähnte, das Wetter war ausgesprochen gut, kein Seegang, wo sich der Körper im Wasser anders verhält. Was ich bei diesem ersten Test nicht wußte: Schiffsarzt Dr. T. besaß über diesen Dingen überhaupt kein Wissen und war auch nicht vorbereitet.

Im nachhinein kann ich ruhigen Gewissens sagen, daß er sogar „fahrlässig" handelte. Wäre ich zu dieser Erkenntnis früher gekommen, so hätte ich den zweiten Test auf jeden Fall abgelehnt. Dazu aber später. Wir mit der „Poseidon" versorgten einige Fischdampfer auf der „Dohrn-Bank", die auf Rotbarschfang waren, danach dampften wir zum Gros der Flotte an die Labrador-Küste zur „Hamilton-Bank". Nach einigen Tagen war es soweit. Wir begegneten den ersten kleinen Treibeisfeldern und vereinzelten Eisbergen. Danach wurden die Eisfelder kompakter, am Ende liefen wir in das geschlossene Eisfeld und näherten uns der Fischereiflotte. Wir vernahmen über UKW-Funk die Stimmen der deutschen Fischdampfer-Kapitäne. Nach einigen Stunden tauchten am Horizont die ersten Mastspitzen auf, danach sahen wir die ganze „Armada": West- und Ostdeutsche, Polen, Russen, Franzosen und Spanier. Ich bekam einen „Kloß" im Hals. Dort waren die stolzen Schiffe, die „Jäger der Meere", zu denen ich noch vor zwei Jahren gehörte. Es ist schon seltsam, was in einem Menschen so vorgeht. Meine „innere Bewegung" konnte ich niemandem mitteilen, wozu auch? Wer hätte es verstanden? Wie heißt es doch: „Wie es drinnen aussieht geht niemand was an."

An diesem Abend, nach Beendigung meiner Wache um 24.00 Uhr, habe ich meinen „inneren Kummer" mit einigen Gläschen gutem Whiskey heruntergespült.

Anderentags begann die Versorgung der Schiffe. Zuerst mußten wir ein eisfreies Wasserloch finden, wo unser Arbeitsboot manövrieren konnte. Das Arbeitsboot war den ganzen Tag beschäftigt. Es wurden Ersatzteile, Proviant und verschiedene Dinge, die wir aus Cuxhaven mitbrachten, an die Fabrikschiffe abgegeben. Auch einige Männer der Fabrikschiffe benötigten ärztliche Hilfe. So ging es vom Hellwerden bis in die späten Abendstunden. Das F.S.B. „Poseidon" und seine Männer waren im wahrsten Sinne „Mädchen für alles". Ich selbst konnte mich mal wieder mit meinen ehemaligen Kapitänskollegen unterhalten. Mein ehemaliger „Seegefährte" Paul Joswig, mit dem ich einige Jahre auf Schiffen zusammengearbeitet habe, war als Kapitän mit dem Neubau „Scombrus" auf dem Fangplatz. In meiner Freiwache nutzte ich eine

Gelegenheit und ließ mich während eines Versorgungsmanövers auf dem F.M.S. „Scombrus" absetzen. Nach zwei Jahren war es ein herzliches Wiedersehen. Jetzt, gerade jetzt auf diesem Neubau, tat es Paul leid, daß ich nicht mit ihm zusammen auf das F.M.S. „Scombrus" gegangen bin. Paul war mit seinem „Wachsteuermann" überhaupt nicht zufrieden. Er beschwor noch die Zeit herauf, als wir beide in allen Belangen uns vollkommen ergänzten. Aber das gehörte der Vergangenheit an. Daß ich die Hochseefischerei verlassen hatte, war nicht meine Schuld, sondern der Abbau der „deutschen Fangfabrikschiffe". Die Zukunft in dieser Branche sah düster aus. Nach zwei Stunden Aufenthalt auf dem F.M.S. „Scombrus" holte mich das Schlauchboot wieder ab. Ich verabschiedete mich von meinem ehemaligen Kapitän Paul Joswig. Das war das letztemal, daß ich ihn sah. Drei Jahre später ist Paul 44jährig an einem Herzinfarkt verstorben. Die Anspannung, der Streß, der tägliche Kampf um „Tagesproduktionen", der konkurrierende Wettkampf unter den Kapitänen der Fabrikschiffe, das alles hat zu Pauls Herzinfarkt beigetragen.

Einige Tage versorgten wir die Fischereiflotte, da erreichte uns die Notmeldung eines spanischen Trawlers. Dort hatte sich ein schwerer Unfall ereignet. Beim Hievvorgang waren aus unerklärlichen Gründen dem Chief-Ingenieur des Spaniers fast beide Beine abgetrennt, größte Eile tat Not. Das F.S.B. „Poseidon" dampfte mit „voller Fahrt" durch das Eisfeld zur Unfallposition. Nach drei Stunden waren wir am Ort. Unser Arzt Dr. T. und der Heilgehilfe K. machten sich mit allerlei Verbandszeug und anderen medizinischen Dingen bereit zum übersetzen. Vorher mußten wir eine „Bootsbahn" in das Eis pflügen, damit das Boot im „freien Wasser" zum Spanier hinüber konnte. Nach einer halbstündigen Erstversorgung rief Dr. T. über UKW-Funk an und bat Kapitän A. der „Poseidon", über Funk einen Hubschrauber anzufordern, der Schwerverletzte benötige dringend „klinische Versorgung", sonst bestehe Lebensgefahr für den Verletzten. Der nächste Flughafen war Ganders auf der kanadischen Insel Neu-Fundland. Unser Bordfunker setzte sich mit dem Flughafen Ganders in Verbindung und schilderte diesen Notfall. Einen Hubschrauber hatten sie dort nicht zur Verfügung, aber schnelle Hilfe war notwendig, hier ging es um ein Menschenleben. Wir mit dem F.S.B. „Poseidon" konnten den Hafen St. Johns auf Neu-Fundland nicht schnell genug erreichen, denn von der Unfallposition bis zum Hafen war das Meer mit Eis bedeckt. Wir erhielten von St. Johns die Nachricht, daß sich der kanadische Eisbrecher „John Cabot" irgendwo „draußen" befände und die Order erhalten habe, uns entgegenzudampfen.

Der Eisbrecher sollte den Schwerverletzten mitsamt unserem Arzt und

Heilgehilfen nach St. Johns bringen. Vorerst nahmen wir den Schwerverletzten zu uns an Bord. Von unserer Funkstation wurden Peilsignale abgegeben, damit der Eisbrecher uns „anpeilen" und so den genauen Kurs auf uns halten konnte. Die Positionen beider Schiffe wurden laufend ausgetauscht und auch in Abständen Peilsignale gegeben. Nach sechs Stunden quälender Eisfahrt kam die „John Cabot" in Sicht. Wie aber in diesem zusammengeschobenen Eis ein Boot mit dem Verletzten aussetzen? Der Eisbrecher manövrierte sich ganz langsam an die „Poseidon" heran.

Durch Betätigung des vorderen „Bugstrahlruders" schob „John Cabot" das Eis seitwärts weg, wir erhielten eine kleine freie Wasserstelle, setzten mit unserem Boot Arzt, Heilgehilfen und den Schwerverletzten zum Eisbrecher über. Das alles geschah sehr schnell. Der Bootsführer und sein Hilfsmann waren ein „eingespieltes Team", alles klappte reibungslos. Als der Schwerverletzte samt Arzt und Heilgehilfen auf dem Eisbrecher „John Cabot" waren, preschte dieser los, als ob es hier gar kein Eis gäbe. Nach einer Stunde war er unseren Blicken entschwunden. Welche enorme Maschinenkraft mußte der Eisbrecher haben, um mit solcher Geschwindigkeit durch das Eis zu preschen? Wir mit dem F.S.B. „Poseidon" folgten dem Eisbrecher nach St. Johns, um unseren Arzt und Heilgehilfen wieder an Bord zu nehmen. Mit unserer Geschwindigkeit im Eis war es nicht „weit her", wir konnten uns nur maximal mit 6–7 Knoten Fahrt pro Stunde durch das Eis bewegen. Auch diese Fahrtgeschwindigkeit war manchmal zu hoch. Wenn größere „dicke Brocken" auf unserer Kurslinie lagen, mußte der Kurs geändert werden, sonst bestand Gefahr für unseren Vordersteven. In der Nacht mußte die Fahrt trotz der zwei „Eisscheinwerfer", die unsere Kurslinie „ausleuchteten", zurückgenommen werden, um Eisschäden zu vermeiden. Nach eineinhalb Tagen erreichten wir den Hafen St. Johns, die Eisverhältnisse hatten uns aufgehalten. In St. Johns blieben wir mit dem F.S.B. „Poseidon" 24 Stunden liegen. St. Johns ist die Hauptstadt der Insel.

Die Stadt ähnelt eher einem Provinzstädtchen als einer Hauptstadt. Die Insel wurde im Jahre 1497 von dem italienischen Seefahrer Giovanni Caboto (engl. John Cabot) entdeckt, erhielt 1855 Selbstverwaltung und Dominionstatut, seit 1949 ist sie die kanadische Provinz „Terranova". St. Johns ist ein Naturhafen, d.h. er liegt in einer großen Bucht, die durch eine sehr schmale Einfahrt gesichert ist. Das Hafenbecken weist eine enorme Größe auf. Ich persönlich kannte St. Johns noch aus der Zeit, als ich das Fabrikschiff „Hans Pickenpack" als Kapitän führte. Dort habe ich Gasöl gebunkert und unseren Proviant ergänzt. In dieser Stadt habe ich auch eine angenehme Bekanntschaft gemacht.

Durch eine mir bekannte Familie lernte ich die Schwester des bekannten österreichischen Tibet-Forschers Heinrich Harrer kennen, die in St. Johns ein Möbelgeschäft leitete. Bei späteren Hafenaufenthalten mit einem Forschungsschiff in St. Johns habe ich durch diese Familie nette Stunden erfahren.

Unser Bordarzt und Heilgehilfe kamen wieder an Bord, das F.S.B. „Poseidon" nahm erneut Kurs auf die „Hamilton-Bank" an der Labradorküste. Der Rückweg zur Fischereiflotte war noch beschwerlicher als vor vier Tagen. Das Eis war noch kompakter geworden, wir mußten größere Umwege fahren, um die Flotte zu erreichen. In meiner Freiwache spielte ich mit dem Bordarzt oft eine Partie Schach. Bei dieser Gelegenheit erfuhr ich, daß dem schwerverletzten Spanier das rechte Bein amputiert werden mußte. Ob das linke Bein zu retten war, war sehr ungewiß.

Ein Fischermann-Schicksal! Aber sein Leben war gerettet, nur das zählte. Das F.S.B. „Poseidon" war wieder bei der Fischereiflotte angelangt, wir leisteten ärztliche Hilfe, wo es Not tat. An einem Nachmittag, das Meer war ganz ruhig, nur etwas Dünung, die Wassertemperatur betrug 0°, bat ich Kapitän A., den zweiten „Test" mit den „Überlebensanzügen" in dem extrem kalten Wasser durchzuführen.

Kapitän A. lehnte meine Bitte ab. Nach sechs Wochen Einsatz im Nordatlantik erschien das zweite Hospitalschiff, das F.S.B. „Frithjof", auf der Hamilton-Bank, um uns abzulösen. Wir verabschiedeten uns von der Fischereiflotte und traten die Heimreise an. Die Atlantiküberfahrt verlief gut. Mir stand noch der zweite Test mit dem Überlebensanzug bevor. An einem späten Nachmittag, etwa 100 Seemeilen vor den Hebriden-Inseln, sollte endlich der zweite Test stattfinden. Wir, die Testpersonen, bereiteten uns vor. Matrose Armin L., der bereits den ersten Test mit mir zusammen unternommen hatte, wurde vom Arzt abgelehnt, weil er am Abend vorher etwas Alkohol getrunken hatte. An seine Stelle trat der Matrose B. Das F.S.B. „Poseidon" stoppte, das Arbeitsschlauchboot mit dem Bootsführer und uns zwei Testpersonen wurde zu Wasser gelassen. 50 Meter vom Schiff stoppte das Boot, auf mein Kommando „hinein" ließen wir uns in das +5° kalte Wasser fallen. Was dann geschah, ist kaum zu glauben. Dieser um viele Jahre jüngere Matrose B. kam in Panik und schrie: „Holt mich raus, holt mich raus!" Es war vorher abgesprochen, daß das Schlauchboot immer bei der im Wasser treibenden Person bleiben sollte.

Die Schlauchbootbesatzung zog den Matrosen B. in das Schlauchboot und fuhr zum Schiff zurück, um einen zweiten Mann für den Test vorzubereiten. So trieb ich nun allein im Meer bei einer Wassertemperatur von nur +5° und einer Windstärke um 4. Was jetzt kam, war der wahre Horror! Das Wetter änderte sich ganz plötzlich, es kam eine starke Bö mit Windstärke 7 und starkem Schneetreiben!

Wie lange ich im Meer trieb, weiß ich nicht. Plötzlich und ganz unerwartet griffen mich Möwen an. Ich konnte es fast nicht glauben, aber sie zielten auf mein Gesicht! Ich wiegte mich in der Hoffnung: „An Bord weiß man ja wo ich bin, oder?" Jetzt kam vieles auf einmal zusammen. Die Wellen türmten sich auf, durch die Abwehrbewegungen der Arme gegen die Möwenattacken und die starke Bewegung der See kam ich oft in die Seitenlage, das erwärmte Wasser lief aus dem Anzug, so lag ich immer im kalten Wasser von + 5°. Wenn eine Welle mich anhob, versuchte ich krampfhaft das Schiff zu erspähen, versuchte ein Zeichen zu geben. Vergebens!

Ich sah das Schiff nicht, und sie hatten mich in dem Schneetreiben aus den Augen verloren. In solch einer fast ausweglosen Situation lief vor meinem geistigen Auge ein Film meines Lebens ab. Zweimal wir ich in meiner langen Seefahrt dem Tode knapp entronnen. Das erstemal, als ich auf dem Fischdampfer „Württemberg" von einem Eisbrocken auf den Kopf getroffen wurde und nicht in das Meer, sondern an Deck fiel, das zweitemal, als ich mit dem kleinen Schlauchboot in die Schiffsschraube des F.M.S. „Altona" geriet, die mich hätte zermalmen können. Beide Male hatte ich Glück und wurde dem Leben zurückgegeben, aber diesmal? Ich fühlte, das wird das Ende sein!

Ein Schwarm Möwen griff immer aggressiver an, ich mußte mein Gesicht schützen. Ich fühlte, wie ich von den Beinen her langsam „abstarb"! Seltsam; es ist ganz leicht, sich innerlich zu verabschieden, wenn man als Seemann feststellt: Auf See zählt nicht wer du warst und was du darstellst, auf See zählt nur wie gut du als Seemann deine an dich gestellte Aufgabe erfüllt hast. Ich war der Meinung, meine Aufgaben gut erfüllt zu haben, dann versank ich in ein „dunkles Loch". Im Unterbewußtsein merkte ich, daß mehrere Hände den Versuch machten, mich in das Schlauchboot zu ziehen. Ich selbst war zu keiner Bewegung fähig. Wie lange ich im Meer verbracht hatte, sagte man mir später nicht. Das Boot wurde an Bord gehievt, zwei starke Matrosen „schleiften" mich in das Bordhospital. Was dann passierte, mag begreifen wer will, nur kein Arzt! Dr. T. ließ mich vollkommen entkleiden und setzte mich zum „Auftauen" unter eine heiße Dusche! Doch dieses noch nicht genug, ich mußte fast einen halben Liter heißen Punsch trinken! Nach der Dusche, nach dem Punsch kam der „Schock"! Das Meer hatte mir mein Leben nicht genommen, aber dieser Mensch, der sich „Arzt" nannte, hätte es beinahe geschafft. Mein Körper bäumte sich auf, alles in mir, alles an mir zitterte und flatterte. Nach einer Stunde Zittern und Flattern stabilisierte sich mein Kreislauf ganz allmählich. Ich durfte mich in meine Kammer begeben und wurde für 24 Stunden vom Wachdienst auf der Brücke befreit.

Im nachhinein stellte ich mir die Frage: Wie konnte es geschehen, daß Kapitän A. und der Schiffsarzt Dr. T. auf diese „Tests" so schlecht vorbereitet waren? Wer mit einem Menschenleben so leichtfertig umgeht, hat kein Recht, solche „Tests" durchzuführen. Als Kapitän nicht und nicht als Arzt.

Seltsamerweise habe ich in den nächsten Tagen von diesem „Beinahe-Unfall" nichts erfahren. Alle waren angehalten, mir gegenüber zu schweigen. Das wahre Ausmaß meines „Beinahetodes" habe ich dann doch vom Bordmeteorologen erfahren, der mir berichtete, daß die Schiffsführung mich in dem Schneetreiben vollkommen verloren hatte und daß ich nur durch einen „Zufall" wiedergefunden wurde.

Viele Jahre später hat mir der damalige Koch Otto Stecher der „Poseidon" bestätigt, daß es nur einem Zufall zu verdanken war, daß man mich wiederfand!

Nach 24 Stunden trat ich meine Brückenwache wieder an. Das Erlebte verfolgte mich noch einige Tage. Ich war davongekommen, und diesen Herren, die Verantwortung trugen, im nachhinein Vorwürfe machen, das konnte ich nicht. Es war fahrlässig aber nicht absichtlich geschehen. Innerlich habe ich diesen Herren nicht verziehen.

Die Einsatzreise mit dem F.S.B. „Poseidon" war zu Ende. Wir liefen Ende März 1977 in Cuxhaven ein, und hier endete für mich die „Episode Poseidon".

Die Dienststelle in Hamburg beorderte mich zurück auf das F.F.S. „Walther Herwig", welches ich in der Zukunft nicht mehr verlassen sollte. Das heißt, ich gehörte fortan zur „Stammbesatzung" des Schiffes.

Im Jahre 1977 wurden die Forschungsreisen des Schiffes so geplant, daß für das Schiff vor dem Auslaufen im September in die Antarktis noch eine Werftliegezeit zum Überholen möglich war. Ich freute mich sehr auf diese zweite Antarktis-Expedition.

Als „Basishäfen" waren zuerst Buenos Aires, später Mar del Plata in Argentinien vorgesehen. Ich hatte in der letzten Zeit mein „Spanisch-Eigenstudium" intensiviert und sprachlich gute Fortschritte gemacht. Ich freute mich auf das erste Zusammentreffen mit den Argentiniern. Im September 1977, nach einer drei Wochen Werftzeit, dampften wir mit dem F.F.S. „Walther Herwig" nach Hamburg. Bei dieser 14-Monats-Expedition sollte uns das Fischerei-Fabrikschiff „Julius Fock" der Reederei „Fock & Pickenpack" als Begleitschiff in die Antarktis begleiten. Beide Schiffe sollten gemeinsam zu dieser Expedition auslaufen. Die Schiffe lagen hintereinander im Fischereihafen an der Pier von Hamburg-Altona. Der Tag des Auslaufens war da. „Hohe Herren" aus dem

„Ministerium für Ernährung, Landwirtschaft und Forsten" waren angereist, um dem Auslaufen beider Schiffe den richtigen Rahmen zu geben. Bereits in der Frühe mußten wir Offiziere unsere „blaue Galauniform", die Deckbesatzung weißes Oberhemd und blaue Hosen anziehen. Alles hatte einen feierlichen Rahmen. Reporter von Funk und Fernsehen waren erschienen, um vom Beginn der zweiten Antarktis-Expedition zu berichten. Zwei Herren vom Ministerium für Ernährung, Landwirtschaft und Forsten hielten Reden, um die Wichtigkeit der Forschungsreise hervorzuheben. Am frühen Nachmittag hieß es „Leinen vorne und achtern los". Beide Schiffe, das F.F.S. „Walther Herwig" und das F.M.S. „Julius Fock", begaben sich auf eine 7000 Seemeilen lange Seereise. Für diese 14-Monate-Antarktis-Argentinien-Forschungsreise erhielt das F.F.S. „Walther Herwig" eine „nautische Neuerung", die für unsere Positionsbestimmung auf See eine Revolution bedeutete. Das Schiff erhielt eine „Satelliten-Navigationsanlage". In der Antarktis-Region und an der argentinischen Küste kann man nicht mit „Decca" oder „Loran C. System" navigieren, wie es gängige Praxis war, für diese Systeme gab es auf der Südhalbkugel keine Sendestationen. Wir nautischen Offiziere haben auch die „astronomische Navigation" reichlich in Anspruch genommen, die auch bei anderen Forschungsreisen beibehalten wurde. Aber Sonne und Gestirne sind nicht immer „präsent", so war die „Satelliten-Navigationsanlage" schon etwas Besonderes.

Wir passierten die Westfriesischen Inseln, durchfuhren den Englischen Kanal, steuerten südlichen Kurs durch die Biskaya in Richtung der Kanarischen Inseln. Es waren die letzten Sommertage auf der Nordhalbkugel, wir liefen aus dem bereits herbstlichen Norden in den Frühling der Südhalbkugel. Je weiter wir nach Süden kamen, um so wärmer wurde es. Wir näherten uns den Kanarischen Inseln, einige ganz Mutige begannen ihre selbstgemachten Hängematten aufzuspannen, um in ihrer Freizeit die wärmenden Sonnenstrahlen zu genießen und sich zu „bräunen". Nach dem Passieren von Cabo Sao Vicente, dem letzten Zipfel der portugiesischen Küste, sagten wir dem europäischen Festland „ade". Nach Passieren der Kanarischen Inseln Lanzarote und Fuerteventura liefen wir in den kalten Kanarenstrom und in die Passatwinde, die andauernd aus Nord-Ost bliesen, so daß das Schiff immer vor dem Wind lief.

Unser nächstes Ziel war der Hafen Mindelo auf den Kapverdischen Inseln (Cabo Verde). Anfangs erwähnte ich es schon, daß ich an Bord für die „nautische Ausrüstung" Verantwortung trug, d.h. für jedes Gebiet, für jeden Hafen, der bei der Überfahrt nach Buenos Aires in Frage kam, mußten See- und Hafenkarten an Bord sein. Außer den Signalflaggen mußten auch alle Nationalfahnen der Länder an Bord sein, die wir eventuell anlaufen könnten. Beim Einlaufen in einen fremden Hafen muß zu Ehren und zur Begrüßung des Landes die jeweilige National-fahne gehißt werden.

Vor dem Auslaufen aus Hamburg wußte ich es bereits, daß wir den Hafen Mindelo auf den Kapverden anlaufen würden. Ich bemühte mich, die Nationalfahne der Inseln zu beschaffen, das war nicht möglich. Seit 1975 waren die Kapverden ein selbständiger Staat, keine Firma, die in Deutschland Nationalfahnen herstellte, wußte, wie die Nationalfahne des Inselstaates aussah!

Für diese Firmen waren die Inseln wahrscheinlich nur ein Zwergstaat! Wie sieht es dort mit der Bevölkerung aus? Na, so um die 350 000 zumeist afrikanischer Herkunft, und die Hauptstadt? Ach ja, sie heißt Praia und liegt auf der Hauptinsel S. Tiago.

Wenn die Fahnenhersteller in der Bundesrepublik so wenig über den Zwergstaat wußten, so war es doch keine „Lücke in ihrer Bildung", oder? Ich fand es peinlich. Nein, davon geht die Welt nicht unter, aber für ein Schiff der Bundesregierung, welches das F.F.S. „Walther Herwig" war, eine unangenehme Sache. Die Kap Verden liegen etwa auf 15° nördlicher Breite (etwa 1660 km vom Äquator), das heißt, dort ist es immer sehr warm. Es kam der Tag, an dem das F.F.S. „Walther Herwig" vor der Hafeneinfahrt von Mindelo ankam.

Der Hafenlotse, der uns sicher in den Hafen lotsen sollte, brachte auf unsere Bitte die Nationalfahne der Kap Verden mit. Wir konnten das Land ehren und grüßen. Als „Botschafter der Bundesrepublik" wurden wir in Mindelo mit großen Ehren empfangen. Es erschienen viele „hohe Herren", sie gaben sich die Ehre, uns zu begrüßen. Für den Publikumsverkehr war der Hafen gesperrt und wurde streng bewacht. Zivilisten hatten keinen Zutritt.

Bei uns an der Gangway postierte man eine Wache, aus welchen Gründen auch immer. Im Hafen wurden „bordseitig" ein nautischer Offizier und ein Matrose als Sicherheitswache eingeteilt. Der Rest der Besatzung konnte sich die Stadt ansehen. Auch ich wollte mir die Inselstadt ansehen. Es wurde uns geraten, uniformiert in die Stadt zu gehen. Als ich die Hafenwache passierte, kam ein etwa zwölfjähriger Junge auf mich zu und fragte, ob ich einen „Boy" benötige.

Ich verneinte. Der Junge war aber anderer Meinung und machte mir klar, daß ein jeder Offizier einen „Boy" haben müsse! Allein schon aus dem Grunde, wenn mich andere „Boys" verfolgten und „belästigten", diese abzuwimmeln. Außerdem, wenn ich etwas kaufen wollte, zieme es sich nicht für einen Offizier, dieses dann selbst zu tragen. Er wolle auch jeden Befehl ohne wenn und aber ausführen. Das waren seine Argumente. Diesen Argumenten hatte ich nichts entgegenzusetzen und nahm ihn als „meinen Boy".

Sobald ich mich vom Schiff fortbewegte, stand „mein Boy" Miguel an meiner Seite. Im nachhinein stellte ich fest, daß Miguel tatsächlich recht hatte, denn in Mindelo wurde man als Fremder tatsächlich von Kinderscharen oder Halbwüchsigen stark bedrängt, die bettelten oder aggressiv ihre Dienste anboten. Miguel wehrte alles geschickt ab und „marschierte" immer stolz an meiner Seite. In Miguel hatte ich einen guten „Companero" gefunden. Er war ein lustiger, unbekümmerter Junge mit dunklem Kraushaar, sehr lebendigen braunen Augen und führte mich überall hin, wo ich hinwollte, und nannte mich „Commandante". Was mich besonders erstaunte, war seine Ehrlichkeit. Wenn wir in der Stadt waren, kaufte ich ihm Kleingebäck und Süßigkeiten, wovon er immer ein Teil in einen kleinen Beutel steckte und mit nach Hause nahm.

Wenn er mich bis zum Schiff begleitete (Kinder durften in den Hafen), wartete er immer an der Gangway, an Bord durfte er nicht. Der Kühlschrank bei uns war immer gut gefüllt, so machte ich für Miguel „ordentlich belegte Brotstullen" zurecht und brachte sie ihm an die Gangway, die er mit gutem Appetit verspeiste.

Nach zwei Tagen Aufenthalt in Mindelo mußten wir uns trennen, wir liefen wieder aus. Ich gab „meinem Boy" für seine treuen Dienste 20 DM. Er war erstaunt und meinte, für zwei Tage sei das zuviel. Aber wenn „sein Commandante" meine, daß seine Dienste 20 DM wert waren, dann wolle er das Geld doch nehmen. Bestimmt hatte seine Familie dieses Geld nötig. Bevor wir Mindelo verließen, schickte ich meiner lieben Frau einen mehrseitigen Brief nach Deutschland.

Das F.F.S. „Walther Herwig" verließ Mindelo, wir nahmen Kurs auf die brasilianische Küste. Unser nächstes Ziel war Buenos Aires in Argentinien. Von Hamburg auslaufend, begleitete uns an Bord ein Fischereibiologe Dr. Tilman P. Dieser Herr und ich beschlossen, während der drei Wochen Überfahrt die Zeit zu nutzen, um die spanische Sprache noch besser zu erlernen. Ich hatte bei dieser Überfahrt die 0.00–4.00 Uhr und 12.00–16.00 Uhr Brückenwache. Wenn meine Wache um 16.00 Uhr beendet war, trafen wir uns in meiner Kammer, um bis 18.00 Uhr spanisch zu lernen. Auch Tilman, wie ich ihn nannte, konnte bereits ganz gut spanisch. Wir beide machten gute Fortschritte, wurden aber von einigen „belächelt", weil sie der Meinung waren, dies bräuchte man nicht, was sich später als großer Irrtum herausstellte. Die Südamerikaner „pfeifen" auf die englische Sprache und verwenden in allen Belangen ihre eigene, die spanische Sprache. Wie ich es in den nächsten Jahren feststellte, war meine Eingebung, spanisch zu lernen, für mich eine große Bereicherung. Ich habe viele Menschen kennengelernt und konnte in der Landessprache nette Gespräche führen. Darauf komme ich später noch zurück. Nach einigen Tagen erreichten wir die brasilianische Küste. Einer unserer Matrosen klagte über starke Leibschmerzen. Unser Bordarzt, Dr. H., diagnostizierte „wieder" Blinddarmentzündung. Jetzt mußte ein brasilianischer Hafen angelaufen werden. Kapitän Theodor F. entschied sich für den Hafen Salvador (früher Bahia). Ausgerechnet für diesen Hafen hatte ich vor dem Auslaufen aus Bremerhaven keine Hafenkarte beschafft. Natürlich gab es Ärger. Der I. Offizier Edwin L., ein guter Nautiker und Seekartenzeichner, fertigte in kurzer Zeit eine maßstabgetreue Hafenkarte an, der Ärger war behoben. Wir liefen in eine Bucht ein und gingen auf der Hafenreede vor Anker. Der kranke Matrose wurde von einer Hafenbarkasse abgeholt und auf dem Luftweg nach Deutschland transportiert. Vor zwei Tagen hatten wir von Norden kommend den Äquator überquert, das war für uns sehr wichtig, denn wir verließen die nördliche Hemisphäre. Leider gab es keine Äquatortaufe, weil alle, die sich an Bord befanden, bereits „getauft" waren. Das F.F.S. „Walther Herwig" verließ die Reede von Salvador und dampfte an der brasilianischen Küste südwärts in Richtung La-Plata-Mündung. Bei der ganzen Überfahrt hatten wir uns der „Bräunung" hingegeben. Kein Besatzungsmitglied wollte als „Weißkäse" in Buenos Aires ankommen. In Äquatornähe, ob nördlicher oder südlicher davon, war es um die Mittagszeit nicht ratsam, sich in eine Hängematte zu legen. Man konnte sich schnell einen Sonnenbrand oder gar einen Sonnenstich holen.

Anfang Oktober 1977 erreichte das F.F.S. „Walther Herwig" die Mündung des Rio de la Plata. Weiter stromaufwärts lag das Lotsenschiff. Die Lotsenstation heißt „La Plata Recalada". Wir nahmen einen argentinischen Lotsen, der uns bis nach Buenos Aires lotste. Nach einigen Stunden Fahrt stromaufwärts tauchte die „Sky-Line" der Stadt auf. Mit seinen damals im Jahre 1977 12 Millionen Einwohnern war Buenos Aires die größte Stadt und der größte Hafen Argentiniens. (Die Stadt selbst wurde im Jahre 1535 vom spanischen Adligen Pedro Mendoza gegründet. Vom Jahre 1776 bis 1810 war Argentinien spanisches Vizekönigreich. Der Vizekönig wurde im Jahre 1810 abgesetzt, 1816 folgte die Unabhängigkeitserklärung.) Im Jahre 1977 war in Argentinien eine „Militär-Junta" an der Macht. General Videla war der „Junta-Chef" und regierte Argentinien mit „eiserner Hand". Der Hafen von Buenos Aires ist sehr groß und besteht aus mehreren Hafenbecken. Für die „zivile Welt" war der gesamte Hafen absolutes Sperrgebiet, wer in den Hafen wollte oder dort beschäftigt war, mußte im Besitz eines „Pasport de Puerto" sein.

Auch die gesamte Besatzung der „Walther Herwig" erhielt so einen „Spezialausweis" mit Lichtbild und eingetragenem Dienstgrad. Bevor es weiter zur Antarktis ging und die Wissenschaftler eingeflogen wurden, sollten wir hier eine Woche liegen bleiben.

In dieser Woche wollte ich mir die Stadt genau ansehen. Die Stadt Buenos Aires? Eine riesige Metropole mit schnurgeraden Straßen, neben diesen bestimmen die „Avenidas", die sogenannten Prachtstraßen, das Stadtbild. Besonders schön war, daß es nicht die riesigen unpersönlichen Einkaufszentren gab, mittlere Geschäfte mit wunderbarem Flair und Service, die Bedienung sehr nett und freundlich. Das Hauptverkehrsmittel in der Stadt ist das Taxi, von denen es wohl viele Tausend geben muß. Die Beförderung ist nicht teuer, und die „taxistas" kannten sich in ihrer Stadt sehr gut aus. Sie machten auch für Fremde (extranjeros) keine Umwege, um mehr Taxigeld zu kassieren. In dieser Branche herrschte Ehrlichkeit.

In der Stadt wollte ich mir die „casa rosada" (rosa Präsidentenpalast, wo einst das Volk Evita Peron zujubelte) und den „palacio congreso" (Kongreß-Palast) ansehen.

Beides sollten sehr schöne Bauten sein. Vor allen Dingen der „palacio congreso" sollte ein Prachtbau sein. Ich bestieg vor dem Hafentor ein Taxi und nannte dem Fahrer mein Ziel. Wir kamen in eine sehr belebte Verkehrsstraße. In Buenos Aires wird der Stadtverkehr auch durch Verkehrsampeln geregelt. Aber kein Autofahrer hält sich daran, jeder fährt so, wie es ihm gerade paßt. Bei Autounfällen, wo keine Personen zu Schaden kommen, erscheint niemals die Polizei.

Vor uns fuhr ein argentinischer Geschäftsmann, „Chevrolet-Limousine", grauer Anzug, auf dem Kopf ein teurer Hut. Die Autokolonne vor uns mußte aus welchem Grund auch immer stoppen. Mein Taxifahrer paßte nicht auf und fuhr der „Chevrolet-Limousine" eine gehörige Beule in die hintere Stoßstange. Was passierte jetzt? Absolut nichts! Der Taxifahrer gab einige spanische Flüche von sich, der Geschäftsmann in der Limousine drehte sein hutgeschmücktes Haupt, schaute den Taxifahrer nur ungläubig an und schüttelte den Kopf! Das war alles. Niemand regte sich auf. Kein Fahrer stieg aus seinem Wagen, um den Schaden zu begutachten. Scheinbar zählen in Buenos Aires die Beulen am Auto wie die Narben eines tapferen Kriegers.

Ich war jetzt in Argentinien und wollte auch meine spanischen Sprachkenntnisse prüfen. Als erstes verwickelte ich am Haupttor die Hafenposten in ein Gespräch. Die „soldados" staunten nicht schlecht, daß ein „oficial de alemania" (deutscher Schiffsoffizier) sie in der Landessprache ansprach. Es kam eine nette Plauderei zustande. Sie fragten, aus welchem deutschen Hafen wir kämen, was wir vorhätten und vieles mehr. Wir Deutschen waren bei den Argentiniern sehr gut angesehen. Wenn ich den Hafen verließ, nahm ich für die Wachsoldaten immer ein paar Schachteln Zigaretten mit, die sie auch dankend annahmen. Ihr Militärsold reichte nicht weit. Am „puerta principal" (Haupttor des Hafens) standen meist vier bis fünf Soldaten mit Maschinenpistolen bewaffnet Wache. Warum das Hafengelände so hermetisch abgeriegelt war, wußten die Soldaten auch nicht. Es war eben ein Befehl der „gobierno militar" (Militär-Regierung). Die Zeit in Buenos Aires verging sehr schnell. Zwei Tage vor unserem Auslaufen in Richtung Antarktis trafen auf dem Luftweg auch die Wissenschaftler ein. So konnten sie sich an Bord „einleben" und auch ein wenig die Stadt und deren Sehenswürdigkeiten kennenlernen. Nachdem alles abgewickelt war, hielt uns nichts mehr in Buenos Aires. Das F.F.S. „Walther Herwig" verließ zusammen mit dem F.M.S. „Julius Fock", welches zwei Tage später im Hafen eingelaufen war, den Hafen zum ersten Fahrtabschnitt der 14-Monat-Forschungsreise. Wieder steuerten wir mit Lotsenbegleitung den Rio de la Plata abwärts. Bei „La Plata Recalada" setzten wir den Lotsen ab und nahmen Kurs auf das offene Meer. Nach Erreichen des Atlantiks steuerten wir auf die Falkland-Inseln zu. Am Nachmittag des nächsten Tages erfolgte für die Wissenschaftler die altbekannte „Sicherheitsbelehrung". Tags darauf gab es ohne Ankündigung des Kapitäns „Generalalarm" für alle Besatzungsmitglieder. Zuerst eine Feuerlöschübung. Als das simulierte Feuer gelöscht war, folgte ein Bootsmanöver. Steuerbord- und Backbord-Doppelschlauchboote wurden zu Wasser gelassen, „bemannt", danach eine längere Zeit „Bootspullen" (Rudern) geübt. Bevor es endgültig in die antarktischen Gewässer ging, lief das F.F.S. „Walther Herwig" den Hauptort der Falkland-Inseln Port Stanley an. In der Hafenbucht gingen wir vor Anker. Es wurde ein stündlicher Bootsverkehr „Schiff–Land und zurück" bordseitig eingerichtet. So konnte ein jeder, der keinen Wachdienst hatte, sich den Ort und seine Umgebung ansehen. Auf den Falkland-Inseln (spanisch: malvinas) wohnen etwa 2000 Menschen, die hauptsächlich vom Gemüse-, Hafer-, Gersteanbau sowie Schafzucht und Fischerei leben. Auch die weit entfernte Insel South Georgia gehört verwaltungsmäßig zu den Falkland-Inseln.

Auch ich habe mir den Ort, der einem mittleren Dorf ähnelte, angesehen. Da waren das Gouverneurshaus, eine kleine Kirche und ein Shop, wo der ganze Ort seine Einkäufe tätigte. Außerdem ein typisch englischer „Pub", wo man für ein paar Penny (fast umsonst) einen doppelten guten Whisky trinken konnte. Am Ende des Pubs ein offener Kamin, der mit Torf aus dem Inselabbau beheizt wurde. Das Mobiliar sehr kunstvoll, der ganze Pub strahlte eine bestimmte Würde aus, es herrschte ei-

Antarktis. F.F.S. „Walther Herwig" vor der argentinischen Antarktis-Station Esperanza. Foto: Dr. S. Ehrich

ne „heimelige Gemütlichkeit". Nachdem mein Kollege, der II. nautische Offizier Heinrich J., und ich einige doppelte Whiskys gekippt hatten, suchten wir schleunigst das Weite, denn wenn wir uns eine Stunde in dem Pub aufgehalten hätten, wären wir mit einem Vollrausch an Bord zurückgekehrt.

Der Besuch in Port Stanley war nur als Grußbotschaft gedacht. Für dieses weitab gelegene Stückchen Erde war es eine Abwechslung, ein so großes Forschungsschiff im Hafen zu begrüßen. Nachdem wir Port Stanley verlassen hatten, steuerten wir das Meeresgebiet um die South-Shetland-Inseln an. Wenn in diesem Gebiet die Forschungsarbeiten abgeschlossen waren, sollte es weiter in die Weddell-See gehen.

Auch diese Expedition galt in erster Linie der Erforschung des Krills (euphausia superba), um ihn der menschlichen Nahrungskette zuzuführen.

Nach einer dreiwöchigen Forschungstätigkeit um die Inselgruppe und anderen Positionen war ein Besuch der argentinischen Antarktis-Basis „Esperanza" (Hoffnung) vorgesehen. So eine Abwechslung tat den Wissenschaftlern und der Besatzung gut. Es gab immer vieles zu sehen und zu bestaunen. Eines Tages tastete sich das F.F.S. „Walther Herwig" ganz langsam an die „Esperanza-Basis" heran. Nach Erreichen einer Anker-Wassertiefe hieß es: „Laß fallen Anker." Das F.F.S. „Walther Herwig" lag einige Hundert Meter von der Antarktisküste und der Station „Esperanza" vor Anker.

Während der Ankerliegezeit mußten wir auf der Kommandobrücke „Seewache" gehen. Ein nautischer Offizier und ein Matrose waren ständig auf der Brücke, um Manöver einzuleiten, wenn etwas Unvorhergesehenes eintrat oder der Anker am Grund nicht hielt. Bordseitig wurde eine stündliche Bootsverbindung „Schiff–Esperanza und zurück" eingerichtet.

In meiner Freiwache begab ich mich auch zur Station. In erster Linie, um mir die begehrten Stationsstempel auf den „Philatelistenbriefen" abzuholen, denn die Station war auch eine Poststelle. Da ich ganz gut spanisch sprach, war es sehr interessant. Man wollte sehr vieles wissen, woher wir kämen, was wir hier wollten und einiges mehr. Was mich verblüffte, waren die vielen Fragen über die „zwei Deutschland" (alemania). Ich berichtete alles, was sie wissen wollten, danach führten sie mich durch die Station. Ich war erstaunt, wie groß „Esperanza" war. Es war ein Komplex, wie ihn andere Nationen in der Antarktis nicht unterhielten. Diese Station war beinahe eine „Militärbasis", die von einem Militäroberst geleitet wurde. Es gab Holzhäuser, in denen ganze Familien wohnten, ein Krankenhaus mit ordentlicher Ausrüstung und sogar eine Schule für Schulanfänger. Man zeigte mir voller Stolz ein Foto des ersten Kindes, welches auf dem antarktischen Kontinent geboren war, ein Argentinier! Auf dieser Station lebten viele junge Ehepaare. Der Ehemann war Soldat, oder er erfüllte andere militärische Aufgaben. Über den politischen Zweck dieser Station dachte ich nicht weiter nach, wozu auch? Ich wollte mich mit den Menschen ein wenig unterhalten, sie dagegen waren sehr froh, von einer anderen Welt etwas zu erfahren. Ich begab mich wieder zur „Poststelle", um meine restlichen „Philatelistenbriefe" abzustempeln. Ich war mit meiner Arbeit fast fertig und wollte zum Schiff zurück, da widerfuhr mir ein einmaliges Erlebnis. Ein argentinischer Soldat erschien bei mir und meldete, daß „el Comandante del Esperanza" das F.F.S. „Walther Herwig" besuchen möchte. Nun ja, ich war nicht der Kapitän, sondern nur ein II. Offizier des Schiffes, aber „nein" konnte ich nicht sagen, das hätte gegen jede „Etikette" verstoßen. Ich dachte mir, „el Comandante" vertritt den Staat Argentinien, Kapitän Theodor F. vertritt die Bundesrepublik. Irgendwie werden sich die beiden Herren schon näherkommen. Ich stimmte zu, und die Begegnung konnte stattfinden.

Ich war mit meiner Unterhaltung und meiner Post fertig, da erschien „el Comandante", begleitet von zwei „soldados", die seine „Utensilien" trugen. Ich glaubte nicht richtig zu sehen! „El Comandante", ein Oberst und älterer Herr, mußte wohl einen sehr bekannten deutschen Feld-

marschall verehren. Ich dachte wahrhaftig: „Hier kommt der Feldmarschall persönlich!" Eine tadellose Uniform, die Militärhosen mit „roten
Streifen" an den Seiten. Die Kragenspiegel knallrot, die den Obersten
auswiesen. Seinen Mantel trug er „lässig" über beide Schultern. Der
Mützenschirm mit Eichenlaub dekoriert und darüber die bekannte
„Afrika-Schutzbrille"!
Wahrhaftig, niemand anderes hätte den deutschen Feldmarschall besser darstellen können als dieser argentinische Oberst. Wir bestiegen
unser Boot und begaben uns an Bord. Als ich mit unserem Gast bei Kapitän Theodor F. erschien, war dieser genau so erstaunt, wie ich es vorher war. Es war aber doch eine sehr nette Begegnung, die beide Herren
bis spät in die Nacht ausdehnten. Am anderen Tag, gegen Mittag, lichteten wir den Anker und verließen die argentinische Antarktis-Station
„Esperanza".
Die weiteren Forschungsarbeiten wurden auf verschiedenen Positionen
durchgeführt, deswegen wurden meistens in der Nacht die neuen Forschungspositionen angesteuert.
Ich hatte von 0.00 bis 4.00 Uhr Brückenwache. Beim Ansteuern in der
Nacht mußten wir höchste Aufmerksamkeit walten lassen. Bei norma-
lem Wetter konnte man „volle Fahrt" dampfen, aber bei Nebel oder un-
sichtigem Wetter mußte den Sichtverhältnissen angepaßte Geschwin-
digkeit gefahren werden. In der Nacht schliefen 52 Menschen auf dem
Schiff, und diese vertrauten auf die Wachsamkeit der Brückenwache.
Der erste Fahrtabschnitt dieser Forschungsreise war zu Ende, das
F.F.S. „Walther Herwig" und das Begleitschiff F.M.S. „Julius Fock" nah-
men Kurs auf Buenos Aires. Dort wollten beide Schiffsbesatzungen das
Weihnachtsfest feiern. Die mehrtägige Fahrt von der Antarktis bis zum
Hafen verlief gut. Am 20. Dezember 1977 liefen wir bei strahlendem
Sonnenschein und einer Lufttemperatur von +36° in Buenos Aires ein.
Die riesige Stadt und der Hafen hatten uns wieder. Nach der behörd-
lichen Abfertigung ging es an Bord sehr geschäftig zu. Die Wissenschaft-
ler und ein Teil der Besatzung rüsteten sich für den Heimflug nach
Deutschland. Am 22. Dezember 1977 ging ein Flug bis Frankfurt/Main.
Einem Besatzungsmitglied gab ich einen acht Seiten langen Brief an
meine liebe Frau mit, den ich bereits auf See in vielen Abenden geschrieben hatte.
Auf diese Art erreichte der Brief meine liebe Frau noch zum Weihnachtsfest. Für meine liebe Frau in Deutschland war es eine sehr
schwere Zeit, denn welche Ehefrau ist am Weihnachtsfest schon gerne
allein?
Wir, die an Bord Gebliebenen, ließen alles „ruhig und sachte" angehen
und bereiteten uns auf das Weihnachtsfest vor. Der Bordelektriker

montierte auf dem Peildeck einen Weihnachtsstern, aus vielen Glühbirnen zusammengesetzt, der weit über den Hafen strahlte. Das Achterdeck dekorierte er mit einigen bunten Lichterketten. Alles sah sehr „weihnachtlich" aus. Am Tage war acht Stunden Bordanwesenheitspflicht. In der Nacht, von 18.00 bis 6.00 Uhr in der Frühe, mußten so wie immer ein nautischer Offizier und ein Matrose die sogenannte „Sicherheitswache" halten.

Es war soweit, Heiligabend! Der Koch hatte ein gutes Abendessen vorbereitet. Jedes Besatzungsmitglied erhielt „seinen bunten Teller" und eine große Tüte mit Zigaretten, Schokolade, Nüssen, Datteln, Feigen und einem halben Liter Weinbrand, die vor dem Auslaufen aus Deutschland von den Ausrüsterfirmen gestiftet waren.

Diese „gefüllte Tüte" benötigte ich eigentlich nicht, ich beschloß sie zu verschenken. An Bord war von allem reichlich vorhanden. Nicht weit von unserem Liegeplatz stand eine große Lagerhalle, die von argentinischen Soldaten bewacht wurde.

Sie hielten sich in einer kleinen Baracke auf. Ich wollte am anderen Tag diesen Wachposten aufsuchen. Der erste Weihnachtstag begann mit einem sehr guten Frühstück. Zum Mittagessen ein schmackhafter Gänsebraten mit allerlei Zutaten und Nachtisch. Den Abschluß bildete ein guter Weinbrand. Der Schiffskoch hatte keine Mühe gescheut, dem Fest den richtigen Rahmen zu geben. Es war ihm alles gelungen, unser Lob war ihm Dank genug. Nachdem die Mittagstafel „aufgehoben" war, nahm ich meine gefüllte Tüte, außerdem noch zwölf Dosen mit Bier, legte noch einige Päckchen Zigaretten dazu und begab mich zur „Wachbaracke". Vor dem Eingang stand ein junger Soldat mit „geschulterter" M.P. Ich war in Uniform, ging auf ihn zu und begrüßte ihn „buenos dias, lo deseo feliz Navidad" (guten Tag, ich wünsche frohe Weihnachten). Der junge Soldat starrte mich nur an und stammelte „muchas gracias, asimismo" (vielen Dank, ebenfalls).

Ich betrat die Baracke, fünf junge Soldaten sprangen auf und nahmen „stramme Haltung" an. Ein Offizier mußte denen wohl großen Respekt einflößen. Ich sagte lächelnd: „Por favor, no tan pricipidado. Yo soy Oficial del nautico, de buque de Alemania. Yo deseo Ustedes felices Pascuas, ademas tengo un pequeno regalo para Ustedes" (bitte nicht so hastig, ich bin nautischer Offizier vom deutschen Schiff, ich wünsche Ihnen frohe Weihnachten, außerdem habe ich Ihnen ein kleines Geschenk mitgebracht). Die Burschen fielen aus „allen Wolken". Wer kümmerte sich schon um sie? Ich leerte meine gut gefüllte Weihnachtstüte. Die jungen Burschen konnten es nicht begreifen, daß ein „extranjero" (Fremder) mit kleinen Aufmerksamkeiten daherkam. Der Wachführer war ein „sargento" (Sergeant). Ich hatte Freiwache und hielt mich eine längere Zeit bei der Wachmannschaft auf. Wir unterhielten uns über verschiedene Dinge und auch über unsere Aufgaben in den antarktischen Gewässern. Es war für mich ein interessanter Nachmittag. Am nächsten Tag besuchte ich die Wachmannschaften wieder, brachte ihnen Zigaretten, die mir an Bord die Nichtraucher gerne überließen, außerdem Dosenbier. „Cerveca de alemania" mochten sie ganz besonders. Sie freuten sich sehr, denn ihr Sold war ziemlich niedrig. Ich verbrachte einige Stunden bei den Soldaten, allein aus dem Grunde, um mit ihnen spanisch zu sprechen.

In diesem Jahr war es in Buenos Aires besonders heiß. Um die Mittagszeit konnte man es als Mitteleuropäer im Freien bei +38° bis +40° kaum aushalten. Im Innern des Schiffes war die Klimaanlage in Betrieb, es war angenehm kühl, wir vermieden es, uns um diese Zeit im Freien aufzuhalten. Acht Tage sollten wir in Buenos Aires bleiben. Aber diese acht Tage waren einfach zu viel. Auf dem Meer war es angenehmer, man war immer in Aktion, man wurde „gefordert". Die Hitze am Tage war für uns unangenehm. Bei einem „Bummel" durch die Straßen entdeckte ich in der „Calle de Paraguay" ein Geschäft, wo man echte argentinische Sachen erwerben konnte. Es war aber nicht der übliche „Schnick-Schnack", sondern es waren Gebrauchsgegenstände wie Pferdesättel, Bola mit Lederlasso, Ponchos, Hüte, Peitschen, Reitstiefel und vieles mehr. Was mich interessierte, waren Schachspiele aus Onyx.

Zum Andenken an Argentinien erwarb ich eines, außerdem einen Indio- und Gaucho-Kopf, ebenfalls aus Onyx. Wenn ich schon in so einer Weltstadt war, wollte ich auch ein Andenken mitnehmen. Wann komme ich da wieder hin? Was ich besonders erstehen wollte, war versteinertes Holz, „bosque de petrificado". Dieses versteinerte Holz gab es hauptsächlich im argentinischen Nationalpark „Bariloche".

Dort sollen angeblich ganze Wälder versteinert sein, es ist aber streng verboten, dort etwas zu entfernen. Einige Jahre später konnte ich durch einen Zufall doch noch das von mir Begehrte in Montevideo/Uruguay in Form von „Bücherstützen" erwerben.

Nach dem Weihnachtsfest flogen die Ablösemannschaft und die Wissenschaftler von Deutschland nach Buenos Aires ein. Am 29. Dezember 1977 sollten wir wieder auslaufen. Die neu Eingetroffenen hatten noch etwas Zeit, sich die Stadt anzusehen und einige Einkäufe zu tätigen. Ich nahm mir einen freien Tag, um mir den berühmten Park „Palermo" anzusehen. Ich mietete mir für drei Stunden eine Pferdedroschke und bat den Kutscher, mir den schönsten Teil der Parkanlagen zu zeigen. Eine unbeschreiblich schöne überdimensionale Parkanlage mit den verschiedensten Bäumen, Sträuchern, Blumenbeeten und vieles mehr. Ein kleines separates Paradies. Verständlich, daß diese Millionen-Metropole so eine Oase, eine „grüne Lunge", benötigt.

Der Auslauftag war da. Besatzung und Wissenschaftler waren vollzählig an Bord, das Schiff auslaufklar. Kurz nach dem Mittagessen erschien der La-Plata-Lotse. Es hieß wieder, „Leinen vorne und achtern los." Das F.F.S. „Walther Herwig" und das Begleitschiff F.M.S. „Julius Fock" verließen den Hafen, steuerten mit Lotsenhilfe den Rio de la Plata abwärts. Bei der Lotsenstation „La Plata Recalada" gaben beide Schiffe ihren Lotsen ab und setzten die Fahrt in Richtung „offenes Meer" fort, welches wir nach vier Stunden erreichten. Der zweite Fahrtabschnitt der Forschungsreise sollte bei den South-Orkney-Inseln beginnen und in der Bellingshausen-See enden. Um da hinzukommen, mußten wir an den Falkland-Inseln vorbei, so wurde der Kurs dahin abgesteckt.

Unser Schiff „pflügte" mit 14 Knoten durch den Atlantik in Richtung der Falkland-Inseln. Das Wetter war um diese Jahreszeit gut.

Die Wissenschaftler richteten sich ihre Labors ein, die Deckbesatzung bereitete das pelagische Fanggeschirr für den Krillfang vor. Der Bordalltag lief wie ein Uhrwerk ab.

Als in der Ferne die Inseln auftauchten, löste der Kapitän Generalalarm aus. „Feuer im Schiff." Die vorher aufgestellten „Feuerstoßtrupps" mußten in kürzester Zeit am „Feuer" sein und ihre Aufgaben verrichten. Nachdem das „Feuer" gelöscht war, kam das Kommando: „Alles in die Boote." An Steuerbord- und Backbordseite wurde ein „Doppelschlauchboot" zu Wasser gelassen, in dem 24 Personen Platz hatten. Als das Boot im Wasser war, kam der mühselige Abstieg über eine Jakobsleiter in das Boot.

Die angelegten Schwimmwesten behinderten etwas den Abstieg. Ich war Bootsführer im Steuerbord-Boot. Nachdem das Boot „bemannt" war, legten wir ab, es begann eine halbstündige Ruderübung. Die Handhabung der langen Bootsriemen ist nicht so einfach. Die Matrosen beherrschten es gut, aber in den Booten saßen auch Wissenschaftler, und diese mußten es lernen. Bei vielen standen dicke Schweißperlen auf der Stirn, denn solche „Handarbeit" waren sie ja nicht gewohnt.

Aber wer im Boot saß, mußte die Anordnung des Bootsführers befolgen. Im Boot war der Bootsführer der Kapitän. Solche Bootsmanöver wurden aber auch für schöne Fotoaufnahmen genutzt. Wann kann man schon ein Forschungsschiff auf „hoher See" fotografieren? Auf diese Art sind schöne Aufnahmen vom fahrenden F.F.S. „Walther Herwig" geglückt. Danach nahmen wir Kurs auf die South-Orkney-Inseln. Je mehr wir uns dem antarktischen Kontinent näherten, um so kälter wurde die Luft. Nun mußten wir uns wieder warm ankleiden. Dick gefütterte Parkas, fellgefütterte Stiefel und Fellmützen waren angesagt. Die warmen Tage in Buenos Aires hatten wir inzwischen vergessen. Wir erreichten unsere festgelegte Position, der „Forschungsalltag" begann. Die Forschungsergebnisse, Arbeitsabläufe und vieles mehr zu beschreiben wäre für den Leser uninteressant, vieles auch unverständlich. Alle an Bord, ob Wissenschaftler oder Besatzung, waren ein eingespieltes Team. Es gab keine „Stopper" oder „Hänger", alles lief wie geplant ab. Der Forschungsalltag begann um 6.00 Uhr in der Frühe und endete um 20.00 oder 21.00 Uhr, so hatte jeder Forschungstag stets 14 bis 15 Arbeitsstunden.

Auf Sonnabende, Sonntage oder andere Feiertage wurde auf See keine Rücksicht genommen: Der Forschungsauftrag hatte Vorrang.

Als die Forschungtätigkeiten bei den South-Orkneys beendet waren und wir zur Bellingshausen-See wechselten, sollte das F.F.S. „Walther Herwig" noch vorher der polnischen Antarktis-Station „Arktowski" auf der King-Georg-Insel einen Besuch abstatten. Als ich das erfuhr, bekam ich einen großen Schreck. Wenn wir mit unserem Schiff vor der polnischen Station vor Anker gingen, müßte die polnische Nationalfahne gehißt werden. Diese Fahne hatten wir nicht an Bord; woher jetzt eine nehmen? Was war zu tun? Also, selbst eine herstellen. Ich nahm mir die holländische Nationalfahne vor, die besteht aus drei Farben, rot, weiß und blau. Die polnische Nationalfahne aus rot und weiß. Ich trennte den blauen Streifen ab, verkürzte die Fahne, damit die Proportionen stimmten. So muß man sich auf See zu helfen wissen; auf See kann man nichts nachbestellen oder schnell kaufen. Wir dampften zur Insel King-Georg, am Vormittag des nächsten Tages war die Insel erreicht. Am Ankerplatz vor der polnischen Station rauschte unser Anker zu Wasser. Die polnische Nationalfahne wehte zu Ehren des Landes und zur Begrüßung der Antarktis-Station „Arktowski" einträchtig neben der Bundesdienstflagge am Signalmast.

Wie immer, wurde bordseitig eine stündliche Bootsverbindung Schiff–Land und zurück eingerichtet, so konnte sich ein jeder das ansehen, was ihn auf der Insel interessierte.

In meiner Freiwache besuchte ich auch die Station. Ich war erstaunt, so viele Polen anzutreffen. Weil ich von der polnischen Sprache überhaupt nichts verstehe, hielt ich mich da nicht lange auf. Ich holte mir nur die „philatelistischen Sonderstempel" der Station ab, weitere Interessen hatte ich nicht. Andere Besatzungsmitglieder oder Wissenschaftler besuchten die riesigen Pinguin-Kolonien, um zu fotografieren oder zu filmen. Bei anderen Gelegenheiten habe ich mir Pinguin-Kolonien angesehen, ich konnte den „Guano-Geruch" nicht ertragen, er nahm mir fast immer den Atem.

An Bord war es gemütlicher, da konnte ich schön ausruhen. Die führenden Herren der „Arktowski"-Station gaben sich am Abend die Ehre zu einem Gegenbesuch, der sich bis spät in die Nacht hinzog. Am anderen Morgen in der Frühe lichteten wir den Anker und nahmen Kurs auf die Bellingshausen-See.

Die Antarktis-Region ist eine Augenweide. Schneebedeckte Gebirge, oft klarer Himmel und das blaue Meer, darin wie weiße „Farbkleckse" die unzähligen Eisberge und abgetriebenen Eisfelder. Ein Ereignis, wenn wir ein Walrudel antrafen, das nach dem begehrten Krill tauchte. Für uns, die wir diese Herrlichkeit bereits gesehen hatten, war es nichts Neues, aber die Wissenschaftler, die das alles zum erstenmal erblickten, gerieten regelrecht in Verzückung.

Die internationale „Krillforschung" machte gute Fortschritte. Auf den Erfolg mußten wir noch warten. Auf dem F.F.S. „Walther Herwig" glichen die Bordlabors regelrechten „Hexenküchen". Dort wurden verschiedene Experimente durchgeführt. Für mich als Nautiker unverständlich. Die Fischereibiologen waren von ihrer Tätigkeit überzeugt und bestrebt, gute Resultate zu erzielen. Von meiner „Warte" aus gesehen, standen Theorie und Praxis doch weit auseinander. An sich eine gute Idee, die Länder, in denen der Eiweißmangel gravierend ist, diese mit „Krillprodukten" zu versorgen. Für die ärmsten Länder unseres Planeten vielleicht ein Segen, aber wer sollte das alles finanzieren? Die „Millionen Tonnen" Krill der Antarktis schwimmen nicht in den armen Ländern von Asien und Afrika. Wenn sie für den „menschlichen Verzehr" geeignet sind, müssen sie dort hingeschafft werden.

Hier würde wieder der „Kommerz" einsetzen. Die kommerziellen Trusts würden diese Krillvorkommen zu ihren Gunsten ausbeuten, und die Ärmsten der Armen stünden genau so da wie auch heute.

Wenn ich an die riesige Walverarbeitungs-Station Grytvyken auf South-Georgia denke, wo das größte Säugetier unseres Planeten, der Wal, fast ausgerottet wurde, kann ich mir auch gut vorstellen, was mit dem Krill geschehen wird. Die Weltmeere sind heute sehr „überfischt". Das heißt, dem Meer wird mehr entnommen, als nachwachsen kann. Aber das sind nur meine eigenen Erwägungen, und ich allein kann die Welt bestimmt nicht ändern! Die Zeit schritt voran, der zweite Fahrtabschnitt dieser Forschungsreise neigte sich dem Ende zu. Die Wissenschaftler und die Besatzung hatten gute Arbeit geleistet. In zwei Tagen sollte es zurück zum Basishafen gehen. Der Tag war da, der zweite Fahrtabschnitt beendet. Das F.F.S. „Walther Herwig" dampfte zu seinem Basishafen; aber nicht nach Buenos Aires, wie wir es gehofft hatten, sondern nach Ushuaia, der südlichsten Stadt Argentiniens. Das Städtchen Ushuaia liegt am Beagle-Kanal im argentinischen Feuerland (tierra del fuego), dorthin steuerten wir unser Schiff. Bevor wir dort ankamen, mußte noch eine „Südpolartaufe" stattfinden. An einem Sonnabend war es soweit. Neptun und sein Gefolge erschienen, um einigen „unwürdigen" Erdenbürgern des Nordens die „ehrwürdige Südpolartaufe" angedeihen zu lassen. Ein besonders „überschlauer Matrose" wollte zeigen, wie „mutig" er war und wurde natürlich auch dementsprechend von Neptuns Gefolge „ganz sanft angefaßt", so daß er vom Bordarzt behandelt werden mußte. Unser Bordarzt Dr. H., mit wenig Humor, setzte bei der Schiffsführung durch, daß in Zukunft jede „Taufe" zu unterlassen sei. Wenn das nicht befolgt würde, wollte Dr. H. die Seeberufsgenossenschaft und die Seekrankenkasse über die „harten Taufen" in Kenntnis setzen. So wurde dieser „alte seemännische Brauch" von einem humorlosen Arzt zu Grabe getragen! Das anschließende Fest war trotzdem eine gelungene Feier! Bei späteren Überquerungen von Äquator, Nord- oder Südpolarkreis wurden nur „Zertifikate" ausgegeben. Der Spaß der Taufe war für immer dahin.

Das F.F.S. „Walther Herwig" lief in den Beagle-Kanal ein. In Port Williams (Chile) nahmen wir einen chilenischen Kanal-Lotsen, der uns bis Ushuaia brachte. Der Beagle-Kanal ist gleichzeitig die Staatsgrenze zwischen Argentinien und Chile. Der Kanal selbst ist ein ziemlich breites Fahrwasser mit wenig Untiefen. An beiden Seiten die bewaldeten Berghänge Feuerlands. Die Bäume sind kleinwüchsige Kiefern, die wegen des ständigen Windes nicht hoch wachsen. Die Gebiete nördlich des Beagle-Kanals sind argentinisches Territorium, die südlichen gehören zu Chile. Von der Kanaleinfahrt bis Ushuaia waren fünf Stunden zu dampfen. Mit Lotsenhilfe liefen wir in den kleinen Hafen, der eine große Wassertiefe aufweist, so können auch große Schiffe den Hafen nutzen. Die Stadt mit ihren 6000 bis 7000 Einwohnern war auch eine Militärbasis von Heer und Marine. Im Hafen lag eine Flottille von Schnellbooten (in Deutschland gebaut), abseits vom Hafen eine große Militärkaserne.

Die Umgebung von Ushuaia bot ein herrliches Panorama. Nördlich der Stadt, durch eine kleine Bergkette verdeckt, der Süßwassersee Lago Fagnano, der eine Länge von 100 km aufweist. Westlich der Stadt die Ausläufer der „Cordilliera-Darwin" mit dem schneebedeckten 2150 m hohem Pico Frances und dem 2469 m hohen Cerro-Yogan. Es war Hochsommer, aber die Lufttemperatur war immer kühl +15°, die sommerliche Wärme fehlte.

Ushuaia liegt auf 55° südlicher Breite, das entspricht etwa 55° nördlicher Breite wie Flensburg in Deutschland. Solche warmen Temperaturen herrschen hier im Süden nicht.

Für mich war die Forschungsreise vorerst beendet. Ich durfte nach einem halben Jahr nach Hause fliegen. Nach zwei Tagen traf die Ablösemannschaft ein. Einen Tag mußte ich noch an Bord bleiben, um meinen Aufgabenbereich einem Kollegen zu übergeben.

Es war jetzt Mitte Februar, Anfang April mußte ich wieder zurück an Bord. Die Ablösemannschaft wurde von Buenos Aires nach Ushuaia von Militärmaschinen eingeflogen. Die gleichen Maschinen brachten uns nach Buenos Aires. Von hier ging es nicht gleich weiter, wir mußten auf den Flug nach Frankfurt/Main warten und wurden für 24 Stunden im „Grand-Hotel" einquartiert. Am nächsten Tag ging es weiter, aber wieder nur bis Rio de Janeiro. Auch hier mußten wir auf den Weiterflug warten und zogen für 24 Stunden in das „Gloria-Hotel". So hatte ich die Gelegenheit, mir den berühmten Strand von Rio, die „Copa-Cabana", anzusehen. Einem Wissenschaftler wurde an dem „berühmten Strand" eine Tasche mit allen Dokumenten und seiner „Reisekasse" entwendet. Im Februar 1978 landete die Lufthansa-Maschine in Frankfurt/Main. Wir, die weiter nach Norden wollten, bekamen eine Anschlußmaschine nach Hamburg-Fuhlsbüttel. Für uns war es eine enorme Umstellung. Vom gemäßigten Klima in Ushuaia zum warmen Buenos Aires und dem heißen Rio de Janeiro, zum Schluß in das winterliche Hamburg. Von der großen Zeitumstellung ganz zu schweigen. Wir, die weiter nach Cuxhaven wollten, nahmen ein Taxi, um die letzten Kilometer auf der Bundesstraße zurückzulegen. Ich war endlich zu Hause! Das Wiedersehen mit meiner lieben Frau war sehr schön. Mir blieb nur eine Zeit von fünf Wochen, dann hieß es wieder Abschied nehmen. Zu Hause habe ich die Seefahrt „abgestreift", Zeit genossen und mich erholt. In unserem Garten bekam ich noch die ersten blühenden Blumen zu sehen, dann mußte ich Abschied nehmen und nach Argentinien zurückfliegen. Der neue Basishafen des F.F.S. „Walther Herwig" war der argentinische Hafen Mar del Plata, der auch das größte Seebad Argentiniens ist. Nach der Landung in Buenos Aires brachte man uns mit Bussen in das 245 km entfernte Mar del Plata.

In diesem Hafen sollte das Schiff 14 Tage liegen bleiben. Für die Bewohner der Stadt war die Anwesenheit des deutschen Forschungsschiffes ein Ereignis. Die Pier, an der das Schiff lag, war nicht abgesperrt, wie es sonst in argentinischen Häfen üblich war, so hatten Zivilisten Zutritt. Lediglich an der Gangway stand ein Soldat mit geschulterter M.P. Wache. Was er bewachte, wußte er selber nicht. Obwohl bei uns kein „Tag der offenen Tür" war, erschienen täglich viele Menschen, um das große deutsche Forschungsschiff zu besichtigen. Weil ich ganz gut spanisch sprach, fungierte ich als „Besucherführer". Meine Aufgabe bestand darin, Gruppen zusammenzustellen, durch das Schiff zu führen und den Besuchern alles zu erklären. Ich hatte vollkommen freie Hand, wie ich den Besucherstrom regelte.

Alles lief immer sehr gut ab, bis auf zwei Tage, wo ich in Bedrängnis kam. Eines Tages standen ohne Anmeldung drei Autobusse mit Schülern aus Mar del Plata an der Pier. Drei Schulklassen mit etwa 90 Kindern im Alter zwischen acht und 14 Jahren. Da war ich tatsächlich überfordert und holte mir einen Kollegen zur Hilfe. Gemeinsam lösten wir das „Besichtigungsprogramm". Zwei Tage später erlebte ich etwas ganz Außergewöhnliches. Am Morgen, wir trauten unseren Augen nicht, war in der Nacht der argentinische Schwere Kreuzer „Almirante Belgrano" eingelaufen und hatte hinter uns an der gleichen Pier festgemacht. Es war gegen 9.00 Uhr, Besucher waren so früh nicht zu erwarten, ich wollte mir das Kriegsschiff von „außen" ansehen. Auf dem F.F.S. „Walther Herwig" schrieb die Kleiderordnung vor, in ausländischen Häfen Uniform zu tragen, damit jeder wußte, wen er vor sich hatte.

„Zwei Streifen mit Stern" weisen bei der Marine den „Oberleutnant zur See" aus. Das F.F.S. „Walther Herwig" hatte graue Aufbauten und führte die „Bundesdienstflagge mit Adler" am Signalmast. Die Argentinier hielten uns für ein Schiff der Bundesmarine.

Als ich mir die „Almirante Belgrano" von vorne bis achtern betrachtet hatte, wollte ich zu meinem Schiff zurück. Als ich die Gangway des Kriegsschiffes erreichte, kam ein argentinischer „Marineleutnant zur See" die Gangway herunter, stand vor mir „stramm" und fragte, ob ich die „Almirante Belgrano" besichtigen wolle? Auch ich grüßte ihn „militärisch" und antwortete: „Cuando posible, es para mi grande honor, muchas gracias" (wenn es möglich ist, ist es mir eine große Ehre, vielen Dank). Ich betrat die Gangway des Kriegsschiffes, was dann geschah, jagte mir einen Schrecken ein. Für mich, den II. nautischen Offizier, wurde „Seite gepfiffen". Dieses „Seite pfeifen" gebührt nur dem Kommandanten des Kreuzers, hohen Gästen und Offizieren! Aber mir? Ich war doch kein „Oberleutnant zur See" der Bundesmarine. Aber ich wußte es, wenn man als „ Offizier" ein fremdes Schiff betritt, muß man in der Mitte des Schiffes stehenbleiben, salutieren und die „Landesfahne und den Staat" grüßen. Als ich von der Gangway herunter war, schritt ich bis mittschiffs, wendete mich der argentinischen Fahne zu, nahm „Haltung" an und grüßte die „Landesfahne", indem ich die Hand an den Mützenschirm legte. Ich glaubte, ich machte eine recht „gute Figur" bei dieser Besichtigung.

An Bord des Kriegsschiffes wurde ich überall herumgeführt, man zeigte mir einfach alles. Radareinrichtungen, Sonargeräte, Zieleinrichtungen der Schiffsgeschütze, Zwillingstürme der Geschütze und die Gefechtszentrale! Ich war erstaunt, daß man mir als „Fremdem" so viel Vertrauen entgegenbrachte, und das bei der damaligen „Militär-Diktatur" unter General Videla. Einfach unglaublich! Bestimmt haben mich die Argentinier für einen „Marineoffizier der Bundesmarine" gehalten. Die Besichtigung zog sich fast bis zum Mittag hin.

Weil ich mich ganz gut in der Landessprache unterhalten konnte, war ich ein gern gesehener Gast. Als ich mich verabschiedete, fragte mich ein „Marineleutnant", ob eine Möglichkeit bestünde, unser Schiff zu besichtigen. Er war mir zuvorgekommen, bevor ich meinerseits eine Einladung aussprechen konnte. So tat ich doch etwas, was zur „besseren Verständigung" zwischen Deutschland und Argentinien beitrug. Weil ich für alle Besucher an Bord die Führung hatte, legten wir den „Gegenbesuch" für den nächsten Tag um 10.00 Uhr fest. Ich war der Meinung, es würden morgen so an die acht bis zehn Marineoffiziere erscheinen. Am anderen Tag kurz vor 10.00 Uhr kam über die „Rundrufanlage": „Herr Neu, die argentinischen Marineoffiziere stehen an der Gangway, bitte kommen Sie an Deck, und übernehmen Sie die Führung der Offiziere." Freudig „trabte" ich los, um „meine" Besucher zu empfangen und zu begrüßen. Als ich vor der Gangway stand, traf mich beinahe der Schlag! An der Pier standen 30 junge argentinische Marineoffiziere des Kreuzers „Almirante Belgrano". Ich hatte mit allem gerechnet, aber nicht mit einer halben Kompanie Marineoffiziere. Ich begrüßte sie und hieß sie an Bord willkommen.

Die Begrüßung erfolgte natürlich nicht mit „militärischen Ehren". Das F.F.S. „Walther Herwig" war ein Schiff der Bundesregierung, aber kein Schiff der Bundesmarine. Ich mußte jetzt improvisieren und das Beste daraus machen. Teilte die Offiziere in zwei Gruppen ein. Die erste Gruppe sollte zuerst die Maschinenanlage und die Bordlabors, die zweite Gruppe die nautischen Einrichtungen auf der Kommandobrücke, den Funkraum und die elektronischen Labors besichtigen.

Im Maschinen-Leitstand erlebte ich eine Überraschung. Als ich mit den argentinischen Offizieren den Maschinen-Leitstand betrat, nahm der wachhabende Maschinen-Ingenieur „reißaus", weil er weder englisch noch spanisch sprach.

Kurz entschlossen „beförderte" ich unseren Bordelektriker, der sich im Maschinen-Leitstand aufhielt, zum „Maschinen-Ingenieur", weil er ganz gut englisch sprach, und überließ ihm die Führung im Maschinenraum.

Ich selbst führte die zweite Gruppe durch das Schiff. Die Marineoffiziere waren über die nautische Ausrüstung auf der Kommandobrücke und die elektronischen Labors erstaunt und sehr beeindruckt. Das F.F.S. „Walther Herwig" war in der Tat mit den besten Geräten, die es damals gab, ausgerüstet, einfach mit Elektronik „vollgestopft".

Aber auch die Maschinenanlage konnte sich sehen lassen. Alles aufs „penibelste" sauber, die Jungs in der Maschinenanlage verstanden ihr Handwerk.

Ganz besonders interessierten sich die Marineoffiziere für unsere „Meerwasser-Entsalzungsanlage", die aus Meerwasser täglich zwölf Tonnen Trinkwasser herstellen konnte. Um 11.30 Uhr war die Besichtigung beendet. Mit einem herzlichen Dank verabschiedeten sich die Marineoffiziere. Als sie von Bord waren, mußte ich erst ein Duschbad nehmen, denn diese Führung hatte mich viel Schweiß gekostet. Das war etwas, womit ich überhaupt nicht gerechnet hatte. Nach meiner Meinung hätte diese Besichtigung auf „Kommandantenebene" stattfinden müssen. So bin ich da nichtsahnend „hineingeschlittert" und war in diesem Fall allein überfordert. Der Kapitän half mir da nicht raus. „Sie werden es schon machen", hieß es.

Zu bemerken ist: Vier Jahre später, 1982, im Falkland-Krieg zwischen Argentinien und Großbritannien, wurde der Schwere Kreuzer „Almirante Belgrano" von einem britischen Atom-U-Boot torpediert und versenkt. Das Tragische war, daß von den 1200 Besatzungsmitgliedern 800 junge Marinesoldaten den Tod fanden! Nur 400 Marinesoldaten wurden damals gerettet!

An Bord bekam ich als „Fremdenführer" eine gewisse Routine und fühlte mich in der Rolle sichtlich wohl. Ich lernte viele nette Menschen kennen, wurde auch privat eingeladen und „herumgereicht". Die Gastlichkeit, die man mir, dem „oficial de alemania", entgegenbrachte, war sehr herzlich. Wenn ich Freiwache hatte, zeigte man mir die Stadt und alles Sehenswerte. Mar del Plata ist das größte Seebad Argentiniens mit einem „nichtendenden Strand". Außerdem ist die Stadt auf das größte Spielcasino Südamerikas sehr stolz. Die 14 Liegetage im Hafen vergingen wie im Fluge.

Die Wissenschaftler für den dritten Fahrtabschnitt trafen ein, der Auslauftag war abzusehen. Nach 14 Tagen einer sehr angenehmen Liegezeit hieß es von der Stadt und dem Hafen Mar del Plata Abschied nehmen, wir stachen zum dritten Fahrtabschnitt in See. Unter Lotsenberatung verließen wir den Hafen.

Nachdem der Lotse abgesetzt war, steuerten wir den Kurs Süd-Südwest und wollten zwischen den Islas de Estados und Feuerland in die Bellingshausen-See. Die Forschungsarbeiten wiederholten sich, es gibt darüber nichts Nennenswertes zu berichten. Mitte Juni 1978 sollte mit dem „Argentinien-Programm" begonnen werden, deshalb mußte das F.F.S „Walther Herwig" rechtzeitig nach Mar del Plata zurückkehren. Nachdem die Forschungsarbeiten in der Bellingshausen-See abgeschlossen waren, traten wir die Fahrt zum Basishafen an. Bevor wir erneut Kurs auf die Islas de Estados nahmen, unternahm Kapitän Edwin L. eine kleine Kursänderung, so daß wir das „berühmt-berüchtigte" Kap Hoorn an der Südspitze des amerikanischen Kontinents (Feuerland) passieren mußten.

Am 1. Juni 1978 um 9.40 Uhr umrundete das F.F.S. „Walther Herwig" Kap Hoorn! Dieses Kap, das Grab vieler Schiffe und noch mehr Seemänner, habe ich persönlich mit einem Schiff passiert. Es war schon außergewöhnlich, dieses Kap zu sehen.

Ich machte mir eine Skizze von diesem „Kap-Felsen", zeichnete später eine „Erinnerungsurkunde", ließ sie vom Kapitän und Fahrtleiter unterschreiben. Danach fertigte ich 50 Fotokopien an, ein jeder an Bord erhielt eine Kopie als „Erinnerung an die Fahrt um Kap Hoorn". Diese Kopie erfreute alle, wer hat schon die Möglichkeit oder Gelegenheit, das berüchtigte Kap Hoorn zu sehen oder zu passieren? Danach steuerten wir nordwärts durch die Straße Le Maire, zwischen Feuerland und Islas de Estados und nahmen Kurs auf Mar del Plata. Von hier konnte ich in der Nacht auf meiner Wache die lauen Nächte an der argentinischen Küste genießen.

Wir mußten nicht mit Eisbergen oder Eisfeldern rechnen, auch die plötzlichen Wetterveränderungen mit Nebel oder Schneefall kamen hier nicht in Betracht. Es war „freies Fahrwasser", ohne Hindernisse.

In meiner Freizeit betrieb ich mein „Spanisch-Eigenstudium" weiter. Aber man darf sich nicht an einer Sache zu stark engagieren, sonst wird es zum Schluß eintönig, sogar langweilig. Als Ausgleich in meiner Freizeit habe ich mich mit „Maritim-" und „Makramee"-Arbeiten beschäftigt. Die „Maritim-Arbeit" beinhaltet die seemännische Knotenkunst. Es gibt weit über 3000 „seemännische Knoten", die leider langsam in Vergessenheit geraten, weil heute auf den „modernen Schiffen" kaum jemand diese „Knotenkunst" beherrscht, da sie auch nicht mehr gebraucht wird.

In der Zeit der Segelschiffahrt war es seemännische Pflicht, einen Großteil der „Seemannsknoten" zu beherrschen. Auch ich hatte es mir zur Pflicht gemacht, diese Tradition aufrecht zu erhalten, beschaffte mir Bücher und habe die seemännischen Knoten nachgearbeitet. Ich brachte es zu einer guten Perfektion, fertigte sehr viele sogenannte „Knotentafeln" an, die mit 80 seemännischen Knoten und Zierknoten bestückt waren. Damit nicht genug, ich begann mit „Makramee-Arbeiten" und war erstaunt, welche Fertigkeiten und Ideen man dabei entwickeln konnte. Viele Bordkameraden kamen zu mir und äußerten ihre Wünsche, die ich, wenn die Zeit es erlaubte, auch meistens erfüllte. Alle meine Arbeiten waren Unikate, ein zweites Stück gab es davon nie. Ich hatte meine Idee, führte diese aus und war erstaunt, wie gut sie mir gelang. Ein jeder Mensch hat viele in sich „schlummernde Talente", die er nicht erkennt und nutzt. Als ich noch in der kommerziellen Fischerei tätig war, kam mir nie in den Sinn zu zeichnen, mich mit Knoten- oder Makramee-Arbeiten zu beschäftigen. Hier auf dem Forschungsschiff war reichlich „Freizeit", meine Arbeiten gelangen gut und waren von den Bordkameraden sehr begehrt. Oft mußte ich „nein" sagen, weil es einfach zu viel wurde.

Nach einigen Tagen erreichten wir den Hafen Mar del Plata. Dieses mal sollten wir nur sechs Tage im Hafen bleiben. Die Wissenschaftler verließen das Schiff und wurden nach Deutschland ausgeflogen. Deren Gerätschaften und Proben wurden in den Laderäumen verstaut und sollten erst in Deutschland von Bord geholt werden. Die nächsten Wissenschaftler, die an Bord kommen sollten, waren Argentinier. Auf diese freute ich mich ganz besonders, hatte ich doch über Wochen die Gelegenheit, mich mit ihnen spanisch zu unterhalten. Sobald das F.F.S. „Walther Herwig" wieder in Mar del Plata war, setzte der tägliche Besucherstrom erneut ein, und ich mußte die Besucher durch das Schiff führen. Unter den Besuchern war auch ein ehemaliger argentinischer Marineoffizier, Roberto Mao, mit dem ich mich anfreundete. Roberto wohnte in der Stadt, war jetzt I. Offizier auf einem argentinischen Frachtschiff und hatte gerade seinen Jahresurlaub (vacaciones) angetreten.

Eines Abends, ich hatte keine Sicherheitswache, holte Roberto mich ab und brachte mich zu seiner Wohnung, wo ein Abendessen vorbereitet war, er hatte noch zwei befreundete argentinische Familien eingeladen. Es war ein unvergeßlicher Abend. Als Gastgeschenk hatte ich einen Karton deutsches Bier mitgenommen, welches in Argentinien besonders geschätzt wird.

Für den nächsten Abend war ein Besuch im Spielkasino geplant. Roberto war der Meinung, wenn ich schon in Mar del Plata weile, dann sei es „Pflicht", das größte Spielcasino Südamerikas zu besuchen. Spielen bräuchte ich nicht, ich sollte es mir nur ansehen. Am nächsten Abend war es soweit. Roberto holte mich vom Schiff ab, wir nahmen ein Taxi und begaben uns zur „Spielhölle". Eintritt in das Casino kostete pro Person 5,– DM, danach stand es jedem frei, was er im Casino machte, spielen oder nur zuschauen. Eine andere Möglichkeit war, an der Casino-Bar zu trinken. Roberto und ich schauten nur zu. Das Spielcasino war ein riesiges Areal, das aus drei ineinander verschachtelten mehrstöckigen Häuserkomplexen bestand, in denen man sich ohne Führung tatsächlich verlaufen konnte. Ich habe die Spielsäle nicht gezählt, in denen an enorm vielen Tischen die verschiedensten Glücksspiele gespielt wurden.

Hier im Casino konnte man an den Spieltischen die verschiedensten Menschen antreffen. Damen in eleganten Roben, Herren in Abendanzügen und wiederum Menschen in einfacher Bekleidung, wie Roberto und ich. Die Garderobe war hier nicht wichtig, alle waren sie „eine Familie", die hier ihren Spaß und natürlich ihren Gewinn suchten. Seit 21.00 Uhr hielten wir uns im Casino auf, es ging langsam auf Mitternacht zu, ich wollte zurück an Bord, da meinte Roberto: „Gedulde dich noch bis Mitternacht, es kommt noch etwas auf uns zu." Daß in jedem Saal mehrere Tische zu einer „Theke" zusammengeschoben und unzählige Sektgläser hingestellt wurden, mußte etwas zu bedeuten haben. Er sagte nur „esperes un momento" (warte einen Moment). Es wurde Mitternacht.

Über eine Lautsprecheranlage erklang auf einmal die argentinische Nationalhymne! In allen Sälen standen die Menschen auf und verhielten sich ganz still, bis die Nationalhymne verklungen war. Ich schaute Roberto an und fragte, was das zu bedeuten hätte? Er erklärte mir, um Mitternacht beginne in Argentinien der Nationalfeiertag, deshalb die Nationalhymne. Wie aus einer Versenkung tauchten unzählige Saaldiener auf und begannen, die Gläser mit Sekt zu füllen, den das Spielcasino spendiert hatte. Alles ging sehr ruhig und vornehm zu. Sekt war reichlich vorhanden, man hätte darin baden können. Wir nahmen jeder ein Glas und „prosteten" uns zu. An der Sekt-Bar standen viele Personen, ich nahm ein Glas vom Tisch, wendete mich den Leuten zu und sagte: „Yo soy aleman, viva Argentina." Da hatte ich aber was angerichtet! Jeder, der in meiner Nähe stand, wollte mit dem „aleman" anstoßen! Nachdem Roberto den Umstehenden auch noch erzählte, daß ich ein Offizier des deutschen Forschungsschiffes „Walther Herwig" sei, wollte das „Anstoßen" kein Ende nehmen. Es gesellten sich noch zwei ältere deutsche Damen zu uns, die seit vielen Jahren in Argentinien lebten. Sie wollten unbedingt am anderen Tag das Forschungsschiff besichtigen. Die vielen Gläser Sekt, die wir zu uns nahmen, zählten wir nicht. Als wir beide das Casino um 1.30 Uhr verließen, waren wir nicht mehr ganz nüchtern. Mein Arbeitstag um 8.00 Uhr begann mit einem „schweren Kopf". Die beiden älteren Damen aus dem Spielcasino erschienen tatsächlich, um das Schiff zu besichtigen. Da es auch zeitmäßig kurz vor dem Mittagessen war, lud ich sie zum Essen ein, das sie auch dankend annahmen. Das ist meine Erinnerung an den Besuch des Spielcasinos in Mar del Plata. Die Hafenliegetage vergingen wie im Fluge. Das Schiff wurde für den nächsten Fahrtabschnitt an der argentinischen Küste ausgerüstet. Brennstoff, Proviant und Trinkwasser wurden ergänzt.

Obwohl wir mit der „Meerwasser-Entsalzung-Anlage" Trinkwasser selbst erzeugen konnten, war es besser, dieses mit anderem Wasser zu mischen.

Für die nautische Ausrüstung beschaffte ich argentinische Spezial- Seekarten, denn das nächste halbe Jahr sollten die Fischbestände an der argentinischen Küste erforscht werden. Für diesen Fahrtabschnitt waren zehn argentinische Wissenschaftler vorgesehen.

Es waren zwei Frauen und acht Männer. Um sich auf dem Schiff besser „einzuleben", erschienen die Argentinier bereits zwei Tage vor dem Auslaufen an Bord.

Frau Dr. Moreno, Fischereibiologin, war auch die Fahrtleiterin. Sie allein bestimmte, welche Forschungsarbeiten auf welchen Positionen durchzuführen waren.

Einen Tag bevor wir ausliefen bestellte ich am Nachmittag alle Argentinier in die Kammer der Fahrtleiterein. Ich begrüßte sie und stellte mich vor: „Buenos tardes senoras y senores, permitame que me presente. Me nombre es Ricardo, estoy secundo Ofizial del nautico, tambien tengo responsabilidad para seguridad a bordo. Lo tengo Ustedes aclarar sobre todos dispositivo de seguridad a bordo (fuego a bordo naufrago irse a pique) y mucho mas. Lo ablo un poco espaniol, pero no lo domino todavia. Cuando Ustedes algo no comprende preguntame." (Guten Tag die Damen und Herren, erlauben Sie, daß ich mich vorstelle. Mein Name ist Richard, ich bin II. nautischer Offizier an Bord. Ich bin für die Sicherheitseinrichtungen an Bord verantwortlich und möchte Sie über alle Sicherheitseinrichtungen aufklären. Über Feuer an Bord, Schiffsuntergang und noch einiges mehr. Ich spreche etwas spanisch, aber ich beherrsche die Sprache noch nicht. Wenn Sie etwas nicht verstanden haben, fragen Sie.)

Die Argentinier schauten mich verblüfft an, weil ich mich in der Landessprache vorstellte, sie begrüßte, meinen Namen und Dienstgrad nannte. Langsam erklärte ich ihnen, wie die „Sicherheit an Bord" gewährleistet würde:

Wo sich die Schwimmwesten befinden, was die „Sicherheitsrolle", in der jede Person namentlich aufgeführt ist, zu bedeuten hat. Für welche Boote oder Rettungsinseln sie eingeteilt sind, die Bedeutung bestimmter Alarmsignale, wie man sich bei Feuer auf dem Schiff verhalten muß und noch vieles mehr. Außerdem herrscht striktes Rauchverbot in den Schlafkojen. Bei schweren Stürmen müssen die Sicherheitsblenden vor den Bullaugen geschlossen werden. In der Nacht, wenn nicht gearbeitet wird, das Vorschiff und Achterdeck abgedunkelt ist, sind diese Schiffsbereiche zu meiden, es könnte jemand „über Bord" fallen, und keiner würde das merken. Es dauerte den ganzen Nachmittag, bis ich den Argentiniern alles erklärt und sie es begriffen hatten. Sie waren noch nie mit einem großen Forschungsschiff auf See gewesen. Sie stellten viele Fragen, ich antwortete. Es gab auch lustige „Mißverständnisse", wenn die Argentinier oder ich selbst etwas nicht richtig verstanden oder falsch interpretiert hatten. Am Schluß war es ein gutes Ergebnis, jeder wußte nun, wie man sich an Bord zu verhalten hatte.

Für den nächsten Tag um 14.00 Uhr war der Auslauftermin angesetzt. An der Pier hatten sich viele Menschen eingefunden. TV- und Radioreporter berichteten über das deutsche Forschungsschiff, welches in Zusammenarbeit mit Argentinien dieses wichtige Forschungsprogramm durchführte. Das „Argentinien-Programm" sollte bei den Islas de los Estados bei Feuerland beginnen und an der La-Plata-Mündung enden. Das F.F.S. „Walther Herwig" verließ den Hafen von Mar del Plata und steuerte an der argentinischen Küste südwärts. Bis zur Anfangsposition waren es über 1100 Seemeilen (2037 km), dazu benötigten wir drei Tage. Zeit genug, alles vorzubereiten. In erster Linie sollte Grundschleppnetz-Fischerei betrieben werden mit anschließender Hydrographie, das heißt, es wurden nach jedem Fischzug Wasser- und Bodenproben dem Meer entnommen. An der argentinischen Küste war es weit angenehmer zu arbeiten als in der Antarktis-Region. Keine Eisberge, keine Eisfelder, wo man in der Nacht auf Wache den Blick nicht vom Radarbild nehmen durfte.

In der Nacht wurde keine Forschung betrieben. Entweder wir dampften mit langsamer Fahrt zur nächsten Forschungsposition oder das Schiff trieb mit abgestellten Motoren bis kurz vor Arbeitsbeginn auf der bestimmten Position. Der wachhabende Nautiker hatte die Aufgabe, um 6.00 Uhr auf der festgelegten Position zu sein.

In den lauen, sternklaren Nächten an der argentinischen Küste hatte ich wieder Zeit und Muße, den südlichen Sternenhimmel zu beobachten. Für mich „alten Sterngucker" war es ein Erlebnis. Wer schaut sich schon den Sternenhimmel, unsere „Galaxis", bewußt an? Hier waren die Sätze des großen Norwegers Fridtjof Nansen Wirklichkeit, der einst sagte: „Der sternbesäte Himmel ist der wahrste Freund im Leben. Immer ist er da, immer gibt er Frieden, immer mahnt er dich daran, daß deine Unruhe, deine Zweifel, deine Schmerzen nur vorübergehende Kleinigkeiten sind!" Es sind große Worte, die nicht jeder versteht, aber darüber nachdenken sollte.

Mit den Argentiniern waren die richtigen „Spanisch-Lehrer" an Bord. In meiner Freizeit führten wir immer nette Gespräche. Sechs Wochen hatte ich Zeit, mich in der spanischen Sprache besser zurechtzufinden. Die Argentinier hatten ihren Spaß, den Lehrer zu spielen. Ende Juli 1978 war der erste Fahrtabschnitt des „Argentinien-Programms" beendet. Das F.F.S. „Walther Herwig" kehrte nach Mar del Plata zurück.

Diese Gruppe Argentinier ging von Bord, andere kamen. Auch ein Teil der Besatzung wurde abgelöst und durfte nach Hause. Auch ich war darunter.

Bevor ich das Schiff verließ, zeichnete ich für die argentinischen Gäste ein „Erinnerungszertifikat", in welchen Meeresgebieten das F.F.S. „Walther Herwig" seine Forschungstätigkeiten durchführte. Im Norden „Grönland mit einem Eisbären", im Süden die „Antarktis mit einem Zügelpinguin", das F.F.S. „Walther Herwig" in der Mitte, mit einer Insel im Hintergrund. Darüber die Worte: *Barco de investigationes Pesqueras „Walther Herwig". Ministerio Federal de Alimentation Agricultura y Bosques de Alemania.* Dieses fotokopierte „Erinnerungsblatt" wurde mit Freuden angenommen. Ich verließ das Schiff und sagte Mar del Plata „ade".

Ein großer Reisebus brachte uns zum Flughafen nach Buenos Aires. Auf halbem Wege machten wir an einem Grillplatz Halt. Zeit genug hatten wir, so konnten wir alle noch einmal den wohlschmeckenden argentinischen „asado" (Grillbraten) genießen.

Von Buenos Aires ging der Flug über Porto Alegre, Rio de Janeiro, Dakar nach Frankfurt/Main, von dort bis Hamburg-Fuhlsbüttel. Anfang August 1978 war ich wieder zu Hause und konnte noch den Rest des blühenden Gartens bewundern.

Für den Monat August hatte ich mir einen neuen Pkw bestellt. Nachdem ich mich mit dem „Gefährt" gut vertraut gemacht hatte, beschlossen meine liebe Frau und ich, eine längere Urlaubsreise anzutreten. Es sollte Tirol in Österreich sein. Einen festen Urlaubsort hatten wir uns nicht ausgesucht. Wir wollten hinfahren, uns umschauen, und wo es uns gefallen sollte, dort wollten wir bleiben. Die Koffer waren schnell gepackt, die Hausschlüssel der Nachbarin übergeben, dann ging die Reise los. Auf der Autobahn wurde „verhalten" gefahren, unterwegs sollte nichts passieren. In Ingolstadt machten wir Rast, suchten uns ein kleines Hotel und ruhten uns für die Weiterfahrt aus. Am anderen Tag, nach einem guten Frühstück, ging es „ohne Ziel" weiter. Wir genossen die Fahrt, uns trieb niemand, wir hatten „alle Zeit der Welt".

Es tauchten die ersten Berge der Alpen auf, für uns eine Freude, sie zu sehen. In Kiefersfelden war die deutsch-österreichische Grenze erreicht, die wir ohne Schwierigkeiten passierten. Endlich in Österreich, in Tirol, aber wohin jetzt?

An Innsbruck vorbei, erstmal in Richtung Landeck, Arlberg. Allmählich kam die Abenddämmerung, aber wir hatten noch keinen Entschluß gefaßt.

Nach dem Passieren des Städtchens Imst kamen wir durch den Ort Tarrenz und bewegten uns auf den Fernpaß zu. Jetzt war es an der

Zeit, eine Entscheidung zu treffen. Ich wendete den Wagen und fuhr nach Tarrenz zurück. Die Touristen-Information war zu unserem Glück noch geöffnet.

Wir suchten ein „Appartement", wo man ungestört „schalten und walten" konnte.

Die „Information" gab uns eine Adresse und informierte die Hauseigentümer, daß sie „Einquartierung" bekämen. Die nette Familie erwartete uns bereits. Nach einer „frischen Dusche" war es Zeit zum Abendessen. Ganz spät am Abend fielen wir erschöpft in die Betten. Am nächsten Tag nach dem Frühstück stand die Erkundung der Umgebung an. Der Ort Tarrenz liegt im Gurgltal, die Gurgl, ein schnell fließender Gebirgsbach, der aus dem Schmelzwasser der Berge gespeist wird, führt kaltes und sehr klares Wasser. Zu beiden Seiten des Tales über 2500 m hohes Gebirge. Auf der einen Seite der Tschirgant und Simmering, auf der gegenüberliegenden Seite Heiterwand, Fleichsspitze und Muttekopf. Ein himmlisches Fleckchen, das, was wir suchten, hatten wir in Tarrenz gefunden. Hier mußte man sich wohlfühlen. Nette Menschen, schönes Wetter, zur Erholung genau das Richtige. Wahrhaftig, Tirol ist eine Reise wert. Wenn man Erholung sucht, muß es nicht unbedingt Rimini, Ibiza oder Mallorca sein. In Tirol, wo alles ruhig abläuft, kann der Erholungssuchende die „Seele baumeln lassen". Die majestätischen Berge strahlen Ruhe und Besinnung aus. Nach vier Wochen Erholungszeit rückte die Heimfahrt immer näher. Die schöne Zeit war zu Ende. Auf der Heimfahrt legten wir unterwegs keinen Zwischenstop ein, rasteten nur auf Autobahn-Raststätten. Ich wollte in einem „Stück" durchfahren. Um 7.00 Uhr begann in Tarrenz für uns die Heimreise, wir kamen um 21.00 Uhr zu Hause an. Für 1100 km Wegstrecke benötigten wir 14 Stunden. Ich war froh, aus dem Wagen zu steigen und nicht weiterfahren zu müssen. So eine Wegstrecke sollte man nicht auf einmal bewältigen. Ruhepausen an den Raststätten sind einfach zu kurz, der Körper ist am Ende völlig „leer". Nach vier Wochen Urlaub waren meine liebe Frau und ich gut erholt heimgekommen, der Alltag hatte uns wieder. Anfang Dezember 1978 lief das F.F.S. „Walther Herwig" nach 14 Monaten Antarktis-Argentinien-Forschungsreise in Bremerhaven ein. Die längste Forschungsreise des Schiffes war beendet. Am nächsten Tag mußte ich wieder mein „Ressort" auf dem Schiff übernehmen. Mein Kollege ging in den verdienten Urlaub. Das Schiff sollte erst im Januar 1979 zur nächsten Forschungsreise auslaufen. Das Weihnachtsfest und Neujahr feierten wir mit unseren Familien daheim.

Im Jahre 1979 führte das F.F.S. „Walther Herwig" für verschiedene Institute Forschungsreisen durch, die uns in die westbritischen Gewässer,

Barentssee und nach Spitzbergen, ins europäische Nordmeer und Iberische Becken führten. Am Ende des Jahres stand immer eine „Doppel-Reise" an. Zuerst Island und Ost-Grönland. Diese Wissenschaftler wurden in Reykjavik/Island abgelöst. Mit den neuen Wissenschaftlern ging es dann nach West-Grönland. Während einer Forschungsreise war stets ein Hafenbesuch vorgesehen. Zum Beispiel: Barentssee–Spitzbergen (Hafen: Longyearbyen), norwegische Küste (Hafen: Tromsö oder Hammerfest), westbritische Gewässer (Hafen: Stornoway auf den Hebriden oder Dublin in Irland), Iberisches Becken (Hafen: Vigo in Spanien, Punta Delgada auf der Azoreninsel Sao Miguel oder Funchal auf der Insel Madeira), um Island und Grönland (die Häfen: Reykjavik/Island und Godthab in West-Grönland), seitdem Grönland seine Souveränität erhalten hat, heißt die frühere Hauptstadt Godthab heute Nuk.

Bei den Forschungsreisen in verschiedene Meeresgebiete habe ich in Ländern und Häfen vieles erlebt, was mir in der kommerziellen Fischerei versagt blieb. Ich lernte Land und Leute kennen und bekam vieles Erstaunliche zu sehen. Die „zugeknöpften" Norweger und Isländer, die fröhlichen und „leichtlebigen" Grönländer, die sehr freundlichen Spanier, Portugiesen und Südamerikaner, gefolgt von den „lustigen" Schotten und Iren. Jeder Menschenschlag strahlt etwas Besonderes aus.

In den Häfen der „Nordländer" war die Alkohol-Nachfrage sehr groß. Wenn die Zollformalitäten im jeweiligen Hafen abgewickelt und die Zollbeamten von Bord waren, dauerte es nicht lange, und die ersten „Getränkeliebhaber" erschienen, um sich zu versorgen.

Von der Zollbehörde des jeweiligen Hafens erhielt ein jedes Besatzungsmitglied eine Freimenge für den Eigenbedarf: 1 l Alkohol, 1 Kiste Bier (24 Flaschen) und 200 Zigaretten. Oft wechselte diese Freimenge heimlich ihren Besitzer. Wer von den Zollbeamten beim Verkauf seiner Freimenge erwischt wurde, mußte mit einer nicht geringen Strafe rechnen. Eine alte Seemannsweisheit sagt: „Wenn ein Seemann behauptet, er hätte niemals geschmuggelt, der lügt." Es ist ein sportlicher Wettkampf zwischen Zollbeamten und den Seeleuten. Einmal gewinnt der Seemann und wird beim Schmuggel nicht erwischt, ein andermal gewinnen die Zollbeamten. Aber meistens sind die Zollbeamten auf der Siegerseite. Nach Beendigung der „Doppel-Forschungsreise" Island, Ost- und West-Grönland war das Forschungsjahr beendet. Die vorgesehenen Forschungsreisen mit dem F.F.S. „Walther Herwig" für das Jahr 1979 waren erfolgreich abgeschlossen. Um den 20. Dezember liefen wir in Bremerhaven ein. Das Weihnachtsfest und das neue Jahr feierte die Besatzung mit den Lieben daheim. Im Jahre 1980 wurde das F.F.S. „Walther Herwig" wieder in verschiedenen Meeresgebieten zu Forschungszwecken eingesetzt. Einzelne Forschungsreisen möchte ich nicht hervorheben. Der Jahreseinsatzplan des Schiffes, welcher immer am Anfang des Jahres vom „Ministerium für Ernährung, Landwirtschaft und Forsten" herausgegeben wurde, besagte, daß das F.F.S. „Walther Herwig" am 27. Dezember 1980 zur dritten Antarktis-Expedition auslaufen sollte. Rechtzeitig nahm ich meinen Jahresurlaub, weil ich von Anfang an bei der Expedition dabei sein wollte.

Im Dezember 1980 verholte das Schiff in die Werft, wo es gründlich überholt wurde. Eine Woche vor dem Weihnachtsfest legte das Schiff wieder an seinen alten Liegeplatz an und wurde für die lange Reise ausgerüstet. Das Wichtigste, wie Gasöl, Proviant, Wasser, nautische Ausrüstung, Reinigungsmittel und vieles mehr, wurde an Bord genommen. Am 27. Dezember 1980, beim Nachmittagshochwasser, legte das F.F.S. „Walther Herwig" von der Pier ab und begab sich auf die 8000 Seemeilen lange Reise. Wir verließen das triste nebelige Norddeutschland, unser Ziel war wieder Montevideo in Uruguay. Diese dritte Antarktis-Expedition hatte die Bezeichnung „Fibex-Biomass". Es galt wieder die Erforschung des Krill (euphausia superba). Seit dem 22. Dezember war auf der Südhalbkugel unseres Planeten Sommer. Nach dem Passieren des Englischen Kanals und der Biskaya verließen wir bei Cabo Vicente das europäische Festland und nahmen Kurs auf die Kanarischen Inseln.

Unsere Kurslinie verlief zwischen den Inseln Tenerife und Gran Canaria. Als wir die Hafenstadt Santa Cruz passierten, haben wir alle über UKW-Funk unseren Lieben daheim noch einmal „ade" gesagt, denn im nächsten halben Jahr würden wir keinen Funkkontakt mit Zuhause haben. Je näher wir dem Äquator kamen, um so angenehmer wurden die Lufttemperaturen. Der Kanarenstrom und die „achterlichen" Passatwinde brachten uns gut voran. Die Kap-Verden-Inseln passierten wir in einem größeren Abstand und bekamen sie nicht zu sehen. Drei Tage später überquerte das F.F.S. „Walther Herwig" den Äquator. Wir hatten in 13 Tagen über 4500 Seemeilen zurückgelegt. Es lag noch eine gehörige Strecke vor uns. Nach einer Fahrtdauer von 21 Tagen erreichten wir die La-Plata-Mündung. Nach weiteren vier Stunden sahen wir die „Sky-Line" von Montevideo. Ein Lotsenboot brachte den Hafenlotsen, der uns sicher in den Hafen geleitete. Es war eine Hafenliegezeit von fünf Tagen vorgesehen, das Schiff sollte mit Gasöl, Wasser und Proviant nachgerüstet werden, auch die Wissenschaftler aus Deutschland sollten bald eintreffen.

In den letzten Jahren hatte die Militärregierung in Uruguay die Regierungsgeschäfte durch freie Wahlen in „zivile Hände" gegeben. Der Hafen war wie auch früher „militärisches Sperrgebiet", nur am Sonnabend und Sonntag zwischen 12.00 und 18.00 Uhr war der Hafen für interessierte Besucher geöffnet. Wir erhielten wie einst einen Hafenpaß „Pasport de Puerto" und konnten zu jeder Zeit aus- und eingehen. In meiner Freizeit konnte ich mich dank meiner „Spanisch-Kenntnissen" gut und frei bewegen. In der Hafenliegezeit wurden erneut „angekündigte Besucher" durch das Schiff geführt. Diese Führungen übernahm ich gerne. Einen der Besucher, Rechtsanwalt Dr. Jorge B., lernte ich näher kennen. Es folgte eine Einladung in seinem Hause, wo ich auch seine Familie kennenlernte. Jorge war kinderlos, wohnte mit seiner Gattin und seinen Eltern zusammen in einem Haus. Es waren sehr lustige Menschen mit viel Humor und immer zu Späßen aufgelegt. Sie wollten auch sehr viel über „alemania" und unser Forschungsschiff wissen. Wenn ich Freizeit hatte, wurde ich abgeholt, um mir die Sehenswürdigkeiten Montevideos anzusehen. An einem Tag war ein Ausflug zum mondänen Badeort Punta del Este geplant. Ich sollte noch einen Gast mitbringen und erwählte unseren Schiffsarzt Dr. D. Von Montevideo fuhren wir die herrliche Küstenstraße (Rambla genannt) am Rio de la Plata entlang. Bis Punta del Este waren es etwa 80 bis 100 km Wegstrecke. Nach dem Besuch eines gemütlichen Cafés besichtigten wir die Hotelstadt. Mein Begleiter Dr. D. konnte sich die Frage nicht „verkneifen" und fragte Jorge: „Wie teuer mag hier in den Hotels eine Übernachtung sein? 100 oder 200 US-Dollar?" Unser Gastgeber Jorge lachte nur und antwortete: „Für 100 US-Dollar macht dir der Hotelportier noch nicht mal die Hoteltür auf!" Jorge steuerte seinen Wagen zu den Villen und Palästen, die etwas abseits lagen. Was ich zu sehen bekam, davon kann ein „Normalverdiener" nur träumen. Punta del Este ist wirklich das „Monaco Südamerikas", wo nur der Geldadel seine Freizeit genießt, unsereins kann nur von „draußen" zuschauen. Das ist jedenfalls meine Meinung. Auf der Rückfahrt machte Jorge einen kleinen Abstecher zum Badeort Piriapoilis am La Plata. Direkt bis zum Strand stehen Kiefernwälder mit sehr hohen schlanken Bäumen. Der Strand selbst ist nur 50 bis 100 m breit, hat sehr feinen Sand. Das Wasser des La Plata ist, wie ich es bereits beschrieben habe, immer etwas bräunlich. Mit diesem Ausflug erlebten wir einen unvergeßlichen Tag, den wir Jorge zu verdanken hatten. Es machte ihm Freude, uns vieles von seinem Land zu zeigen.

Inzwischen waren auch die Wissenschaftler aus Deutschland eingetroffen und das Schiff mit allem ausgerüstet. Auf den nächsten Tag um 14.00 Uhr war der Auslauftermin festgelegt. Für den letzten Abend in Montevideo wurde ich von Jorge und seiner Gattin zu einem Besuch in ein erstklassiges Grillrestaurant „America Sur" (Südamerika) eingeladen. Hier ging es sehr „vornehm" zu. Bevor wir das Restaurant betraten, ist Jorge etwas schneller vorausgegangen. Ich begriff nicht sofort, was es zu bedeuten hatte. Als ich mit Jorges Gattin das Restaurant betrat, erschienen zwei livrierte Herren, die uns zu einem festlich gedeckten Tisch geleiteten. Die Stühle wurden beiseite genommen, zum Platznehmen wieder hingeschoben. Als wir Platz genommen hatten, schaute ich Jorge fragend an, er klärte mich auf: „Ich habe telefonisch diesen Tisch bestellt und angekündigt, daß ich heute mit einem Seeoffizier des deutschen Forschungsschiffes ‚Walther Herwig' Gast sein werde." Über die Aufmerksamkeit, die man mir entgegenbrachte, war ich sehr erfreut. Aber wie ich es bereits an anderer Stelle erwähnte, Deutsche genießen in Südamerika großes Ansehen und werden überall sehr freundlich empfangen. Es war für mich ein unvergeßlicher Abend. Wir haben bis spät in die Nacht gefeiert. Jorge und seine Gattin wollten vieles über Europa und Deutschland wissen, warum wir „zwei Deutschland" hätten und was wir in der Antarktis erforschen wollten. Die Gesprächsthemen rissen nicht ab. Immer wieder sagte ich mir, daß es gut war, mich der spanischen Sprache zu widmen. Es gab auch einige Engpässe, wo meine Kenntnisse nicht ausreichten, aber auf „Umwegen" gab es immer eine Verständigung. Gegen 2.00 Uhr verließen wir das Grillrestaurant „America Sur". Jorge brachte mich zur Haupteinfahrt des Hafens, die Verabschiedung war sehr herzlich. Ich bedankte mich für alles, was er für mich getan hatte, und ließ seinen Eltern herzliche Grüße ausrichten.

Bevor das Schiff ausläuft, herrscht eine starke Betriebsamkeit. Es gilt, noch einmal alles zu überprüfen, es darf nichts fehl gehen. Der wachhabende Nautiker sorgt sich um alle nautischen Geräte, indem sie eingeschaltet und auf ihre Funktion getestet werden. Die erforderlichen Seekarten auf dem Kartentisch auslegen, Kreiselkompaßvergleich mit Mutterkompaß und den „Töchtern". Ein zweiter Offizier ist beim Erstellen der „Checkliste" behilflich, ob auch alles „durchgecheckt" wurde.

Nach dem Mittagessen war es wieder so weit, das alte Ritual wiederholte sich. Das F.F.S. „Walther Herwig" verließ mit Lotsenhilfe den Hafen Montevideo. Nach dem Absetzen des Lotsen dampften wir den Rio de la Plata abwärts. Nach dem Passieren von Cabo San Antonio auf der argentinischen Seite des Rio de la Plata nahmen wir Kurs zu den Falkland-Inseln. Die nächsten Forschungen sollten bei Elephant-Islas beginnen. Das Seegebiet zwischen South-Georgia, South-Orkney und Elephant-Islas war das Forschungsgebiet der dritten Antarktis-Expedition. Für mich war es bereits die dritte Antarktis-Forschungsreise, ich fand alles nicht mehr so überwältigend, aber für die Wissenschaftler war alles neu und sehr aufregend.

Jeder große Eisberg wurde bestaunt, Pinguinschwärme, die blitzschnell aus dem Meer auftauchten, um schnell wieder abzutauchen, wurden mit Entzücken bewundert. Die Pinguine, Wale und andere Meerestiere machten Jagd auf das krabbenartige Schalentier Krill (euphausia superba), wir, das F.F.S. „Walther Herwig", ebenfalls. Auch diesmal waren an diesem Forschungsprogramm mehrere Nationen beteiligt: die USA, Chile, Deutschland und die ehemalige UdSSR. Die Sowjets waren bereits mit mehr als 15 großen Fabrikschiffen vor Ort und fischten den Krill nur zur „Krillmehlgewinnung", das später zu Mastfutter und Düngemittel weiterverarbeitet wurde.

Mir selbst kamen bei diesem „Raubbau" des antarktischen Krills gewisse Zweifel. Entzog man nicht den Meerestieren den natürlichen Nahrungsvorrat? Wenn Fabrikschiffe mit ihren riesigen pelagischen Netzen über Jahre diese Region befischen, muß am Ende der Krill auf der Strecke bleiben. Ein einmal georteter Krillschwarm kann dem Kapitän eines Fangschiffes nicht entkommen. Das pelagische Netz kann in jede Wassertiefe „hineingesteuert" werden. Das F.F.S. „Walther Herwig" fischte auch mit so einem Netz, welches eine vertikale Öffnung von 30 Metern und eine horizontale Öffnung von ca. 40 Metern aufwies. Das entspricht einer Netzöffnung von 1200 qm! Wenn so ein „Netzmaul" durch das Wasser gezogen wird, kann sich auch ein Laie vorstellen, daß es für einen Schwarm kein Entrinnen gibt. Wir waren bemüht, nur solche Fangmengen an Bord zu nehmen, die dem wissenschaftlichen Zwecke dienten.

Was wurde da nicht alles mit dem Krill angestellt! Er sollte, nein er „mußte" für den menschlichen Verzehr hergerichtet werden. Da gingen die Sowjets radikaler vor. Erst einmal „Krillmehl" erzeugen, das Mehl an Nutzvieh verfüttern und Felder düngen, so kommt man über den zweiten Weg an den Nutzen des Krills, und er wird so auch der menschlichen Nahrungskette zugeführt. Mir ist nicht bekannt, daß andere Nationen ähnlich verfahren.

Bevor das Forschungsprogramm begann, trafen sich alle Forschungsschiffe, die bei diesem Programm beteiligt waren, auf der South-Orkney-Insel Coronation zu einer Konferenz. Nach und nach trafen die Schiffe ein und gingen in einer geschützten Bucht vor Anker. Es waren die deutschen Schiffe „Meteor" und „Walther Herwig", das chilenische Schiff „Teniente March", das amerikanische Schiff „Melville" und das sowjetische Schiff „Akademik Knipowitsch". Die Fahrtleiter der Schiffe begaben sich zu einer „kleinen Konferenz" auf das deutsche Forschungsschiff „Meteor".

In der Zeit, solange diese Konferenz dauerte, wurde zu den Schiffen ein Bootsverkehr eingerichtet, damit die anderen Wissenschaftler sich gegenseitig besuchen konnten.

Diese „Inselkonferenz" dauerte 36 Stunden, danach verließen die Schiffe Coronation-Isle. Jedes Schiff steuerte auf seinen bei der Konferenz abgesprochenen Koordinaten, das Forschungsprogramm begann. Für das „Fibex-Biomass"-Programm waren zwei Fahrtabschnitte vorgesehen. Dank des guten Wetters verlief alles wie vorher geplant. Wir Nautiker brachten das Schiff auf die vom Fahrtleiter bestimmte Position, gingen Wache „rund um die Uhr" und suchten mit den Ortungsgeräten Krillschwärme. Mit Hilfe der Besatzung an Deck setzte man die großen pelagischen Netze aus, nach einer halben Stunde Schleppzeit wurde das Netz eingeholt. Die Fangmenge schüttete man in das Verarbeitungsdeck, wo der Krill von den Wissenschaftlern „bearbeitet und verarbeitet" wurde. Nach drei Wochen Forschungstätigkeit war das F.F.S. „Walther Herwig" nahe Sygny-Isle gekommen, eine Insel der South-Orkneys, worauf sich eine britische Forschungsstation befand. Unser Fahrtleiter beschloß, den Briten einen Besuch abzustatten. So ein Stationsbesuch ist von beiden Seiten stets willkommen. Wir vom Schiff sehen, wie diese dort wirken, und die Stationsbesatzung freut sich auf eine Abwechslung. Für uns gab es vieles zu sehen und zu bestaunen. In erster Linie für die „Hobbyfilmer", von denen es einige an Bord gab. Unser I. Koch Günter Ennulat hat es zur Perfektion gebracht und einige schöne Filme über die Antarktis-Region gemacht. Ich besitze zwei Video-Kassetten von Günter E., es sind bleibende Erinnerungen.

Gefragt waren auch die „Sonderstempel" der Antarktis-Stationen, die von den Philatelisten sehr begehrt waren. Nach 24 Stunden war der Insel- und Stationsbesuch beendet, der Forschungsalltag hatte uns wieder. Der erste Fahrtabschnitt des „Fibex-Biomass"-Forschungsprogramms war beendet. Nach sechs Wochen, nur See, Eisberge, Eisfelder, Krill und Pinguine, hieß es „Abfahrt zum Basishafen".

Es ging aber nicht nach Montevideo, sondern aus Zeitersparnis nach Ushuaia im Beagle-Kanal, wo wir über die Hälfte der Distanz einsparten. Unterwegs dahin kündigte der Bordmeteorologe ein „Orkantief" an, das konnte ja noch heiter werden!

Die Wetterprognose des Meteorologen übertraf bei weitem seine Ankündigung, es kam „dicker als dick"! Was ich in diesem „Orkan" erlebte, ist kaum in Worten zu fassen.

Windgeschwindigkeiten bis 200 km/h, die das Meer aufpeitschten. Die großen Windgeschwindigkeiten treiben weiße Gischt über das Meer, als ob es „kocht". Die Wellenberge werden von Mal zu Mal höher und gefährlicher, entwickeln sich zu gefährlichen „Brechern", es gibt keinen Horizont, ein Inferno! Das Anschwellen und Heulen des Windes zerrten an den Nerven, bei jedem sich auftürmenden Brecher die bange Frage: „Geht es klar?" Das F.F.S. „Walther Herwig" kämpfte gegen Wind und

Die südlichste Stadt Südamerikas Ushuaia/Feuerland am Beagle-Kanal. Foto: Dr. S. Ehrich

See. Die Fahrtgeschwindigkeit war so zu bemessen, daß das Schiff nur „steuerfähig" blieb. Während meiner vier Stunden Wache stand ich am „Fahrtpult", den „Schrauben-Steigungshebel" in der Hand, und beobachtete jede Riesenwelle, die sich vor uns auftürmte. Nach der Wache verließ ich „schweißgebadet" die Kommandobrücke, mein ablösender Kollege mußte weitermachen. Heute kann ich es verstehen, warum so viele Segelschiffe beim Umrunden von Kap Hoorn gesunken sind.

Wehe einem Schiff, wenn bei solchem Inferno die Maschine oder Ruderanlage ausfällt, es „quertreibt" und manövrierunfähig wird, dann hilft vielleicht nur noch beten! Ich glaube, es ist bei solchem Sturmorkan unweigerlich verloren. Dieser Orkan hielt 36 Stunden an, bis er dann zu einem starken Sturm von Windstärken 8–10 abflaute, der dann noch mal 36 Stunden anhielt. Als der Sturm vorbei war, atmeten wir an Bord erleichtert auf. Die „gute alte Walther Herwig" hatte alles gut überstanden, wie auch die 55 Menschen an Bord. Anfang März liefen wir im Beagle-Kanal ein. Nach weiteren fünf Stunden machten wir im Hafen von Ushuaia fest.

Der erste Fahrtabschnitt des „Fibex-Biomass"-Programms war beendet. Die Wissenschaftler und ein Teil der Besatzung verließen das Schiff, um nach Hause zu fliegen. Kapitän Edwin L. wurde abgelöst. Mit der Ablösemannschaft kam auch der neue Kapitän Herbert G. an Bord. In Ushuaia waren nur vier Liegetage vorgesehen, um auch viele Ausrüstungen an Bord zu nehmen. Die Stadt hat nicht viel Sehenswertes zu bieten, es sei, man ist „Rucksacktourist", dann ist die Umgebung von Ushuaia mit Wäldern, Bergen und Seen faszinierend. Nachdem auch die Wissenschaftler eingeflogen waren, sollten wir bereits am anderen Tag auslaufen. Im März 1981 verließ das F.F.S. „Walther Herwig" Ushuaia, um mit dem zweiten Fahrtabschnitt das „Fibex-Biomass"-Programm zu beenden. Als wir den Beagle-Kanal verließen, liefen wir erneut in ein Sturmtief hinein. Wieder mußte das F.F.S. „Walther Herwig", genau wie auch beim Einlaufen, 24 Stunden gegen Wind und See ankämpfen. Das waren bereits die ersten Herbststürme auf der Südhalbkugel. Das Forschungsgebiet war dasselbe wie im ersten Fahrtabschnitt. In diesem Seegebiet operierte auch die sowjetische Fangflotte, die mit allem stationär versorgt wurde. Ein riesiges „Mutterschiff" lag als „Basis" vor Anker, auch ein Hochseeschlepper für eventuelle Notfälle „dümpelte" in der Meeresdünung. Es war Ende April, wir fischten in der Nähe eines „Rockfelsens" bei Elephant-Isle, da ereilte uns das Unglück. Die komplizierte Umsteuerungsanlage der Hauptmaschine (Ka-Me-Wa) viel aus. Wir konnten nur noch schnell das pelagische Netz einholen, dann trieben wir „manövrierunfähig" vier Seemeilen (7,4 km) vor dem gefährlichen „Rockfelsen". Der zweite Fahrtabschnitt der dritten Antarktis-Expedition „Fibex-Biomass" mit dem F.F.S. „Walther Herwig" war mit diesem Maschinenausfall beendet. An Bord mußte eine dringende Notreparatur mit Bordmitteln durchgeführt werden, damit wir die nächstgelegene Reparaturwerft erreichen konnten. Das Schlimmste aber war, wir trieben langsam auf den „Rockfelsen" zu. Kapitän Herbert G. ließ eine Funkverbindung mit dem sowjetischen Mutterschiff herstellen und schilderte unsere prekäre Lage. Das sowjetisches Fabrikschiff „Gomel" wurde vom Mutterschiff zu uns beordert und trieb in einem geringen Abstand, um im Notfall einzugreifen. Die Notreparatur sollte fünf Stunden in Anspruch nehmen. In der Zwischenzeit löste der Hochseeschlepper die „Gomel" ab und hielt sich zu unserer Sicherheit in Nähe auf. Dank des hochqualifizierten jungen Leitenden Maschineningenieurs Günter Bohling glückte die Notreparatur. Das Schiff nahm wieder langsam Fahrt auf. Die Fahrtgeschwindigkeit wurde immer langsam erhöht, bis zuletzt auf 10 Knoten in der Stunde. Der sowjetische Hochseeschlepper begleitete uns aus Sicherheitsgründen noch einige Stunden, dann wurde er von Kapitän Herbert G. „entlassen". Über den Abbruch der Forschungsreise war niemand glücklich. Wir konnten nur hoffen, daß wir auf dem Weg nach Montevideo nicht wieder in so einen Orkan liefen. Als nächstes mußte eine Werft ge-

funden werden, wo die „Walther Herwig" in ein „Trockendock" gebracht werden konnte.

Es stellte sich heraus, daß an der argentinischen Küste für so ein „tief-
gehendes Schiff" (7,50 m) keine Werft existierte. Kapstadt in Südafrika
wäre eine Lösung gewesen, aber die Distanz war zu groß. Bei gutem
Wetter, wenn nichts dazwischen kam, sollten wir in sieben bis acht Tagen Montevideo erreichen. In diesen Tagen war der Bordmeteorologe
zum wichtigsten Mann avanciert. Jede Wetteränderung verfolgten wir
mit Sorge, das Barometer wurde ständig und sehr aufmerksam beobachtet. „Neptun, Gott der Meere, Seen, Flüsse, Bäche, Tümpel und Ba-
dewannen", war uns gnädig gesonnen. Nach sieben Tagen erreichten
wir die Mündung des Rio de la Plata, nach weiteren vier Stunden liefen
wir im Hafen von Montevideo ein. Das Schlimmste hatten wir überstanden. Am nächsten Tag begaben sich die Wissenschaftler auf den
Heimflug. Die Besatzung hatte einiges zu tun. Der Leiter der Maschinenanlage, Ingenieur Günter Bohling, wollte die Reparatur an der Umsteuerungsanlage (Ka-Me-Wa) persönlich durchführen. Als erstes war
folgendes notwendig: Das Schiff mußte so „getrimmt" werden, daß
der Schiffskiel einen Neigungswinkel von mindestens 5° nach vorne haben sollte, denn die Schraubenwelle mußte bei der Reparatur von der
Umsteuerungsanlage getrennt werden. Die Vorbereitungen begannen.
Den gesamten Brennstoff- und Trinkwasservorrat pumpte man in die
vorderen Tanks, die leeren Tanks wurden mit Seewasser geflutet. An
die Pier wurde ein leichter beweglicher Kran bestellt, der das gesamte
Fanggeschirr auf Back und Vorschiff plazierte. Das alles nahm einen
ganzen Tag in Anspruch. Am Ende hatte der Kiel des Schiffes einen
Neigungswinkel von 6° nach vorne. Das reichte aus, die Reparaturar-
beiten konnten am nächsten Tag beginnen. Nach zwei Tagen anstren-
gender Arbeit der Maschineningenieure und deren Assistenten war die
Reparatur gelungen. Das Schiff konnte nur mit einer Maschine und 10
Knoten Fahrt in einer Stunde die über 7500 Seemeilen lange Heimreise antreten. Nach der Reparatur blieb das Schiff noch zwei Tage in
Montevideo. Diese Zeit nutzte jeder an Bord, seine „Einkäufe" zu tätigen. Besonders preiswert waren Lederbekleidung und Fleisch. In einem
Geschäft wurde ich „fündig", wonach ich schon lange gesucht hatte:
„bosque de petrificado" (versteinertes Holz) in Form von zwei Buch-
stützen. Überall hatte ich danach gesucht, in Buenos Aires, Mar del Plata und Ushuaia, aber es nirgends gefunden. Ausgerechnet in Montevideo fand ich das Gesuchte.

Der Auslauftermin war festgesetzt, alle Vorbereitungen waren abgeschlossen. Der Lotse erschien, dann hieß es: „Leinen vorne und achtern
los." Im Mai 1981 begab sich das F.F.S. „Walther Herwig" auf die Heim-

reise, die 24 Tage dauern sollte. Über die Fahrt von Montevideo nach Bremerhaven gibt es nichts Nennenswertes zu berichten. Im Juni 1981 lief das F.F.S. „Walther Herwig" in Bremerhaven ein.

Wie nach jeder Antarktis-Expedition, waren Funk und Fernsehen zum Empfang erschienen, um über die Forschungsreise zu berichten. Ich war über 160 Tage von daheim fortgewesen, es war an der Zeit, meinen Jahresurlaub anzutreten. An Bord bereitete ich alle meine Aufgaben zur Übergabe vor und trat zwei Tage später den wohlverdienten Urlaub an.

Nachdem ich mich zu Hause einige Tage „akklimatisiert" hatte, packten wir die Koffer, es ging wieder nach Tirol zum kleinen Ort Tarrenz, wo wir bereits zweimal unseren Urlaub verbrachten und uns sehr gut erholt hatten. Vier Wochen blieben wir in dem kleinen Ort, dort fanden wir Ruhe, Besinnlichkeit und Erholung.

Jede schöne Zeit geht mal zu Ende, so auch mein Jahresurlaub. Im Jahre 1981 machte ich mit dem F.F.S. „Walther Herwig" noch zwei Forschungsreisen mit. Die interessanteste war die „Doppel-Forschungsreise" Island, Ost- und West-Grönland. Wenn die Arbeiten im Seegebiet bei Island beendet waren, liefen wir jedesmal Reykjavik an. Wie in jedem Jahr wechselten dort die Wissenschaftler und auch die Fahrtleitung. Danach stand das „West-Grönland-Programm" an. Von Reykjavik nahmen wir direkten Kurs auf Kap Farvell, die Südspitze Grönlands.

Nach dem Umrunden des Kaps begannen auf der „Nanortallik-Bank" die Forschungsarbeiten. Die einzelnen Positionen zogen sich 600 Seemeilen an der Westküste bis zur Insel Disco hin. Die Fischereipositionen an der Westküste kannte ich noch aus der Zeit, als ich in der kommerziellen Fischerei tätig war. Das „Wissen der ehemaligen Fischereikapitäne" über die Fanggebiete war auf dem Forschungsschiff nicht gefragt. Die Wissenschaftler hatten „ihr Programm und ihre Vorstellung", wir hatten nur zu navigieren und an den vorher „bestimmten" Plätzen das Fanggeschirr auszusetzen und eine halbe Stunde am Meeresgrund zu „schleppen", danach das Fanggeschirr wieder einzuholen. Bei der Insel Disco endete das Forschungsprogramm, danach ging es zunächst zum grönländischen Hafen Nuk (früher Godthab). Nach zwei Tagen Liegezeit ging es heimwärts nach Bremerhaven. Am 21. Dezember liefen wir in Bremerhaven ein, die Forschung konnte im scheidenden Jahr viele Erfolge für sich verbuchen. Das F.F.S. „Walther Herwig" blieb über die Feiertage im Hafen.

Die Besatzung konnte die Festtage daheim feiern. Das „alte Jahr" 1981 war vorbei, im neuen Jahr hat man immer größere Erwartungen. Im Juli 1982 war eine interessante Forschungsreise, die zum Iberischen

Becken führte, wo in der Anfangszeit die Briten in 5000 Meter Wassertiefe „nuklearen Müll" in Fässern versenkt hatten. Es galt zu erforschen, ob im Iberischen Becken höhere Radioaktivität festzustellen sei. Mit einem Spezialfanggerät, welches in 5000 Meter Tiefe in der Nacht viele Stunden über den Meeresgrund geschleppt wurde, versuchten wir, einem dieser „Nuklearfässer" habhaft zu werden. Während dieser Forschungsreise ist es uns nicht gelungen. Nach drei Wochen Forschungsarbeit war eine Hafenliegezeit von einigen Tagen in Vigo/Spanien vorgesehen. Wenn man täglich nur Himmel und Meer sehen muß, sind Hafentage immer willkommen. Ich konnte vom Telegrafenamt meine liebe Frau anrufen, ihre Stimme hören und mich nach allem, was es zu Hause Neues gab, erkundigen. In Vigo konnte man sehr guten Wein kaufen. Weil ich an Bord „der Spanier" war, haben mich einige Besatzungsmitglieder gebeten, sie zum Weinhändler zu begleiten.

Am Hafentor war ein Taxistand, wir nahmen zwei Wagen, die uns zum Weinhändler brachten. Der Weinhändler, ein kleiner Mann, führte uns in ein kühles Kellergewölbe, wo einige große Weintanks standen. In jedem Weintank ein anderer Wein. Nun, bevor wir den Wein kauften, wollten wir ihn auch probieren. Aus jedem Weintank schenkte uns der Weinhändler ein Glas ein. Es waren aber keine kleinen „Probiergläser", sondern richtige Becher, und der Weinhändler hatte seinen Spaß, uns richtig „einzuschenken".

Im kühlen Keller merkten wir nichts, als wir wieder nach draußen an die warme Luft kamen, hatten wir alle nach einer kurzen Zeit einen „richtigen Rausch".

Gekauft wurde nicht etwa in Ein-Liter-Flaschen, sondern in Acht-Literoder 16-Liter-„Korbflaschen". Die meistgekauften waren „herber Tafelwein" und der „süffige Muskatellerwein". Ich selbst nahm von jedem eine „Acht-Liter-Korbflasche".

Andere Besatzungsmitglieder hatten größeren Bedarf. Gegen Abend erschien am Liegeplatz ein Kleinlaster, der den gekauften Wein ablieferte. Nach drei Hafentagen ging es zurück zum Iberischen Becken, wo die Forschungsarbeiten zur Zufriedenheit der Wissenschaftler abgeschlossen wurden. Nach fünf Wochen war das Programm beendet, wir kehrten nach Bremerhaven zurück. Das F.F.S. „Walther Herwig" führte im laufenden Jahr seine vorgegebenen Forschungsreisen bis zum Monat Dezember durch, dann ging auch das Jahr 1982 zu Ende. Was würde uns das neue Jahr 1983 bringen? Am 3. Januar 1983 hatte ich eine „persönliche Feier", denn ich war genau sieben Jahre an Bord, sozusagen ein „Oldy".

Am 10. Februar 1983 kehrte ich von der ersten Forschungsreise des neuen Jahres zurück. Wie immer besuchte ich meine Eltern. Meine

Mutter Maria Neu war schwer erkrankt, als ich das Schlafzimmer betrat, erkannte sie mich nicht, ich war erschüttert.
Mutter Maria, die immer für ihre Kinder da war, die uns damals 1941 gegen ihre eigene Überzeugung aus Litauen nach Deutschland führte, hatte alle Widrigkeiten auf sich genommen, um ihren Kindern eine sichere Zukunft zu geben. Jetzt war sie am Ende ihres beschwerlichen Lebens angekommen. Am 19. Februar 1983 verstarb meine Mutter Maria Neu im Alter von 77 Jahren. Aus diesem traurigen Anlaß trafen sich nach Jahren alle Geschwister wieder. Die Familienbande war nicht mehr so fest „verknotet" wie in der „schlechten Zeit". Wir lebten in verschiedenen Städten, jeder hatte seinen Beruf und seine Interessen, man kann sagen, wir, die vielen Geschwister, hatten uns irgendwie „auseinandergelebt", es bestand kein inniges Verhältnis, wie es in einer „Sippe" üblich ist. Nach der Beisetzung meiner Mutter stand die Frage offen, wer meinen 84jährigen Vater versorgen sollte. Meine Schwestern konnten Vaters Versorgung nicht übernehmen, weil sie zu weit weg von Otterndorf wohnten. Meine liebe Frau meinte: „Wir können Vater nicht sich selbst überlassen, er braucht Hilfe und Unterstützung. Ich werde mich um deinen Vater kümmern, alles andere muß zurückstehen." So geschah es auch. Beruhigt fuhr ich mit dem F.F.S. „Walther Herwig" wieder zur See.
Im Juli 1983 stand erneut eine Forschungsreise zum Iberischen Becken an, wo die Wissenschaftler in diesem Meeresgebiet erneut die Radioaktivität überprüfen wollten.
Die Forschungsarbeiten waren die gleichen wie auch im Vorjahr. Nach drei Wochen „Seetörn" stand ein Hafenbesuch an. Diesmal ging es nach Ponta Delgada, auf die größte der Azoreninseln Sao Miguel. (Die Azoren wurden im Jahre 1432 vom portugiesischen Seefahrer Cabral entdeckt und für Portugal in Besitz genommen.)
Auf den Azoren bin ich noch niemals gewesen. Dieser Hafenbesuch freute mich ganz besonders. Die Azoren gehören zu Portugal, aber wenn man spanisch versteht, ist es nicht schwer, sich dort zu verständigen. Ponta Delgada mit etwa 25 000 Einwohnern ist die Hauptstadt der neun Azoreninseln. Das F.F.S. „Walther Herwig" lief mit Lotsenbegleitung im Hafen ein. Drei Liegetage waren vorgesehen. Nach den üblichen Hafenformalitäten konnte die „Erforschung" der Insel beginnen. Drei Wissenschaftler und ich hatten beschlossen, am nächsten Tag einen Leihwagen zu nehmen, um die gesamte Insel zu umrunden und uns alles Sehenswerte anzuschauen. Am nächsten Tag ganz in der Frühe begann die Erkundungsfahrt. Für mich, der aus dem norddeutschen Tiefland kommt, war diese Insel ein kleines Paradies. Die Insel ist vulkanischen Ursprungs, so wechselhaft war auch die Landschaft. Eine

Zeitlang führte die Straße an der Küste entlang, um dann sehr steil anzusteigen, so, daß wir plötzlich im dicksten Bergnebel steckten, wo der Fahrer äußerst vorsichtig fahren mußte, weil die Sicht vollkommen fehlte. Wir waren froh, als es wieder bergab in das sonnige Tal ging. Auf unserer Insel-Erkundungsfahrt hatten wir ein lustiges Erlebnis. Auf der Inselstraße, die zu beiden Seiten mit „Agaven-Stauden" gesäumt war, erreichten wir eine Stelle, wo ein einheimischer Korbmacher seine Waren zum Verkauf am Wegrand aufgestellt hatte. Wir hielten, um uns die Körbe anzusehen.

Es war gute solide Handarbeit. Jeder von uns wollte einen Korb erstehen. Einer für sein Kaminholz daheim, ein anderer als Zierde für seinen Balkon. Ich wollte einen Korb für meine Grillutensilien im Gartenhaus. Der Korbmacher erschien und pries seine Waren an, wir wollten „feilschen" und sagten, daß wir „arme Seemänner" wären und wenig Geld besäßen. Er schaute uns einen Augenblick an, dann sagte er: „Bitte zeigen Sie mir Ihre Hände." Natürlich zeigten wir sie ihm. Er schaute uns an, schüttelte den Kopf und meinte: „Meine Herren, Seemänner haben nicht solche gepflegten Hände wie Sie, also sind Sie auch keine armen Seemänner. Schaut her, das sind Hände, die schwer arbeiten müssen." Dann zeigte er uns seine „schwieligen Arbeitshände". Wir lachten, weil er uns auf die einfachste Weise überführt hatte.

Wir kauften vier Körbe und entrichteten den geforderten Preis. Die Inselfahrt ging weiter. Ich saß neben dem Fahrer, hatte eine Inselkarte und war der „Navigator". Durch meine Unaufmerksamkeit hatten wir uns doch „verfahren". Zum Glück habe ich es noch rechtzeitig bemerkt, aber mir den Spott meiner Mitfahrer eingehandelt. Für unterwegs hatte der Schiffskoch uns einen gut gefüllten „Picknickkorb" mitgegeben, so mußten wir uns nicht um ein Restaurant bemühen. Erst spät am Abend kehrten wir von unserem unvergeßlichen Inselausflug zurück.

Am nächsten Tag hieß es wieder Abschied nehmen.

Das F.F.S. „Walther Herwig" verließ Punta Delgada, um die letzten Forschungsarbeiten im Iberischen Becken zu beenden. Nach fünf Wochen kehrten wir nach Bremerhaven zurück.

Im Spätsommer und Herbst war ich bei den Forschungsreisen dabei. Ich wollte es zeitlich so einrichten, daß mein Geburtstag (1. November) und das Weihnachtsfest in meinen Jahresurlaub fielen. So geschah es auch. Mein 53. Geburtstagsfest feierten wir im Hause meines Vaters Eduard in Otterndorf. Die meiste Zeit hielten wir uns auch dort auf. Vater Eduard war mittlerweile 85 Jahre alt und wurde von meiner lieben Frau versorgt. Aber jeder Mensch ist einmal am Ende seines Lebensweges angekommen. Am 7. Dezember 1983 ist Vater Eduard verstorben. Er hatte meine Mutter Maria nur um zehn Monate überlebt und wurde neben ihr auf dem Friedhof in Otterndorf beigesetzt. Im Jahre 1983 habe ich meine Eltern verloren, Eduard und Maria Neu waren „heimgegangen", sie hatten jetzt ihren ewigen Frieden. Ihre Kinder haben sie nach „innerlicher Überwindung" 1941 aus dem „verschlafenen mittelalterlichen Dorf Kaupiai in Litauen" nach Deutschland geführt, um allen nach ihrer Veranlagung eine Zukunft und Perspektive zu geben. Dank der Mühe und Plage meiner Eltern hatte jedes ihrer Kinder seine Existenz. Jetzt, wo meine Eltern nicht mehr unter uns weilten, mußte ich an unseren kleinen ärmlichen Hof im Dorf Kaupiai denken, wo wir Kinder von allen Katastrophen, Kriegen, Verbrechen und anderen Übeln dieser Welt absolut nichts mitbekamen und auch vollkommen sicher waren.

Trotz bitterer Armut war es für uns Kinder ein „sonniges" Leben. Gewiß, mit anpacken mußten wir damals schon, aber wir taten es „spielerisch", nicht unter Zwang, sahen es als „unsere Pflicht", den Eltern zu helfen. Wie mag es heute dort aussehen? Stehen „unsere" Gebäude noch? Steht die Dorfschule in Budvyciai noch, die 1940 neu errichtet wurde und wir Kinder die Klassenräume nur auf Strümpfen betreten durften? Wie sieht heute die Kreisstadt Tauroggen (Taurage) aus? Einmal in meinem Leben wollte ich das „verschlafene mittelalterliche Dorf Kaupiai" besuchen, um zu sehen, ob Vater Eduard und Mutter Maria Neu im Jahre 1941 durch die Umsiedlung nach Deutschland richtig gehandelt hatten. Der Heimgang meiner Eltern überschattete alles, aber das Leben ging weiter. Das neue Jahr 1984 hatte seinen Einzug gehalten. Mein Jahresurlaub war zu Ende. Für das F.F.S. „Walther Herwig" und seine Besatzung begann ein neues „Forschungsjahr". Der Jahreseinsatzplan sah vor, daß das Schiff am 27. Dezember 1984 zu seiner letzten Antarktis-Expedition auslaufen sollte. Ich wollte auf jeden Fall die letzte Antarktis-Expedition mitmachen. Bis zum Monat Dezember wurden einige Forschungsreisen im Nordatlantik und den westbritischen Gewässern durchgeführt.

Am Anfang des Monats Dezember verholte man das Schiff in die Werft, um es für die vierte Antarktis-Expedition vorzubereiten. Die Maschinenanlage wurde gewartet, nautische Ortungsgeräte wurden überholt oder erneuert. Für die Sicherheit der Besatzung und Wissenschaftler auf See wurde etwas ganz Besonderes und Entscheidendes getan. Die übergeordnete Dienststelle ließ 55 hochmoderne „Überlebensanzüge" an Bord liefern, die Sicherheit an Bord gewährleisteten, wenn es zum Äußersten kommen sollte und alle das Schiff verlassen müßten.

In so einem „Anzug" stieg man in voller Bekleidung, zog von innen einen Reißverschluß zu, dann konnte man viele Stunden im eiskalten Wasser zubringen, ohne zu unterkühlen. Gewiß, so ein „Anzug" hatte seinen Preis (980,– DM), aber ein Menschenleben sollte diese Summe wert sein. Nach dem Weihnachtsfest, am 27. Dezember 1984, verließ das F.F.S. „Walther Herwig" Bremerhaven zu seiner vierten und letzten Antarktis-Forschungsreise. Als Basishafen war der chilenische Hafen Punta Arenas in der Magellan-Straße vorgesehen. Bis Punta Arenas waren es etwa 8000 Seemeilen, die wir zurücklegen mußten. Dieser Hafen liegt 900 Seemeilen südlicher als Montevideo in Uruguay. Bis zum Zielhafen rechneten wir mit 24 Tagen und wollten am 20. Januar 1985 in Punta Arenas ankommen. Als wir die Kanarischen Inseln passierten, führte ich noch ein letztes Gespräch mit meiner lieben Frau, später gab es fast keine Möglichkeit ein Gespräch zu führen. Silvester und das neue Jahr erwarteten wir bereits im warmen Gefilden. Es wurde nicht „groß gefeiert", der tägliche Dienst forderte seinen Tribut. In meiner Freizeit saß ich täglich zwei Stunden über „spanischen Lehrbüchern" und hatte noch immer meine Freude daran. Von meinen Bordkollegen wurde ich auch nicht mehr „belächelt", sie hatten begriffen, wer die einheimische Sprache beherrschte, dem stand das Land offen. In den nächsten Tagen wollten wir den Äquator erreichen, aber eine Äquatortaufe durfte lt. Anweisung der Dienststelle in Hamburg nicht durchgeführt werden, weil man „Schaden an der Gesundheit" nehmen könnte, wie es in der „Anweisung" hieß. Wir, die „Getauften", kamen um unseren Spaß, weil die „Ungetauften" so einfach davonkamen. Während meiner Brückenwache habe ich immer „astronomische Navigation" betrieben.

Zum einen um immer in Übung zu sein und mit den „astronomischen Beobachtungen" die anderen nautischen Geräte auf ihre Richtigkeit zu überprüfen. An Bord hatten wir einen „Satelliten-Navigator" der Firma „Magnafox". Der Satelliten-Navigator empfängt in Abständen von den um die Erde kreisenden Satelliten seine „Message", auch „Fix" genannt, danach berechnet das Gerät die Position des Schiffes. Aber je näher wir dem Äquator kamen, desto weniger „Fixe" erhielt das Gerät, oftmals nur alle sechs bis acht Stunden, somit waren unsere Positionen ungenau. Weil ich mich immer mit „Beobachtungen" beschäftigte, kam es mir gerade jetzt zugute. Kapitän Edwin L. betrat die Brücke und sagte so ganz nebenbei: „Herr Neu, der Satelliten-Navigator hat über viele Stunden keinen ‚Fix' erhalten, ob die vorherigen genau waren, ist zu bezweifeln. Wir haben gute Sicht, suchen Sie zwei der hellsten Fixsterne und machen eine ‚Vorausberechnung' über ‚Azimut' (Richtung) und die zu erwartende Höhe des Gestirns. In der Dämmerung werden wir die vorausberechnete Höhe mit dem Sextanten nehmen." Diese Aufgabe wurde mir zugeteilt, und ich mußte sie ausführen. „Ich habe verstanden, ich werde die Fixsterne ‚Sirius' und ‚Conopus' nehmen, es sind die hellsten Fixsterne am südlichen Sternenhimmel. Ich könnte noch ‚Alpha Centauri‘ dazunehmen, aber zwei Beobachtungen reichen für eine genaue Position aus." Kapitän Edwin L. antwortete: „Das sehe ich auch so, machen Sie die Vorausberechnung, in der Abenddämmerung kommen Sie auf die Brücke, wir werden gemeinsam den vorausberechneten Höhenwinkel mit dem Sextanten nehmen."

Ich machte mich an die Arbeit. Gestirn-Vorausberechnungen sind nicht ganz einfach. Ein Nautiker, der das eine Zeitlang nicht gerechnet hat, kann schon in Schwierigkeiten kommen. Weil ich bisher mit der „Kulminationszeit-Berechnung" der Sonne vertraut war, trug der Kapitän mir auch die Vorausberechnung der zu „erwarteten Höhe des Gestirns" auf. Die Berechnung gelang mir sehr gut. Obwohl ich keine Brückenwache hatte, begab ich mich in der Abenddämmerung auf die Brücke, auch Kapitän Edwin L. erschien. Nach kurzer Beratung nahm jeder einen Sextanten, und wir begaben uns in die BB.-Brückennock. Über einen „Peildiopter", den ich auf einer „Kreiselkompaß-Tochter" aufgesetzt hatte, prüfte ich das „Azimut" (Richtung) des Gestirns.

Zum Beispiel: Wenn ich für den „Sirius" ein „Azimut" (Richtung) von 138° errechnet hatte, mußte der „Fixstern" auch in 138° zu finden sein. Der „Peildiopter" hat eine Verstärkerlinse, mit bloßem Auge war der Stern nicht zu sehen. Ich fand beide Fixsterne in der berechneten Richtung. Im Sextanten ist auch eine Verstärkerlinse, so daß der Kapitän und ich jeder „seinen" Stern ausmachte und den Höhenwinkel mit dem Sextanten nahm. Nach einigen Minuten hatten wir unsere „wahre Position" anhand der Gestirn-Beobachtung ermittelt. Wenn die Sicht gut war, wiederholten wir diesen Vorgang noch einige Abende, bis der Satelliten-Navigator genügend „Message" (Fixe) erhielt und die genaue Schiffsposition bestimmte.

Nach dem Überqueren des Äquators waren noch über 3600 Seemeilen bis Punta Arenas zurückzulegen. Es war sehr warm, nur die leichte Seebrise und der Fahrtwind ließen die Wärme ertragen. Die Brückenwache erhielt die Erlaubnis, „leicht bekleidet" die Wache anzutreten. Auf der 12.00–16.00-Uhr-Wache wurde sogar das Oberhemd abgelegt. In meiner Freizeit spannte ich mir meine Hängematte und gab mich der „Bräunung" hin.

Einige Tage dampften wir an der brasilianischen Küste entlang, passierten die La-Plata-Mündung und bewegten uns an der argentinischen Küste südwärts.

Dann war der Tag da, wo wir in die berühmte Magellan-Straße hineinsteuerten. Im Norden der Einfahrt liegt das Kap Cabo Virgenes, im Süden der Einfahrt das Kap Cabo Espiritu Santo. Beide Kaps sind argentinisches Staatsgebiet, wir passierten die argentinische Staatsgrenze

Richard Neu beim Fischfang. F.F.S. „Walther Herwig". Foto: Günter Ennulat

Richard Neu mit dem Sextanten, es wird die Mittagsbreite ermittelt. Foto: Günter Ennulat

und wurden von der Küstenwache angerufen. Aber nicht in englischer Sprache, wie es international üblich ist, sie sprachen uns spanisch an. „El buque, quen ahora paso Cabo Espiritu Santo, deme su Intendificasion" (das Schiff, welches jetzt Cabo Espiritu Santo passiert, geben Sie Ihre Intendität).

Kapitän Edwin L. war auch auf der Brücke, da niemand spanisch verstand, sagte ich zum Kapitän: „Die Argentinier rufen uns an, wir sollen uns zu erkennen geben." Er schaute mich an: „Sie haben Wache, also geben Sie unsere Schiffsdaten den Argentiniern." Alles erfolgte über UKW-Sprechfunk. Ich ergriff den Hörer: „Buenos dias Senores, aqui buque de investigaciones pesqueras Walther Herwig, senal de distincion DBFP, del Ministerio Federal, de Alimentacion, Agricultura y Bosques, de Alemania Federal. El puerto de matriculacion Hamburgo, el Puerto de destino, esta Punta Arenas. Alla vendran los sientificos de Alemania a bordo" (guten Tag die Herren, hier ist das Fischereiforschungsschiff Walther Herwig, Unterscheidungssignal DBFP, des Ministeriums für Ernährung, Landwirtschaft und Forsten der Bundesrepublik Deutschland. Der Heimathafen ist Hamburg, der Bestimmungshafen Punta Arenas, dort kommen die Wissenschaftler aus Deutschland an Bord). Die Argentinier antworteten: „Walther Herwig, lo comprende todos, muchas gracias, lo deseo un buen viaje" (Walther Herwig, ich habe alles verstanden, ich wünsche eine gute Reise).

Nachdem wir Cabo Espiritu Santo hinter uns ließen, liefen wir in chilenisches Hoheitsgebiet und wurden aus dem Küstenort Punta Delgada von der chilenischen Küstenwache angerufen. Bei den Chilenen gab ich mich mit den gleichen Worten zu erkennen, sie bedankten sich und wünschten uns einen guten Hafenaufenthalt in Punta Arenas. Als wir tiefer in die Magellan-Straße einliefen, sahen wir in der Ferne zwei Ölbohr-Plattformen. Wir wollten zwischen beiden Plattformen hindurchfahren und waren noch etwa vier Seemeilen davon entfernt, da wurden wir erneut von den Chilenen angerufen: „Walther Herwig, por favor, deja los platformos de petroleo a el estribor" (Walther Herwig, bitte lassen Sie die Öl-Plattformen an Ihrer Steuerbord-Seite). Ich übersetzte es Kapitän Edwin L., das wollte er nun gar nicht.

Das Schiff hatte einen Tiefgang von 7,50 Meter und sollte jetzt näher an der Küste die Bohrinseln passieren. Kapitän Edwin L. ließ mich nicht die Anordnung der Chilenen ausführen, sondern ließ den Kurs weiter zwischen den Bohrinseln halten. Noch zweimal riefen die Chilenen uns an und baten, unseren Kurs zu ändern. Ich übermittelte es dem Kapitän, aber er gab mir keine Antwort, weil er wahrscheinlich mit sich selbst im Zweifel war. Dann kam von den Chilenen der Befehl in barschem Ton: „Walther Herwig, cambio rumbo en segida" (Walther Her-

wig, ändern Sie sofort Ihren Kurs). Ich änderte selbständig den Kurs und ließ die Bohrinseln an Steuerbord-Seite, dabei ließ ich das Echolot, welches uns die Wassertiefe anzeigte, nicht aus den Augen. Die Wasserstraße war tief genug, für das Schiff bestand keine Gefahr. Kapitän Edwin L. verließ ohne ein Wort die Brücke. Als wir den Ort Punta Delgado erreichten, kam ein chilenischer Lotse an Bord, der uns bis Punta Arenas lotste. Ein älterer Herr, mit dem ich bis zum Einlaufen eine nette Unterhaltung führte. Der Hafen von Punta Arenas ist nicht sehr groß. Für große, tiefgehende Schiffe hatte man eine lange, recht breite Betonpier in die Magellan-Straße hineingebaut. An dieser Pier machten wir fest. Nach Erledigung der Hafenformalitäten stürmte die Besatzung die Stadt, um diese zu erkunden. Ich schaute mich im Hafen um. Auf der gegenüberliegenden Seite der Pier lag ein chilenisches Versorgungsschiff der Marine, diesem Schiff stattete ich einen Besuch ab.
Vor der Gangway stand ein Marinesoldat Wache. Ich schritt auf ihn zu, er schaute mich an, „salutierte" und ließ mich ohne weiteres passieren. Auch in Chile schien die Uniform eines Schiffsoffiziers etwas „Besonderes" zu sein, denn der Wachsoldat ließ mich, ohne nach meinem Begehr zu fragen, an Bord des Marineschiffes. Die Schiffsführung des Chilenen war nicht anwesend, ein Oberbootsmann hatte das „Kommando". Ich stellte mich vor, wer ich sei, woher wir kämen und äußerte den Wunsch, mich mit ihnen zu unterhalten. Die Chilenen, alles junge Marinesoldaten, waren auch wißbegierig, einiges über das entfernte Europa zu erfahren. Nach einer Weile bat ich meine Gastgeber etwas zu warten. Ich ging zur „Walther Herwig" zurück und holte eine Kiste deutsches Bier als Gastgeschenk. Jetzt war das „Eis ganz gebrochen", es wurde ein lustiger Abend. Seit diesem Abend nahm sich der chilenische Oberbootsmann „meiner an". Er selbst wohnte in Punta Arenas. Wenn wir beide Freiwache hatten, holte er mich mit seinem Pkw ab und zeigte mir die „Sehenswürdigkeiten" der Stadt und die Umgebung. Erneut stellte ich eine sehr große Deutschfreundlichkeit fest, was mir bereits in Uruguay und Argentinien aufgefallen war. In Punta Arenas war auch eine Militärkaserne. Es hatte sich ein Besuch von zwölf Kadetten angemeldet, die unser Schiff besichtigen wollten. Wie immer oblag mir die Führung durch das Schiff. Es waren 18–20jährige lustige Burschen, die einer Militärkapelle angehörten. Ein Kadett zeigte mir ein Notenkärtchen, nach welchem sie die Marschmusik spielen mußten. Ich staunte, denn die Texte der Marschlieder waren in deutscher Sprache abgefaßt, das Lied auf dem Kärtchen „Auf der Heide blüht ein kleines Blümelein". Ich fragte den Chilenen, warum sie deutsche Märsche spielten? Er sagte mir, daß ihr Ausbilder ein deutscher Oberstleutnant der Bundeswehr sei. Er meinte, die Texte wären unwichtig, denn

Musiknoten sind ja „international", womit er auch recht hatte. Ich fragte weiter, ob sie auch einige deutsche Wörter kennten? Ja, sagte er, nur ein Wort, nämlich „Schweinehund". Dieses Wort gebrauche der Herr Oberstleutnant, wenn die Musiktakte nicht stimmten, aber die Bedeutung kannten sie nicht. Ich mußte schmunzeln, aber aufgeklärt habe ich sie nicht, warum auch? Punta Arenas ist eine alte, nach spanischem Kolonialstil erbaute Stadt. Sie ist die Hauptstadt der südchilenischen Provinz Magellanes, es gab sie auch hier nicht, diese häßlichen Hochhäuser, die das Aussehen mancher Stadt verschandeln.

Alle Bauten haben nur eine bestimmte Höhe. Flächenmäßig ist die Stadt mit ihren etwa 80 000 Einwohnern doch ziemlich groß. Obwohl es jetzt Hochsommer war und Punta Arenas auf etwa 53° südlicher Breite liegt, herrschten am Tage nur gemäßigte Lufttemperaturen. Nach zwei Tagen traf der Fahrtleiter mit seinen Wissenschaftlern ein. Nach Brennstoff-, Wasser- und Proviantergänzung kam der Tag, wo wir zum ersten Fahrtabschnitt der vierten Antarktis-Expedition mit der Bezeichnung „Sibex-Biomass" ausliefen. Mit Lotsenbegleitung verließen wir Punta Arenas.

Bei Punta Delgado verließ der chilenische Lotse das Schiff.

Von Punta Delgado nahmen wir Kurs auf Cabo Espiritu Santo, wo wir der argentinischen Küstenwache Schiffsnamen, Nationalität, Unterscheidungssignal, Heimathafen sowie Ziel und Zweck unserer Reise angaben. Von Cabo Espiritu Santo dampften wir entlang der Feuerlandküste bis Cabo San Diego. Von dort direkt südwärts, passierten die Straße Le Maire zwischen Feuerland und den Islas de Estados, Kurs auf das Meeresgebiet bei den South-Shetland-Inseln, wo der Schwerpunkt der Forschungsreise gesetzt war.

Noch vor der Ausreise aus Bremerhaven waren von den Wissenschaftlern neue „Krill-Verarbeitungsmaschinen" im Verarbeitungsdeck installiert worden. Diese sollten nun das „Wunder" der Krillverarbeitung bewirken. Bis zum Erreichen des Forschungsgebietes waren die Wissenschaftler mit Hilfe der Besatzung damit beschäftigt, die Maschinen und Geräte für die neue Verarbeitungsmethode vorzubereiten. In der „Krillforschung" wurden von einigen Staaten viele Millionen investiert, es wäre ein großer Gewinn, wenn endlich „greifbare Resultate" erzielt würden. Wie bei den drei vorherigen Forschungsreisen trafen wir im antarktischen Gebiet auf reichlich Eis in Form von Eisbergen und Eisfeldern, wo umsichtiges Manövrieren angesagt war.

In den Nächten zwischen 22.00 und 6.00 Uhr ruhten die Forschungsarbeiten an Bord.

Entweder man dampfte in der Nacht zur nächsten Position oder man trieb mit abgestellten Motoren am „Ort". In der Nacht, wenn wir am „Ort" trieben, widmete ich mich der „Sternguckerei". Der erste Fahrtabschnitt des „Sibex-Programms" ging langsam zu Ende. Wie es schien, waren die Wissenschaftler mit den Verarbeitungsmethoden zufrieden und hatten gute Resultate erzielt. An Bord wurden auch „Krillprodukte" hergestellt, die uns zur „Verkostung" angeboten wurden. Gut gewürzt schmeckten die Erzeugnisse gar nicht so schlecht, aber wer wollte diese Produkte im großen Stil herstellen und sie den Menschen in den Entwicklungsländern zugänglich machen? Das könnten doch nur solche Staaten durchführen, die für solche Projekte genug Geldmittel zur Verfügung stellten. Wo findet man solche Staaten, die in „Geberlaune" sind, um solche Projekte zu finanzieren? Jeder Staat hat mit seinen eigenen Problemen zu tun, und die Antarktis ist weit!

Nach 40 Seetagen der intensiven Forschung steuerte das F.F.S. „Walther Herwig" nordwärts nach Punta Arenas. Bei der Einfahrt in die Magellan-Straße, bei Cabo Espiritu Santo, riefen wir die argentinische Küstenwache und gaben uns zu erkennen, wo unser Zielhafen war und was wir beabsichtigten.

Anfang März 1985 liefen wir in Punta Arenas ein. Zum letzten mal sollten hier die Wissenschaftler und ein Teil der Besatzung ausgewechselt werden, die den letzten Fahrtabschnitt des „Sibex-Biomass"-Forschungsprogramms beenden sollten.

Es waren nur vier Hafentage vorgesehen. Gasöl, Wasser und Proviantvorräte wurden ergänzt. Zwei Tage vor dem Auslaufen kamen auf dem Luftweg die ausgewechselte Besatzung und Wissenschaftler mit ihrem Fahrtleiter Prof. Dr. Dietrich S. aus Deutschland an. Nachdem in Punta Arenas alles Erforderliche erledigt war, kam der Tag, wo es hieß, „für immer Abschied nehmen".

Bei einem Gespräch mit Prof. Dr. S. stellte es sich heraus, daß er in diesen sechs Wochen, solange der zweite Fahrtabschnitt dauerte, auch fleißig „spanisch" üben wollte, und das aus folgendem Grund: Wenn das „Sibex-Programm" abgeschlossen war, sollte das F.F.S. „Walther Herwig" Montevideo in Uruguay anlaufen. Weil es die letzte „Antarktis-Forschungsreise" war, sollten die „Honoratioren" der Stadt Montevideo zu einem Empfang an Bord geladen werden, wobei Prof. Dr. S. eine Abschlußrede in spanischer Sprache halten wollte. Er beherrschte die italienische Sprache perfekt und sprach auch ganz gut spanisch. Aber für Montevideo wollte er sich noch besser vorbereiten.

So beschlossen wir, den „Abendkursus" gemeinsam durchzuführen. Jeden Abend von 18.00 bis 20.00 Uhr war „Lernstunde", in dieser Zeit vermieden wir deutsch zu sprechen. Es war sehr angenehm, mit diesem gelehrten Herrn die Sprache zu üben. Natürlich war mir der Professor weit überlegen, weil italienisch und spanisch „romanische" Sprachen sind. Diese sechs Wochen wollten wir gemeinsam nutzen.

341

Die Zeit auf See verrann wie im Fluge. Im April 1985 besuchten wir die amerikanische Antarktis-Basis „Palmer Station". Auf beiden Seiten war es eine willkommene Abwechslung. Diese amerikanische Antarktis-Basis war ein erstaunlich großes Areal mit Forschungslabors und Wetterstation. Die Station wurde von einer Frau geleitet. Als „Gastgeschenk" für die Amerikaner fertigte ich eine „Knotentafel" von 100 x 60 cm an.

Der Maschinen-Lagerhalter Gottlieb Molitor schuf ein Messingschild mit Schiffsnamen, Unterscheidungssignal und das Jahr, darunter gravierte er die Konturen der „Walther Herwig" ein. Dieses Geschenk hängten die Amerikaner in ihr Stations-Casino, wo es wahrscheinlich noch heute hängt und an unseren Besuch 1985 erinnert.

Nach dem Besuch der „Palmer Station" waren die Tage abzusehen, wann die letzte Antarktis-Expedition zu Ende ging. Langsam, mit etwas Wehmut, nahm ich von dieser Region Abschied. Ich wußte es, daß ich diese Meeresgebiete niemals wiedersehen würde.

Keine Pinguine, die im „Delphin-Stil" schnell durch das Wasser gleiten, keine Seeleoparden, die „dösend" auf Eisschollen liegen, keine See-Elefanten, Albatrosse und viele andere Meeresbewohner. Von vier Antarktis-Expeditionen habe ich vom südlichen Teil unseres Planeten unvergeßliche Erinnerungen. Fast unberührte Inseln in der Region Antarktis, Länder, Städte und Menschen habe ich angetroffen, die meinen Beruf in der Seefahrt erst schön erscheinen ließen. Dann war der Tag da, es hieß „Heimreise"! Zunächst ging es nach Montevideo. Im Jahre 1975/76, bei der ersten Antarktis-Expedition, war Montevideo unser erster Basishafen gewesen. Im Jahre 1985, zehn Jahre später, sollten der Hafen und die Metropole uns verabschieden. Auf der Fahrt dorthin wurden schon einige Vorbereitungen für den Empfang getroffen.

Das ganze Schiff, vor allen Dingen das Verarbeitungsdeck, wo der Empfang stattfinden sollte, brachte die Deckbesatzung auf „Hochglanz", später vor dem Eintreffen der geladenen Gäste sollte dort noch alles mit Signalflaggen und bunten Lichterketten dekoriert werden. Nach mehreren Tagen erreichten wir die La-Plata-Mündung und steuerten Montevideo an. Nach einigen Stunden lag das F.F.S. „Walther Herwig" zum letztenmal vertäut an der Hafenpier. Bevor es zum endgültigen Abschied kam, waren fünf Liegetage vorgesehen. Die Wissenschaftler verließen am anderen Tag zwecks Heimflug das Schiff, nur der Fahrtleiter Prof. Dr. Dietrich S. blieb an Bord. Kapitän und Fahrtleiter beauftragten den Hafenagenten, für den dritten Tag unseres Aufenthaltes die Honoratioren der Stadt zu einem Empfang an Bord einzuladen. Einiges war bereits vorbereitet, der Rest wurde nachgeholt. Die Köche bereiteten ein „hervorragendes kaltes Büfett", die Schiffsstewards sorgten für gedeckte Tische. Für die Getränke war der Kapitän zuständig, der für jeden Hafen ein bestimmtes „Gäste-Budget" hatte. Der dritte Aufenthaltstag brach an, alles war vorbereitet. Am Abend fand der große Empfang statt.

Wir Offiziere hatten die „blaue Uniform" mit weißer Mütze anzulegen, die Matrosen weißes Oberhemd, blaue Hose, blaue Mütze. So waren wir alle für den Empfang „gerüstet", die Gäste konnten kommen.

Am Abend um 18.00 Uhr trafen die ersten Gäste ein. Ich stand zur Begrüßung an der Gangway, reichte jedem Gast die Hand mit den Worten: „Buenos noches, bienvenido a bordo" (guten Abend, willkommen an Bord). Nur wenn Militär kam, legte ich zum Gruß die Hand an den Mützenschirm und hieß sie willkommen. Es kamen wirklich „hohe" Gäste, zum Beispiel: der deutsche Botschafter in Uruguay, der Hafenkommandant, ein „Almirante", der Kommandant der uruguayischen Marine, ebenfalls ein „Almirante", der Polizeioberst, der Zolloberst und noch andere „wichtige Persönlichkeiten".

Um 19.00 Uhr waren alle geladenen Gäste an Bord. Nachdem die Gäste mit „Begrüßungsgetränken" versorgt waren, kam die „Stunde" des Fahrtleiters.

Prof. Dr. Dietrich S. bat ums Wort. Nachdem Stille eingetreten war, begann er seine „Ansprache". Die Gäste waren sehr erstaunt, da hielt ein „aleman" eine Rede in spanischer Sprache! Prof. Dr. S. machte das fabelhaft. In Ruhe, ohne Hast, beendete er seine Rede und erntete großen Beifall. Es war ein gelungener Empfang, der erst in der Nacht um 2.00 Uhr endete.

Am Tage hatte es die Besatzung eilig, die letzten Einkäufe zu tätigen. Besonders lukrativ war Fleisch. Ich erinnere mich, daß mehrere „Rinderviertel" angeliefert wurden. Neben Fleisch wurde auch Lederbekleidung preiswert angeboten. Mir sagte nichts zu, ich begleitete aber wegen der besseren Verständigung einige Besatzungsmitglieder bei ihren Einkäufen. Nachdem das F.F.S. „Walther Herwig" für die 21-Tage-Heimreise mit allem Nötigen versorgt war, verließen wir im Mai 1985 nach fünf Liegetagen Montevideo und Südamerika! Wir begaben uns auf die lange Heimreise, es war ein Abschied für immer! Die Fahrt bis Bremerhaven sollte etwa 21 Tage dauern. In diesen Wochen habe ich lange über meine Tätigkeit auf See nachgedacht. Am 1. November dieses Jahres würde ich 55 Jahre alt und hatte über 30 Jahre Seefahrt auf meinen Schultern. 19 Jahre war ich in der kommerziellen Hochseefischerei, elf Jahre in der Fischereiforschung tätig und hatte gute und schlechte Seiten der Seefahrt kennengelernt. Es war Zeit, sich selbst etwas mehr Ruhe zu gönnen. Mit 55 Jahren war ich noch kein „alter Mann" und konnte dem Leben noch einiges abgewinnen. Wenn ich mit Vollendung des 55. Lebensjahres die „aktive Seefahrt" aufgeben würde und jüngeren Offizieren Platz machte (die Seeberufsgenossenschaft bot die Voraussetzung dazu), so hätte ich bis zum Rentenalter noch zehn schöne Jahre vor mir. Auch meine Dienststelle in Hamburg kam diesem Wunsch entgegen.

Der Außenstelle des Ministeriums für Ernährung, Landwirtschaft und Forsten in Hamburg unterstanden drei Forschungsschiffe und drei Hospitalschiffe. Wenn eines dieser Schiffe in Bremerhaven oder Cuxhaven einlief und die Schiffsführung von Bord ging, mußte ein „Wachoffizier" die Schiffsführung vertreten. Bei einem Vorgespräch mit Herrn Oberamtsrat S. der Hamburger Dienststelle hatte man mir signalisiert, daß ich diese „Stelle" erhalten könnte, ich sollte mich rechtzeitig bewerben.

Ende Mai 1985 lief das F.F.S. „Walther Herwig" nach fünf Monaten Abwesenheit wieder in Bremerhaven ein. Die letzte Antarktis-Expedition war beendet. Das Schiff kam zur gründlichen Überholung zunächst in die Werft, ich meldete meinen Jahresurlaub an.

Bevor ich meinen Urlaub antrat, bewarb ich mich bei meiner Dienststelle in Hamburg, mich als „Wachoffizier" auf Bundesschiffen einzusetzen. Ich erhielt eine „positive Antwort", daß ich im Jahre 1986 die Stelle eines „Wachoffiziers" antreten könne.

Jetzt wußte ich es ganz genau, daß ich nur noch ein Jahr meinen Dienst in der aktiven Seefahrt ausüben mußte, dann war ich für immer zu Hause! Allerdings stets auf Abruf.

Mit der Gewißheit, daß ich nur noch vier Forschungsreisen mitmachen sollte, trat ich gut erholt und guten Mutes meinen Dienst wieder an.

Die erste Forschungsreise führte zum europäischen Schelf und in die westbritischen Gewässer. Diese verlief wie die anderen Forschungsreisen auch. Es folgte die „Doppel-Forschungsreise" Island–Ost-Grönland, danach West-Grönland. Diese Forschungsreise, wo ich auch meinen 55. Geburtstag erleben sollte, hatte es „in sich". Auf dem F.F.S. „Walther Herwig" erlebten wir ein „Drama" und ich eine Geburtstagsfeier, die teuerste meiner Seefahrt. Ich will alles beschreiben und nichts „beschönigen", weil es auch mich betraf.

Die erste Hälfte der Forschungsreise Ost-Grönland–Island war erfolgreich beendet, wir nahmen Kurs auf Reykjavik, um dort die Wissenschaftler auszutauschen. Am Freitag, dem 1. November 1985, sollten wir in Reykjavik einlaufen. Aber auf dem Wege dorthin bekamen wir schweren Sturm, so daß sich der Einlauftermin um einen Tag verschob. Am 1. November war mein 55. Geburtstag. An so einem Tag ist jedes „Geburtstagskind" von der „Wache" oder „Arbeit" entbunden, so auch ich, der II. nautische Offizier Richard Neu.

Zu diesem Anlaß hatte ich „reichlich Getränke" eingekauft (Korn, Whisky, Rum, Bier, Coca-Cola und Mineralwasser). Es war ein „ungeschriebenes Gesetz" an Bord, wer Geburtstag hatte, „mußte bewirten". Das heißt, ein jeder konnte kommen, sich selbst bedienen und das trinken, was er mochte. Während der Geburtstagsfeier hielt der Sturm an. Am Abend hatte ich trotz des Sturms reichlich „pro Mille".

Am anderen Tag, am 2. November 1985, liefen wir um 14.00 Uhr in Reykjavik ein.

Den „nichtgetrunkenen" Alkohol gab ich dem Kantinenverwalter zurück, weil im Hafen nur eine Flasche zum Eigenbedarf von der Zollbehörde freigegeben wurde. Nachdem die Zollabfertigung erfolgt war, wurde unsere „Freimenge" vom Zoll abgestempelt. Ich hatte noch vom Vortag meiner Geburtstagsfeier einen „schweren Kopf" und war nicht richtig bei der „Sache". Was dann kam, hatte ich in den zehn Jahren auf der „Walther Herwig" nicht erlebt. Die „schwarze Gang des Zolls", Zollfahndungsspezialisten, erschienen an Bord, um nach Schmuggelgut wie Zigaretten und Alkohol zu suchen. Die Fahnder wurden „fündig", aber wie! 80 Flaschen Alkohol und 20 000 Zigaretten wurden „beschlagnahmt". Es war mittlerweile 18.00 Uhr geworden, aber die Spezialisten suchten weiter, stellten jede Kabine „auf den Kopf". Ich hatte ja nichts zu befürchten, denn der „nichtgetrunkene" Alkohol war an den Kantinenverwalter zurückgegangen. Diese meine Meinung erwies sich später als Trugschluß! Nach dem Abendessen, es war inzwischen 18.30 Uhr geworden, erschienen zwei „Zollspezialisten" auch in meiner Kabine und fragten, ob sie meine Kabine überprüfen könnten. Ich sah keinen Anlaß, dies zu verneinen. Aber wie heißt es doch so schön? „Errare humanum est!"

Bereits nach zwei Minuten wurden sie in meiner Kabine „fündig!" Was ich sah, konnte ich nicht glauben. Unter dem Schreibtisch stand eine Kiste mit Mineralwasser; dort hatte wer auch immer während meiner Geburtstagsfeier zwei Flaschen „Korn" in die Kiste gestellt, damit sie bei dem starken Sturm, den wir am Vortage hatten, nicht zu „Bruch" gingen. Diese hatte ich vollkommen übersehen. Den Zollbeamten dies jetzt zu erklären hätte sowieso zu nichts geführt, es hieße dann: „Ja, diese Ausreden kennen wir zur genüge." Auf diese Art wurde ich, der II. nautische Offizier Richard Neu, des Alkoholschmuggels in Reykjavik überführt. Wären die zwei Flaschen „Korn" von mir rechtzeitig entdeckt worden, hätte ich sie im Waschbecken leeren können. Bevor die Zollfahnder in meine Kabine kamen, waren viereinhalb Stunden vergangen! Ich war wie „vor den Kopf geschlagen". Das mir, wo ich immer bestrebt war, den „geraden Weg" zu gehen. Eigentlich war das noch kein „Weltuntergang", aber es kam noch ganz „dick".

Die Zollfahnder entdeckten nochmals irgendwo im Schiff 40 Flaschen Alkohol.

Der „Schmuggeleigentümer" meldete sich aus verständlichen Gründen nicht. Obwohl 15 Mann der Besatzung ermittelt waren, mit mir waren es 16; der andere Kerl meldete sich nicht! Nun griff die isländische Zollbehörde hart durch und ordnete folgendes an: „Bevor sich dieses Besatzungsmitglied, dem die 40 Flaschen Alkohol gehören, nicht zu erkennen gibt, wird das Schiff im Hafen festgehalten und darf nicht zur weiteren Forschung auslaufen!" Das war ein Ultimatum! Dieses Ultimatum focht das besagte Besatzungsmitglied anscheinend nicht an. Wir lagen bereits drei Tage über unsere Zeit in Reykjavik, da griffen Kapitän und Zollbehörde zu einer List. Während des Mittagessens ließ Kapitän Uwe H. bekanntgeben, daß niemand das Schiff verlassen dürfe, denn um 14 Uhr kämen Kriminalbeamte an Bord, um von allen Besatzungsmitgliedern „Fingerabdrücke" zu nehmen, um so den Eigentümer der 40 Flaschen Alkohol zu ermitteln. Um 13.00 Uhr meldete sich der „Sünder" telefonisch beim Kapitän und gab sich zu erkennen. Es war ein Ingenieur der Maschinenanlage! Diese verdammte Sturheit hatte uns drei Tage Liegezeit in Reykjavik gekostet. Nachdem alle „Schmuggler" namentlich erfaßt waren, kam die Bestrafung durch die isländische Zollbehörde. Für die bei mir gefundenen zwei Flaschen „Korn" mußte ich 79,– DM Zollstrafe zahlen. Das war noch nicht das Ende der „Reykjavik-Schmuggelaffäre". Das F.F.S. „Walther Herwig" konnte zur Forschungsreise nach West-Grönland auslaufen. Jeder kann sich vorstellen, daß der weitere Verlauf der Forschungsreise unter einer „bedrückenden Bordstimmung" stattfand.

Die Forschungsarbeit litt nicht darunter, nur die sonst „ausgelassene Stimmung" an Bord fehlte. Nachdem die Forschungsreise beendet war und wir am 21. Dezember 1985 in Bremerhaven einliefen, erwartete uns eine noch größere Überraschung.

Alle Besatzungsmitglieder der „Walther Herwig", die in Island von der Zollbehörde namentlich erfaßt waren (auch ich), sollten sich in der Mannschaftsmesse einfinden.

Oberamtsrat S. teilte uns mit, daß wir je nach gefundenem „Schmuggelgut" eine Gesamtsumme von 49 000 DM aufzubringen hätten. Diese Summe war keine Strafe, sondern für die drei Tage, die das Schiff länger in Reykjavik lag! Ich, der II. nautische Offizier Richard Neu, erhielt eine „schriftliche Abmahnung", gleichzeitig eine Rechnung von 758 DM! Als ich diese Rechnung mit der Zollstrafe in Reykjavik addierte, ergab es eine Summe von 828 DM! Im nachhinein muß ich sagen, es war für mich eine sehr teure Geburtstagsparty. Für die 828 DM hätte ich in der „Freilagerkantine" 118 Flaschen „Korn" kaufen und bei 118 Liter darin sogar ein Bad nehmen können! Das alles für zwei Flaschen, die in einer Mineralwasserkiste vergessen waren. Es waren gleichzeitig die teuersten Flaschen „Korn" meines Lebens. Die schriftliche Abmahnung hatte keine weitere Auswirkung auf meinen beruflichen Weg. Im Januar 1986 erhielt ich von der Hamburger Dienststelle den Bescheid, daß ich ab dem 1. Mai 1986 meinen neuen Aufgabenbereich als „Wachoffizier" auf Bundesschiffen antreten könne. Im Jahre 1986 machte ich mit dem F.F.S. „Walther Herwig" noch zwei Forschungsreisen, dann kündigte ich meine Anstellung als II. nautischer Offizier zum 1. Mai 1986.

Nach über 30 Jahren „aktiver Seefahrt" als Schiffsjunge, Matrose, Netzmacher, Bestmann, II. Steuermann, I. Steuermann und Kapitän in der Hochseefischerei, zuletzt als II. nautischer Offizier auf Forschungsschiffen sagte ich dem Meer „ade!"

Abschied vom Meer! Ich war 55 Jahre alt, hatte alle Höhen und Tiefen der Seefahrt mitgemacht und erfahren. Erfolge, Mißerfolge, Verzweiflung, manchmal auch Angst und übermenschlicher Mut waren in über 30 Jahren Seefahrt meine Begleiter. Ich habe eine Kameradschaft kennengelernt, die es nur auf See gibt, wo einer für den anderen wirklich da sein muß. Ich räumte meinen Platz und ließ jüngere Männer nachfolgen, die meine Position an Bord mit neuem Elan ausfüllten. Der Jugend gehört die Zukunft.

Vom Mai 1986 bis zum 1. Dezember 1993 habe ich meinen Dienst als „Wachoffizier" auf Schiffen des „Ministeriums für Ernährung, Landwirtschaft und Forsten" versehen.

Mit Vollendung meines 63. Lebensjahres wurde ich am 1. Dezember 1993 von der Seeberufsgenossenschaft in den Ruhestand versetzt.

Resümee meiner Erzählung ist: Als zehnjähriger Bauernbub bin ich im März 1941 mit meinen Eltern und Geschwistern in Deutschland angekommen. Ich war vollkommen „weltfremd" und beherrschte kaum die deutsche Sprache. Ich habe mich in Deutschland „integriert" und eine neue Heimat gefunden. Mit der Erzählung über mein Leben wollte ich aufzeigen, daß ein Mensch, der ein Ziel stets vor Augen hat, mit Willenskraft, Ehrgeiz und Mut das abgesteckte Ziel erreichen kann! Vielleicht war ich auch dazu verpflichtet, die Geschichte der Familie Neu aus dem „verschlafenen, mittelalterlichen Dorf Kaupiai bei Tauroggen" niederzuschreiben.

Epilog

Nach „Perestroika" und „Glasnost" unter Michail Gorbatschow in der Sowjet-Union zerfiel der sogenannte „Warschauer Pakt" der kommunistischen Staaten.

Einige Sowjet-Republiken lösten sich von der Sowjet-Union, so auch Litauen. Im Jahre 1990 erhielt Litauen nach schweren Auseinandersetzungen mit der sowjetischen Spezialtruppe „Omon" seine Unabhängigkeit (Nepriklausomybe).

Im August 1991 bin ich mit meiner lieben Frau für drei Wochen nach Litauen gefahren. Vorher mußten wir uns ein „Einreise-Visum" vom sowjetischen Generalkonsulat in Rostock einholen. Diese Angelegenheiten lagen noch in sowjetischen Händen.

Zu dieser Fahrt benutzten wir den eigenen Pkw, um in Litauen „flexibel" zu sein. Von Saßnitz-Mukran gehen große Eisenbahnfähren bis zum litauischen Hafen Klaipeda (früher Memel). Diese Fähren nehmen Lkws und auch Pkws mit. Mit der Eisenbahnfähre „Mukran" fuhren wir im August nach Klaipeda. Die Fahrt durch die Ostsee dauerte 18 Stunden. In der Frühe erreichten wir Klaipeda.

Nach 50 Jahren betrat ich wieder litauischen Boden, das Land, in dem ich geboren bin und einen Teil meiner Kindheit verbrachte. Es war ein seltsames Gefühl! Nach 50 Jahren hörte ich wieder litauische Sprachlaute. Es war gut, daß ich in all den Jahren die litauische Sprache nicht vernachlässigt hatte. Ich verstand alles und konnte mich ausgezeichnet unterhalten. Aber für meine liebe Frau war es eine Tortur. Sie kam sich sehr „verloren" vor, weil sie überhaupt nichts verstehen konnte.

Dann kam der Tag, wo wir das „mittelalterliche Dorf Kaupiai" aufsuchten. Der Weg dorthin war mir noch aus Kindheitserinnerungen bekannt, aber das einst nur aus deutschen Bauernhöfen bestehende Dorf Kaupiai existierte nicht mehr! Dort, wo einst kleine Bauernhöfe (15–20 ha Land) standen, war jetzt ein „planiertes Areal". Es gab keinen einzigen Hof mehr, nur „weite Felder". Unser Hof (Sodybas) hatte auf einer kleinen Anhöhe gestanden (Lipin genannt). Diesen Platz fand ich sofort.

Dorthin bin ich zuerst allein gegangen. Innerlich „aufgewühlt" und Tränen in den Augen, kniete ich nieder und verharrte eine Weile. Als ich die innere Ruhe wiedergefunden hatte, holte ich auch meine liebe Frau, um ihr die Stelle zu zeigen, wo ich in meiner Kindheit gelebt habe. Auf der „Hofstelle" hielten wir uns eine Weile auf.

Ich entnahm dem Boden einen „Klumpen Lehmerde", den ich mit nach Deutschland nahm, damit ich immer ein Stückchen „Heimaterde" bei

mir habe. Anschließend begaben wir uns zu dem nahegelegenen Fluß Ezerunas (Eschrun). Ich entnahm dem Fluß drei Steine. Einen davon behielt ich, die anderen beiden legte ich, als wir wieder zu Hause waren, jedem Elternteil aufs Grab. So hatten auch sie ein „Stückchen Heimat" auf ihrer letzten Ruhestätte. Danach besuchte ich meine ehemalige Dorfschule in Budvyciai, ich fand sie noch vor, aber in welchem Zustand! Vor 50 Jahren war es ein „Prachtbau", jetzt lebten in dem verwahrlosten Gebäude drei russische Familien. Der Besuch unserer „ehemaligen Scholle" und der Dorfschule war für mich niederschmetternd. Ich konnte auch niemanden fragen, warum das Dorf Kaupiai nicht mehr existierte. Wahrscheinlich ist alles im Krieg zerstört worden. Meinen heimlichen Wunsch, die Stelle noch einmal zu sehen, wo ich meine Kindheit verbrachte, hatte ich mir erfüllt, mehr wollte ich nicht. Drei Wochen Aufenthalt in Litauen waren genug. Die Eisenbahnfähre „Greifswald" brachte uns wieder nach Saßnitz-Mukran. Ich hatte die Gewißheit, das „verschlafene mittelalterliche Dorf Kaupiai", dort, wo ich geboren wurde und einen Teil meiner Kindheit verbrachte, ist ausgelöscht und existiert nur noch schemenhaft in meiner Erinnerung.
Meine neue Heimat, mein Zuhause ist Hechthausen am Ostefluß in Deutschland!

Biographien der Schiffe,
auf denen ich zur See gefahren bin

F.M.S. „Altona", H.H. 331 / U.S.: DNJL
Von 1965 bis 1975 in Deutschland beheimatet
Reederei: Atlantische Hochseefischerei, Hamburg
Von 1969 bis 1975 Nordsee-Reederei, Cuxhaven
Baujahr: 1965, Rickmerswerft, Bremerhaven
BRT: 1394; NRT: 567; Länge ü. A.: 76 m; Breite: 12,8 m; Tiefgang: 5,4 m
Motor: PS 2140+MAN+600 elektr.; Kn: 16
Im Jahre 1975 nach Singapore für Offshore als „Intersup Four"
verkauft
Foto: P. A. Kroehnert, Rickmerswerft, DSM, Nordseearchiv

F.F.S. „Anton Dohrn" / U.S.: DBFR
Reederei: Bundesministerium für Ernährung, Landwirtschaft und Forsten
Baujahr: 1963, Rickmerswerft, Bremerhaven
BRT: 1987; Länge ü. A.: 83 m; Breite: 12 m; Tiefgang: 6,9 m
Motor: 4xMTU, dieselelektrisch, 2400 PS; Kn: 14,5
Besatzungsstärke: 41 Mann; Wissenschaftler: 12
Im Jahre 1986 nach Großbritannien verkauft
Foto: Porst, Schwabach

F.D. „Baden", N.C. 409 / U.S.: DNFC
Reederei: Cuxhavener Hochseefischerei, Cuxhaven
Baujahr: 1956, Seebeckwerft, Bremerhaven; Fischraum: 4600 Ztr.;
Besatzung: 23 Mann
BRT: 648,32; NRT: 270,66; Länge ü. A.: 62,13 m; Breite: 9,19 m
Maschine: PS 880, Dampfmaschine, Schwerölfeuerung; Kn: 12,4
Im Jahre 1973 abgewrackt
Foto: Archiv DSM

F.M.S. „Blankenese", H.H. 327 / U.S.: DNDV
Von 1963 bis 1970 in Deutschland beheimatet
Reederei: (KR) Ernst A. P. Koch, Atlantische Hochseefischerei, Hamburg
Baujahr: 1963, Rickmerswerft, Bremerhaven
BRT: 1278; NRT: 534; Länge ü. A.: 74,1 m; Breite: 11 m; Tiefgang: 5 m
Motor: PS 1500+MAN+600 elektr.; Kn: 16
1970 als „Ranger Boreas" nach Großbritannien verkauft
Foto: Hermann Schlüter, Bremerhaven

F.D. „Borkum", N.C. 403 / U.S.: DFMG
Baujahr: 1944, Nobiskrug, Rendsburg; Fischraum: 4600 Ztr.;
Besatzung: 22 Mann
Reederei: zuerst Kriegsmarine, danach Finkenwerder Hochseefischerei,
Hamburg
BRT: 541,59; NRT: 193,58; Länge ü. A.: 58,75 m; Breite: 8,44 m; Kn: 12
Maschine: PS 820, Dampfmaschine, Kohlenfeuerung
1970 in Holland abgewrackt
Foto: Album Richard Neu

F.M.S. „Hans Pickenpack", H.H. 328 / U.S.: DNHP
Reederei: Fock & Pickenpack, Hamburg
Baujahr: 1964, Rickmerswerft, Bremerhaven
BRT: 1581; NRT: 679; Länge ü. A.: 78,1 m; Breite: 13,6 m;
Tiefgang: 5,6 m
Motor: PS 2140+MAN+620 elektr.; Kn: 15
Am 15.10.1974 verkauft an Reederei Harms, Hamburg, zum Bergungs-
schiff „Taurus" umgebaut
Foto: P. A. Kroehnert, Rickmerswerft, DSM, Nordseearchiv

F.M.S. „Hessen", N.C. 449 / U.S.: DFNU
Reederei: Cuxhavener Hochseefischerei, Cuxhaven
Baujahr: 1960, Rickmerswerft, Bremerhaven
BRT: 1222; NRT: 525; Länge ü. A.: 72,9 m; Breite: 11 m; Tiefgang: 5 m
Motor: PS 2000+KHD+390 elektr.; Kn: 15
Nach einer Kollision mit einem Unterwasserhindernis am 27.6.1987 im
Pentland Firth gesunken
Foto: P. A. Kroehnert, Rickmerswerft, DSM, Nordseearchiv

F.M.S. „Julius Fock", H.H. 333 / U.S.: DIEG
Von 1969 bis 1985 in Deutschland beheimatet
Reederei: Fock & Pickenpack, Hamburg
Baujahr: 1969, Rickmerswerft, Bremerhaven
BRT: 1568; NRT: 725; Länge ü. A.: 81 m; Breite: 13,6 m; Tiefgang: 5,3 m
Motor: PS 2260 MAN; Kn: 15
Am 5.10.1985 an Iran verkauft: „Kish I"
Foto: P. A. Kroehnert, Rickmerswerft, DSM, Nordseearchiv

F.M.S. „Julius Pickenpack", H.H. 332 / U.S.: DIBL
Von 1967 bis 1983 in Deutschland beheimatet
Reederei: Pickenpack H. F., Hamburg
Baujahr: 1967, Rickmerswerft, Bremerhaven
BRT: 1564; NRT: 667; Länge ü. A.: 78 m; Breite: 13,6 m; Tiefgang: 5,9 m
Motor: PS 2260 MAN; Kn: 15
Am 30.6.1983 nach Chile verkauft: „El Golfo"
Foto: P. A. Kroehnert, Rickmerswerft, DSM, Nordseearchiv

F.M.S. „Saar", N.C. 454 / U.S.: DFNW
Reederei: Cuxhavener Hochseefischerei, Cuxhaven
Baujahr: 1961, Rickmerswerft, Bremerhaven
BRT: 1222; NRT: 525; Länge ü. A.: 72,9 m; Breite: 11 m; Tiefgang: 5 m
Motor: PS 2000+KHD+390 elektr.; Kn: 15
Im Jahre 1976 an Slooten NV, Niederlande, verkauft: „Saar"
Foto: P. A. Kroehnert, Rickmerswerft, DSM, Nordseearchiv

F.D. „Vorwärts", P.C. 336 / B.X. 521 / U.S.: DUCF
(Als „Gauleiter Telschow" in Dienst gestellt)
Reederei: Hussmann & Hahn, Cuxhaven, und Kriegsmarine
Baujahr: 1943, de Mervede, Hardinxveld; 1946 Umbau Marinewerft
Wilhelmshaven
BRT: 525,30; NRT: 188,19; Länge ü. A.: 56,47 m; Breite: 9,18 m; Kn: 11,8
Maschine: PS 820, Dampfmaschine, Kohlenfeuerung
Fischraum: 4250 Ztr.; Besatzung: 20 Mann
Im Jahre 1949 als Reparation an Holland abgeliefert
Foto: unbekannt, von 1948

F.F.S. „Walther Herwig" / U.S.: DBFP
Reederei: Bundesministerium für Ernährung, Landwirtschaft und
Forsten
Baujahr: 1972, Schlichtingwerft, Travemünde
BRT: 2251; Länge ü. A.: 77,40 m; Breite: 14,90 m; Tiefgang: 7,13 m
Motor: MAN 2x2300 = 4600 PS; Kn: 14,5
Besatzungsstärke: 40 Mann; Wissenschaftler: 12
Im Jahre 1993 verkauft an die Stadt Leer / Museumsschiff
Foto: Günter Ennulat

F.M.S. „Wilhelm Ladiges", H.H. 322 / U.S.: DNBM
Reederei: Pickenpack GmbH, Hamburg
Baujahr: 1962, Stülkenwerft, Hamburg
BRT: 1423; NRT: 588; Länge ü. A.: 75,5 m; Breite: 12,1 m;
Tiefgang: 4,7 m
Motor: PS 1670 MAN; Kn: 15
Am 9.7.1970 nach einer Kollision mit dem F.M.S. „Österreich"
auf der Georges-Bank gesunken
Foto: SLG Fima, DSM

F.D. „Württemberg", N.C. 408 / U.S.: DFNA
Reederei: Cuxhavener Hochseefischerei, Cuxhaven
Baujahr: 1955, Seebeckwerft, Bremerhaven
Fischraum: 4600 Ztr.; Besatzung: 23 Mann
BRT: 648,32; NRT: 270,66; Länge ü. A.: 62,13 m; Breite: 9,19 m
Maschine: PS 920, Dampfmaschine; Schwerölfeuerung; Kn: 12,4
Im Juli 1973 abgewrackt
Foto: H. J. Reinecke, Hamburg

Ohne Abbildungen:

F.M.S. „Harengus", H.H. 336 / U.S.: DHID
Von 1972 bis 1979 in Deutschland beheimatet
Reederei: (KR) Pickenpack & Co., Hamburg
Baujahr: 1972, Norderwerft, Hamburg
BRT: 1728; NRT: 773; Länge ü. A.: 80,8 m; Breite: 13,6 m;
Tiefgang: 5,9 m
Motor: PS 3500 MaK; Kn: 16
Am 7.3.1979 nach Argentinien verkauft: „Harengus"

F.M.S. „Margee & Pat", B.X. 565 / U.S.: DAOL
Im Jahre 1950 von den USA gechartert
Reederei: Hussmann & Hahn, Cuxhaven
Baujahr: 1946 in den USA, Wheeler, Whitestone NY
BRT: 188,01; NRT: 62,77; Länge ü. A.: 31,94 m; Breite: 7,35 m
Motor: PS 620
Fischraum: 2100 Ztr.; Besatzung: 17 Mann
Im Jahre 1952 zurück nach den USA

F.D. „Schwaben", N.C. 388 / U.S.: DFLL
Reederei: Cuxhavener Hochseefischerei, Cuxhaven
Baujahr: 1951, Nordseewerke, Emden
BRT: 542; NRT: 215; Länge ü. A.: 57,16 m; Breite: 8,63 m
Maschine: PS 920, Dampfmaschine, Kohlenfeuerung; Kn: 10,6
Fischraum: 4400 Ztr.; Besatzung: 22 Mann
Im Juni 1969 in Dänemark abgewrackt

Bis Anfang 1960 bestimmten Fischdampfer, sogenannte „Seitenfänger", das Bild der deutschen Hochseefischerei, wo die Netze noch von Hand über die Seite des Schiffes eingeholt wurden, wobei die Seemänner bei schwerer See überkommenden Brechern ausgesetzt waren. Schiffswerften entwickelten einen neuen Schiffstyp für die Hochseefischerei: den Heckfänger. Allmählich verschwanden die Seitenfänger von den Fangplätzen. Die ersten Heckfänger waren Teilfroster. Bei Beginn einer Fangreise wurde der erstgefangene Fisch filetiert und tiefgefroren. Die Fischmenge, die man in den letzten acht bis zehn Tagen fing, wurde in losem Eis gelagert und angelandet. Aus den ersten Erfolgen der Teilfroster entwickelten die Werften in Zusammenarbeit mit den Reedereien den Vollfroster.

Bei der Einrichtung der Maschinenanlage auf den Vollfrostern mußte besonders beachtet werden, daß in der Fischerei beim Netzschleppen, Netzeinhieven und bei voller Produktion ausreichend Energie zur Verfügung stand. Alle Schiffe hatten starke Dieselmotoren verschiedener Konstruktionen, die die Verbrauchsenergie sicherten.

Die nautische Ausrüstung auf den Vollfrostern war sehr gut. Zum Führen eines solchen Schiffes war so eine Ausrüstung notwendig. Sie bestand aus: Magnetkompaß, Kreiselkompaß mit mehreren Töchtern, zwei Radar-Geräten, zwei Fischfinder-Echoloten, einem Sonar-Horizontal-Suchgerät, automatischer Selbststeueranlage, Handruder, automatischem Nebelsignalgeber (Makrafonanlage), Decca-Navigator, Loran-C-Navigator, Funkpeiler, UKW-Sprechfunk und Verstellpropeller-Steuerung.

Alle Fischereifahrzeuge, ob Seitenfänger oder Heckfänger, waren besonders seetüchtige Schiffe, die sich auch unter schlechtesten Wetterbedingungen im Nordatlantik hervorragend bewährten.

Abkürzungen

BRT	= Bruttoregistertonnen
elektr.	= Hilfsdieselmotor (Vater-Sohn-Anlage)
KHD	= Klöckner-Humboldt-Deutz-Werke
Kn	= Knotengeschwindigkeit/h
(KR)	= Korrespondenz-Reeder
Länge ü. A.	= Länge über Alles
MAN	= Mannheim-Augsburg-Nürnberger Motorenwerke
NTR	= Nettoregistertonnen
PS	= Pferdestärke
Ztr.	= Zentner

Quellennachweis

Fischdampfer und Heckfänger, Archiv: *Dieter Kokot, Wingst*

Fischereiforschungsschiffe: *Bundesanstalt für Landwirtschaft und Ernährung, Hamburg*

Gediminas Rudis, litauischer Historiker: *Litauische Geschichte*

Dirk Spiering: *Die Heckfänger der Großen Hochseefischerei*, mit freundlicher Genehmigung von Dirk Spiering
Elbe-Spree-Verlag, Berlin, für diese Ausgabe

Wolfgang Walter: *Deutsche Fischdampfer*, Technik, Entwicklung, Einsatz, Schiffsregister
Deutsches Schiffahrtsmuseum, Bremerhaven, und Carlsen Verlag GmbH, DIE HANSE, Hamburg, Redaktion: Dr. Uwe Schnall

Erklärungen nautischer und anderer Ausdrücke

achtern	= das hintere Teil eines Schiffes
Almirante	= (spanisch) Admiral
Alte Liebe	= Leuchtfeuer in Cuxhaven
Aussetzen	= das Grundschleppnetz auf den Meeresgrund bringen
Back	= das Vorschiff
Backbord	= die linke Seite eines Schiffes
Backskiste	= eine Bank vor der Koje, in der man etwas verstauen kann
Bariloche	= argentinischer Nationalpark
Baum	= am Mast angebrachter Mastausleger
Bestmann	= Steuermann ohne Patent
Black-out	= totaler Maschinenausfall
Bug	= vorderster Teil eines Schiffes
Decksteuermann	= hat die Leitung an Deck
Echolot	= Gerät, das die Wassertiefe und den Meeresgrund anzeigt
Esperanza	= (spanisch) Hoffnung
E-Winde	= elektrisch angetriebene Winde
Fabrikschiff	= großer Heckfänger, die den Fang an Bord sofort verarbeitet
F.D.	= Fischdampfer
Feuerland	= südlichster Teil Südamerikas
fieren	= eine Last absenken
Fischmeister	= Leiter im Fischverarbeitungsdeck
F.M.S.	= Fischerei-Motor-Schiff
gelascht	= etwas festgebunden
Georges-Bank	= Fangplatz an der ostamerikanischen Küste
gezurrt	= etwas festgebunden
Gobierno-Militar	= (spanisch) Militärregierung
Growler	= (englisch) abgetaute Eisberge, die kaum aus dem Wasser ragen
Harengus (lat. Hering)	= Schiffsname
Heck	= das hintere Teil eines Schiffes
Heckfänger	= Fischereifahrzeug, welches sein Fanggeschirr über eine Aufschleppe aussetzt und wieder einholt

Jagdsitz	= der Sitzplatz des Kapitäns oder seines Stellvertreters beim Fischfang
Kabelgatt	= auf Fischdampfern der Stauraum für das Fanggeschirr
Kiel eines Schiffes	= schwerer Längsverband, bildet das Rückgrat des Schiffes
klarieren	= etwas entwirren
Knoten	= Geschwindigkeit eines Schiffes in einer Stunde
Koje	= Schlafstelle an Bord eines Schiffes
Kombüse	= Schiffsküche
Krill (lat. euphausia superba)	= krabbenartiges Schalentierchen
Kuckel	= Brotlaib
Langleinenfischer	= Fischerei mit Langleinenangeln
Leck	= Loch im Schiff
Makrafon-Anlage	= automatischer Nebelsignalgeber
Makramee	= kunstvolle Flechtarbeit
Message oder Fix	= Daten von einem Satelliten für das Satelliten-Navigationsgerät
Messe	= Eß- und Aufenthaltsraum auf Schiffen
Modder	= Schlamm
Palacio Congreco	= Kongreß-Palast
Patent B. 4	= Befähigungszeugnis zum Steuermann in Großer Hochseefischerei
Patent B. 5	= Befähigungszeugnis zum Kapitän in Großer Hochseefischerei
Peildeck	= über der Kommandobrücke befindliches offenes Deck
Peildiopter	= Aufsatzgerät für den Kompaß zum Peilen von Objekten
pelagisches Netz	= ein Fischfangnetz, welches in jeder gewünschten Tiefe gesteuert werden kann
Power-Block	= Blockrolle, die eine Ringwade aus dem Wasser zieht
Puerto Principal	= (spanisch) das Haupttor
Pungeln	= zusammengepackte Bündel
Rambla	= (spanisch) Küstenstraße
Recalada	= (spanisch) Ansteuerung
Reling	= Schiffsgeländer

Ringwade	= mehrere tausend Meter langes Netz, für Schwarmfische geeignet (Heringe, Sardinen, Makrelen, Lodde und andere)
Rollengeschirr	= wie auf einer Perlenkette aufgezogene schwere Eisen- und Gummikugeln, die das Netz beim Schleppen am Meeresgrund halten und über Hindernisse hinweghelfen
Scombrus (lat. Makrele)	= Schiffsname
Seemeile	= eine Seemeile = 1852 Meter
Semaphor	= zeigt die Windrichtung und -stärke an
Sextant	= astronomisches Winkelmeßgerät
Steert	= das letzte Ende eines Netzes, wo sich der Gesamtfang befindet
Steuerbord	= die rechte Seite eines Schiffes
Store Hellefiskebank	= Große Heilbuttbank
Taljengien	= Vorrichtung, um schwere Lasten hochzuziehen
Tophanger	= zwei große, am Achterschiff angebrachte Rollenblöcke, durch die Steuerbord- und Backbord-Kurrleinen laufen
Traverse	= schwere Eisen-T-Träger, die beide Schornsteine verbinden, wo auch das Schwergutgeschirr zum Lastenhieven angebracht ist
untermotorisiert	= zu geringe Maschinenkraft
U.S.	= Unterscheidungssignal
Vardoe	= Ort in Nord-Norwegen
Verklarung	= nach einem Seeunfall den Vorgang genau protokollieren
Wachsteuermann	= der I. Steuermann, Kapitänsvertreter auf Fabrikschiffen
Wirtschaftszonen	= beanspruchte, auf 200 Seemeilen erweiterte Hoheitsgewässer
Z. Trawler	= für die ehemaligen DDR-Fabrikschiffe gebaute Zubringer-Fangschiffe

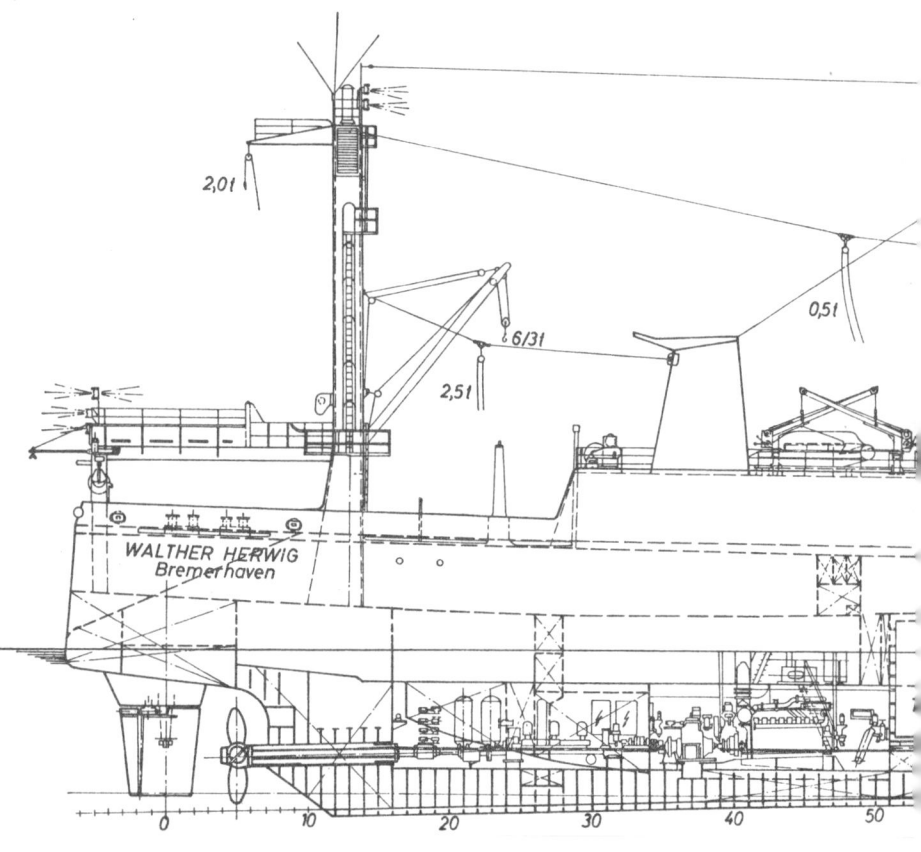

F.F.S. „Walther Herwig"